FRANK CZERNER

Der Vatikan als Signatar der UN-Kinderrechte-Konvention?

Kanonistische Studien und Texte

Band 82

FRANK CZERNER

Der Vatikan als Signatar der UN-Kinderrechte-Konvention?

Der Vatikan als Signatar der UN-Kinderrechte-Konvention?

Implementation kinderschützender Normen im Codex Iuris Canonici anlässlich der Apostolischen Konstitution Pascite Gregem Dei und des Motu Proprio Vos estis lux mundi auf der Basis des Wiener Übereinkommens über völkerrechtliche Verträge

Von

Frank Czerner

Duncker & Humblot · Berlin

Bibliografische Information der Deutschen Nationalbibliothek

Die Deutsche Nationalbibliothek verzeichnet diese Publikation in der Deutschen Nationalbibliografie; detaillierte bibliografische Daten sind im Internet über http://dnb.d-nb.de abrufbar.

Satz: TextFormA(r)t, Daniela Weiland, Göttingen
Druck: Beltz Grafische Betriebe GmbH, Bad Langensalza
Printed in Germany

ISSN 0929-0680
ISBN 978-3-428-19299-1 (Print)
ISBN 978-3-428-59299-9 (E-Book)
Gedruckt auf alterungsbeständigem (säurefreiem) Papier
entsprechend ISO 9706 ♾

Internet: http://www.duncker-humblot.de

Dieses Werk widme ich

Pater Florian
Franz Joseph Michael Maria Ignatius Prinz von Bayern OSB,

Missionsbenediktiner der Erzabtei Sankt Ottilien

21. September 1957 in Leutstetten/Starnberger See – 22. Juni 2022 in Nairobi,

Ur-Enkel des letzten bayerischen Königs Ludwigs III.,
Cousin von Prinz Luitpold.

Pater Florian OSB hat sein Leben in den Dienst der Bildung für afrikanische Schulkinder gestellt. Er arbeitete als Jugendseelsorger in den Slums von Nairobi, wirkte einige Jahre als Pfarrer der Gemeinde Arror im Kerio-Tal. Er gründete die Pfarrei in Illeret im Norden Kenias an der Grenze zu Äthiopien und war Begründer des Projekts INES (Illeret Nomadic Education System), das den dort lebenden Nomadenkindern eine mobile Schulbildung ermöglicht, und er förderte die Ausbildung von Lehrern. Pater Florian arbeitete von 2005 bis 2009 als Prior-Administrator in der Klostergemeinschaft von Tigoni und wirkte von 2020 bis zu seinem Tod im Juni 2022 als Subprior dieser Abtei, in welcher er auch seine letzte Ruhestätte gefunden hat.

Requiem aeternam
dona eis, Domine
et lux perpetua luceat eis.

(Nachweise in: *Haus Bayern/Herzog von Bayern*; *Erzabtei St. Ottilien*; *Buchwald*)

Publikationshinweis und Danksagung

Dieser Beitrag ist Teil II meiner beiden Publikationen (1. Publikation: *Czerner*, (Neu-)Justierung und -Auslegung der Strafzwecke im Corpus Iuris Canonici aufgrund der Apostolischen Konstitution Pascite gregem Dei (Cann. 1311 § 2 ff., 1752, 16–18, 1399 CIC) – Kanonistische Studien und Texte, Bd. 76, 2022) zu meinem Forschungs-Freisemester im Sommer 2022 am Campo Santo Teutonico/Vatikan in Rom.

Dem seinerzeitigen Dekan der Fakultät Soziale Arbeit an der Hochschule Mittweida (Mittelsachsen), Herrn Prof. Dr. Stephan Beetz, seiner Magnifizenz, Herrn Prof. Dr. Ludwig Hilmer, dem ehemaligen Rektor der Hochschule Mittweida sowie dem Freistaat Sachsen danke ich sehr herzlich für die großzügige Gewährung eines Forschungs-Freisemesters.

Dem Rektor des Römischen Instituts der Görres-Gesellschaft (RIGG), Herrn Msgr. Prof. Dr. Stefan Heid, zugleich auch Rektor des Päpstlichen Instituts für Christliche Archäologie und Professor für Liturgiegeschichte und Hagiographie (Pontificio Istituto di Archeologia Cristiana), bin ich zu großem Dank für die freundliche Aufnahme in das Institut und seiner ausgezeichneten Bibliothek (auch mit Buchbestand von Papst em. Benedikt XVI.) sowie für die hervorragende Betreuung während meines Forschungs-Aufenthaltes verpflichtet (https://www.goerres-gesellschaft-rom.de/de/). Herrn Prälat Dr. Hans-Peter Fischer, dem früheren Rektor des Priesterkollegs im Campo Santo Teutonico, Auditor am Päpstlichen Gerichtshof der Römischen Rota, Konventualkaplan des Malteserordens, Mitglied der römischen Bruderschaft von Santa Maria dell'Anima und in der vatikanischen Erzbruderschaft *Arciconfraternità Vaticana di Sant'Anna de' Parafrenieri*, danke ich sehr herzlich für die freundschaftliche Beherbergung während meines zweieinhalbmonatigen Forschungsaufenthaltes (http://www.priesterkolleg.va/content/camposantoteutonico/de/priesterkolleg.html). Frau Dr. Karin Mair danke ich herzlich für die Unterstützung in der Bibliothek der Görres-Gesellschaft am Campo Santo sowie für die mehrfache Ermöglichung der Besichtigung der Vatikanischen Nekropole (Scavi) von St. Peter. Frau Anna-Pia Malina (Pontificio Collegio Teutonico di Santa Maria in Campo Santo), danke ich sehr gerne für die Betreuung während meines Forschungsaufenthaltes.

Meinen „Mit-Kollegiaten", Prof. Dr. Dr. Ralph Weimann, Dr. Ignaçio García Lascurain-Bernstorff, Martin Grobauer, Heinrich Heidenreich, Klaas van Meerten und Christoph Butschak danke ich für die freundschaftliche Begleitung während meines Forschungsaufenthaltes sowie für die Ermöglichung der Teilnahme an der Heiligsprechung u. a. von Charles de Foucauld (1858–1916) und Titus Brandsma

(1881–1942) am 15. Mai 2022 auf dem Petersplatz in Rom (https://www.vatican.va/content/francesco/de/events/event.dir.html/content/vaticanevents/de/2022/5/15/canonizzazione.html und https://www.vaticannews.va/de/papst/news/2022-03/papst-franziskus-heiligsprechung-titus-brandsma-charles-foucauld.html sowie zur Ansprache des Hl. Vaters, Papst Franziskus: https://www.vatican.va/content/francesco/de/homilies/2022/documents/20220515-omelia-canonizzazione.html).

Herrn Prälat Prof. Dr. iur. can. habil. Markus Graulich SDB, dem Untersekretär des Dikasteriums für die Gesetzestexte (vormals Untersekretär des Päpstlichen Rates für die Gesetzestexte), Herrn Prof. Dr. Dr. Stefan Mückl (Univ. Santa Croce), Herrn Prof. Dr. Ulrich Rhode SJ (Univ. Gregoriana) danke ich sehr herzlich für die Erläuterungen zum CIC, insbesondere zur inhaltlich-theologischen Ausrichtung sowie zur territorialen Reichweite von Erklärungen des Vatikans, des Staates der Vatikanstadt und des Heiligen Stuhls.

Herrn Dr. Manfred Bauer von der Disziplinarsektion des Dikasteriums für die Glaubenslehre (vormals Glaubenskongregation) möchte ich besonders herzlich für unsere weiterführenden und mir neue „kanonistische Horizonte“ und (kirchen-) rechtliche Sichtweisen eröffnende Gespräche sowie für die Nutzung aller Kommentare zum Codex Iuris Caninici und weiterer Literatur danken. Seiner Eminenz, Prof. Dr. Walter Kardinal Brandmüller, danke ich sehr herzlich für seine weiterführenden Erläuterungen zur territorialen und inhaltlichen Reichweite des CIC. Herrn Prof. Dr. Dr. Markus Zimmermann von der Päpstlichen Universität Gregoriana danke ich herzlich für die Gespräche zum Thema Gewalt in der Kirche sowie für die Ausflüge von unserem Campo Santo aus nach Sutri und in das römische Umland. Frau Prof.ssa DDr. Ulrike Haider-Quercia (Università degli Studi Gugliemo Marconi/Rom) danke ich herzlich für die Gespräche zur Rechtsvergleichung und Rechtskultur.

Dem Ministerpräsidenten des Landes Sachsen-Anhalt, Herrn Dr. Reiner Haseloff, danke ich für unseren Austausch am Campo Santo im Zusammenhang mit den Feierlichkeiten anlässlich des Fronleichnam-Festes in den vatikanischen Gärten sowie für sein großes Interesse am Thema „Kinderrechte“ und wie sie besser geschützt werden können.

Dem Botschafter der Bundesrepublik Deutschland beim Heiligen Stuhl, Dr. Bernhard Kotsch, danke ich für den inhaltlichen Austausch und für die Informationen zur Neuorganisation des Vatikanischen Staatssekretariats.

Herrn Pfr. Dr. Thomas Maria Rimmel (Langenargen/Rom) bin ich zu herzlichem Dank für sein Interesse an meinen Forschungsthemen sowie zur Vermittlung des Kontaktes zu Herrn Msgr. Carlos Encina Commentz von der Apostolischen Pönitentiarie/Paenitentiaria Apostolica (neben der Rota Romana und der Apostolischen Signatur einer der drei obersten Gerichtshöfe der römisch-katholischen Kirche) gerne verpflichtet. Msgr. Commentz danke ich für seine Hinweise zur Reform des CIC infolge der Apostolischen Konstitution *Pascite gregem Dei*.

Herrn Prof. Dr. Johannes Grohe, Vize-Direktor des RIGG, danke ich – in Verbindung mit meinen herzlichsten Glück- und Segenswünschen (nachträglich) zum 70. Geburtstag – sehr herzlich für die freundliche Einladung in die ausgezeichnete kirchenrechtliche Bibliothek der Fakultät für Kanonistik der *Pontificia Università della Santa Croce*.

Dem (ehemaligen) Schweizergardisten Matthias Giger (Rom, Niederwil/CH) danke ich für die Besichtigung der Engelsburg, der vatikanischen Mosaikwerkstatt und für weitere Erkundungen im Vatikan.

Izabella Lehmann danke ich herzlich für die außerordentlichen Erläuterungen zur Kirche Santa Maria dell'Anima (in welcher mein Tauf-Priester Prälat Prof. Dr. Dr. Richard Mathes von 1998–2004 Rektor gewesen war) für den Ausflug nach Castel Gandolfo, für die Führung durch die Gemälde-Galerie im Palazzo Farnese (in Sichtweite neben „meiner" Bibliothek der Universität Santa Croce). Pfarrer Martin Uhl (St. Hedwig + St. Ulrich, Stuttgart/Möhringen-Riedsee) danke ich für unseren Ausflug zur Villa Adriana und zur Villa d'Este (Tivoli) sowie für die Möglichkeit der musikalischen Mitgestaltung der Heiligen Messe an der Orgel der (vorerwähnten) Santa Maria dell'Anima im Juni 2022.

Barbara Blaschke, Andreas und Johannes Welzel danke ich für ihren Besuch am Campo Santo Mitte Mai 2022 sowie für die gemeinsamen Erkundungen der Ewigen Stadt, insbesondere der Engelsburg, des Caelius mit der Basilika San Stefano Rotondo und der Basilika Santa Maria in Domnica alla Navicella. Meinem Mit-Kollegiaten am Campo Santo, Benedikt Heider (dessen akademische Abschlussarbeit „*Mauer des Schweigens mit offenen Fenstern. Das Zweite Vatikanische Konzil und die Medien*" mit dem Fakultätspreis der Katholisch-Theologischen Fakultät, Rheinische Friedrich-Wilhelms-Universität zu Bonn, geehrt wurde) danke ich für den Ausflug in die Albaner Berge und für die Wanderung von *Marino Laziale* über *Rocca di Papa* nach Nemi.

Dem Präsidenten des Safeguarding-Instituts (vormals Centre for Child Protection) an der Päpstlichen Universität Gregoriana, Prof. Dr. Hans Zollner SJ, danke ich sehr herzlich für das ertragreiche und weiterführende Gespräch in der Villa Malta/Rom am 10. Mai 2023 im Nachgang zu meinem Forschungsfreisemester.

Dem ehrwürdigen Abt der Benediktiner-Abtei St. Joseph zu Gerleve/Billerbeck im Münsterland, P. Andreas Werner, und dem Bibliothekar der Abtei, P. Daniel Hörnemann, danke ich sehr herzlich für die Erlaubnis zur Nutzung der umfangreichen Abtei-Bibliothek im August 2023.

Herrn Prof. Dr. Wilhelm Rees danke ich sehr gerne für die freundliche Einladung zu seiner Abschiedsvorlesung am 15. Juni 2023 im Rahmen der Tagung „40 Jahre CIC/1983" (15. und 16.06.2023) im Madonnensaal an der Katholisch-Theologischen Fakultät der Universität Innsbruck (Karl-Rahner-Platz) sowie (zusammen mit Herrn Prof. Dr. Christoph Ohly) für die Annahme meines Manuskripts zu Teil I meines Forschungs-Freisemesters in die Reihe der Kanonistischen Studien und Texte, Bd. 76 (2022). Frau MMag. Magdalena Bernhard Lic. iur. can. der Diözese Innsbruck danke ich für den Ausflug zur Zisterzienserabtei Stift Stams. Herrn Prof. Dr. Wilhelm Rees und Herrn Prof. Dr. Christoph Ohly danke ich besonders herzlich für die Aufnahme dieses Teils II zu meinem „Römischen“ Forschungs-Freisemester in die vom Verlag Duncker & Humblot vorzüglich geführte Reihe der Kanonistischen Studien und Texte.

Frau Diana Güssow, Frau Norina Stefan, Frau Simone Ahrberg (Duncker & Humblot/Berlin) sowie Herrn Björn Höller (TextFormA(r)t, Göttingen) danke ich sehr herzlich für die ausgezeichnete Betreuung, für die äußerst sorgfältige Satz-/ Layoutgestaltung und Druckvorbereitung sowie für die publikationsflankierende, sehr ansprechende Werbung für mein neues Buch.

Zisterzienserinnenabtei Oberschönenfeld (bei Augsburg),
am Tage der Heiligen Sophia von Rom, 15. Mai 2024,
und ehemalige Zisterzienserabtei Altzella,
am Tag des Heiligen Benedikt von Nursia, 11. Juli 2024, *Frank Czerner*

Inhaltsverzeichnis

Abkürzungsverzeichnis und Gesetze(sbezeichnungen)

Artt. 37 lit. b, 40 lit. b UN-KRK
Artt. 5 lit. d, 6 II EMRK
Art. 288 EUV
§§ 1, 139, 158, 823, 1631b, 1666 BGB
§§ 8, 9, 15 GenDG
Artt. 1, 2, 3, 19, 20, 20a, 59, 76, 103 GG
§§ 5–8, 11, 19, 46, 185, 211, 212, 218, 223, 224, 225, 239, 239a, b, 324–330d StGB
§§ 81a ff., 100 b, 160, 170, 204, 206a, 244 II, 260, 362 StPO

a. a. O.	am angegebenen Ort
AAS	Acta Apostolicae Sedis
AcP	Archiv für civilistische Praxis
AFDI	Annuaire français de droit international
AJIL	American Journal of International Law
Art.	Artikel
AVR	Archiv des Völkerrechts
Bd.	Band
BGB	Bürgerliches Gesetzbuch
BGBl.	Bundesgesetzblatt
BGHSt	Bundesgerichtshof (Strafsachen)
BKA-G	Gesetz über das Bundeskriminalamt
BT-Drs.	Bundestags-Drucksache [Legislaturperiode/laufende Nummer]
BvR	Bundesverfassungsgericht, Aktenzeichen
BzMK	Beihefte zum Münsterischen Kommentar [zum Kirchenrecht]
Can.	Canon
CIC	Codex Iuris Canonici
Conc.	Concilium
D.	Digesten
DnV	Donum Vitae (Instruktion v. 22. 02. 1987)
Dogm. Konst.	Dogmatische Konstitution
Dok.	Dokument
EGBGB	Einführungsgesetz zum Bürgerlichen Gesetzbuch
EJIL	European Journal of International Law
EMRK	Europäische Menschenrechtskonvention
EuGRZ	Europäische Grundrechts-Zeitschrift
EUV	Vertrag über die Europäische Union/Lissabon-Vertrag
f.	folgend(e)
FamRZ	Zeitschrift für das gesamte Familienrecht
ff.	fortfolgend(e)

Fn.	Fußnote
Fnn.	Fußnoten (fortfolgend)
GenDG	Gendiagnostik-Gesetz
GG	Grundgesetz
GK (IV.)	Genfer Konvention
GS	Gaudium et spes (Konzils-Konstitution v. 07. 12. 1965)
Hl./hl.	Heilig(er)
HRQ	Human Rights Quarterly
Hrsg.	Herausgeber
i. V. m.	in Verbindung mit
IADC	Interdisciplinary Studies on Human Dignity and Care
IGH	Internationaler Gerichtshof
ILC	International Law Commission
IPBPR	Internationaler Pakt über Bürgerliche und Politische Rechte
Kap.	Kapitel
Komm.	Kommentar/Kommentierung
KST	Kanonistische Studien und Texte
KV	Köchel-Verzeichnis (Mozart-Werkeverzeichnis)
LG	Lumen gentium (21. 11. 1964)
lit.	Buchstabe
LKStKR	Lexikon für Kirchen- und Staatskirchenrecht
m. w. N.	mit weiteren Nachweisen
Mk	Markus, Evangelist
MPEPIL	Max Planck Encyclopedia of Public International Law
Msgr.	Monsignore
MThZ	Münchener Theologische Zeitschrift
N.Y.L.S.J.HumRts	New York Law School International Human Rights
ÖAKR	Österreichisches Archiv für Kirchenrecht, Wien 1, 1950ff.
PerRCan	Periodica de re canonica, Roma
Petr	Petrus-Brief
Rdz.	Randziffer
REDC	Revista españiola de derecho canónico, Salamanca
S.	Satz/Seite
s. u.	siehe unten
SDB	Salesianer Don Boscos
SJ	Societas Jesu
St.	Sankt
StGB	Strafgesetzbuch (Bundesrepublik Deutschland)
StPO	Strafprozessordnung (Bundesrepublik Deutschland)
u. a.	unter anderem
Ulp.	Ulpian
UN	United Nations
UN-Charta	Charta der Vereinten Nationen
UN-KRK	UN-Kinderrechte-Konvention/Konvention über die Rechte des Kindes der Vereinten Nationen (20. 11. 1989)
Vat.	Vatikanisch(e)
VCS	Vatican City State
VELM	Vox estis lux mundi

Vgl.	vergleiche
VN	Vereinte Nationen
Vol.	Volume
WVK	Wiener Vertragsrechts-Konvention
ZaöRV	Zeitschrift für ausländisches öffentliches Recht und Völkerrecht

Vorwort und Themenskizzierung

Kinderrechte haben „Hochkonjunktur" – in der öffentlichen Auseinandersetzung, in der medialen Omnipräsenz, im politischen Diskurs, im Rahmen der akademischen Ausbildung und im Kontext der kirchlichen Missbrauchs-Debatte. Nicht nur innerhalb der (römisch-katholischen) Kirche, sondern überall dort, wo personell-situative Tatgelegenheitsstrukturen, entsprechende Präferenzen und Haltungen auf Täterseite und ein systemisches „Wegschauen" in sozialen Nahräumen derartige Verbrechen an jungen Menschen begünstigt haben und nahezu täglich von neuen, (mutmaßlich) begangenen Missbrauchsfällen berichtet wird, sollte die Diskussion um die Bedeutung und die Beachtung von Kinderrechten (auch und besonders) als Schutz-Rechte für Kinder stattfinden.

Kinderrechte gelten nicht nur für das Hellfeld, für die offiziell bekannt gewordenen Fälle sexuellen Missbrauchs, von dem der Ulmer Kinder- und Jugendpsychiater Jörg Michael Fegert als „die Spitze der Spitze des Eisberges" spricht. Nur im Hellfeldbereich bekommen junge Mensche offiziell den Status als Opfer dieser Straftaten und zumindest ein Stück weit Anerkennung für das ihnen widerfahrene Leid. Kinderrechte gelten jedoch gleichermaßen im Dunkelfeld, im „okkulten" Bereich der Kriminalität, die von den Opfern aus den unterschiedlichsten Gründen und Motivationslagen heraus nicht zur Strafanzeige gebracht werden – nicht zuletzt aus Angst vor den Tätern und seinem Umfeld und dass man ihnen schlichtweg „nicht glaubt". Die Opfer im Dunkelfeld und das ihnen angetane Unrecht bleiben nach außen zumeist unsichtbar und/oder es manifestiert sich in psychischen Erkrankungen, bis hin zu lebenslanger (und sogar transgenerationaler [Sonja Röder, Nürnberg/Erfurt]) Traumatisierung, die nicht nur die Opfer selbst, sondern das gesamte familiäre und soziale Umfeld erfasst. Diese Taten des Dunkelfeldes, sprichwörtlich unterhalb der „Spitze des Eisberges", sollten ebenfalls aufgeklärt, das Leid sichtbar gemacht und die Täter zur Verantwortung gezogen werden – außerhalb wie innerhalb der Kirche, mit den Mitteln des staatlichen (Straf-)Rechts wie mit dem Kirchenrecht. Andernfalls bleiben Kinderrechte Papier gewordener politischer Aktionismus, gesetzgeberische Makulatur und potemkinsche Dörfer des Völkerrechts.

Kinderrechte sind, über die bundesdeutsche Missbrauchsthematik hinausgehend, auch im universalen Kontext zu betrachten, zumal die Kinderrechts-Konvention mit der „Adelung" durch die Vereinten Nationen im Jahr 1989 zu den am häufigsten von den Staaten der Welt unterzeichneten und damit völkerrechtlich verbindlichen Verträgen gehören. Die Missbrauchs-Thematik erhält vor diesem Hintergrund eine weitere Dimension und Dynamik auch im Hinblick auf Aufklärung und justizielle Aufarbeitung – innerhalb und auch außerhalb der Kirche.

Kinderrechte stehen auch auf der Agenda der römisch-katholischen Kirche und sind von ihrem Selbstverständnis und Auftrag, dem „Heil der Seelen", nicht zu trennen. Mit der Pastoralkonstitution *Gaudium et spes* Papst Pauls VI. vom 7. Dezember 1965 im Zusammenhang mit dem Zweiten Vatikanischen Konzil hat sie sich bereits vor gut sechs Jahrzehnten im Aggiornamento des kirchlichen Neuaufbruchs mit ihrem Bekenntnis zu den Menschenrechten unmissverständlich positioniert, welche als thematisches Leitmotiv auch die Kinderrechtskonvention der Vereinten Nationen durchweben und ihnen Gestalt und inhaltliche Ausformung verleihen.

Das vorliegende Werk untersucht, wer innerhalb der römisch-katholischen Kirche die UN-Kinderrechtskonvention unterzeichnet hat – der Vatikan, der Staat der Vatikanstadt oder der Heilige Stuhl. Untrennbar damit verbunden sind die hieraus resultierenden und zu diskutierenden Anschlussfragen, welche Konsequenzen aus der Signatur der Kinderrechtskonvention der Vereinten Nationen folgen. Dies gilt sowohl in internationaler Perspektive, womit auch die Wiener Vertragsrechtskonvention betreffend die Einhaltung völkerrechtlicher Verträge einbezogen ist, als auch in kirchlicher Perspektive im Hinblick auf die Selbstbindung und Selbstverpflichtung der römisch-katholischen Kirche zur Implementation von Kinderrechten auf der Ebene des kirchenrechtlichen Binnenbereiches, des Codex Iuris Canonici. Dies gilt umso mehr seit dessen Reform aufgrund der Apostolischen Konstitution *Pascite gregem Dei* von Papst Franziskus zum Pfingsfest im Jahr 2021 und der damit einhergehenden Reform des sechsten Buches des kirchlichen Strafrechts zum 8. Dezember 2021 (Liber VI). Dieser Reform wurde von mir in rechtsvergleichend-strafzwecktheoretischer Perspektive unter Einbeziehung der Interpretation kanonischer (Straf-)Normen im Jahr 2022 eine eigene Publikation in der Reihe der *Kanonistischen Studien und Texte*, Bd. 76, gewidmet. In unmittelbarer Fortsetzung an jene kanonistischen Studien und in symbiotischem Zusammenhang mit ihr stehend, unternimmt die vorliegende Arbeit, die im Wesentlichen in meinem Forschungs-Freisemester im Sommer 2022 in Rom entstanden ist, eine thematisch differenzierende Weiterführung im Hinblick auf spezifische Strafnormen betreffend den Schutz von Kindern im reformierten Codex Iuris Canonici. Diese Anschlussstudie erfolgt unter völkerrechtlicher Flankierung und Analyse der (auch römisch-rechtlich) geprägten Wiener Vertragsrechtskonvention. Jene legt sich wie ein Pallium schützend um die UN-Kinderrechtskonvention und bewahrt jene vor einer Aushöhlung und Entkernung ihrer menschenrechtlichen Substanz durch alle Signatarstaaten und in deren völkervertraglichen Ensemble und Verpflichtung das kirchliche (Straf-)Recht ebenfalls steht.

Nicht nur *Pascite gregem Dei*, sondern auch das Päpstliche Schreiben in Form eines Motu proprio *Vos estis lux mundi* (in den Versionen von 2019 und 2023) sowie das Motu proprio *Come una madre amorevole* (2016) und das (reformierte) Grundgesetz des Staates der Vatikanstadt aus dem Jahr 2023 sind in den Gesamtzusammenhang dieser (weiteren) rechtsvergleichenden Analyse mit einzubeziehen. Mögliche Wechselwirkungen im Hinblick auf die UN-Kinderrechtskonvention und den Codex Iuris Canonici sind dabei zu untersuchen.

Neben positivrechtlichen Normen der Cann. 1397, 1398 CIC steht – unter Wahrung des kirchlichen Selbstbestimmungsrechts und des vorab zu analysierenden Rechtsgüterschutzes im staatlichen und im kirchlichen Strafrecht – auch die Anwendbarkeit überpositiven Rechts nach Can. 1399 CIC zur Diskussion. Dieser naturrechtliche Rekurs soll – bei Feststellung eines unzureichenden Sanktionsinventars – bedarfsorientiert dem Schließen etwaiger Strafbarkeitslücken im sechsten Buch des Codex Iuris Canonici zugunsten eines möglichst umfänglichen Kinderschutzes dienen. Dadurch könnten die Vorgaben der Kinderrechtskonvention der Vereinten Nationen auf der Ebene des römisch-katholischen Kirchenrechts optimaler erfüllt werden und universal geltenden Kinderrechten ein höherer normativer Wirkungsgrad im binnenkirchlichen Recht verliehen werden.

Auf diese Weise ließe sich das „Heil der Seelen als das oberste Gesetz", die *salus animarum* (Ivo von Chartres) auch an der Schnittstelle von international konsentierten Kinderrechten und universal geltendem Kirchenrecht verankern – im Interesse der offiziell bekannt gewordenen wie (noch) nicht bekannt gewordenen Opfer von kirchlicherseits begangenen Straftaten, im Interesse potenzieller Opfer und vor dem Hintergrund des pastoralen Anspruchs der Apostolischen Konstitution *Pascite gregem Dei* (1 Petr. 5,2).

I. Römisch-katholisches Kirchenrecht und weltumfassende Kinderrechte

1. Völkerrechtlicher und staatsrechtlicher Geltungsgrund und Geltungsrang der UN-KRK (auch als Völkergewohnheitsrecht gem. Art. 38 I lit. b IGH-Statut)

a) Positionierung der UN-Kinderrechtskonvention im Völkerrecht

Die Kinderrechtskonvention der Vereinten Nationen (UN-KRK) ist von nahezu allen Staaten der Welt unterzeichnet und ratifiziert worden. Erstmals wurden mit ihr weltweit verbindliche Maßstäbe für die Rechte von Kindern und Jugendlichen geschaffen.[1] Sie bekräftigt den Geltungsanspruch aller Menschenrechte [auch] für Kinder und baut auf dem Fundament menschenrechtlicher Abkommen auf.[2]

Sie wird als ein entscheidender Meilenstein in der Geschichte der Menschenrechte angesehen[3] und auf internationaler Ebene werden Kinderrechte als Menschenrechte betrachtet. Die Besonderheit der UN-Kinderrechtskonvention liegt in ihrem Anspruch begründet, möglichst umfassend die unterschiedlichen Lebenssi-

---

[1] So die zustimmungswürdige Erklärung des damaligen Bundesjustizministers *Klaus Kinkel*, Deutscher Bundestag, Stenographischer Bericht, Plenarprotokoll 12/57, Bonn, 14.11.1991, S. 4772; siehe auch *Rossa*, S. 222 („*trotz mangelnder Durchsetzbarkeit der Sanktionen ein bedeutendes Vertragswerk internationalen Menschenrechtsschutzes*“).

[2] *Cremer*, Kap. 3.2.4, S. 11, mit Erläuterung in Kap. 4, S. 13, dort Fn. 43, es sei in der Bundesrepublik Deutschland kaum diskutiert worden, wie der menschenrechtliche Ansatz auf Kinder konzeptionell auf unterschiedlichen Altersstufen anzuwenden sei. Zu den „Vorläufern“ der UN-Kinderrechtskonvention siehe hier die folgende Fn.

[3] *Schmahl*, KRK, Einleitung, Rdz. 37. *Schmahl*, in: Richter, Krappmann, Wapler (Hrsg.), S. 55 und m. w. N. auf S. 64, dort Fn. 18, mit Hinweis darauf, dass die Verabschiedung der UN-Kinderrechtskonvention elf Tage nach dem Fall der Berliner Mauer erfolgt ist sowie zur historisch-politisch-völkerrechtlichen Genese der UN-Kinderrechtskonvention, beginnend mit der Genfer Erklärung über die Rechte des Kindes vom 26.09.1924, Leage of Nations Official Journal 1924, Special Supplement No.21, S. 43 → I. 2. b), IV. Zur Historie der UN-KRK und deren Vorläufern siehe *Verschraegen*, S. 1 f., dort Fn. 6 m. w. N., u. a. m. Hinweis darauf, auch die Afrikanische Charta der Rechte des Menschen und der Völker und die Amerikanische Menschenrechtskonvention seien in die UN-KRK eingeflossen, sowie mit Hinweis auf *Bennett*, W. H., A Critique of the Emerging Convention on the Rights of the Child, Cornell ILJ Vol. 20, 1987, 15 ff., *Palm-Risse*, M., Hilfe für die Wehrlosen, Die Konvention über die Rechte des Kindes, VN, Vereinte Nationen 1990, S. 101, 105, *Miljeteig-Olssen*, P., Advocacy of Children's Rights – The Convention as More than a Legal Document, HRQ, Human Rights Quarterly Vol. 12, 1990, 148.

tuationen junger Menschen menschenrechtlich zu erfassen.[4] Schmahl[5] bezeichnet die Verbindung materiell-rechtlicher Garantien mit internationalen Institutionen als eine der wichtigsten Errungenschaften der meisten Menschenrechtsverträge universeller Art. Auch wenn die UN-Kinderrechtskonvention in rechtsdogmatischer Perspektive nicht anders zu behandeln ist als Menschenrechte anderer UN-Menschenrechtsverträge,[6] ragt sie in besonderer Weise aus dem Ensemble anderer Menschenrechtsabkommen heraus, weil sie zur Erhöhung ihrer Wirkintensität zusätzliche und besondere Regularien enthält (z. B. Artt. 3 I, 51 II UN-KRK betreffend das vorrangige Wohl des Kindes und die Unzulässigkeit von konventionswidrigen Vorbehalten, welche schließlich eine verstärkende Flankierung durch die Wiener Vertragsrechtskonvention (vornehmlich durch die programmatische Zielvorgabe des dritten Präambelabsatzes sowie durch die Artt. 26, 27 und 31 I WVK betreffend die Verbindlichkeit völkerrechtlicher Verträge erfahren).[7] Kein anderes völkerrechtliches Vertragswerk (auch nicht die UN-Behindertenrechtskonvention) hat dermaßen viel Zuspruch und Unterstützung erhalten wie die Verabschiedung der UN-Kinderrechtskonvention am 20. November 1989 – 196 Staaten haben die UN-Kinderrechtskonvention unterzeichnet.[8]

Angesichts der weltumspannenden Geltungsreichweite der UN-Kinderrechtskonvention kann die globale Etablierung von Kinderrechten als conditio sine qua non nachhaltiger humanitärer Mindeststandards angesehen werden. Spezifische Artikel der UN-Kinderrechtskonvention (Art. 2 [Diskriminierungsverbot], Art. 3 [Garantie des Kindeswohls], Art. 6 [Recht auf Leben], Art. 12 [rechtliches Gehör, Mitspracherecht]) haben mittlerweile sogar den Status als Völkergewohnheitsrecht erlangt[9] (vgl. Art. 38 I lit. b des Statuts über den Internationalen Gerichtshof).

---

[4] *Nowak*, S. 107.

[5] *Schmahl*, in: Pollmann/Lohmann, S. 390.

[6] *Dederer*, in: Uhle, S. 287 (291 f., 294, dort auch mit Verweis auf den Konventionstext).

[7] → II. 6., III. 2.

[8] Die UN-KRK wurde am 20. 11. 1989 von der United Nations General Assembly beschlossen – am 02. 09. 1990 trat sie gem. Art. 49 I UN-KRK mit Hinterlegung der 20. Ratifikationsurkunde in Kraft (*Schmahl*, KRK, Einleitung, Rdz. 3 m. w. N. in Fn. 14 auf A/RES/44/25 v. 20. 11. 1989); *Schmahl*, in: Richter, Krappmann, Wapler (Hrsg.), S. 55; siehe auch *Verschraegen*, S. 1, dort m. w. N. in Fn. 2 (und dort, S. 27: „*Die UN-KRK hat weltweit enorme Beachtung gefunden*") und mit der Ergänzung, dass ein Menschenrechtsabkommen noch nie so schnell in Kraft getreten ist sowie mit Hinweis auf *Price Cohen*, C., Convention des Nations Unies sur les droits de l'enfant. Note introductive, Revue de la Commission internationale des juristes 44/1990, 41, mit Bespr. von *Detrick*, Sh., AJIL, American Journal of International Law, Vol. 87, 1993, 477; siehe auch *Rossa*, S. 1 und *Kalbusch*, S. 65 mit Hinweis darauf, der Heilige Stuhl sei Vertragspartei von vier Menschenrechtsabkommen sowie m. w. N. dort in Fn. 215 auf 1577 UNTS 3; siehe auch *Wittmann*, Schweizerische Kirchenzeitung 2016, S. 226. – Die UN-Behindertenrechte-Konvention wurde von 177 Staaten unterzeichnet (*Dederer*, in: Uhle, S. 287 [302]).

[9] *Schmahl*, KRK, Einleitung, Rdz. 3 m. w. N. dort in Fn. 19; *Schmahl*, in: Richter, Krappmann, Wapler (Hrsg.), S. 55 (58, dort „*zumindest in Bezug auf das Diskriminierungsverbot, den Vorrang des Kindeswohls, das Recht auf Leben und in Bezug auf das Mitspracherecht des Kindes*

Um den Status als Völkergewohnheitsrecht (international customary law), d. h. als ungeschriebene Rechtsnorm des nur eine vergleichsweise geringe Regelungsdichte aufweisenden Völkerrechts, erzielen zu können, muss als objektives Element die tatsächliche Übung (consuetudo) und als subjektives Element die Rechtsüberzeugung, d. h. ein allgemeiner Konsens in der internationalen [Rechts-]Gemeinschaft (opinio iuris) über die Rechtsverbindlichkeit dieser ungeschriebenen Rechtsnorm, zusammentreffen.[10] Eine Norm des Völkergewohnheitsrechts bindet alle Staaten (und andere Völkerrechtssubjekte), die an der normbildenden [...] Praxis teilnehmen oder ihr nicht klar und anhaltend widersprechen.[11] Dieser hohe Verbindlichkeitsgrad ist nicht nur maßgeblich für den Geltungsgrund von (bzw. als) Völkergewohnheitsrecht, sondern ist zugleich die entscheidende Determinante auch für die Anwendung innerhalb der jeweiligen Staatenpraxis und für die jeweilige innerstaatliche Selbstbindung und Selbstverpflichtung zur Schaffung, Etablierung und Einhaltung elementarer Rechtsgrundsätze. – Dies könnte auch auf die Verbindlichkeit in Bezug auf das römisch-katholische Kirchenrecht zutreffen. Dem vergleichsweise fragmentarischen und eine nur geringe Regelungsdichte aufweisenden Völkergewohnheitsrecht kommt ein ungleich höherer Geltungsanspruch und Verbindlichkeitsgrad zu als beispielsweise dem im kanonischen Recht über Can. 1399 CIC anwendbaren überpositiven Recht beim Feststellen von Regelungslücken,[12] das – im wahren Wortsinn naturgemäß – weder einen derartigen Geltungs-, noch einen solchen Verbindlichkeitsanspruch zu erheben vermag, zumal dessen Anwendbar-

---

nach den Artt. 2, 3, 6 und 12 UN-KRK", auf S. 65, dort Fn. 44 m. Hinweis auf den UN-Kinderrechtsausschuss: General Comment No. 5, UN-Dok. CRC/GC/2003/5, 2003, Rn. 12, 22, General Comment No. 19, UN-Dok. CRC/C/GC/19, 2016, Rn. 40 ff.). Zum Diskriminierungsverbot siehe auch *Cremer*, Kap. 3.2.2, Kap. 3.2.3 und Kap. 6.3.4, S. 9, 10, 18, dort in den Fnn. 20, 34 und 73: *„Das akzessorische Diskriminierungsverbot des Art. 2 I UN-KRK ist integraler Bestandteil der Konventionsrechte und erweitert deren Schutzbereich.*"

[10] *Dörr*, in: Ipsen, Völkerrecht, 5. Kap. § 19 Rdz. 1, 2, 14, 15, S. 536 f., 543, mit Hinweis auf Art. 38 I lit. b des Statuts über den Internationalen Gerichtshof [IGH-Statut vom 26. 06. 1945]: *Abs. (1) Der Gerichtshof, dessen Aufgabe es ist, die ihm unterbreiteten Streitigkeiten nach dem Völkerrecht zu entscheiden, wendet an: a) internationale Übereinkünfte allgemeiner oder besonderer Natur, in denen von den streitenden Staaten ausdrücklich anerkannte Regeln festgelegt sind; b) das internationale Gewohnheitsrecht als Ausdruck einer allgemeinen, als Recht anerkannten Übung; c) [...]).* Völkergewohnheitsrecht – nach gesichertem Verständnis der Nachweis der Anerkennung einer allgemeinen Übung als Recht – setzt phänomenologisch ebenfalls den Konsens der beteiligten Rechtssubjekte voraus, um seine Geltung festzustellen (*Ipsen*, S. 69 [96]). Art. 38 lit. b IGH-Statut spielt in allen Kapiteln dieses Werkes eine Rolle. – Zu den völkerrechtsdogmatisch artverwandten „allgemeinen Regeln des Völkerrechts" i. S. v. Art. 25 S. 1 GG im Zusammenhang mit der Transformationsklausel von Art. 59 II GG siehe *Czerner*, Europarecht 2007, S. 537 (544, dort m. w. N. in Fn. 37). – Zur Partizipationsklausel von Art. 12 UN-KRK als „general principle" der Konvention im Sinne einer gleichberechtigten Beteiligung des Kindes an demokratischen und gesellschaftspolitischen Vorgängen siehe *Rossa*, S. 85, dort m. w. N. in Fn. 436.

[11] *Dörr*, in: Ipsen, § 19 Rdz. 28, S. 549; zum Völker(-gewohnheits-)recht siehe auch *Kotzur*, in: Völkerrechtliche Verträge.

[12] → VI.; *Czerner*, KST 76, Kap. VII, S. 123 ff.

keit fakultativ (d.h. auch unter den Voraussetzungen von Can. 1399 CIC nicht obligatorisch) ist und bei welchem wesentlich schwieriger die Frage nach einer gemeinsamen Rechtsüberzeugung gestellt bzw. beantwortet werden kann, wie sie dem Völkergewohnheitsrecht zugrunde liegt – außer, *dass* eine gerechte Entscheidung gegebenenfalls auch außerhalb des kodifizierten Rechts zu finden ist. Anders hingegen ist dies bei dem „Programmsatz“ der *salus animarum*,[13] welche als thematisches heilsbezogenes Motiv das gesamte römisch-katholische Kirchenrecht durchwebt und zahlreiche Anknüpfungsstellen auch zugunsten menschenrechtlicher Implikationen aus der UN-Kinderrechtskonvention, insbesondere für deren völkergewohnheitsrechtlichen Regularien, bietet.

Der Status als Völkergewohnheitsrecht wird nicht nur auf einzelne Artikel der UN-Kinderrechtskonvention angesichts einer Höchstanzahl von Signataren zutreffen, sondern in gewisser Weise auch in Bezug auf die römisch-katholische Kirche, welche sich sehr früh dieser Konvention verpflichtet hat (s.u.) und deren völkerrechtlicher Signatar-Status folgend genauer zu klären ist. Hieraus könnten sich insbesondere auch für den Vatikan/Staat der Vatikanstadt bzw. für den Heiligen Stuhl als Signatar(-staat) der UN-Kinderrechtskonvention (– dies gilt es in Kap. I 2a zu konkretisieren) wichtige Implikationen ergeben, deren Geltungsrang, inhaltliches Ausmaß und Tragweite im Hinblick auf das römisch-katholische Kirchenrecht (CIC) im folgenden Beitrag (– nach kursorischer Bezugnahme auf die Rezeption durch die Bundesrepublik Deutschland als Referenz-Signatar der UN-Kinderrechtskonvention) zu untersuchen sind.

b) Die Bundesrepublik Deutschland als Referenz-Signatar der UN-Kinderrechtskonvention

In der Bundesrepublik Deutschland wurde die UN-Kinderrechtskonvention im Jahr 1992 – mit einigen Vorbehalten – ratifiziert, wobei sich die bundesrepublikanischen Vorbehalte insbesondere auf die Auslegung der Artt. 9, 10, 18, 22 UN-KRK bezogen. Erst im Mai 2010 wurden letzte Vorbehalte gegenüber der Konvention

[13] Zur *salus animarum* siehe Nachweise in: *Czerner*, KST 76, Kap. I 1, S. 23 f., III 1c, S. 74 f., VII 1g, S. 131 f. sowie *Pahud de Mortanges*, S. 64 (– von ihm bereits vor drei Jahrzehnten zutreffend als „oberstes Prinzip des Kirchenrechts“ bezeichnet). Zur *salus animarum* siehe auch Papst Benedikt XVI. an die Römische Rota (2013): *„Der Grundsatz, daß die ‚salus animarum‘ in der Kirche das oberste Gesetz ist (vgl. CIC, Can. 1752), muß allen stets vor Augen stehen und jeden Tag in eurer Arbeit die entsprechende und rigorose Antwort finden.“* Ausführlich zur *salus animarum* „als oberstes Gesetz“: *Böhnke*, BzMK 82, S. 77 (82, dort in Fn. 18 m. w. N. auf *Lüdicke*, Komm. zu Can. 1752/1), wobei „lex“ in Can. 1752 CIC nicht im rechtstechnischen Sinne zu verstehen ist, vielmehr gehe es um eine der Kirche wie dem einzelnen vorausgehende auf den Willen Gottes zurückgeführte, ewige, natürliche und kirchliche Ordnung, in welcher es ein Oberstes und damit ein Postulat der Unterordnung gebe.

seitens der Bundesrepublik zurückgenommen,[14] so dass die UN-Kinderrechtskonvention seit nunmehr 14 Jahren vollumfänglich innerstaatlich im Rang eines sog. einfachen Bundesgesetzes (unterhalb der Verfassung) Geltung beansprucht und die Bundesrepublik als Unterzeichnerstaat nunmehr vollständig an sich bindet. Seit diesem Zeitpunkt lässt sich für die Bundesrepublik Deutschland kein innerstaatlicher Anwendungsvorbehalt mehr begründen, welcher die unmittelbare Anwendbarkeit der UN-Kinderrechtskonvention negieren [bzw. relativieren] könnte.[15] Die UN-Kinderrechtskonvention beinhaltet zahlreiche Gesetzgebungsaufträge,[16] welche sich an die einzelnen Unterzeichnerstaaten richten.

---

[14] BGBl. 1992 II Nr. 6 vom 17.2.1992, ausgegeben am 21.02.1992, S. 121 f. Die Unterzeichnung in New York durch die Bundesrepublik erfolgte am 26.01.1990, das Übereinkommen ist datiert auf den 20.11.1989. Die Bekanntmachung über das Inkrafttreten des Übereinkommens über die Rechte des Kindes erfolgte am 10. Juli 1992, die Hinterlegung der Ratifikationsurkunde geschah am 6. März 1992 beim Generalsekretär der Vereinten Nationen (BGBl. 1992 II vom 10.07.1992, ausgegeben am 26.09.1992, S. 990); hierzu sowie zu den erklärten Vorbehalten siehe auch *Verschraegen*, S. 55, dort m. w. N. in Fn. 377 f. Die Deutsche Demokratische Republik hinterlegte ihre Ratifikationsurkunde bereits am 02.10.1990. Nach Art. 49 II UN-KRK ist die Konvention für die Bundesrepublik Deutschland am 05.04.1992 in Kraft getreten.

https://www.kinderrechtskonvention.info/der-deutsche-auslegungsvorbehalt-3389/ mit weiterführendem Hinweis, die Bundesregierung habe diese völkerrechtliche Erklärung am 15. Juli 2010 durch Hinterlegung einer Rücknahmeerklärung bei den Vereinten Nationen zurückgenommen. Die bundesrepublikanischen Vorbehalte gegenüber der UN-KRK bezogen sich auf Spezifika des innerstaatlichen Sorgerechts (siehe BT-Drs. 12/1535 v. 12.11.1991 sowie BT-Drs. 12/42 v. 24.01.1991, S. 54 und die Stellungnahme des damaligen Bundesjustizministers Klaus Kinkel, Deutscher Bundestag, Stenographischer Bericht, Plenarprotokoll 12/57, Bonn, 14.11.1991, S. 4772 f. zu BT-Drs. 12/1547 sowie weitere Erläuterungen und Nachweise in *Dorsch*, 8. Kap., dort Fn. 1 auf Verhandlungen des Deutschen Bundestages, 12. Wahlperiode, 57. Sitzung am 14.11.1991, S. 4765 [4777] sowie in *Rossa*, S. 33 ff. [dort auch m. w. N. in Fn. 168 betreffend die Bedenken einzelner Bundesländer infolge einer befürchteten zu starken Beeinflussung des innerstaatlichen/bundesdeutschen Rechts durch Geltung der UN-KRK] und betreffend die Vorbehalte in Bezug auf die elterliche Sorge und auf die Anwendbarkeit des Jugendstrafrechts). Trotz der Vorbehalte der Bundesrepublik Deutschland gegenüber der UN-KRK muss (nicht zuletzt auf kinder- und jugendpolitischer Ebene) anerkannt werden, dass sie nicht beabsichtigte, einen völkerrechtlich verbindlichen Text zu unterzeichnen, zu dessen Einhaltung sie sich – seinerzeit angesichts der früheren Gesetzes- und Rechtslage – nicht vollumfänglich bereiterklären wollte bzw. konnte. – Im Jahr 2014 (BGBl. 2014 II Nr. 6 v. 17.03.2014, S. 121 f.) haben u. a. Liechtenstein, Malta, Belgien, Island, Syrien, Thailand, Tunesien ihre zuvor erklärten Vorbehalte gegenüber der UN-KRK zurückgezogen.

[15] *Cremer*, Kap. 6.3.2, S. 17.

[16] *Wyttenbach*, in: Pollmann, Lohmann, S. 317; in ähnlicher Diktion auch *Haslinger*, S. 49, nach dessen Ansicht mangels unmittelbarer innerstaatlicher Anwendbarkeit der Regelungen der UN-KRK als völkerrechtlicher Vertrag derzeit [sic!] in Österreich zunächst keinen neuen rechtlichen Status des Kindes bewirken könne – auf den folgenden Seiten von Haslinger wird diese völkerrechtliche Umsetzungsverpflichtung konkretisiert.

c) Fundamentale völkerrechtliche und staatsrechtlich-politische Bedeutung der UN-Kinderrechtskonvention

Infolge ihrer weltweiten Geltung ist der Einwand, die UN-Kinderrechte-Konvention bzw. die in ihr garantierten Rechte seien terminologisch zu wenig präzise und ihre Bestimmungen zu vage[17], unzutreffend und in der Sache unbegründet, weil nur durch eine möglichst weit-unspezifische Formulierung von Konventionsrechten eine möglichst weitgehende Rezeption in den unterschiedlichsten – hier 196 [sic!] – Unterzeichnerstaaten mit den heterogensten politischen Systemen und Weltanschauungen erzielt werden kann, welche den Einzelstaaten gewisse Spielräume belässt[18] und sie möglicherweise erst und nur dadurch zur Signatur dieses menschenrechtlichen Vertrages motiviert werden können.

Angesichts der fundamentalen völkerrechtlichen Bedeutung und des Stellenwertes der UN-Kinderrechtskonvention im weltumfassenden System der Rechtsordnung trifft der (tendenziell ideologisch anmutende) Einwand, die UN-Kinderrechtskonvention „zementiere" das Faktum gruppenspezifischer Abkommen und stehe einem holistischen Menschenrechtsverständnis und einer inklusiven Interpretation der UN-Menschenrechtspakte entgegen,[19] dezidiert nicht zu: Gerade, weil allgemeine Menschenrechtsabkommen spezifische Kinderschutzrechte bislang nicht bzw. nicht ausreichend im Blick hatten, diente die Implementierung der UN-Kinderrechtskonvention dazu, originäre und spezifische „Kinderrechte" überhaupt erst normativ mit verbindlichem Geltungsanspruch zu schaffen und jene auf ein stabiles völkerrechtliches Fundament der Vereinten Nationen zu stellen, um auf diesem Wege der menschenrechtlichen Inklusion eine möglichst vollständige, zumindest jedoch optimierte Teilhabe von Kindern am Schutzsystem des Rechts der jeweiligen Signatarstaaten der UN-Kinderrechtskonvention zu ermöglichen. Zum einen sollte in diesem Kontext der Begriff der Inklusion nicht gegen existenzielle und mehr als berechtigte Kinderrechte „ausgespielt" werden, zum anderen haftet dem Begriff des (ansonsten eher negativ besetzten) „Zementierens" in diesem Zusammenhang letztlich und entscheidend eine – eindeutig – positive Konnotation an, zumal hierdurch fundamentale Rechte zugunsten von Kindern fest und dauerhaft, im wahren Wortsinne nach-haltig normativ und weltumspannend festgeschrieben worden sind, deren völkerrechtlicher und kirchenrechtlicher Geltungsrang, deren Geltungskraft und Umsetzung, nicht zuletzt vor dem Hintergrund der Apostolischen

---

[17] So allerdings die unberechtigte Kritik von *Verschraegen*, S. 10.

[18] → II. 6. a)–c.

[19] So jedoch die unzutreffende Einschätzung von *Wyttenbach*, in: Pollmann, Lohmann, S. 317 (318), mit welcher sie die hohe Bedeutung der UN-KRK auch als Baustein zugunsten der rechtlichen Inklusion junger und häufig besonders vulnerabler Menschen verkennt bzw. in Abrede stellt, obwohl nach *Witschen*, S. 39, vor allem für besonders Verletzliche nach dem Telos der Menschenrechte die Menschenrechtskonvention [und somit die UN-Kinderrechtskonvention mit ihren existentiellen Schutzrechten] ein unverzichtbares normatives Fundament bildet.

Konstitution *Pascite gregem Dei*,[20] des Motu proprio *Vos estis lux mundi* und des Motu proprio *Come una madre amorevole* sowie im völkerrechtlichen Ensemble mit der Wiener Vertragsrechtskonvention[21] im römisch-katholischen Kirchenrecht des Codex Iuris Canonici zu untersuchen sind.

2. Klärung der Ausgangsfrage: Der Vatikan bzw. Staat der Vatikanstadt oder der Heilige Stuhl als Unterzeichner(-staat) der UN-Kinderrechtskonvention

Die Einstufung der UN-Kinderrechtskonvention als Menschenrechts-Konvention bedeutet, dass der [unterzeichnende] Staat [bzw. das signierende Völkerrechtssubjekt] Adressat von Rechten und Pflichten aus den [Kinder- bzw.] Menschenrechten ist, die den Staat [bzw. das signierende Völkerrechtssubjekt] zur Beachtung, zum Schutz und zur Entfaltung von [Kinder- bzw.] Menschenrechten zwingt, wobei es jedem Vertragsstaat [bzw. Signatar] überlassen ist, wie [– nicht „ob", denn dies ist mit der Signatur des Vertrages bereits als solches positiv zugesagt] er [der UN-Kinderrechtskonvention und den spezifischen Kinder- bzw.] Menschenrechten in der Praxis Wirksamkeit verleiht.[22]

Im Zusammenhang mit der Klärung von Art und Umfang der völkervertraglichen Verpflichtungen und Schutzgewährungen aus der UN-Kinderrechtskonvention sowie deren innerkirchlicher Geltungsrang mit Implikationen für den Codex Iuris Canonici ist der allgemein-unspezifische Begriff der „Kirche" aus dem Selbstverständnis der römisch-katholischen Kirche[23] heraus abzuleiten und es bedarf für die vorliegende Themenstellung einer Präzisierung.

[20] Zur Apostolischen Konstitution *Pascite gregem Dei* und der darauf basierenden Änderung des Liber VI des CIC sowie zur Interpretation der Strafnormen und Strafzwecke siehe *Czerner*, KST 76 und hier → III. 3. b), IV. 7. a). Für die Überarbeitung von Liber VI des CIC im Zusammenhang mit der Apsotolischen Konstitution *Pascite gregem Dei* gab nach *Althaus* (in: Meckel u. a., S. 117, dort Fn. 2) nicht allein die strafrechtliche Aufarbeitung der Missbrauchsfälle Anlass.

[21] → II.–IV.

[22] *Dederer*, in: Uhle, S. 287 (305, 294 f., dort im Zusammenhang mit der „Pflichtentrias" in Fn. 27 sowie mit Hinweis auf *Olivier De Schutter*, International Human Rights Law, 2. Aufl. 2014, S. 280 ff.).

[23] Zum „Selbstverständnis" der römisch-katholischen Kirche → I. 2. a), d) cc), e), II. 5., III. 1. b) bb), IV. 5. b) aa) (1), 7. b) aa), V. 1. a), VI. 3.. sowie *Czerner*, KST 76, Kap. I 1, III 1a, S. 23–25, 69 f.

a) Grundsätzliche Bestimmung des Konventions-Signatars: territorial vs. universal

Zur Klärung der völkerrechtlichen Qualifizierung der UN-Kinderrechtskonvention-Signatur mit Blick darauf, wie weit im Kontext der kirchlichen bzw. kirchenrechtlichen Umsetzung eine – (nur bzw. auch) territoriale oder sogar universale – Umsetzungspflicht der UN-Kinderrechtskonvention besteht, muss im Folgenden zunächst bestimmt werden, welcher Staat bzw. welches Völkerrechtssubjekt mit welchem territorialen und mit welchem normativ-inhaltlichen Umsetzungs- und Verbindlichkeitsanspruch die UN-Kinderrechtskonvention gezeichnet hat – der Vatikan bzw. der Staat der Vatikanstadt oder der Heilige Stuhl.[24] Diese Völkerrechtssubjekte gilt es zunächst einzeln in den Blick zu nehmen, weil sich daraus die spezifischen Eigenschaften in völkerrechtlicher Perspektive herausarbeiten lassen, aus dem sich für das zweite bis sechste Kapitel dieses Werkes die völkerrechtlichen und kirchenrechtlichen (Folge-)Untersuchungen ableiten lassen. Besondere Bedeutung erlangt die Beantwortung der Frage nach dem Unterzeichner(-staat) auch in Bezug auf die Reichweite der nach Art. 4 UN-KRK bestehenden Umsetzungspflicht des Signatars auch auf dem Gebiet des Codex Iuris Canonici[25] und im Hinblick auf auf den Grundsatz *pacta sunt servanda* nach den Art. 26, 31 I i. V. m. dem dritten Präambelabsatz der Wiener Vertragsrechtskonvention (→ II.).

aa) Der Vatikan als Konventions-Signatar?

Aus dem Altertum für den Vatikan verbürgte Namensnennungen sind Vaticanus Ager, Vaticanis Collis, Vaticani Montes, Vaticani Mons, Vallis Vaticana, Vaticanum Rus sowie Vaticanum.[26] Bei dem langobardischen Mönch und Geschichtsschreiber Paulus Diaconus gegen Ende des 8. Jahrhunderts taucht der Begriff

---

[24] Zur Legaldefinition des Heiligen Stuhls im CIC/1917 siehe Can. 7 CIC/1917: „*Nomine Sedis Apostolicae vel Sanctae Sedis in hoc Codice veniunt non solum Romanus Pontifex, sed etiam, nisi ex rei natura vel sermonis contextu aliud appareat, Congregationes, Tribunalia, Officia, per quae idem Romanus Pontifex negotia Ecclesiae universae expedire solet.*" Die Einzigartigkeit des Papsttums reflektiert auch *Bernhart* (S. 811 f., dort m. w. N. auf Macaulay in Fn. 3347: „*Es ist unmöglich zu leugnen, dass die Verfassung der römischen Kirche das wahre Meisterstück menschlicher Weisheit ist*"). Als weltlicher Souverän hat der Papst das Recht zur Haltung eigenen Militärs und eigener Polizei (*Bernhart*, S. 864, dort m. w. N. in Fn. 3583 mit weiteren Befugnissen des Papstes zur Verleihung von Adelstiteln).

[25] → I. 2. d)–f), V.

[26] *Priester*, Römische Quartalsschrift 2022, S. 155, dort m. w. N. in Fn. 2 im Zusammenhang mit topographischen Forschungen zum antiken Rom auf *S. B. Platner/Th. Ashby*, A topographical dictionary of ancient Rome, Oxford 1926, S. 546–548, *L. Richardson Jr.*, A new topographical dictionary of ancient Rome, Baltimore 1992, S. 405, *A. La Regina*, Lexikon Topographicum Urbis Romae, Suburbium 5, Roma 2008, S. 233–237 sowie *Priester*, a. a. O., S. 156, dort m. w. N. in Fn. 3 auf *P. Liverani*, La topografia antica del Vaticano, Città del Vaticano 1999, S. 13–20 und mit Hinweis von Priester darauf, dass mehrere Schriftsteller aus der Republik und

Vaticanus im Zusammenhang mit einer Landschaftsbezeichnung auf – unter dem Suchwort *Vaticanus collis*, dem Vatikanischen Hügel.[27] Nach Priester[28] fehlen bislang verwertbare Hinweise auf Kultpraxis und etwaige Heiligtümer des Gottes Vaticanus und außerhalb der von Priester analysierten Autorentexte sei weder im epigraphischen noch im archäologischen Befund eine Gottheit *Vaticanus* identifizierbar.

Eine andere Deutung nimmt Richard Mathes[29] vor: Der Name *Vatikan* habe eine etruskische Wurzel, das Gebiet sei relativ spät durch Rom den einstmals etruskischen Besitzern fortgenommen worden und sei später in das Patrimonium der Julisch-Claudischen Kaiserfamilie gefallen. Unter der Peterskirche sei ein bedeutsames Zeugnis erhalten: Auf einer Titelinschrift eines heidnischen Mausoleums der Nekropole an der Via Cornelia wird dieser Ort nach Mathes als „in vatic" bezeichnet – Vaticanus sei offensichtlich das Adjektiv, die Schriftsteller berichteten von „horti vaticani", den vatikanischen Gärten.

Gemeint ist in diesem historisch-geographischen Kontext der Vatikan als territorial umrissenes Gebiet, der Vatikanische Hügel, ohne dass sich hieraus (unmittelbare) völkerrechtliche Anknüpfungspunkte (zugunsten der Zeichnung der UN-Kinderrechtskonvention) ableiten lassen.

bb) Der Staat der Vatikanstadt als Konventions-Signatar?

Die Vatikanstadt ist eine Enklave innerhalb der Stadt Rom am Ufer des Tiber mit einer Fläche von 440.000 m^2 und einer maximalen Länge von 1.045 Metern und einer größten Breite von 850 Metern auf dem antiken Ager Vaticanus. Außer dem Territorium des Staates der Vatikanstadt umfasst die Jurisdiktion des Vatikans einige weitere Gebäude in- und außerhalb Roms, die das Recht der Extraterritorialität genießen.[30] Der Vatikanstaat besitzt ein eigenes Territorium, eine

Kaiserzeit Erklärungen zur sprachlichen Herkunft des Ausdrucks Vaticanus abgegeben haben, wobei Marcus Terentius Varro (116–27 v. Chr.) den frühesten Quellen zuzuordnen ist. Weitere Quellen zum Terminus Vaticanus benennt *Priester*, a. a. O. (S. 163, dort m. w. N. in Fn. 20): Aug. civ. 4,8, CCL 47, 104 (mit Zitat) aus der Spätantike von Augustinus von Hippo (354–430), für den Vaticanus einer der zahlreichen alten römischen Götter aus der „deorum turba" ist.

[27] *Priester*, Römische Quartalsschrift 2022, S. 155 (162 f. dort m. w. N. in Fn. 19): „*Paulus Diaconus, exc. ex libris Pompei Festi de verborum significatione 519: Vaticanus collis appelatus est, quod eo potitus sit populos Romanus vatum responso expulsis Etruscis*".

[28] *Priester*, Römische Quartalsschrift 2022, S. 155 (165).

[29] *Mathes*, Gedanken in St. Peter, dort in Kapitel XI, „Der Vatikan", S. 48, dort mit weiteren Ausführungen zum Tal zwischen Janiculus und Vatikan zum Zirkus der Caligula und Nero, auf dessen Spina der durch Fontana auf den Petersplatz versetzte Obelisk aus Ägypten einstmals stand.

[30] *Del Re*, S. 747 (748, dort m. w. N. auf *J. M. Sánchez de Muniaín*, Lo Stato della Città del Vaticano, in: Il Vaticano e Roma cristiana, Vatikanstadt 1975, S. 131–159, *W. Schulz*, Lo Stato della Città del Vaticano e la Santa Sede, in: Apollinaris 51 [1978], S. 661–674, *E. Gallina*, Il Vaticano è di tutti. Straordinari riconoscimenti internazionali della Città del Vaticano e die Beni extraterritoriali, Vatikanstadt 1991).

eigene Regierung, ein eigenes Volk und ist aufgrund seiner Staatlichkeit ein Völkerrechtssubjekt.[31] Die Vatikanstadt ist insofern ein „atypischer" Staat, als sie im Dienst eines anderen (Völker-)Rechtssubjekts, des Heiligen Stuhls, steht und als beide kraft ihrer Völkerrechtssubjektivität am völkerrechtlichen Verkehr teilnehmen.[32] Der Staat der Vatikanstadt wird teilweise als „äusserlich unbedeutend" angesehen, als *„offenkundig irrelevant in den großen internationalen geopolitischen Strategien"*, doch zugleich ein *„sichtbarer Schutz der absoluten Unabhängigkeit des Heiligen Stuhls"*.[33]

Insofern kommt dem Staat der Vatikanstadt (nicht nur in völkerrechtlicher Perspektive)[34] ein Sonderstatus zu, sondern hieraus resultieren auch spezifische Pflichten – und Rechte – bei der Rezeption von Völkerrecht.

Dieses völkerrechtliche Spezifikum gilt insbesondere für den Heiligen Stuhl als Völkerrechtssubjket sui generis.

cc) Der Heilige (bzw. Apostolische) Stuhl als Konventions-Signatar?

Vatikan, Vatikanstaat bzw. Vatikanstadt und Heiliger Stuhl werden (vorwiegend im nicht-kirchenrechtlichen Kontext) nicht selten synonym verwendet,[35] jedoch besteht ein bedeutender Unterschied zwischen dem Vatikan bzw. dem Staat der Vatikanstadt als ein Völkerrechtssubjekt einerseits und dem Heiligen Stuhl als ein weiteres Völkerrechtssubjekt andererseits: Heiliger Stuhl und Vatikanstaat sind zwei unterschiedliche Entitäten, die beide eigene Völkerrechtssubjektivität besitzen.[36] In der Völkerrechtspraxis wie auch im Schrifttum wird vom parallelen Bestehen zweier päpstlicher Völkerrechtssubjekte – Heiliger Stuhl einerseits, Staat der Vatikanstadt andererseits – ausgegangen.[37]

---

[31] *Haule*, S. 3, 6, 123, 132 f. – der Vatikanstaat sei kein Protektorat des Heiligen Stuhls, S. 349.

[32] *Mückl*, „Vatikanstadt", in: Staatslexikon, 8. Aufl., Bd. 5, 2021, S. 1264; *Mückl*, „Heiliger Stuhl", in: Staatslexikon, 8. Aufl., Bd. 2, 2018, S. 1586 (1588).

[33] *Ernesti*, S. 222, dort m. w. N. in den Fnn. 634, 635 [S. 333] auf Apparentemente irrilevante nelle grandi strategie geopolitiche internazioni: L'Osservatore Romano v. 05. 02. 2009, S. 1, sowie auf *„Presisio visibile dell'assolute indipendenzadella Santa Sede"*, ebd., mit weiterer Ergänzung von *Ernesti*, S. 257, der Heilige Stuhl habe in der internationalen Politik und Diplomatie deshalb Gewicht, weil der Papst *„Sprecher und Lenker der größten Religionsgemeinschaft der Welt ist"*. Zur historischen Entwicklung des Staates der Vatikanstadt siehe (m. zahlreichen Quellen und Nachweisen): *Gornig*, 3. Kap., § 14 V, Rdz. 76, S. 118 ff.

[34] → IV. 7.

[35] Zur Historie dieser Diktionen siehe *Köck*, S. 15 f. und S. 148, dort m. w. N. in Fn. 424 unter Bezugnahme auf den Lateranvertrag zu „Città del Vaticano" und „Stato della Città del Vaticano"; *Casaroli*, S. 93 f.; *Czerner*, KST 76, Kap. 2, S. 32, dort Fn. 3; *Schalk*, S. 296 [301]).

[36] *Köck*, S. 774, Nr. 1; *Haule*, S. 1.

[37] *Germelmann*, AVR 2009, S. 147; auf S. 152 vertiefend zur Völkerrechtssubjektivität des Heiligen Stuhls als einem der ältesten Teilnehmer am internationalen Geschehen, m. w. N. dort in Fn. 24 auf *Verdross*, Völkerrecht, 5. Aufl. 1964, S. 203, in Fn. 24 auf *Kunz*, The Status of the Holy See in International Law, American Journal of International Law 46 (1952), S. 308 f. (mit

Der Heilige Stuhl ist ein nichtterritoriales und nichtstaatliches Völkerrechtssubjekt *sui generis et iure proprio* aufgrund seiner Souveränität und Unabhängigkeit.[38]

Seit dem Jahr 1929 besitzt der Heilige Stuhl Völkerrechtssubjektivität, durch welche er sowohl den Vatikanstaat, als auch die katholische Weltkirche vertritt.[39] Vatikanstaat und Heiliger Stuhl sind nach Wortlaut, Konzeption und Zielsetzung des Staatsvertrags von 1929 zwei verschiedene Subjekte des Völkerrechts und ihr Verhältnis zueinander unterscheidet sich grundsätzlich von den Beziehungen, wie sie im übrigen Völkerrechtssubjekte unterhalten: Die *ratio essendi* des Vatikanstaats ist die Garantie der Souveränität des Papstes, er hat also gegenüber Papst bzw. Heiligem Stuhl dienende Funktion, weshalb der Papst als Oberhaupt der

---

Verweis auf die „Crown", im englischen Recht, die mit der Person des Königs nicht identisch ist), *F.A.v.d. Heydte*, Die Stellung und Funktion des Heiligen Stuhls im heutigen Völkerrecht, Österreichische Zeitschrift für öffentliches Recht II n. F., 1950, S. 572 (574), *Balladore Pallieri*, Die völkerrechtliche Rechtspersönlichkeit des Staates Città del Vaticano, Zeitschrift für öffentliches Recht XI, 1931, S. 505 (517), *Arangio-Ruiz*, On the Nature of the International Personality of the Holy See, Revue belge de droit international, 1996, S. 354 (358 ff.), *Bettetini*, Sul titolo guiridico di partecipazione della Santa Sede alle organizzazioni e alle conferenze internazinali, Il diritto ecclesiasitico, 1996, S. 714 (719); *Germelmann*, S. 150, dort Fn. 13 auf *I. Cardinale*, Le Saint-Siège et la diplomatique, 1962, S. 40, sowie auf *Kühn*, Die Rechtsbeziehungen des Heiligen Stuhls zum Europarat, 1999, S. 70/80, auf *Oechslin*, Die Völkerrechtssubjektivität des Apostolischen Stuhls und der katholischen Kirche, 1974, S. 21 ff. Auf S. 155 problematisiert *Germelmann* (dort m. w. N. in Fn. 44) die dogmatische Begründung der Völkerrechtssubjektivität des Heiligen Stuhls. Siehe auch *Kalbusch*, S. 199 (dort neben der Völkerrechtssubjektivität auch unter dem Aspekt der Staatlichkeit des Heiligen Stuhls, welche *Kalbusch* negiert, S. 200, dort auch m. w. N. in Bezug auf päpstliche Lehraussagen zur Völkerrechtssubjektivität des Heiligen Stuhls und dort in Fn. 172 unter Hinweis auf *Pius XI.*, Sermo ad parochos Urbis, AAS 21, 1929, S. 105 sowie auf *Ewald Bierbaum*, Die völkerrechtliche Stellung des Heiligen Stuhls und des Kirchenstaates vor und nach den Lateranverträgen, Münster, 1931, S. 47); *von Arnauld*, S. 21, Rdz. 61 (dort m. w. N. in Fn. 2 auf *C. Ryngaert*, The Legal Status of the Holy See, GoJIL [Goettingen Journal of International Law] 3, 2011, 829, *G. Westdickenberg*, Holy See, MPEPIL [Max Planck Encyclopedia of Public International Law, hrsgg. von R. Wolfrum, A. Peters] 6, 2006); kritisch demgegenüber *Peters/Petrig*, S. 287 (Identität: Es handele sich um ein Völkerrechtssubjekt, das entweder unter dem „Etikett" Heiliger Stuhl *oder* unter dem „Etikett" Vatikan als „weltliche Seite" auftrete, aber nie doppelt), ILC (International Law Commission) Bericht vom 19. 4. 2022, A/CN.4/752 §§ 113 ff. sowie *J. Morss*, The International Legal Status of the Vatican/Holy See Complex, EJIL (European Journal of International Law) 26, 2015, 927.

[38] *Haule*, S. 49, dort m. w. N. auf Catholica Ecclesia et Apostolica Sedes, moralis personae rationem habent ex ipsa ordinatione divina, vgl. Can. 331 CIC 1983 und m. w. N. auf *Kunz*, The status of the Holy See in international law, AJIL 46, 1952, S. 312, *Haule*, S. 69, 84. Siehe auch *Gornig*, 3. Kap., § 16 IV, Rdz. 9, S. 133. Demgegenüber lehnt *Köck*, S. 774 Nr. 1, die Qualifizierung des Heiligen Stuhls als Völkerrechtssubjekt *sui generis* als dogmatisch unzutreffend ab, weil jedes Völkerrechtssubjekt seinem Wesen nach *sui generis* sei.

[39] *Ernesti*, S. 112, m. w. N. dort in Fn. 260/S. 316 auf *Alexander Hollerbach*, Die Lateranverträge im Rahmen der neueren Konkordatsgeschichte, Römische Quartalsschrift 75, 1980, 51–75; *Germelmann*, AVR 2009, S. 147 (151: im konkreten Fall sei der jeweilige Sinnzusammenhang entscheidend, dort in Fn. 15 m. w. N. auf *Schwendenwein*, Der Papst, in: Listl/Schmitz [Hrsg.], Handbuch des katholischen Kirchenrechts, 2. Aufl., 1999, S. 345).

Kirche zwingend zugleich Souverän des Vatikanstaates ist [Art. 26 II, Art. 3 I des Staatsvertrages – Lateranvertrag].[40]

Der Heilige Stuhl (als „geistige Macht") besitzt Völkerrechtssubjektivität auch ohne territoriale Grundlage und er verfügt über den Staat der Vatikanstadt über ein Territorium, weshalb er im internationalen Bereich in einer *doppelten* Rolle erscheine: einerseits als oberstes Organ der katholischen Kirche, andererseits als Souverän des Staates der Vatikanstadt.[41]

Der Heilige Stuhl als souveränes Völkerrechtssubjekt ist dabei zu unterscheiden von der Völkerrechtssubjektivität des Vatikanstaates = doppelte internationale Rechtspersonalität des Heiligen Stuhls, wobei der Vatikanstaat nach innen eine eigene Gesetzgebungsbefugnis hat, nach außen internationale Verträge schließen und den Beitritt zu internationalen Konventionen erklären kann.[42]

In der Völkerrechtslehre kann die internationale Rechtspersönlichkeit des Heiligen Stuhls gekennzeichnet werden mit Begriffen wie faktische Präsenz in internationalen Beziehungen, unabhängig von territorialer Souveränität, Territorialhoheit über den Kirchenstaat und über die Vatikanstadt, persönliche Souveränität des Papstes.[43] Der Heilige Stuhl genießt Völkerrechtssubjektivität unabhängig von

[40] Lateranvertrag: Acta Apostolicae Sedis: Inter Sanctam Sedem et Italiae Regnum conventiones AAS 21, 1929, 209, Nachweis in *Mückl*, 2022, S. 263 (284), S. 269, Fnn. 41, 42 sowie in *Germelmann*, AVR 2009, S. 147 (149, dort Fn. 10). In einer persönlichen Mitteilung (16. Juni 2022) wies Prof. Dr. Dr. Stefan Mückl auf diesen fundamentalen Unterschied, vor allem im Hinblick auf die Reichweite der Bindungswirkung völkerrechtlicher Erklärungen, hin.

[41] *Köck*, S. 775, Nr. 3. Siehe auch *Mikat*, Bd. 2, S. 869 (888, dort m. w. N. in Fn. 59). Der Heilige Stuhl ist dabei nicht wie ein Staat oder eine Internationale Organisation eine abstrakte Verbandseinheit, sondern er ist personalisiert durch den Papst (*Epping*, in: Ipsen, Völkerrecht, 3. Kap., § 11 Rdz. 1, S. 437, dort neben Hinweis auf Can. 361 CIC in Fn. 2100 auf Art. 1 des Grundgesetzes des Vatikanstaates vom 26. 11. 2000 [Acta Apostolicae Sedis, Ergänzungsband, 01. 02. 2001], Nachweis auch in *Germelmann*, AVR 2009, S. 147 [163 f. „Legge fondamentale", dort in Fn. 103: AAS Suppl. 2000, S. 75 vom 26. 11. 2000]; zum aktuellen Grundgesetz des Staates der Vatikanstadt vom 13. 05. 2023, Inkrafttreten: 07. 06. 2023, siehe *Galgano* v. 13. 05. 2023, das dem Papst als Oberhaupt des Vatikanstaates auch nach Inkrafttreten der reformierten Verfassung des Staates der Vatikanstadt vom 07. 06. 2023 die Fülle der gesetzgebenden, ausführenden und richterlichen Gewalt zuschreibt (→ II. 1.).

[42] *Schulz*, § 32, S. 16/302; dem folgend: *Epping*, in: Ipsen, 3. Kap. § 11 Rdz. 3, S. 439.

[43] *Kalbusch*, S. 195 unter Bezugnahme auf *Oechslin*, S. 78 ff. (s. o.), so auch bereits *Ciprotti*, Concilium 1970, S. 556 (558): „*Nunmehr anerkennt die vorherrschende Lehre dem Hl. Stuhl die Souveränität auf dem internationalen Gebiet und sieht sogar im Hl. Stuhl die internationale Rechtspersönlichkeit der katholischen Kirche verkörpert unabhängig von der territorialen Souveränität, die der Hl. Stuhl über das Territorium der Vatikanstadt besitzt*". Der Papst sei nicht nur das sichtbare Oberhaupt der katholischen Kirche, sondern seit 1929 auch des Vatikanstaates. Zur Staatsqualität des Vatikans in völkerrechtlicher Perspektive: *Ciprotti*, Concilium 1970, S. 556 (559, dort in Anm. 4 sowie mit Hinweis auf *J. Puente Egido*, Personalidad international de la Ciudad del Vaticano, Madrid, 1965, 12. 99. 103).

jeder staatlichen Gewalt und leitet diese aufgrund eigener Souveränität oder aus den Bedürfnissen der internationalen Gemeinschaft ab.[44]

„Der Heilige Stuhl, vollberechtigtes Mitglied der internationalen Gemeinschaft, nimmt eine Sonderstellung ein, seine Souveränität ist geistlicher Natur, seine – ebenfalls geistliche und religiöse – Autorität erstreckt sich auf Hunderte Millionen von Menschen auf der ganzen Welt, die den verschiedensten Völkern und Ländern angehören."[45]

Das völkerrechtliche Handeln des Heiligen Stuhls bezieht sich auf Materien, die mit dem kirchlichen Heilsauftrag in Verbindung stehen.[46]

Als „Oberster Hirte der Gesamtkirche" (Sommo Pontefice della Chiesa universale) einerseits sowie als „Souverän des Vatikanstaates" (Sovrano dello Stato della Città del Vaticano) andererseits ist der Papst in Personalunion sowohl Oberhaupt der Kirche wie zugleich auch Oberhaupt eines Staates und er bündelt in seiner Person geistliche wie weltliche Gewalt.[47]

Die Bündelung der drei Funktionen (Legislative, Judikative und Exekutive) beim Heiligen Stuhl ist nur vor dem Hintergrund des kirchlichen Selbstverständnisses des Papstes als Stellvertreter Christi verständlich. Der frühere Kardinalsstaatssekretär Casaroli[48] spricht von einem *ius imperandi* (Befehlsgewalt), die alle Eigenschaften einer echten souveränen Jurisdiktion besitze, wobei weniger die weltliche Herrschaft des Papstes über den Kirchenstaat, sondern eher seine herausragende Position als Oberhaupt der Kirche von zentraler Bedeutung sei.

---

[44] *Kalbusch*, S. 199. Der Abschluss des Lateranvertrages beweise die Qualifikation des Heiligen Stuhls als Völkerrechtssubjekt, *Haule*, S. 128, dort m. w. N. in Fn. 22 auf *D'Avack*, Vaticano e Santa Sede, S. 92, *Haule*, S. 349.

[45] *Casaroli*, S. 93 (95 f.): siehe auch *Tauhran*, La doctrine pontificale des relations internationales d'après les discours du Pape Jean-Paul II au Corps Diplomatique, in: D'Onorio (Hrsg.), Le Saint-Siège dans les relations internationales, 1989, S. 9, *Martino*, La Chiesa e l'ordine internazionale, RivSPI 70, 2003, III, S. 333/355 ff., *Buonomo*, The Holy See in the contemporary international community, CivJust, 2004 II, 8 ff. (Nachweise in: *Haule*, S. 84, dort Fn. 61).

[46] *Germelmann*, S. 157 (dort m. w. N. in Fn. 54 auf den ehemaligen Kardinalsstaatssekretär *Casaroli*, Der Heilige Stuhl und die Völkergemeinschaft. Reden und Aufsätze, hrsgg. von H. Schambeck, 1981, S. 45 ff., 127), *Germelmann*, S. 176; siehe *Mikat*, Bd. 2, S. 869 (884: mit der Frage, für welches Rechtssubjekt der Heilige Stuhl auftritt – als Souverän des Staates der Vatikanstadt oder als Oberhaupt der katholischen Kirche). Zum Heilsauftrag der Kirche → I. 2. c), IV. 7.

[47] *Mückl*, 2022, S. 263 (264), so auch *Köck*, S. 170 (in Bezug auf die Suspension 1809–1815 und nach dem Ende des Kirchenstaates nach 1870), S. 311.

[48] *Casaroli*, S. 93 (96, 97). Siehe auch *Kingata*, Festschrift für Pree, KST 65, 2015, S. 1019 (1022). Zum päpstlichen Interpretations- und Jurisdiktionsprimat: *Czerner*, KST 76, dort Kap. I 1 (S. 23), II 1 (S. 30), 2 Fn. 3 (S. 32), Kap. II 2c, bb Fn. 10, Kap. II 2d, bb (S. 37), cc (S. 55), Kap. III 1a (S. 69), Kap. V 4 (S. 120), Kap. VII 1f (S. 128), 4c (S. 142), VIII 4, 25 (S. 147 ff.). Zum Jurisdiktionsprimat des Papstes siehe auch *Mückl*, 2022, S. 263 (280, dort m. w. N. in den Fnn. 123, 124: Kraft seines Amtes verfügt der Papst in der Kirche über die höchste, volle, unmittelbare und universale ordentliche Gewalt [„*suprema, plena, immediata et universalis potestas ordinaria*"]; das Amt hat Christus allein dem Apostel Petrus übertragen und es dauert in seinen Nachfolgern fort).

„Der Hl. Stuhl ist Souverän des Staates der Vatikanstadt (Status Civitatis Vaticanae) in einem echten, völkerrechtlich allen anderen gegenüber gleichberechtigten souveränen Staat mit Staatsgebiet, Staatsvolk und Staatsgewalt“.[49] Zumeist trete der Papst als oberstes Organ der katholischen Kirche auf und bediene sich dafür des Heiligen Stuhls; lediglich bei ausdrücklicher Bezugnahme handele er als Oberhaupt des Vatikanstaates, dies sei in den seltensten Fällen gegeben[50] (vgl. die 2. Konstellation im Rahmen der möglichen völkerrechtlichen Handlungsformen des Heiligen Stuhls in Bezug auf den Vatikan bzw. den Staat der Vatikanstadt).

dd) Völkerrechtliche Derivate und Konstellationen hinsichtlich des Konventions-Signatars

Grundsätzlich können als Vertragspartei im Völkerecht sowohl der Heilige Stuhl, als auch der Staat der Vatikanstadt[51] auftreten (z. B. im Rahmen multilateraler Verträge): Die Römische Kurie entscheidet für die Frage der völkervertraglichen Bindung danach, ob die Vertragsmaterie eher den geistlichen Heilsauftrag der römisch-katholischen [d. h. auch räumlich-universal allumfassenden] Kirche berührt (dann Heiliger Stuhl), oder eher staatlich-gebietsbezogen ist (dann Staat der Vatikanstadt).[52] Auf dieser Basis sind drei völkerrechtliche Konstellationen mit unterschiedlichen, jeweils korrespondierenden kirchenrechtlichen Implikationen denkbar, welche im Weiteren in den unterschiedlichen völkerrechtlichen Konstellationen im Zusammenhang mit der UN-Kinderrechtskonvention, der Wiener Vertragsrechtskonvention und mit dem Grundgesetz des Heiligen Stuhls zu diskutieren und auszudifferenzieren sind:

– *1. Konstellation*: Vatikan bzw. Staat der Vatikanstadt, oder
– *2. Konstellation*: Heiliger Stuhl → völkerrechtlich verbindlich handelnd (nur) für den Staat der Vatikanstadt/Vatikan, oder

[49] So *Schalk*, S. 296 (301).

[50] *Schalk*, S. 296 (302).

[51] In diesem Zusammenhang völkerrechtlicher Verträge und deren Bindungswirkung kann möglicherweise das Grundgesetz des Staates der Vatikanstadt vom 13. Mai 2023 (→ II. 1.) eine Rolle spielen (Papst Franziskus: Legge fondamentalo dello stato della città del Vaticano).

[52] *Mückl*, „Vatikanstadt“, in: Staatslexikon, Bd. 5, S. 1264; *Köck*, S. 773: Heiliger Stuhl im internationalen Bereich als spirituelle und temporale Macht; *Haule*, S. 350: Heiliger Stuhl: „spirituell/moralisch“, Vatikanstaat: „weltlich“, siehe zu diesem Unterscheidungskriterium auch die Diskussion unter Gegenüberstellung der unterschiedlichen Auffassungen in *Kalbusch*, S. 203: „technischer Zweck“ → Staat der Vatikanstadt als teilnehmendes Völkerrechtssubjekt, primär religiös oder moralisch → Heiliger Stuhl als teilnehmendes Völkerrechtssubjekt, wobei *Kalbusch*, S. 204, nicht auf den materiellen Gehalt des internationalen Instruments abstellen möchte, weil es der Heilige Stuhl sei, welcher die Verpflichtungen eingehe, wobei der Heilige Stuhl als Souverän über den Staat der Vatikanstadt auch verpflichtet sei sicherzustellen, dass der Staat der Vatikanstadt die vom Heiligen Stuhl eingegangenen völkerrechtlichen Verpflichtungen erfüllt [dieses Faktum ist bedeutend für die völkerrechtlichen Bindungswirkungen, welche sich aus der Signatur der UN-KRK und der Signatur auch der Wiener Vertragsrechtskonvention → II. ergeben].

– *3. Konstellation*: Heiliger Stuhl → völkerrechtlich verbindlich handelnd für die Weltkirche (auch unter Einschluss des ihm zu- bzw. untergeordneten Staates der Vatikanstadt) und somit zugleich auf der Ebene des in dieser Konstellation universal geltenden kanonischen Rechts (Codex Iuris Canonici).

Die Beantwortung dieser Frage(n) hat demnach weitreichende völkerrechtliche – und damit implizit auch kirchenrechtliche – Konsequenzen im Hinblick auf die territoriale bzw. die universale (Reichweite der) Bindungswirkung der UN-Kinderrechtskonvention, deren „Hauptartikel" 3 (Kindeswohlmaxime) als Völkergewohnheitsrecht nach Art. 38 lit. b des IGH-Statuts (→ I. 1.) zu qualifizieren ist und deren Geltungsrang und Geltungskraft dadurch zusätzlich verstärkt wird. Im Falle der Vertragsunterzeichnung der UN-Kinderrechtskonvention durch den Heiligen Stuhl ist somit entscheidend, ob der Signatur eine grundsätzlich universal-weltweit-weltkirchliche Wirkung zukommt bzw. zukommen soll (3. der o.g. Konstellationen) – oder ob auch bei der Unterzeichnung seitens des Heiligen Stuhls lediglich das Gebiet des Staates der Vatikanstadt territorial vertraglich gebunden sein soll (2. Konstellation).

Während sich die UN-KRK weltweit an die einzelnen Unterzeichnerstaaten, wie z. B. den Signatarstaat der Bundesrepublik Deutschland und deren Staatsgebiet (→ I. 1.), richtet, welche die Konvention als Zielvorgabe nach den Vorgaben des jeweils eigenen Rechts[53] auf dem gesamten Territorium der Bundesrepublik Deutschland umzusetzen hat, ist der Vatikan, [nicht zwangsläufig jedoch] der Staat der Vatikanstadt in Bezug auf das vatikanische Territorium in der Größe von 0,44 km^2,[54] als solcher territorial auf das Hoheitsgebiet des Vatikanstaates begrenzt. Demgegenüber gilt das mit dem Heiligen Stuhl verknüpfte römisch-katholische Kirchenrecht, der Codex Iuris Canonici, nicht nur qua territorial-herrschaftlicher Verbindung bzw. Symbiose auf dem Gebiet des Staates der Vatikanstadt, sondern infolge seines universalen Verständnisses und Geltungsanspruchs weltweit und weltkirchlich in allen Staaten dieser Erde römisch-katholischen Bekenntnisses.

---

[53] Hierfür sprechen z. B. die Formulierungen *„im Einklang mit dem Gesetz"* und *„entsprechend dem Gesetz"* in Artt. 37 lit. b, 40 II lit. b UN-KRK im Kontext innerstaatlich zulässiger freiheitsentziehender Maßnahmen, so dass den Signatarstaaten – insoweit – ein eigener legislativ-juridisch-exekutivischer Gestaltungsfreiraum mit dem Ziel der Wahrung einer „residualen" territorialen Souveränität eingeräumt ist. Zu der Frage der innerstaatlichen Geltung von völker- und europarechtlichen Regelungen und den dadurch auch gewährten Freiräumen der jeweiligen Signatarstaaten zur (nationalen) Ausfüllung der Begriffe „gesetzlich" und „rechtmäßig" → III. 1. a) sowie *Czerner*, Vorläufige Freiheitsentziehung, Drittes Kap. III 3 a, S. 335, dort m. w. N. in Fn. 1339 in Bezug auf die (vergleichsweise) zurückhaltende Judikatur des Europäischen Gerichtshofs für Menschenrechte in Straßburg zugunsten der Wahrung von nationalen Rechtsstandards.

[54] *Germelmann*, AVR 2009, S. 147 (161, dort m. w. N. in Fn. 81 auf *Perrin*, Droit international public, 1999, S. 586: *„des micro-Etats comme Saint-Marin et Andorre font à côte figure de véritables empires"* sowie auf *Ch. Rousseau*, Droit international public, t. II, 1974, S. 376: *„un quartier de ville élevé à la dignité d'Etat"*).

– Um die Ausgangsfrage – in einem ersten Schritt – zu beantworten: Unterzeichnet wurde die UN-Kinderrechtskonvention nicht vom Vatikan (bzw. vom Staat der Vatikanstadt), sondern vom Heiligen Stuhl, welcher als vierter Signatar[55] und eigenständiges Völkerrechtssubjekt die UN-Kinderrechtskonvention ratifiziert hat; jene ist für den Heiligen Stuhl am 02.09.1990 in Kraft getreten.[56] Die römisch-katholische Kirche sei diesem Abkommen beigetreten, um die Familien zu stärken und das Engagement der politisch Verantwortlichen für Bildung, Gesundheit und soziale Fürsorge zu unterstützen.[57]

Vor diesem Hintergrund sind die Folgefragen hinsichtlich der (nicht lediglich) räumlichen Geltungs-Reichweite der UN-Kinderrechtskonvention und deren „Ausstrahlungswirkung" auf den Codex Iuris Canonici zu diskutieren. Dies ist insbesondere im Zusammenhang mit der Behandlung des Missbrauchs von Bedeutung:[58] Auf kirchenrechtlicher Ebene scheint die Etablierung der Kinderrechtskonvention der Vereinten Nationen von besonderer Relevanz zu sein, um dadurch neben dem jeweiligen staatlichen Recht ein paralleles weltumspannendes kinderschützendes Instrumentarium kirchenrechtlicher Art zu erhalten.[59]

---

[55] Nr. 16 der „Bemerkungen des Heiligen Stuhls zu den Schlussbemerkungen des Ausschusses für die Rechte des Kindes" https://www.vatican.va/roman_curia/secretariat_state/2014/documents/rc-seg-st-20140205_concluding-observations-rights-child_en.html., dort auch zur Ratifizierung der Wiener Vertragsrechtskonvention durch den Heiligen Stuhl → II. 2.–7.

[56] *Germelmann*, AVR 2009, S. 147 (171, dort m. w. N. in Fn. 155 auf UNTS 1577, S. 3); BGBl. 1992 II v. 10.07.1992, ausgegeben am 26.09.1992, S. 990 (992): Am gleichen Tage trat die UN-KRK u. a. in Schweden, Ägypten, Bolivien, Ecuador, El Salvador, Ghana, Guatemala, Guinea, Kenia, Mauritius, Mongolei, Senegal, Sierra Leone, Sudan, Togo, Vietnam in Kraft. *Kalbusch*, S. 168 und S. 259, betont die Reichweite der Bindungswirkung: Da der Heilige Stuhl Vertragsstaat der Kinderrechtskonvention ist, habe diese konsequenterweise auch dann innerkirchlichen Rechts- und Anwendungsvorrang, wenn das staatliche Zivilrecht, auf das der CIC verweist, der Kinderrechtskonvention widerspricht. – Dieser Ansicht vermag unter den Voraussetzungen zugestimmt werden, dass (1) der betreffende Staat die UN-KRK unterzeichnet hat (davon ist angesichts der 196 Signatare auszugehen) und dass entweder (2) eine mit der UN-KRK kompatible Regelung im CIC bereits existiert, welche mit den Vertragsinhalten der UN-KRK in Konflikt geraten könnte, oder dass (3) bislang keine bzw. keine vergleichbare CIC-Referenznorm zu einem bestimmten Schutzrecht aus der UN-KRK existiert, der CIC also spezifische Kinderrechte (noch) nicht ausformuliert und rechtlich kodifiziert hat. Dann würde sich die Implementationspflicht allenfalls konventionsspezifisch aus Art. 3 UN-KRK (→ III. 2.) ableiten lassen, zumal diese Norm Völkergewohnheitsrecht beinhaltet und weil der Heilige Stuhl als Signatar neben den Vorgaben der UN-KRK auch an Art. 26, mittelbar Art. 27, Artt. 29, 31 I, dritter Präambelabsatz der WVK gebunden ist (→ II. 2. ff.).

[57] So *Wittmann*, Schweizerische Kirchenzeitung 2016, S. 226, allerdings ist hierbei zusätzlich explizit der Aspekt des Lebensschutzes (vgl. Can. 1397 CIC zu erwähnen, den der Heilige Stuhl im Zusammenhang mit seinem Beitritt zur UN-KRK gestärkt sehen wollte → III. 1., IV. 2).

[58] Berechtigt *Ernesti*, S. 215 → III. 3. b), IV. 5.

[59] Siehe allerdings zu den Besonderheiten des kirchlichen Rechts gegenüber dem staatlichen Recht in Bezug auf die Art und Intensität des Rechtsgüterschutzes und des kirchenrechtsspezifischen Heilsbezuges als Kristallisations- und Zielpunkt des Codex Iuris Canonici → II. 5.–7., IV. 5. b), 7. b) bb) (2) und *Czerner*, KST, Bd. 76, Kap. I 1, III 1, und dort S. 24.

b) Beobachterstatus des Heiligen Stuhls bei den Vereinten Nationen und Teilnahme an der UN-Generalversammlung

Am 21. März 1964 ersuchte der Heilige Stuhl – nicht der Staat der Vatikanstadt – um den Status eines Ständigen Beobachters bei den Vereinten Nationen: In seiner Rede vor der Generalversammlung am 4. Oktober 1965 wies Papst Paul VI. darauf hin, die vatikanische Staatlichkeit sei sui generis, „*eigentlich nur symbolischer Natur*".[60] Seit dem Jahr 1964 ist in New York ein Ständiger Beobachter des Heiligen Stuhls akkreditiert, der regelmäßig zur Generalversammlung, den Sitzungen des Sicherheitsrates und des Wirtschafts- und Sozialrates sowie der zugeordneten Komitees, Kommissionen und Boards eingeladen ist, um am globalen Dialog der Debatten in der Organisation teilzunehmen; der Beobachterstatus wurde von der 58. Generalversammlung bestätigt und dessen Inhalt vom Generalsekretär in einer vom Rechtsamt des Sekretariats verfassten Note ausgestaltet.[61]

---

[60] *Ernesti*, S. 173, dort m. w. N. in Fnn. 471, 472/S. 326 darauf, der Heilige Stuhl besitze nach der UN-Resolution 58/314 zwar nahezu alle Rechte wie die Mitglieder der UNO, jedoch verfüge er über kein Stimmrecht, auf das er um der eigenen Neutralität willen verzichtet hatte sowie mit Hinweis auf den Notenwechsel des Jahres 1964 zwischen dem Staatssekretariat und UN-Generalsekretär Sithu UThant wegen der Etablierung eines Beobachterstatus und mit Hinweis auf *Köck*, S. 730, dort m. w. N. in den Fnn. 201–205 (mit Notenwechsel vom 31. März und 6. April 1964 wurde einvernehmlich die Stelle eines Ständigen Beobachters bei den Vereinten Nationen geschaffen, in Fn. 203 und Fn. 204 von S. 730 verweist Köck auf die Schilderung des Sachverhaltes durch *de Riedmatten*, S. 561 [565, 570, dort Anm. 16 und 19 mit Hinweis auf einen Notenaustausch vom 16. und 28. Oktober 1957, in welchem das Generalsekretariat die Beziehungen zwischen den Vereinten Nationen und dem Hl. Stuhl definierte, zudem sei der Hl. Stuhl durch die Delegationen vertreten, die das Staatssekretariat bei den verschiedenen Sessionen der unterschiedlichen Organe der Vereinten Nationen akkreditiert, der vollständige Text der Noten ist enthalten im Werk von *Msgr. E. Gallina*, Le Organizzazioni internazionali e la Chiesa Cattolica, 1967, S. 73–74, 76–77 sowie *R. A. Graham*, Vatican Diplomacy, Princeton University Press 1959, S. 346, Anm. 11]). Diese Stellungnahmen wurden nach *de Riedmatten*, Concilium 1970, 561 (565) ergänzt durch die Note vom 7. Januar 1960, worin der Generaldirektor der AIEA allen Mitgliedern der Agentur offiziell mitteilte, dass es der Heilige Stuhl ist, welcher der Agentur als Mitglied angehöre sowie auf *Jean Lucien-Brun*, Le Saint-Siège et les Institutions Internationales, 10 AFDI (Annuaire français de droit international 1964, S. 536–542) sowie m. Hinweis auf AAS 57, 1965, S. 877–885.

[61] *Ernesti*, S. 174 sowie bereits *Kalbusch*, S. 280, dort m. w. N. in den Fnn. 172–174 auf *Hyginus Eugene Cardinale*, The Holy See and the International Order, Gerrards Cross, 1976, S. 93 f., *Robert John Araujo*, The international personality and sovereignty of the Holy See, in: Catholic University Law Review, Bd. 50, Winter 2001, Nr. 2, S. 291 ff. [316 f.], *Giovanni Barberini*, Chiesa e Santa Sede nell'ordinamento internazinale, esame delle norme canoniche, 2. Aufl. Turin 2003, S. 224 sowie auf Resolution 58/314 vom 16. Juli 2004, UN Doc. A/RES/58/314 und auf UN Doc A/58/87). Nach (unverständlich-restriktiv-einseitiger) Ansicht von *Peters/Petrig*, S. 287, könne der Heilige Stuhl nicht Mitglied der Vereinten Nationen sein, weil er kein Staat ist (vgl. Art. 4 UN-Charta: „*(1) Mitglied der Vereinten Nationen können alle sonstigen friedliebenden Staaten werden, welche die Verpflichtungen aus dieser Charta übernehmen und nach dem Urteil der Organisation fähig und willens sind, diese Verpflichtungen zu erfüllen.*") – weiterführend hierzu *Kalbusch*, S. 256, dort m. w. N. in Fn. 10 zur Implied-Powers-

Während des Pontifikates von Papst Paul VI. ist die Zahl der diplomatischen Vertretungen beim Heiligen Stuhl von 63 auf 108 angewachsen und die Souveränität des Heiligen Stuhls sei Ausgangspunkt, nicht Zielpunkt der vatikanischen Außenpolitik.[62] Die Mitarbeit des Heiligen Stuhls in den Organisationen internationaler Zusammenarbeit wurde durch Papst Paul VI. aufgenommen und gezielt weiterentwickelt.[63] Der Heilige Stuhl unterhält diplomatische Beziehungen mit 172 Staaten und Beziehungen besonderer Natur, u. a. mit der Palästinensischen Befreiungsorganisation (PLO).[64]

In internationalen Beziehungen geht der Heilige Stuhl völkerrechtliche Verpflichtungen ein und es ist nicht der Vatikan bzw. der Staat der Vatikanstadt, der Beziehungen zu den Vereinten Nationen unterhält. Insofern ist es folgerichtig, dass nicht zuletzt – angesichts der weltpolitischen Bedeutung dieses Vertragswerkes der Vereinten Nationen – der Heilige Stuhl – und nicht der Vatikan/Staat der Vatikanstadt – die UN-Kinderrechtskonvention unterzeichnet hat und deshalb grundsätzlich auch für eine weltweite Umsetzung in seinem gesamten Hoheitsgebiet mit den ihm zur Verfügung stehenden Mitteln kirchenrechtlicher Art, insbesondere mit dem Instrumentarium des CIC, verantwortlich ist (→ I. 2. a), 3. Konstellation, V). Freilich vermag der Heilige Stuhl infolge seiner übergeordneten Rolle und seiner weltwei-

Regel im Rahmen der teleologischen Auslegung, wobei angenommen werde, dass die Organisation jene Befugnisse habe, die wesentlich sind, um ihre Aufgaben und Pflichten durchzuführen und zu erfüllen, m. w. N. zu IGH: Reparations for Injuries Suffered in the Service of the United Nations, Advisory opinion, ICJ-Reports, 1949, S. 174, 182; der Heilige Stuhl sei Vertragspartei der Genfer Konventionen (→ I. 1., IV.). Aus der Ratifikationserklärung des Vertrages über das umfassende Verbot von Nuklearversuchen aus dem Jahr 1996 werde deutlich, dass der Heilige Stuhl die Verpflichtung auch für den „Vatikanstadt-staat" übernehme (so *Peters/Petrig*, S. 288). Dem ist zwar insoweit zuzustimmen, jedoch erwächst aus der Bindungswirkung zugunsten des Staates der Vatikanstadt keine Eigenverantwortlichkeit bzw. völkerrechtliche „Dominanz" des Staates der Vatikanstadt, sondern dem Heiligen Stuhl kommt infolge seiner überragenden Völkerrechtssubjektivität auch die völkerrechtliche Mitentscheidungsbefugnis auch in Bezug auf den Staat der Vatikanstadt zu (→ I. 2. a), 2. Konstellation).

[62] *Ernesti*, S. 163, dort m. w. N. in Anm. 439 und 441 [S. 324/352] auf Andrea Riccardi, Le politiche della chiesa, 1997, S. 148 sowie auf: „Minuscule et quasi symbolique souveraineté temporelle: le minimum nécessaire pour être libre d'exercer sa mission spirituelle et assurer ceux qui traitent avec lui qu'il est indépendant de toute souveraineté de ce monde" (AAS 57, 1965, S. 877).

[63] *Ernesti*, S. 172, dort m. w. N. in Anm. 467 (S. 326 auf *Maurice Flory*, Paul VI e les organisations internationales, in: Paul VI. et la vie, 1992, S. 96–104, *Maria Luisa Paronetto*, Paolo VI e gli organismi internazionali, in: Educazione, intellettuali e società in G. B. Montini-Paolo VI., Tagung Mailand 16.–17. 11. 1990, Brescia – Rom 1992, S. 136–149, *Jorri Duursma*, Fragmentation and the International Relations of Micro-states, Self-determination and Statehood, Cambridge 1996, S. 374–420, *Roman A. Melnyk*, Vatican Diplomacy at the United Nations, A History of Catholic Global Engagement, Lewiston 2009, *Silvano Maria Tomasi*, The Vatican in the Family of Nations, Diplomatic Actions of the Holy See at the UN and Other International Organizations in Geneva, Cambridge, 2018, S. 10 ff.).

[64] *Gornig*, 3. Kap., § 16 IV, Rdz. 9, S. 133. – Zur Berufung des Heiligen Stuhls durch die UNO zum Vollmitglied eines ihrer Organe → II. 6. a) bb) (1) im Zusammenhang mit der Wiener Vertragsrechtskonvention.

ten Befugnisse auch für das Territorium des Staates der Vatikanstadt die verbindliche Wirkung der von ihm eingegangenen völkerrechtlichen Verträge festzusetzen (→ I. 2. a), 2. Konstellation), was wiederum für die Reichweite der Verpflichtungen aus der UN-Kinderrechtskonvention wie auch aus der Wiener Vertragsrechtskonvention (→ II.) bedeutsam ist.

Dies sind – neben der vorerwähnten Aussage von Papst Paul VI. – weitere völkerrechtliche Merkmale, welche für die Bindung des Heiligen Stuhls als Völkerrechtssubjekt „sui generis“[65] an die UN-Kinderrechtskonvention sprechen.

c) Die Konzils-Konstitution *Gaudium et spes* als Indikator, Initiator und Plädoyer zugunsten kirchlich rezipierter Menschenrechte

aa) *Gaudium et spes* (GS 41), Menschenrechte und Lanzarote-Konvention des Europarates

Symbolpolitik und politische Rhetorik entfalten insbesondere im Zusammenhang mit Menschen- und Kinderrechten vor allem dort ihre Wirkung, wo (bzw. wenn oder weil) der Schutz besonders vulnerabler Gruppen zur Disposition steht. Die faktische Anerkennung einerseits und die tatsächliche Einlösbarkeit von Menschenrechten als Konsequenz daraus andererseits sind dabei zwei andere Fragen. Die damit untrennbar verbundene (Folge-)Frage der auch *normativen* Anerkennung von Kinderrechten als universal geltende Menschenrechte und somit auch als durch die römisch-katholische Kirche anzuerkennende und zu wahrende Rechte wirft dabei ein bedeutsames Themenfeld auf. Dies ist vor allem dann der Fall, wenn sich die römisch-katholische Kirche, wie in der Konzils-Konstitution *Gaudium et spes* am 7. Dezember 1965 erfolgt, explizit auf Menschenrechte bezieht und jene zum Gegenstand ihrer theologisch-heilsbezogenen Reflexionen macht. Die Bezugnahme auf die Konzils-Konstitution ist insofern von Bedeutung, als nach Auffassung des Kirchenrechtlers der Disziplinarsektion des Glaubensdikasteriums (vormals Glaubenkongregation) Manfred Bauer[66] jede theologische Grundlegung des Kirchenrechts auf der Basis dessen erfolgen muss, was das Zweite Vatikanische Konzil über die Kirche ausführt. Insofern ist eine Rückbindung(-spflicht) des Kirchenrechts an das Zweite Vatikanische Konzil und dessen Konstitutionen gegeben.

Nach Ratzinger,[67] beinhaltet die Pastoralkonstitution *Gaudium et spes „faktisch so etwas wie eine Summe christlicher Anthropologie und zentraler Probleme des*

---

[65] Zur Qualifizierung des Heiligen Stuhls als Völkerrechtssubjekt sui generis → I. 2. a), d), e), IV. 7. b), c).

[66] *Bauer, Manfred*, S. 166 (171).

[67] *Ratzinger*, S. 36 (37).

christlichen Ethos" und er benennt die beiden Folgebegriffe, welche den Eingangsvokabeln „Gaudium et spes" folgen: *Luctus et angor*, Trauer und Angst.[68]

Neben der völkerrechtlichen Bindung des Heiligen Stuhls an die UN-Kinderrechtskonvention qua Konventions-Signatur spricht demnach ein spezifisch kirchlich-heilsbezogenes Argument zugunsten der weltweiten Geltung von Kinderrechten und der Bindung des Heiligen Stuhls hieran:

In der Pastoralkonstitution *Gaudium et spes* betonte das Zweite Vatikanische Konzil die Dienstfunktion der Kirche für die Menschheit: „*Darum muss die Kirche in der Völkergemeinschaft präsent sein, um die Zusammenarbeit unter den Menschen zu fördern und anzuregen*."[69] Mit dem (hier auszugsweise zitierten) Dokument *Gaudium et spes* (Art. 41)[70] beteiligt sich die Kirche an der Menschenrechtsdebatte:

> *Gaudium et spes*, Art. 41: „*Durch kein menschliches Gesetz können die personale Würde und die Freiheit des Menschen so wirksam geschützt werden wie durch das Evangelium Christi,*

---

[68] *Ratzinger*, S. 36 (53, dort in Fn. 19); vgl. Gaudium et spes, in: *Denzinger*, 2. Vatikanisches Konzil [21. Ökum.], 11. Okt. 1962–8. Dez. 1965, Nr. 4304, S. 1188: *De spe et angore – Hoffnung und Angst*). Damit ist, um eine eigene und in die Musik verweisende Interpretation zu geben, im spiegelbildlichen Sinne das Motiv angedeutet, das Wolfgang Amadeus Mozart im Lacrimosa, „trauervollster aller Tage", in seinem Requiem (KV 626) unmittelbar vor seinem eigenen Tod, reflektiert. Durch des Todes Trauerschatten schimmert latent und voller innewohnender Hoffnung auf des nahenden und tröstenden Lichtes zarten Schein, die selige Auferstehung und das Ende aller Angst und Trauer kündend (vgl. Offenbarung 21, 4: „*Er wird alle Tränen von ihren Augen abwischen: Der Tod wird nicht mehr sein, keine Trauer, keine Klage, keine Mühsal. Denn was früher war, ist vergangen*" [Katholisches Bibelwerk, Die Bibel]). Damit hat Wolfgang Amadeus Mozart das vorweggenommen, was Papst Benedikt XVI. in seinem Nachsynodalen Apostolischen Schreiben *Verbum Domini* vom 30.09.2010 (in: Guibert, S. 684 f. dort unter Nr. 1584, lit. f, Nr. 70, auch m. Hinweis dort in Fn. 2 auf das 2. Vatikanische Konzil, Konstitution über die heilige Liturgie, *Sacrosanctum Concilium* n. 116, in: AAS 56, 1964, 129, Grundordnung des Römischen Meßbuchs, 41, dort insbesondere, d. h. nicht ausschließlich, in Bezug auf den Gregorianischen Choral formuliert [bzw. postuliert] hat, jedoch lässt sich dies auch auf die musikalische Messe mit ihren festen liturgischen Bestandteilen wie Introitus, Kyrie, Gloria, Credo, Sanctus, Benedictus, Agnus Dei, übertragen): „*Dabei bevorzugt man Gesänge, die ganz klar biblisch inspiriert sind und die durch harmonische Übereinstimmung von Text und Musik die Schönheit des göttlichen Wortes zum Ausdruck bringen.*" – Ein ähnliches hoffnungspendendes Motiv wie im *Lacrimosa* findet sich beim Evangelisten Markus (Mk 13, 24–27): „*Aber in jenen Tagen, nach jener Drangsal, wird die Sonne verfinstert werden und der Mond wird nicht mehr scheinen; die Sterne werden vom Himmel fallen und die Kräfte des Himmels werden erschüttert werden. Dann wird man den Menschensohn in Wolken kommen sehen, mit großer Kraft und Herrlichkeit. Und er wird die Engel aussenden und die von ihm Auserwählten aus allen vier Windrichtungen zusammenführen, vom Ende der Erde bis zum Ende des Himmels.*"

[69] *Ernesti* (S. 159, dort m. w. N. in den Fnn. 422 und 423/S. 324 auf AAS 58, 1966, S. 1100–1115: „*Quapropter Ecclesia in ipsa communitate gentium omnino praesens esse debet ad cooperationem inter homines fovendam et excitandam*", Gaudium et spes, S. 89).

[70] GS 41, dort m. weiteren Hinweisen in Anm. 8 und 9 des vierten Kapitels auf Pius XI., Ansprache an die Leiter der „Federazione Universitaria Cattolica": Discorsi di Pio XI., Bd. I: ed. Bertetto [Turin 1960] 743 und auf das II. Vat. Konzil, Dogm. Konst. über die Kirche Lumen Gentium, Nr. 13: AAS 57 [1965] 17 (https://www.vatican.va/archive/hist_councils/ii_vatican_council/documents/vat-ii_const_19651207_gaudium-et-spes_ge.html).

das der Kirche anvertraut ist. Diese Frohbotschaft nämlich verkündet und proklamiert die Freiheit der Kinder Gottes; sie verwirft jede Art von Knechtschaft, die letztlich aus der Sünde stammt; sie respektiert sorgfältig die Würde des Gewissens und seiner freien Entscheidung; unablässig mahnt sie dazu, alle menschlichen Talente im Dienst Gottes und zum Wohl der Menschen Frucht bringen zu lassen; alle endlich empfiehlt sie der Liebe aller. Dies entspricht dem grundlegenden Gesetz der christlichen Heilsordnung. Wenn auch derselbe Gott Schöpfer und Erlöser ist, Herr der Profangeschichte und der Heilsgeschichte, so wird doch in eben dieser göttlichen Ordnung die richtige Autonomie der Schöpfung und besonders des Menschen nicht nur nicht aufgehoben, sondern vielmehr in ihre eigene Würde eingesetzt und in ihr befestigt. Kraft des ihr anvertrauten Evangeliums verkündet also die Kirche die Rechte des Menschen, und sie anerkennt und schätzt die Dynamik der Gegenwart, die diese Rechte überall fördert. Freilich muß diese Bewegung vom Geist des Evangeliums erfüllt und gegen jede Art falscher Autonomie geschützt werden."

Wenn bzw. weil sich die Kirche als „Anwalt des Menschen" begreift, folgt daraus, dass sich die Kirche an der Menschenrechtsdebatte aus einem eigenen Erkenntnisgrund – der Offenbarung – beteiligt.[71] Jedoch habe die Kirche ein – aus ihrem Wesen stammendes – „*eigenes Verständnis zu den Menschenrechten*".[72]

„*Menschenrechte als Gegenstand kirchlicher Verkündigung*"[73] formuliert der Untersekretär des Dikasteriums für die Gesetzestexte im Vatikan, Markus Graulich, in der Gedenkschrift zum 60. Jahrestag der Proklamation der Menschenrechte. Hieraus lässt sich ableiten, dass Graulich die Menschenrechte als Grundlage und auch als „Referenzsystem" für das Kirchenrecht betrachtet (wissen möchte). Mehr noch: Graulich[74] zeigt auf, dass und auf welche Weise das Kirchenrecht die Menschenrechte thematisiert und sie zum Gegenstand kirchlicher Verkündung macht.

Die grundsätzliche Anerkennung von Menschenrechten[75] und – implizit damit auch von im wahren Wortsinn existenziellen Kinderrechten – ist in der Welt über-

---

[71] *Aymans*, Archiv für Katholisches Kirchenrecht 1980, S. 389 (394, dort mit Hinweis in Fn. 14 auf die gewählte Genitiv-Formulierung „*Ecclesia omnium et singulorum hominum, utpote ad imaginem Dei creatorum, dignitate…*"). *Aymans*, 1981, S. 185 (188, dort m. w. N. in Fn. 8) benennt als weitere Studie zur kirchlichen Grundrechtsthematik: *P. J. Viladrich*, Teoria de los derechos fundamentales del fiel. Presupuestos criticos, Pamplona, 1969.

[72] So *Aymans*, Archiv für Katholisches Kirchenrecht 1980, S. 389 (400). Dies zeigt sich insbesondere im unterschiedlichen Rechtsgüterschutz des kirchlichen und des staatlichen Rechts (→ IV. 7. b)).

[73] *Graulich*, in: Van Meegen/Graulich (S. 46 [67 im Zusammenhang mit dem kirchlichen Verkündigungsdienst gemäß Can. 747 CIC]).

[74] *Graulich*, in: Van Meegen/Graulich (S. 46).

[75] Dies gilt auch für spezifische Frauenrechte, wie sie z. B. in der Istanbul-Konvention vom 11. Mai 2011 normativen Ausdruck gefunden haben (*Czerner*, Istanbul-Konvention, S. 172 f., dort mit besonderer Akzentuierung fundamentaler Menschenrechte, zu denen insbesondere die [Schutz-]Rechte von Frauen und Kindern gehören); BGBl. II, 2017, Nr. 19 v. 26. 07. 2017, S. 1027–1064: https://www.bgbl.de/xaver/bgbl/start.xav#__bgbl__//*[@attr_id='bgbl217s1026.pdf; siehe auch *Witschen*, S. 20, dort in Fn. 9 zum Ratifizierungsstand der UN-Frauen-Konvention. François Poullain de la Barre (1647–1723) entwickelte in seinem philosophischen Werk „De l'Egalité des deux Sexes" (1673) die Auffassung, dass die Herrschaft

wältigend [bzw. mag als überwältigend angesehen werden], jedoch steht ihre tatsächliche Geltung und Befolgung dem vielfach nach[76] – es besteht also ein grundsätzliches Umsetzungs- und Realisierungsproblem in Bezug auf bereits formulierte und völkervertraglich vereinbarte Menschen- bzw. Kinderrechte (vgl. Artt. 26, 27, 31 I i.V.m. dem dritten Präambelabsatz der Wiener Vertragsrechtskonvention → II.). Mit der Lanzarote-Konvention[77] hat beispielsweise der Europarat für seine 47 Mitgliedstaaten Standards zum Schutz junger Menschen, insbesondere vor Gewalt, sexueller Ausbeutung und Missbrauch, gesetzt (einschließlich Maßnahmen zur Prävention, sehr ausdifferenzierten Regelungen zu Strafverschärfungen, zur internationalen Zusammenarbeit und zur Unterstützung von Opfern etc.). Auch hier kommt es im Wesentlichen auf die Umsetzung dieser völkerrechtlichen Texte in den jeweiligen Signatarstaaten an. Während es hierbei um die 47 Mitgliedstaaten des Europarates für ca. 800 Millionen Bürgerinnen und Bürger geht, wendet sich der menschenrechtliche Vertrag der UN-Kinderrechtskonvention an alle Staaten der Welt – und an den Heiligen Stuhl als Signatar, der die menschenrechtlichen Standards auch auf kirchlicher Ebene mit weltweiter Geltung abbilden sollte.

Ein kirchlicher Konsens über die Menschenrechte setzt voraus, dass es eine [möglichst] einheitliche Meinung über deren Sinn und Inhalt [und dessen Interpretation] gibt.[78] Neben klare(ren) Gesetzen und [kirchlichen] Normen bedarf es auch einer Veränderung der Einstellung und Haltung,[79] insbesondere im Kontext des sexuellen Missbrauchs und anderer Formen von physischer und psychischer Gewalt.[80]

---

der Männer nicht naturbedingt ist, Olympe de Gouge veröffentlichte 1791 die *Déclaration des droits de la Femme et de la Citoyenne* (*Gornig*, 19. Kap., § 108 VI, Rdz. 60, S. 1084, dort m. w. N. in Fnn. 117–119). *Blättler* (in: Pollmann/Lohmann, S. 63 f.) greift die Kritik der Formulierung von Menschenrechten von Olympe de Gouges (1748–1793) auf, nach welcher Menschenrechte nicht einfach „gegeben“ sind, sondern dass deren Inhalt und Geltung von denjenigen Menschen abhängt, die sich zur Idee der Menschenrechte bekennen, in die Ausformulierung eintreten und sich für ihre Durchsetzung erfolgreich einsetzen [bzw. einzusetzen versuchen bzw. bestrebt sind]. *Volke*, FamRZ 2023, S. 333, weist auf Art. 3a IK hin, nach welchem jede Form von Gewalt gegen Frauen zugleich eine Menschenrechtsverletzung darstellt. *Gothe* (in: Pollmann/Lohmann, S. 307 f.) thematisiert im Kontext von Frauenrechten als Menschenrechte insbesondere den Aspekt der Diskriminierung sowie die hohen Anforderungen an die Umsetzungsverpflichtung der Staaten zur Gewährung von Frauenrechten. Nach *Mende* (S. 158) haben feministische Bewegungen gezeigt, dass der vermeintlich (geschlechts-)neutrale Universalismus der Menschenrechte androzentrisch, an den Bedürfnissen und Erfahrungen der Männer ausgerichtet, und damit partikular sei. Zu Frauenrechten auch → III. 1. b) aa) (3).

[76] *Wesche*, S. 337.

[77] Übereinkommen des Europarates vom 25. 10. 2007 (von der Bundesrepublik Deutschland am 18. 11. 2015 ratifiziert, innerstaatlich inkraftgetreten zum 01. 03. 2016) zum Schutz von Kindern vor sexueller Ausbeutung und sexuellem Missbrauch: https://rm.coe.int/168046e1ea und mit Stand der Unterzeichnungen (v. 12. 09. 2023: https://www.coe.int/en/web/conventions/full-list?module=signatures-by-treaty&treatynum=201), siehe hierzu auch: https://assembly.coe.int/LifeRay/SOC/Pdf/DocsAndDecs/LanzaroteHandbook-DE.pdf.

[78] *von Campenhausen*, S. 101.

[79] *Zollner* (2022), S. 43 (61).

[80] → III. 3. b), IV.

Die Entwicklung des Konzepts der Menschenrechte in der Kirche wurde von Etchegaray[81] mit den Worten „du rejet à l'engagement" („von der Ablehnung zum Einsatz") umschrieben. Dadurch ist die Kirche gehalten, ihrerseits die Menschenwürde [und auch die Menschenrechte] zu bewahren[82] und beinhaltet die Pflicht zur Achtung, zur Gewährleistung und zum Schutz, da der Heilige Stuhl als oberstes Leitungsorgan der Kirche sowohl für die innerkirchliche Rechtsetzung, als auch für den damit verbundenen Rechtsschutz zuständig ist – seine international eingegangenen Verpflichtungen müssen von ihm auch innerkirchlich umgesetzt werden.[83] Die Pastoralkonstitution *Gaudium et spes* spricht im Wege einer fach- und disziplinübergreifenden systematischen Zusammenschau völkerrechtlicher und auch theologisch-heilsbezogener Perspektiven für eine universal-weltweite – und nicht lediglich territorial auf den Staat der Vatikanstadt bezogene – Geltung der UN-Kinderrechtskonvention (→ I. 2. a), 3. Konstellation).

Die Unterzeichnung der UN-Kinderrechtskonvention ist – neben der völkerrechtlichen Verpflichtung – nicht lediglich ein Bekenntnis zu den fundamentalen Menschenrechten durch die römisch-katholische Kirche,[84] sondern sie impliziert vor dem Hintergrund von *Gaudium et spes* als Initiator wie als Indikator der kirchlichen Rezeption von Menschenrechten das (auch moralische) Gebot und das Plädoyer, fundamentale Menschenrechte im kirchlichen Recht weiter[85] zu implementieren, zu beachten und umzusetzen, was insbesondere durch die Kindeswohlmaxime in Art. 3 UN-KRK und durch das restriktive Vorbehaltsregime in Art. 51 II UN-KRK sowie durch die Wiener Vertragsrechtskonvention[86] bekräftigt wird.

---

[81] *Etchegaray/Roger*, Culture chrétienne et droits de l'homme: du rejet à l'engagement, in: Fédération Internationale des Universités Catholiques (Hrsg.), Culture chrétienne et droits de l'Homme, Brüssel u. a., 1991, S. 3: Etchegaray beruft sich dabei auf die Entwicklung von der Enzyklika *Mira vos* von Papst Gregor VI. vom 15. August 1832, in der die Gewissensfreiheit als Absurdität bezeichnet wird, bis hin zu den Enzykliken Papst Johannes XXIII., *Mater et Magistra* von 1961 und *Pacem in Terris* von 1963, sowie den Dokumenten des Zweiten Vatikanischen Konzils in den Konstitutionen *Gaudium et spes* und *Dignitas Humanae* – diese Entwicklung spiegele sich auch im weltweiten Engagement der Kirche für die Menschenrechte wider (so *Torfs*, Rik, A Healthy Rivalry, Human Rights in the Church, Löwen 1999, S. 7) – sämtliche Nachweise in *Kalbusch*, S. 261, dort auch in Fnn. 51, 52.

[82] *Aymans*, Munus und Sacra Potesta, 1981, S. 185 (189), dem folgend: *Kalbusch*, S. 121, dort in Fn. 132; ebenfalls *Kalbusch*, S. 262, dort unter Bezugnahme auf *Nowak*, S. 62 ff., dort konkretisierend in Bezug auf den Heiligen Stuhl, der die Menschenrechte in seinem Macht- und Souveränitätsbereich umzusetzen habe – auf den S. 62–70 der Arbeit von Nowak findet sich jedoch entgegen der Angabe von Kalbusch keine Bezugnahme auf den Heiligen Stuhl.

[83] *Kalbusch*, S. 262. Zur grundsätzlichen kirchlichen Umsetzungspflicht → I. 2. d) cc), e), II., IV. 3.–5., 7., V. und auf überpositiver Ebene mittels Can. 1399 CIC → VI.

[84] → II. 4.

[85] Diese „Entwicklungspflicht" zugunsten der weiteren Etablierung und Ausdifferenzierung von Menschenrechten im Codex Iuris Canonici resultiert auch aus der Apostolischen Konstitution *Pascite gregem Dei* von Papst Franziskus (→ III. 3. b), IV. 7. a)) und dem Prinzip der *salus animarum*, welche das gesamte kanonische Recht als „Leitfaden" durchwebt, hierzu *Czerner*, KST 76, S. 23, 147, 155, 157 [Graphik], 158.

[86] → II. 6., III. 3. b) cc).

In Bezug auf den verbesserten Opfer- und Kinderschutz betont Papst Franziskus, es reiche nicht aus, Leitlinien zu haben, sondern es gelte im Sinne einer Rechenschaftspflicht dafür zu sorgen, dass regelmäßig geprüft werde, ob und wie sie angewendet werden.[87] Insofern gewinnt das Argument von der Durchsetzung und Durchsetzbarkeit des Rechts bzw. der Menschenrechte[88] an Bedeutung sowie die Implementierung von Umsetzungs- und Überwachungsmechanismen.[89] In diesen Fokus der Kontrolle gehört auch die Beachtung der Einhaltung von Rechtsprinzipien für die Interpretation und Anwendung des Rechts.[90]

bb) *Gaudium et spes* vor dem Hintergrund der Missbrauchsproblematik

Während des 4. Internationalen Kongresses für Kirchenrecht erklärte Papst Johannes Paul II. im Jahr 1980: „*Menschenwürde und Grundrechte gelten nicht nur in der Weltgemeinschaft (communitas hominum), sondern auch in der kirchlichen Glaubensgemeinschaft (communio ecclesialis), da die Grundrechte der Christen als ihr Fundament die menschlichen Grundrechte fordern.*“[91] Und folgerichtig ist anzunehmen, dass, wer Menschenrechte nach außen predigt, aber Menschenrechte in der eigenen Organisation nicht umsetzt, ein Glaubwürdigkeitsproblem hat.[92] Dieses „Glaubwürdigkeitsproblem“ das in strafzwecktheoretisch-kriminologischer Perspektive auch mit dem Ansehen der römisch-katholischen Kirche assoziiert werden kann,[93] ist vor allem auch durch das jahrzehntelange systematische Verschweigen von (erst sehr spät) innerkirchlich bekannt geworde-

---

[87] *Wijlens*, S. 77 (91).

[88] → III. 1. b) aa) (2).

[89] *Mende*, S. 20, die mit Recht auch die zentrale Bedeutung der staatlichen Ratifizierung der menschenrechtlichen Verträge und deren Implementierung in nationales Recht betont.

[90] *Wijlens*, S. 77 (94); zur Interpretation insbesondere der im Jahr 2021 reformierten Strafnormen sowie zur Einordnung und Abgrenzung der jeweiligen (präventiven) Strafzwecke → IV. 5. a) cc) *Czerner*, KST 76, S. 15 m. w. N., Kap. II, S. 30–68 sowie *Rehak*, BzMK 82, S. 301 ff. (auf S. 330 mit dem Fazit, die Strafrechtsreform von 2021 habe in vielen Einzelmaßnahmen zu einer konzeptionellen Verbesserung des kanonischen Strafrechts beigetragen). Zu den Veränderungen in Teil II des revidierten Buches VI des CIC siehe *Rees*, BzMK 82, S. 265 ff. (auf S. 295 mit dem Fazit, das kirchliche Strafrecht solle in Zukunft häufiger und bestimmter angewendet werden).

[91] Papst Johannes Paul II., Nachweis in: *Loretan*, Festschrift für Paarhammer, S. 263 (265, dort mit weiteren Ausführungen in Fn. 10: „*id quod tanto magis necessarium est, quia eadem iura Christianorum uti fundamentum suum postulant primaria hominis iura*“); siehe auch *Johannes Paul II.*, Allocutio S. S. Johannis Pauli II iis qui interfuerunt IV conventui internationalis iuris canonici, habita in Urbe die 13 octobris 1980, in: Les droits fondamentaux du chrétien dans l'église et dans la société; Die Grundrechte des Christen in Kirche und Gesellschaft; I diritti fondamentali del cristiano nella chiesa e nella società, Akten des IV. Internationalen Kongresses für Kirchenrecht, Fribourg (Suisse), 6. –11. 10. 1980, hrsgg. von Eugenio Corecco, Niklaus Herzog, Angelo Scola, 1981, S. XXIX–XXXVI.

[92] *Loretan*, Festschrift für Paarhammer, S. 263 (269).

[93] Zum damit zu assoziierenden Strafzweck der positiven Generalprävention im novellierten CIC siehe *Czerner*, KST 76, Nachweise in der Tabelle dort auf S. 15.

nen Missbrauchsfällen entstanden, weil die Kirche nach außen hin ihr Ansehen schützen wollte – „um weiteren Schaden von der Kirche abzuwenden" (indem noch weitere Fälle bekannt werden und das öffentliche Ansehen der „Heiligen Mutter Kirche" beschädigen könnten). Lange haben Bischöfe weggeschaut und/oder aktiv vertuscht, wenn Priester Minderjährige sexuell missbrauchten und oft wurden Täter nur versetzt, ohne dass ihre Vorgeschichte am neuen Einsatzort bekannt war.[94] Mit Luc De Fleurquin ist vor diesem menschenrechtlichen Hintergrund festzuhalten: *„Es drängt sich die weitere Entwicklung einer Kultur der besonderen Aufmerksamkeit für den Schutz von verletzbaren Kindern und Jugendlichen auf."*[95]

Auf der Basis der Pastoralkonstitution *Gaudium et spes* spielt die möglichst umfassende Anerkennung von Menschenrechten auf kirchlicher und kirchenrechtlicher Ebene eine zentrale Rolle, wozu auch die Anerkennung des Leides der von (sexuellem) Missbrauch Betroffenen gehört, um Opfern durch diese Anerkennung die durch die Täter faktisch negierte Würde zumindest ein Stück weit wieder zurück zugeben. Bedeutsam ist die Anerkennung des Opfers als *Opfer* (nicht als [Mit-]Täter) des Missbrauchs,[96] womit der viktimologische Aspekt der Opferrolle und der Opferwerdung angesprochen ist. Loretan[97] pointiert dies dergestalt: *„Eine Kirche mit einem Menschenrechtskatalog ist eine Kirche, die weiß, mit wem sich der Gekreuzigte identifizierte: mit den Opfern.*" Maßgeblich ist deshalb, dass die Kinderrechtskonvention der Vereinten Nationen von der Kirche auch auf geistig-geistlicher [und theologischer, vgl. *Gaudium et spes*] Ebene angeeignet und in Denkkontexten internalisiert und letztlich beheimatet wird,[98] wozu auch die normative, d. h. verbindlich-durchsetzbare Verankerung im kanonischen Recht mit völkerrechtlicher Bindungswirkung gehört.[99]

d) Diskurs über das Selbstverständnis des Heiligen Stuhls als Signatar der UN-KRK in Bezug auf deren Geltungsreichweite

aa) Grundsätzliche argumentative Ausgangsposition des Heiligen Stuhls

Der Heilige Stuhl als souveränes Völkerrechtssubjekt sui generis[100] behält sich [infolge seines apostolischen Selbstverständnisses[101]] sowohl die ausschließliche (!) Zuständigkeit vor, seine „inneren Grundnomen" in Übereinstimmung mit dem

[94] *Anuth*, BzMK 82, S. 35.
[95] *Fleurquin*, Festschrift für Puza, S. 457 (474).
[96] *Lassus*, S. 266. Zur Missbrauchsproblematik → III. 3. b), IV. 5.–7.
[97] *Loretan*, Festschrift für Paarhammer, S. 263 (283).
[98] Allgemeiner formuliert von *Hilpert*, S. 302 im Nachwort zu seinem Werk „Menschenrechte".
[99] → II.–V.
[100] → I. 2. a), e), IV. 7. b), c).
[101] Zum Selbstverständnis der römisch-katholischen Kirche: → I. 2. a), e), II. 5., III. 1. b) bb), IV. 5. b) aa) (1), 7. b) aa), V. 1. a), VI. 3. sowie *Czerner*, KST 76, Kap. I 1, III 1a, S. 23–25, 69 f.

Völkerrecht (einschließlich der Religionsfreiheit) auszulegen, als auch die inneren Angelegenheiten der Glaubensgemeinschaften zu organisieren und zu regeln.[102] Diese Position spiegelt einerseits die Souveränität und das Souveränitäts*verständnis* des Heiligen Stuhls wieder, andererseits vermag sie in Konflikt nicht nur mit der UN-Kinderrechtskonvention, sondern auch mit der (sogleich zu behandelnden) Wiener Vertragsrechtskonvention und deren Vorbehaltsregime zum Schutz menschenrechtlicher Verträge zu geraten (→ II.).

Der Heilige Stuhl betont im Zusammenhang mit der völkerrechtlichen Anerkennung von Kinderrechten in seinen „Bemerkungen zu den Schlussbemerkungen des Ausschusses für die Rechte des Kindes":

„Der Heilige Stuhl bekräftigt bei der Bekräftigung seiner Eigenständigkeit als Völkerrechtssubjekt die Erfüllung der internationalen Verpflichtungen, die sich aus dem Beitritt zur KRK mit Vorbehalten und Auslegungserklärungen und ihren Fakultativprotokollen ergeben, in erster Linie durch die Erfüllung der oben genannten Pflichten auf dem Gebiet des Staates der Vatikanstadt. über die der Heilige Stuhl die volle territoriale Souveränität ausübt. Über dieses geografische Gebiet hinaus, das er verwaltet, verbreitet der Heilige Stuhl die in der KRK anerkannten Prinzipien an alle Menschen guten Willens und an verschiedene katholische Ortskirchen und -institutionen, die in verschiedenen Staaten in Übereinstimmung mit den nationalen Gesetzen tätig sind. Daher beziehen sich die Verpflichtungen der Konvention und ihrer Fakultativprotokolle auf die Bürger des Vatikans sowie gegebenenfalls auf das diplomatische Personal des Heiligen Stuhls oder seine Beamten, die außerhalb des Hoheitsgebiets des Staates der Vatikanstadt ansässig sind. Der Heilige Stuhl hat weder die Fähigkeit noch die rechtliche Verpflichtung, den katholischen Ortskirchen und -institutionen, die auf dem Hoheitsgebiet anderer Staaten präsent sind und deren Tätigkeit im Einklang mit den nationalen Gesetzen steht, die oben genannten Grundsätze aufzuerlegen. Der Heilige Stuhl ist sich in Übereinstimmung mit den Regeln des Völkerrechts bewusst, dass der Versuch, die KRK auf dem Hoheitsgebiet anderer Staaten umzusetzen, eine Verletzung des Grundsatzes der Nichteinmischung in die inneren Angelegenheiten der Staaten darstellen könnte."[103]

---

[102] Nr. 8 und Nr. 15 (der „Bemerkungen des Heiligen Stuhls zu den Schlussbemerkungen des Ausschusses für die Rechte des Kindes" [→ I. 2. a)], dort m. w. N. in Anm. 14 auf Human Rights Comittee, General Comment No. 22, (48), art. 18, Doc. CCPR/C/21/Rev.1/Add.4 sowie zum römisch-katholischen Selbstverständnis siehe vorgenannte Anm.

[103] Nr. 3 der „Bemerkungen des Heiligen Stuhls zu den Schlussbemerkungen des Ausschusses für die Rechte des Kindes" und Anm. 5 zu Nr. 3 (→ I. 2. a)]): „Apostolisches Schreiben, Motu Proprio, Papst Franziskus, Über die Gerichtsbarkeit der Justizbehörden des Staates der Vatikanstadt in Strafsachen, 11. Juli 2013, in Kraft getreten am 01. 09. 2013." In Nr. 5 seiner „Bemerkungen" weist der Heilige Stuhl hinsichtlich der Umsetzung seiner Verpflichtungen aus der Konvention auf *„bedeutende Änderungen in den Strafgesetzen des Staates Vatikanstadt"* hin (der Heilige Stuhl habe seine Verpflichtungen innerhalb des Hoheitsgebietes von VCS umzusetzen → I. 2. a), 2. Konstellation); siehe hierzu auch *Wittmann*, Schweizerische Kirchenzeitung 2016, S. 226 [231: *„Minimalposition der völkerrechtlichen Umsetzungsverpflichtung nur in Bezug auf den Staat der Vatikanstadt"*] sowie der Kommentar des Vatikans: https://www-vatican-va.translate.goog/roman_curia/secretariat_state/2014/documents/rc-seg-st-20140205_concluding-observations-rights-child_en.html?_x_tr_sl=en&_x_tr_tl=de&_x_tr_hl=de&_x_tr_pto=sc#_ftn5.

In Nr. 13 seiner vorgenannten „Bemerkungen" konkretisiert der Heilige Stuhl in diesem Kontext die territoriale Geltung: Die Strafgesetze des Staates der Vatikanstadt *„bestrafe Gewalttaten gegen Kinder, die sich in seinem Hoheitsgebiet* [i. e. Staat der Vatikanstadt] *aufhalten, in einem ordnungsgemäßen Verfahren und mit angemessenen Strafen bei Feststellung der Schuld.*"[104]

bb) Diskussion und völkerrechtliche Einordnung dieser und weiterer Auffassungen des Heiligen Stuhls

(1) Bindungswirkung der UN-Kinderrechtskonvention (nur) für den Staat der Vatikanstadt?

Mit den in Kap. I 2d, aa genannten Erklärungen bezieht der Heilige Stuhl die Geltung der UN-Kinderrechtskonvention primär auf das Territorium und die Staatsangehörigen des Staates der Vatikanstadt sowie auf die mit ihr (bzw. ihm) unmittelbar assoziierten Institutionen, nicht jedoch auf die Weltkirche (→ I. 2. a), 2. Konstellation). Allerdings scheint im Hinblick auf die (auch territoriale) Reichweite der Umsetzungsverpflichtung durch den Heiligen Stuhl ein Missverständnis vorzuliegen, denn durch die Zeichnung der UN-Kinderrechtskonvention ist dem Heiligen Stuhl nicht die (originär den Staaten als „klassische" Völkerrechts-Signatare zukommende) vollumfängliche Umsetzung der UN-Kinderrechtskonvention in allen anderen 195 Unterzeichnerstaaten der Welt auferlegt, sondern seine völkerrechtlichen Verpflichtungen beziehen sich „lediglich" auf die Umsetzung der Vorgaben der UN-Kinderrechtskonvention auf der Ebene des Kirchenrechts – nicht des staatlichen Rechts – in den Unterzeichnerstaaten, welchen ihrerseits als Signatarstaaten der UN-Kinderrechtskonvention die nationalstaatliche Transformation[105] der Konventionsrechte und -pflichten obliegt (s. u.).[106]

Der Heilige Stuhl bezeichnet und interpretiert die aus der UN-Kinderrechtskonvention resultierenden Verpflichtungen in diesem Kontext expressis verbis „prima facie" [d. h. nicht ausschließlich und nicht abschließend] als territorial.[107] Hierbei bezieht sich der Heilige Stuhl grundsätzlich und allgemein auf die – insoweit lediglich – nationale Gesetzgebung hinsichtlich der Strafgewalt des Staates der Va-

---

[104] Nr. 13 der Bemerkungen (→ I. 2. a)) in Bezug auf § 40 Buchst. b (CRC/C/VAT/CO/2), Gesetz Nr. VIII, *Ergänzende Normen in Strafsachen*, vom 11. Juli 2013, Titel II, und Gesetz Nr. IX: *Gesetz zur Änderung des Strafgesetzbuches und des Strafverfahrens* vom 11. Juli 2013.

[105] Die Transformation völkerrechtlicher Verträge in das *intra*nationale Recht auf dem Staatsgebiet der Bundesrepublik Deutschland erfolgt auf der Basis von Art. 59 II GG, hierzu *Czerner*, Europarecht 2007, S. 537 (539, 541, 563).

[106] → II., IV. 7., V.

[107] „Bemerkungen des Heiligen Stuhls zu den Schlussbemerkungen des Ausschusses für die Rechte des Kindes" [→ I. 2. a)], dort Nr. 10b der „Bemerkungen" mit Hinweis in Anm. 22: „CRC/C/VAT/Q/2 Add.1, siehe dort Fußnote 7, Abs. 10; vgl. Übereinkommen über die Rechte des Kindes, siehe Fußnote 20, Art. 2; 10.2; 7.2, 20.2; 22.1, 44.2; 44.6".

tikanstadt (→ I. 2. a), 2. Konstellation). Daraus vermag eine zu generalisierende Aussage zu der völkerrechtlichen Reichweite der Signatur der UN-Kinderrechtskonvention durch den Heiligen Stuhl nicht abgeleitet und kein Präjudiz zugunsten einer ausschließlich territorialen Beschränkung des räumlichen Geltungsbereiches der UN-Kinderrechtskonvention auf dem Gebiet des Vatikans oder des Staates der Vatikanstadt (→ I. 2. a), 1. und 2. Konstellation) gesehen zu werden. Dennoch offenbaren die „Bemerkungen" des Heiligen Stuhls in diesem Zusammenhang, dass auch beim völkerrechtlichen Handeln durch den Heiligen Stuhl nicht zwangsläufig eine weltweit-universale Reichweite von Vertragssignaturen intendiert sein muss, sondern dass vom bzw. durch den Heiligen Stuhl auch für das Völkerrechtssubjekt des Staates der Vatikanstadt völkervertragliche Vereinbarungen mit lediglich territorialer Bindungsreichweite getroffen werden können, welche den Staat der Vatikanstadt (bzw. den Vatikan), nicht aber das weltumfassende Hoheitsgebiet des Heiligen Stuhls, umfassen (müssen → I. 2. a), 2. Konstellation).

Im Zusammenhang mit der UN-Kinderrechtskonvention (als universale Menschenrechtskonvention der Vereinten Nationen) wird allerdings berechtigt davon ausgegangen, dass dieses Abkommen zentrale Anliegen der Weltkirche berührt, weniger (bzw. nur im Sinne von ausschließlich) die Belange des Vatikanstaates, zumal bei weltpolitisch bedeutsamen Konventionen [das darf und muss die UN-Kinderrechtskonvention für sich in Anspruch nehmen] nur der Heilige Stuhl, nicht der Vatikan/Staat der Vatikanstadt, in Erscheinung tritt.[108] Andernfalls würde der Heilige Stuhl, der einerseits – wie auch die Konzils-Konstitution *Gaudium et spes* (→ I. 2. c)) offenbart – universell geltende Prinzipien – auch und gerade in Bezug auf den Schutz von Kindern – einfordert, damit letztlich seine eigene Autorität untergraben, wenn er jene andererseits [z. B. auf inhaltlicher, durch völkerrechtliche Vorbehalte und zu stark einschränkende „interpretative Erklärungen" i. S. v. Artt. 2 I lit. d, 19 lit. c WVK i. V. m. Art. 51 II UN-KRK → II. 6.] wie auch auf territorialer Ebene] relativiert.[109]

(2) Reichweite des kanonischen Rechts aus der Perspektive des Heiligen Stuhls

Das kanonische Recht sei nach Auffassung des Heiligen Stuhls nicht mit dem Rechtssystem der [bzw. aller anderen] Staaten [bzw. Völkerrechtssubjekte] vergleichbar[110] (– das wäre bei [grundsätzlich gleichgeordneten] Staaten als gleich-

---

[108] *Germelmann*, AVR 2009, S. 147 (171, 175).

[109] So die allgemeine Argumentation von *Nußberger*, S. 7 (19) im Zusammenhang mit der Menschenrechtsrechtsprechung, welche sich auf die Geltungsreichweite der UN-KRK übertragen lässt.

[110] Nr. 9 der „Bemerkungen des Heiligen Stuhls zu den Schlussbemerkungen des Ausschusses für die Rechte des Kindes" [→ I. 2. a)] mit Bezugnahme auf eine „fehlerhafte Auslegung" in CRC/C/VAT/CO/2 von Can. 331 CIC: *„Der Bischof der Kirche von Rom, in dem das vom*

berechtigte Völkerrechtssubjekte einfacher), welche infolge der territorialen Begrenztheit staatlicher Souveränität lediglich in Bezug auf ihr jeweiliges staatliches Hoheitsgebiet territorial limitierte legislative und judikative Staatsmacht auszuüben berechtigt sind.[111] Nach zutreffender Auffassung des Heiligen Stuhls seien nur die Gesetze des Hoheitsgebietes des Staates der Vatikanstadt mit denen anderer Vertragsstaaten der Konvention vergleichbar.[112] Auch könne ein Vertrag „nicht im Namen jedes Katholiken auf der Welt ratifiziert werden" und es sei ebenso wenig Aufgabe des Heiligen Stuhls, die Konvention im Hoheitsgebiet anderer Staaten „im Namen von Katholiken umsetzen", unabhängig davon, wie sie organisiert sind.[113] Zudem könne die „*religiöse und moralische Sendung des Heiligen Stuhls, die über geografische Grenzen hinausgeht*", nicht „*in eine Art universelle Rechtsgerichtsbarkeit umgewandelt werden, die in gewisser Weise unter das Mandat eines Vertragsorgans fällt*".[114] – Darum geht es auch letztlich, wie soeben festgestellt, nicht: Die Aufgabe des Heiligen Stuhls besteht infolge seiner völkerrechtlichen Sonderposition (= Völkerrechtssubjekt sui generis)[115] nicht darin, menschenrechtliche Verpflichtungen qua seiner Signatur in allen Staaten (unmittelbar) umzusetzen – dies ist die Aufgabe aller Unterzeichnerstaaten betreffend ihr eigenes Hoheitsgebiet (s. o.).[116] Vielmehr hat der Heilige Stuhl dafür Sorge zu tragen, dass er die sich aus seiner völkerrechtlichen Signatur der UN-KRK er-

---

Herrn einzig dem Petrus, dem Ersten der Apostel, übertragene und seinen Nachfolgern zu vermittelnde Amt fortdauert, ist Haupt des Bischofskollegiums, Stellvertreter Christi und Hirte der Gesamtkirche hier auf Erden; deshalb verfügt er kraft seines Amtes in der Kirche über höchste, volle, unmittelbare und universale ordentliche Gewalt, die er immer frei ausüben kann." sowie einer fehlerhaften Auslegung von Can. 590 CIC: „*§ 1. Die Institute des geweihten Lebens unterstehen, weil sie in besonderer Weise dem Dienst für Gott und die ganze Kirche gewidmet sind, aus einem eigenen Grunde ihrer höchsten Autorität. § 2. Die einzelnen Mitglieder sind gehalten, dem Papst als ihrem höchsten Oberen auch kraft der heiligen Gehorsamsbindung Folge zu leisten.*" In Bezug auf die Unterscheidung zwischen kanonischem Recht und staatlichem Strafrecht verweist der Heilige Stuhl die Vertragsstaaten auf seinen Zweiten Regelmäßigen Bericht über die UN-KRK, dort Nr. 9 lit. d m. w. N. in Anm. 19 zu CRC/C/VAT/2 Fn. 6, Rn. 98 a–h; so auch *Mückl* in einer persönlichen Mitteilung vom 16. 06. 2022 in Bezug auf die territoriale bzw. universale Reichweite von Erklärungen des Heiligen Stuhls. Zu den Unterschieden in Bezug auf den staatlichen vs. kirchlichen bzw. kirchenrechtlichen Rechtsgüterschutz → IV. 7.

[111] Ausnahmen hiervon mögen auf nationaler, bundesdeutscher Ebene beispielsweise die Ausdehnung strafrechtlicher Zugriffsbefugnisse über die territorialen Grenzen der Bundesrepublik Deutschland hinaus (Art. 23 GG) mit dem Flaggenprinzip nach § 4 StGB [Geltung für Taten auf deutschen Schiffen und Luftfahrzeugen], nach § 5 StGB [Auslandstaten mit besonderem Inlandsbezug], § 6 StGB [Auslandstaten gegen international geschützte Rechtsgüter], § 7 StGB [Geltung für Auslandstaten in anderen Fällen], zu bilden.

[112] Nr. 9 der Bemerkungen (→ I. 2. a)), CRC/C/VAT/CO/2.

[113] Nr. 10 lit. c der „Bemerkungen des Heiligen Stuhls zu den Abschließenden Bemerkungen (→ I. 2. a), dort m. w. N. in Anm. 23 auf CRC/C/VAT/CO/2, supra note 1, at paras. 16; 18; 20; 22; 24; 30; 32; 34; 40; 42; 49; 51; 53; 57; 59; 61; 63; CRC/C/OPSC/VAT/CO/1, supra note 1, at paras. 16, 18, 24, 26; CRC/C/OPAC/VAT/CO/1, supra note 1, at paras. 7, 13–14, 18).

[114] Nr. 10 lit. d der „Bemerkungen des Heiligen Stuhls zu den Abschließenden Bemerkungen des Ausschusses für die Rechte des Kindes" [→ I. 2. a)].

[115] → I. 2. a), e), IV. 7. b), c).

[116] → IV. 7.

gebenden Verpflichtungen mittels seines auch rechtlich-normativen Gestaltungsfreiraums auf der Ebene des Codex Iuris Canonici, soweit es ihm nach Maßgabe und Selbstverständnis des kirchlichen Rechts möglich ist, umzusetzen, zumal der Schutz elementarer Rechtsgüter wie das menschliche Leben[117] insbesondere vom CIC (Cann. 1397 und 1398 CIC incl. dem mit diesen Normen konnotierten Heilsbezug) umfasst wird und Verstöße hiergegen auch kirchenrechtlich, nicht lediglich durch das jeweilige nationale Recht der Signatarstaaten, sanktioniert werden können (bzw. müssen), wenn der Heilige Stuhl seinem eigenen und selbst gesetzten Anspruch auf die Wahrung und Sicherung der Heilsbezogenheit allen kirchlichen Rechts[118] – auch vor dem Hintergrund der Konzilskonstitution *Gaudium et spes*[119] möglichst umfänglich gerecht werden möchte.

Die weltweite Geltung der UN-KRK für den Heiligen Stuhl resultiert aus der Unterzeichnung, weil er sich dadurch völkerrechtlich verpflichtet hat, in allen Staaten, in denen der Codex Iuris Canonici Anwendung findet, die Konventionsrechte auch auf kirchenrechtlicher Ebene – soweit möglich (s. o.) – mit normativer Geltungskraft umzusetzen.[120]

cc) Conclusio: Spezifische völkerrechtliche Geltung der UN-Kinderrechtskonvention in Bezug auf das Völkerrechtssubjekt sui generis Heiliger Stuhl

Mit der Ratifizierung völkerrechtlicher Verträge durch den Heiligen Stuhl (über die Territorialgeltung für den Staat der Vatikanstadt hinaus) ist zugleich auch eine universale völkerrechtliche Bindungswirkung in Bezug auf die gesamte Hoheitsausübung durch die römisch-katholische Kirche – auch und zugleich unter Einschluss des Codex Iuris Canonici – entstanden, wie dies in Bezug auf die Geltungsreichweite der UN-Kinderrechtskonvention attestiert wird.[121] Praktisch formuliert bedeutet dies im Hinblick auf die – hier zu untersuchende – universale Geltung von Kinderrechten, dass die UN-Kinderrechtskonvention nicht lediglich in Bezug auf den Vatikan für ca. 650 Personen (die dort Beschäftigten und Diplomaten), sondern dass sie weltweit für alle Staaten der Welt gilt, in denen (auch) der Codex Iuris Canonici universalkirchlich Anwendung findet. Dies gilt umso mehr, als der Heilige Stuhl – und jener hat die UN-Kinderrechtskonvention gezeichnet – nach berechtigter Auffassung von Mückl und Rhode nicht lediglich für den Vatikan

[117] → III. 1., IV.

[118] Zur Heilsbezogenheit → I. 2. c), IV. 7. b) bb) (2) und *Czerner*, KST, Bd. 76, Kap. I 1, III 1, und dort S. 24.

[119] → I. 2. c).

[120] → I. 2. e), II., V. und hier I. 2. a), 3. Konstellation.

[121] *Schmahl*, KRK, Art. 2, Rdz. 1, dort in Fn. 8 mit Bezugnahme auf Holy See, CRC/C/VAT/CO/2, 2014 [→ I. 2. a)] Rn. 8, 13 f.; *Zollner/Fuchs*, in: Fegert, Wolff, S. 720 (726) sprechen ebenfalls vom Heiligen Stuhl (nicht vom Vatikan) im Zusammenhang mit der Verantwortung in Bezug auf den Kinderschutz in der internationalen Völkergemeinschaft.

bzw. den Staat Vatikanstadt agiert und völkerrechtlich bindende Konventionen zeichnet, sondern darüber hinaus grundsätzlich eine gesamtkirchlich[122] geltende (→ I. 2. a), 3. Konstellation) und verpflichtende Regelung anstrebt – wobei dann die (auch inhaltlich bedeutsame) Folgefrage zu thematisieren ist, was unter „gesamtkirchlich" zu verstehen ist[123] und wie weit auf inhaltlich-normativer Ebene – auch und vor allem in universal(-kirchlicher bzw. kirchenrechtlich)er Sicht – eine Bindungswirkung angenommen werden kann.

Andererseits spielt in diesem Zusammenhang der Umsetzungsverpflichtung des Heiligen Stuhls die schwerpunktmäßig unter Kap. III 3b und Kap. IV 7 zu behandelnde Frage nach der teleologischen Zielsetzung der UN-Kinderrechtskonvention einerseits und der teleologisch-theologischen Zielsetzung des Codex Iuris Canonici andererseits eine wesentliche Rolle. Dies gilt insbesondere für die Klärung der Frage nach der Art und Intensität des staatlich-strafrechtlichen und des kirchenrechtlichen Rechtsgüterschützes, zumal hierbei keine vollständige, allenfalls eine bedingte Kongruenz (= relative Rechtsgüter-Kongruenz von staatlichem und kirchlichem Recht) gegeben ist (und aus kirchenrechtlicher Sicht[124] auch nicht intendiert) ist bzw. nicht intendiert sein muss, zumal sich kirchliches und staatliches Recht hinsichtlich ihrer Zielrichtung und Zwecksetzung voneinander unterscheiden. Es ist zu prüfen, ob auf der Ebene des Kirchenrechts eine weitreichende Schnittmenge im Kontext eines kumulativen „Elementar-Rechtsgüterschutzes" sowie ein „heilsbezogener Rechtsgüterschutzes" im Sinne eines „transzendental flankierten" bzw. konnotierten Rechtsgüterschutzes, existiert, auch unter dem Leitmotiv der Apostolischen Konstitution *Pascite gregem Dei*, und welche Konsequenzen daraus völkerrechtlich und kirchenrechtlich abzuleiten sind.

e) Grundsätzliche völkerrechtliche Konsequenzen aus der UN-KRK-Signatur durch den Heiligen Stuhl zugunsten der universalen (statt territorialen) Geltung von Kinderrechten, auch im Hinblick auf das (sakramentale) Selbstverständnis der römisch-katholischen Kirche wie das der Vereinten Nationen

Die Bezeichnung „Heiliger Stuhl" in den signierten Dokumenten zum Kinderschutz intendiert aus völkerrechtlichen Gründen wie auch vor allem aus der gesamtkirchlichen Perspektive und nicht zuletzt in der Außenwirkung bzw. Außenwahrnehmung eine nicht nur gebietsbezogene Geltung der Signatur der UN-Kinderrechtskonvention nur für das Territorium des Staates der Vatikanstadt (→ I. 2. a), 2. Konstellation). Vielmehr spricht dies zunächst für eine weltweite

---

[122] → V. 2.

[123] So die berechtigte Frage von Prof. Dr. Ulrich Rhode SJ in einer persönlichen Mitteilung vom 23. Juni 2022, siehe bereits I. 2.

[124] → IV. 7.

Geltung der UN-Kinderrechtskonvention – und somit auch zumindest mittelbar in Bezug auf den Codex Iuris Canonici (→ I. 2. a), 3. Konstellation). Jedoch soll auch bei Zugrundelegung dieser weltweit-„gesamtkirchlichen" Geltung der UN-KRK-Signatur nicht zwangsläufig gefolgert werden können (bzw. müssen), dass damit – aus kirchlicher bzw. kirchenrechtlicher Sicht – eine implizite Beeinflussung(spflicht) unmittelbar in Bezug auch auf den Codex Iuris Canonici intendiert gewesen ist.[125] Damit zugleich verbinden lässt sich die (Folge-)Frage, ob sich die Kirche als eine Art „staatsanaloger politischer Akteur" überhaupt eines menschenrechtsbasierten Maßstabs und damit einer externen Bewertungsgrundlage ihres Handelns unterwerfen soll,[126] wie dies mit der Zeichnung der UN-Kinderrechtskonvention unweigerlich verbunden ist.

Ein glaubwürdiges Eintreten der Kirche für die Menschenrechte nach außen [auch auf völkerrechtlicher Ebene] setzt daher die Klärung voraus, in welchem Umfang und in welcher Transformation Menschenrechte und die vorliegend zu diskutierende UN-Kinderrechtskonvention auch innerhalb der Kirche weltweite Geltung beanspruchen können[127] (bzw. müssen). Damit ist – neben der völker- und menschenrechtlichen – zugleich an die kirchenrechtliche Dimension von Menschenrechten sowie an die aus der Konzilskonstitution *Gaudium et spes* resultierenden Vorgaben (→ I. 2. c)) zu erinnern. Die römisch-katholische Kirche kann sich nicht der Einhaltung fundamentaler Menschenrechte – grundsätzlich auch auf der Ebene ihres Binnenrechts, des Codex Iuris canonici – entziehen, will sie sich nicht in Widerspruch zu ihrer Pastoralkonstitution *Gaudium et spes* und dem damit einhergehenden Bekenntnis zu den Menschenrechten setzen. Insofern wird aus der Unterzeichnung eines der bedeutendsten Menschenrechtsabkommens, der UN-Kinderrechtskonvention, durch den Heiligen Stuhl – unter Wahrung des kirchlichen Selbstverständnisses und des unterschiedlichen Rechtsgüterschutzes[128] eine zumindest grundsätzliche Ingeltung-Setzung der UN-Kinderrechtskonvention qua Signatur auch für den gesamtkirchlichen normativen Einzugsbereich des Codex Iuris Canonici abzuleiten sein bzw. grundsätzlich angenommen werden müssen.

Eine entscheidende Rolle spielt dabei [auch] das sakramentale Verständnis der römisch-katholischen Kirche. Die sakramentale Ordnung ist Grundlage und Substanz der kirchlichen Rechtsordnung,[129] so dass der Begriff des Rechtsgüterschutzes auf kirchlicher bzw. kirchenrechtlicher Ebene auch aus dem sakramental-heilsbezogenen Verständnis[130] heraus betrachtet und eingeordnet werden muss. Dabei überlagert der Universalitätsanspruch der katholischen Kirche [infolge ihrer her-

---

[125] Persönliche Mitteilung von Prof. Dr. Markus Graulich SDB am 5. Mai 2022 sowie von Prof. Dr. Ulrich Rhode SJ vom 23. Juni 2022.

[126] So die berechtigte Vor-Frage von *Breul*, S. 327 (328).

[127] *Loretan*, S. 41 (42).

[128] → I. 2. c) aa), IV. 7. b).

[129] *Mikat*, Bd. 1, S. 375.

[130] → I. 2. c), IV. 7. b) bb) (2).

ausgehobenen Stellung und als Völkerrechtssubjekt sui generis[131]] ihre bilateralen Beziehungen zu den Einzelstaaten, wobei das Merkmal der Universalität im Verhältnis der katholischen Kirche zu dem universellen Anspruch und Organisationsmodus der internationalen Organisationen bisweilen dominieren kann.[132] Strukturell stehen sich die transnationale Organisationsform der katholischen Kirche und die internationale Organisationsform der Staatengemeinschaft gegenüber[133] (bzw. nebeneinander). Dies bedingt Implikationen im Hinblick auf den völkerrechtlich- vs. kirchenrechtlichen Geltungsgrund der UN-Kinderrechtskonvention im Zusammenhang mit dem Codex Iuris Canonici und vermag Restriktionen bei der in dieser Arbeit angenommenen genuinen Umsetzungspflicht der Signatare auch auf dem Geltungsgebiet des Codex Iuris Canonici im Hinblick auf Art. 4 UN-KRK zu begründen bzw. auch völkerrechtlich zu legitimieren.[134]

Dieser kanonisch wie völkerrechtlich bedeutsamen Auffassung betreffend das Selbstverständnis des Heiligen Stuhls ist das Selbstverständnis des Rechts der Vereinten Nationen gegenüberzustellen:

Als genereller Zusammenschluss der Völker nehmen die Vereinten Nationen innerhalb des Rechts der internationalen Organisationen aufgrund ihrer Universalität und ihres weiten Tätigkeitsfeldes eine hervorgehobene Stellung ein.[135] Entsprechendes vermag auch der Heilige Stuhl für sich in Anspruch zu nehmen, ist er doch Ausgangs- und Zielpunkt der universalen, alle Völker der Erde umspannenden Kirche – „unam sanctam catholicam"[136]. Dabei erheben einerseits die kirchliche Leitung, andererseits auch die Vereinten Nationen jeweils den Anspruch auf die Leitungsgewalt,[137] zumal beide weltumspannend, universal auftreten und mit

---

[131] → I. 2. a), d), IV. 7. b), c).

[132] Vgl. *Mikat*, Bd. 2, S. 869 (871 f.).

[133] *Mikat*, Bd. 2, S. 869 (872, dort m. w. N. in Fn. 7 auf *Philippe Laurent*, L'Eglise et l'Onu à travers les discours de Paul VI. et Jean-Paul II, in: Politique Etrangère 45 (1980), S. 115–127 [117]).

[134] → I. 2. c) aa), d) cc), IV. 7. b), c), V.

[135] *Kingata*, KST 65, S. 1019 (1020).

[136] *„Et unam sanctam catholicam et apostolicam Ecclesiam"* – Das Große Glaubensbekenntnis (Nizäno-Konstantinopolitanum/hier aus der griechischen Ursprungs-Fassung), orientiert sich am Bekenntnis von Nicäa und ist von den christlichen Kirchen seit 451 anerkannt; als Glaubensbekenntnis der Hl. Messe erscheint es in der Kirche des Westens zuerst auf der 3. Synode von Toledo (589), Kan. 2 (MaC [Sacrorum Conciliorum nova et amplissima collectio, hrsgg. v. J. D. Mansi, Florenz 1759–1827, Paris – Leipzig 1901–1927] 9, 992 f.); Kaiser Heinrich II. erwirkte anlässlich seiner Krönung im Jahr 1014 von Benedikt VIII., dass in Rom während der Hl. Messe das Glaubensbekenntnis mit dem eingefügten „Filioque" gesungen wurde; schließlich wurde es auf den ökumenischen Konzilien von Lyon II (1274) und Florenz (1439) sowohl von den Lateinern als auch von einigen Griechen anerkannt; den ältesten Teil bietet das Konzil von Chalkedon, 3. Sitzung (*Denzinger*, 2. Teil, 1. Konzil von Konstantinopel [2. ökum.]: Mai – 30. Juli 381, Nr. 150, S. 75 f., dort mit Hinweisen zur liturgischen Form der Römischen Kirche auf Ordo Romanus XI [früher VII], hrsgg. von Andrieu, Sacramentarium Gelasianum, hrsgg. von Mohlberg, L. Eizenhöfer, Missale Romanum).

[137] *Kingata*, KST 65, S. 1019.

dem ihnen jeweils eigenen Selbstverständnis agieren. Das Selbstverständnis der römisch-katholischen Kirche offenbart sich u. a. darin, dass die Rechtsstellung und die Aufgaben des Papstes als oberster Hirte der Gesamtkirche nach Can. 331 CIC[138] ausschließlich aus dem innerkirchlichen Recht resultieren,[139] so dass fraglich ist, ob und inwieweit eine zu diesem spezifischen Amtsverständnis kumulative völkervertragliche Verpflichtung – hier aus der Signatur der UN-Kinderrechtskonvention durch den Heiligen Stuhl bzw. durch den Apostolischen Stuhl[140] – hinzukommen kann. Eine Verstärkung erfährt diese Frage bei der Annahme der self-executing-Bestimmung nach Art. 3 UN-KRK unter der „Schirmherrschaft" des Kindeswohls[141] und unter Einbeziehung der vom Heiligen Stuhl ebenfalls gezeichneten und im folgenden Kap. II zu thematisierenden Wiener Vertragsrechtskonvention.

f) Zwischenergebnis und weitere Untersuchungen

Nachdem der Heilige Stuhl als Signatar der UN-Kinderrechtskonvention identifiziert wurde, sind davon ausgehend unmittelbare wie mittelbare Anschlussfragen zu klären, deren Beantwortung zu weiteren Fragen in der Gemengelage völkerrechtlicher und kirchenrechtlicher Normen zur Klärung von Art und Ausmaß der Rezeptionsverpflichtungen des Heiligen Stuhls im Hinblick auf die Kinderrechtskonvention der Vereinten Nationen führen:

Anhand einer rechtsvergleichenden Analyse der *völkerrechtlichen Normen* der

- Kinderrechtskonvention der Vereinten Nationen (11. November 1989), der
- Wiener Vertragsrechtskonvention 1969/1977 und des
- Art. 38 I lit. b des Statuts über den Internationalen Gerichtshof (1945) und der

kirchenrechtlichen Normen (i. w. S.)

- Codex Iuris Canonici (i. d. F. v. 8. Dezember 2021)
- Apostolische Konstitution *Pascite gregem Dei* (23. Mai 2021)
- Motu Proprio *Vos estis lux mundi* (07. Mai 2019 und vom 25. 03. 2023)
- Motu proprio *Come una madre amorevole* (4. Juni 2016)
- Konzils-Konstitution *Gaudium et spes* (7. Dezember 1965)

---

[138] Zur päpstlichen Leitungsgewalt nach Can. 331 CIC → I. 2. d) sowie *Czerner*, KST 76, Kap. III 1a, S. 69 f.

[139] *Mückl*, 2022, S. 263 (271).

[140] Nach *Köck*, S. 14, dort Fn. 19, bringe die Bezeichnung „Apostolischer Stuhl" besser als „Heiliger Stuhl" den Umstand zum Ausdruck, dass es sich beim römischen Stuhl um die Cathedra Petri, beim römischen Bischof um den Nachfolger des Apostels Petrus, handelt.

[141] → III. 2. V.

- Grundgesetz des Staates der Vatikanstadt vom 7. Juni 2023
- Katholischer Katechismus (Nr. 2351–2359 von 1997) und als nicht-normativen Text das
- Vademecum des Dikasteriums für die Glaubenslehre (5. Juni 2022) ist in den Kapiteln II–V zu untersuchen,
- ob und welche völkerrechtlichen und kirchenrechtlichen Verpflichtungen der Heilige Stuhl als Signatar der UN-Kinderrechtskonvention eingegangen ist sowie
- ob und welche Auswirkungen der Sonderstatus des Heiligen Stuhls als Völkerrechtssubjekt sui generis und der divergierende Rechtsgüterschutz in staatlichem und kirchlichen Recht[142] auf die Erfüllung der völkervertraglichen Verpflichtungen hat und wie sich dies auf die Transformation, die Umsetzung und die Einhaltung der Konventionsrechte zum Schutz von Kindern und Jugendlichen der Vereinten Nationen auf den Codex Iuris Canonici auswirkt.

142 → I. 2. a), d), e), IV. 7. b), c).

II. Annahme und Vorbehalte gegenüber der UN-KRK durch den Heiligen Stuhl – auch vor dem Hintergrund von Art. 51 II UN-KRK i. V. m. Artt. 2 I lit. d, 19 lit. c, 26, 27, 31 I und des dritten Präambelabsatzes der Wiener Vertragsrechtskonvention (WVK)

Völkerrechtliche Verträge wie z. B. die UN-Kinderrechtskonvention stehen nicht isoliert als bi- oder multilaterale Beschlüsse, hier zwischen den Vereinten Nationen und dem Heiligen Stuhl als Signatare, im Raum, vielmehr erhalten sie eine zusätzliche normative Verstärkung auf der „völkerrechtlichen Metaebene", durch die Wiener Vertragsrechtskonvention.

Die Wiener Vertragsrechtskonvention regelt den Umgang der Staaten als signierende Völkerrechtssubjekte mit denen von ihnen geschlossenen – völkerrechtlich verbindlichen – Verträgen, d. h. auch den völkerrechtlichen Umgang des Heiligen Stuhls mit der von ihm unterzeichneten UN-Kinderrechtskonvention.[1] Vor allem die Bindungswirkung völkerrechtlicher Verträge nach dem dritten Präambelabsatz der Wiener Vertragsrechtskonvention, der Grundsatz pacta sunt servanda i. V. m. dem Estoppel-Prinzip nach deren Artt. 26, 31 I WVK und die nur eingeschränkte Möglichkeit der Erklärung von Vorbehalten nach Artt. 2 I lit. g, 19 lit. c WVK i. V. m. dem Vorbehaltsverbot aus Art. 51 II UN-KRK[2] durch einzelne Signatarstaaten dienen dem Schutz völkerrechtlicher Verträge und somit auch der für den Heiligen Stuhl völkerrechtlich verbindlich geltenden und verpflichtenden UN-Kinderrechtskonvention.

In diesem Kapitel II ist – ausgehend von dem im vorangegangenen Kapitel behandelten signierenden Völkerrechtssubjekt Heiliger Stuhl (→ I. 2. a), 3. Konstellation) – auch vor dem Hintergrund des neuen Grundgesetzes des Staates der Vatikanstadt vom 13. Mai 2023 (Inkrafttreten: 7. Juni 2023) zunächst die Vor-Frage neben der Anbindung des Heiligen Stuhls auch des Staates der Vatikanstadt als Völkerrechtssubjekt an die Wiener Vertragsrechtskonvention zu untersuchen, damit geklärt werden kann, ob die „Verstärkerfunktion" der in diesem Kapitel zu analysierenden Wiener Vertragsrechtskonvention zugunsten eines völkerrechtlich hochelaborierten Kinderschutzes neben dem Heiligen Stuhl auch den Staat der Vatikanstadt als Völkerrechtssubjekt treffen kann. Dies gilt umso mehr, als auch in Erklärungen des

[1] → I. 2. d) cc), e).
[2] → II. 6. a) dd).

Staates der Vatikanstadt, welcher strikt vom Heiligen Stuhl zu unterscheiden ist (→ I. 2.), im Grundgesetz des Staates der Vatikanstadt in Art. 2 (Nr. 1) von „Santa Sede" gesprochen wird und somit aus der Sicht des Staates der Vatikanstadt, vertreten durch den Papst, eine vatikan-verfassungsrechtliche Anbindung des Staates der Vatikanstadt an den ihm übergeordneten Heiligen Stuhl gegeben ist.

Die Wiener Vertragsrechtskonvention überwölbt als „meta-völkerrechtlicher" Vertrag die anderen völkerrechtlichen Verträge (und insofern auch die UN-Kinderrechtskonvention), weshalb deren Erwähnung im Grundgesetz des Staates der Vatikanstaat, in welchem auch auswärtige und diplomatische Beziehungen normiert sind, nicht von vornherein auszuschließen ist. Sollte die Wiener Vertragsrechtskonvention neben dem bzw. durch den Heiligen Stuhl auch für den Staat der Vatikanstadt gezeichnet worden (→ I. 2. a), 3. und 2. Konstellation) und dies im neuen Grundgesetz des Staates der Vatikanstadt vom 13. Mai 2023 normativ verankert sein, würde hieraus zumindest mittelbar ein grundsätzlich stärkerer völkerrechtlicher Verbindlichkeitsgrad zugunsten der UN-Kinderrechtskonvention abzuleiten sein, weil der die UN-Kinderrechtskonvention signierende Heilige Stuhl mittelbar und „stellvertretend" auch das Völkerrechtssubjekt Staat der Vatikanstadt in die völkerrechtlichen Verpflichtungen der UN-Konventionen explizit einbeziehen würde (→ I. 2. a), 2. und 3. Konstellation). Die Wiener Vertragsrechtskonvention dient somit (auch) als völkerrechtliches Bindeglied zwischen Heiligem Stuhl und dem Staat der Vatikanstadt.

Vorab ist zunächst das Grundgesetz des Staates der Vatikanstadt aus den Jahren 2000/01 und 2023 im Hinblick auf die Wiener Vertragsrechtskonvention anzuschauen, bevor die völkervertragliche Bindung des Heiligen Stuhls an die Wiener Vertragsrechtskonvention und die damit verbundenen Implikationen im Hinblick auf die Geltung und Geltungsreichweite und Geltungsintensität der UN-Kinderrechtskonvention im Codex Iuris Canonici im Zusammenhang mit der durch die Apostolische Konstitution Pascite gregem Dei[3] evozierten Reform des Liber VI vertiefend analysiert werden kann.

1. Grundgesetz des Staates der Vatikanstadt vom 26. 11. 2000 und vom 13. 05. 2023 (07. 06. 2023) – Verfassungsrechtliche Implikationen zugunsten der Geltung der Wiener Vertragsrechtskonvention (?)

Seit Inkrafttreten des novellierten Grundgesetzes des Vatikans vom 26. 11. 2000 (Inkrafttreten: 22. 02. 2001, am Festtag Kathedra Petri), durch ein Motu proprio von Papst Johannes Paul II., welches das vormalige Grundgesetz von Papst Pius XI.

---

[3] → III. 3. b), IV. 7. a).

vom 7. Juni 1929 ablöste,[4] ist die Beziehung des Vatikans bzw. des Staates der Vatikanstadt zum Völkerrecht verfassungsrechtlich normiert, so dass die völkerrechtliche Anbindung auch des Staates der Vatikanstadt (und dessen Verfassung) zur Wiener Vertragsrechtskonvention gegeben sein kann.

Art. 2 des Grundgesetzes des Staates der Vatikanstadt vom 26. 11. 2000 lautet: „*Die Vertretung des Vatikanstaates in Beziehungen mit dem Ausland und mit anderen Völkerrechtssubjekten, bei der Aufnahme diplomatischer Beziehungen und Vertragsabschlüssen ist dem Papst vorbehalten, der sie durch das Staatssekretariat ausübt.*" – Mehr wurde in diesem Grundgesetz des Staates der Vatikanstadt zu den völkerrechtlichen Beziehungen nicht geregelt, d. h. auch nicht die Bindung des Staates der Vatikanstadt an völkerrechtliche Normen und nicht an die Wiener Vertragsrechtskonvention. Art. 2 dieses Grundgesetzes legt nur die Kompetenz für die völkerrechtlichen und diplomatischen Beziehungen zugunsten des Papstes fest, eine Bindung an die Regelungen des Völkerrechts bzw. an völkerrechtliche Verträge statuiert diese Verfassung des Staates der Vatikanstadt nicht.

Das Grundgesetz des Staates der Vatikanstadt vom 13. 05. 2023 (Inkrafttreten am 07. 06. 2023)[5] sagt ebenfalls nichts über dessen völkerrechtliche Bindung an die Wiener Vertragsrechtskonvention aus, lediglich die Bezeichnung „Santa Sede" = „Heiliger Stuhl" statt „Vatikan" bzw. „Staat der Vatikanstadt" findet sich in Art. 2 des Grundgesetzes des Staates der Vatikanstadt vom 13. 05. 2023.[6] Jedoch kann aus der Nichterwähnung der Wiener Vertragsrechtskonvention im Grundgesetz des Staates der Vatikanstadt nicht deren Nicht-Geltung für den Staat der Vatikanstadt abgeleitet werden. Vielmehr ist (auch mit-)entscheidend, ob bzw. dass der Staat der Vatikanstadt die Wiener Vertragsrechtskonvention als Völkerrechtssubjekt unterzeichnet hat bzw. dass der Heilige Stuhl für das Völkerrechtssubjekt des Staates der Vatikanstadt (→ I. 2. a), 2. Konstellation) die Wiener Vertragsrechtskonvention (mit) signiert hat[7] mit völkerrechtlicher Wirkung auch für den Vatikan und den Staat der Vatikanstadt (→ I. 2. a), 2. und 3. Konstellation).

---

[4] Grundgesetz des Staates der Vatikanstadt vom 26. 11. 2000 (Inkrafttreten: 22. 02. 2001) aufgrund eines Motu proprio von Papst Johannes Paul II.

[5] Das neue Grundgesetz für den Staat der Vatikanstadt (vom 13. 05. 2023, Inkrafttreten: 07. 06. 2023): Papst Franziskus: Legge fondamentalo dello stato della città del Vaticano: L'Osservatore Romano (v. 19. 05. 2023): https://www.osservatoreromano.va/de/news/2023-05/ted-020/neues-grundgesetz-fuer-den-staat-der-vatikanstadt.html#:~:text=Die%20erste%20und%20urspr%C3%BCngliche%20Fassung,das%20internationale%20V%C3%B6lkerrechtssubjekt%20Heiliger%20Stuhl; hierzu auch: *Bazán*: https://omnesmag.com/de/nachrichten/neue-verfassung-des-vatikanstaates/.

[6] Art. 2: Legge fondamentalo dello stato della città del Vaticano: https://www.vatican.va/content/francesco/it/motu_proprio/documents/20230513-legge-fond-scv.html: Articolo 2.1.: „*Lo Stato della Città del Vaticano assicura l'assoluta e visibile indipendenza della Santa Sede per l'adempimento della Sua alta missione nel mondo e ne garantisce l'indiscutibile sovranità anche nel campo internazionale.*"

[7] → I. 2., II. 2.

2. Völkerrechtliche Bindungswirkung durch Unterzeichnung der Wiener Vertragsrechtskonvention durch den Heiligen Stuhl

In der reformierten Verfassung des Staates der Vatikanstadt vom 13. Mai 2023 betont der Papst die auch extraterritoriale „Ausstrahlungswirkung" des Staates der Vatikanstadt, welche nicht auf das Gebiet des Vatikans begrenzt ist.[8] Dies könnte bei extensiver völkerrechtlicher Interpretation als Indikator zugunsten der Geltung der Wiener Vertragsrechtskonvention neben dem Heiligen Stuhl auch für den Staat der Vatikanstadt angesehen werden, weil nicht nur der Vatikan (als Territorium[9]), sondern umfassend auch die völkerrechtlichen und diplomatischen Bezüge des Staates der Vatikanstadt in extraterritorialer Hinsicht (Art. 2 des Grundgesetzes vom 13.05.2023, s. o.) betroffen sind (→ I. 2. a), 2. Konstellation, dieses Mal in Bezug auf die vom Heiligen Stuhl signierte Wiener Vertragsrechtskonvention).

Zwar können sowohl der Heilige Stuhl wie auch der Staat der Vatikanstadt als Völkerrechtssubjekte grundsätzlich am Völkerrechtsverkehr teilnehmen [→ I. 2.], jedoch ist [wie auch in Bezug auf die UN-Kinderrechtskonvention] allein der Heilige Stuhl Vertragspartei des Wiener Übereinkommens über das Recht der Verträge und des Wiener Übereinkommen über diplomatische bzw. konsularische Beziehungen (– die „Missionschefs" des Heiligen Stuhls tragen die Bezeichnung „Apostolischer Nuntius").[10] Der Heilige Stuhl als Partei der Wiener Vertragsrechtskonvention

---

[8] „*Der Papst bestätigt die Zuständigkeit des Staates für extraterritoriale Gebiete, d. h. die Ausübung aller sich daraus ergebenden Befugnisse auf dem durch den Lateranvertrag definierten Territorium und in den Gebäuden und Gebieten, in denen staatliche Einrichtungen oder Einrichtungen des Heiligen Stuhls tätig sind und in denen persönliche und funktionale Garantien und Immunitäten nach internationalem Recht gelten*" (in: *Galgano*, v. 13.05.2023).

[9] → I. 2. a) aa).

[10] *Epping*, in: Ipsen, Völkerrecht, 3. Kap., § 11 Rdz. 3, S. 439. Die Signatur der WVK durch den Heiligen Stuhl erfolgte nach der tabellarischen Übersicht von *Wetzel/Rauschning*, S. 519, am 30.09.1969, die Ratifikation (accession (a)) geschah am 25.02.1977 (ebenso gehört der Heilige Stuhl nach *Wetzel/Rauschning*, S. 5, dort m. w. N. in Fn. 1 und auf S. 41 [„Final Act", Document A/CONF.39/26 incorporates A/CONF.39/26/Corr.2] zu den 103 Staaten, die an der ersten Sitzungsperiode der Konferenz zur Verabschiedung der Wiener Vertragsrechtskonvention teilgenommen haben, hierzu auch *Verosta*, ZaöRV 1969, S. 654 [659]); siehe auch *Köck*, S. 485, dort m. w. N. in Fn. 17 auf UN-Doc. A/CONF. 39/11, S. XVI. Nach *Germelmann* (AVR 2009, S. 147 [172, dort m. w. N. in Fn. 168 auf UNTS vol. 1155, S. 331, S. 3]) ist der Heilige Stuhl der Wiener Vertragsrechtskonvention am 23. Mai 1969 beigetreten (siehe auch *Giegerich*, ZaöRV 1995, S. 713 [719, dort m. w. N. in Fn. 25 auch auf BGBl. II 1985, S. 927]), *Germelmann*, S. 183: „*Die Völkerrechtssubjektivität des Heiligen Stuhls ist ihrem Rechtstitel nach auf derselben Stufe anzusiedeln wie die der Staaten*", hierzu auch *Verosta*, ZaöRV 1969, S. 654 (676: „*Verträge zwischen Staaten und anderen Völkerrechtssubjekten*"). *Graulich* (in: Van Meegen/Graulich, S. 46 [50]) beschreibt den Anspruch der Kirche, dass sie als „*Subjekt des internationalen Rechts*" in den Vereinten Nationen und einigen ihrer Organisationen mitarbeitet. – Die Vorarbeiten zum Recht der völkerrechtlichen Verträge leistete der Entwurf der Harvard Law School (AJIL [American Journal of International Law], Vol. 29, 1935, Suppl. S. 651 sowie Kearney/Dalton, AJIL, vol. 64, 1970, S. 495 ff., Nachweise in: *Gornig*, 5. Kap., § 31 I, Rdz. 1, S. 211, dort in Fnn. 1, 2).

steht gleichberechtigt neben den Staaten.[11] Seine (auch völkervertragliche) Bindung an die Wiener Vertragsrechtskonvention erklärte der Heilige Stuhl in seinen „Bemerkungen zu den Schlussbemerkungen des Ausschusses für die Rechte des Kindes“[12] u. a. in Bezug auf den neunten Präambelabsatz der UN-Kinderrechtskonvention hinsichtlich des Schutzes des sich entwickelnden Lebens[13] und im Zusammenhang mit der Bindungswirkung durch Art. 31 WVK:

„Der Heilige Stuhl erkennt an, dass die Konvention eine Verabschiedung von Grundsätzen darstellt, die zuvor von den Vereinten Nationen angenommen wurden, und sobald sie als ratifiziertes Instrument in Kraft getreten sind, werden sie die Rechte des Kindes sowohl vor als auch nach der Geburt schützen, wie in der ‚Erklärung der Rechte des Kindes‘ [Res. 136 (XIV)] ausdrücklich bekräftigt und in der neunten Präambel der Konvention bekräftigt wurde. Der Heilige Stuhl ist nach wie vor zuversichtlich, daß die neunte Präambel in Übereinstimmung mit Artikel 31 des Wiener Übereinkommens über das Recht der Verträge vom 23. Mai 1969 als Perspektive dienen wird, durch die der Rest der Konvention ausgelegt wird.“

Bevor die einzelnen Konventionsrechte zugunsten von Kindern einer genaueren Analyse im Hinblick auf ihre Transformierbarkeit bzw. Transformation und Verankerung in die kirchenrechtlichen Regelungen unterzogen werden können,[14] sind grundsätzliche Vorüberlegungen hinsichtlich der völkerrechtlichen Bindungswirkung von menschenrechtlichen Verträgen und deren mögliche Einschränkung(en) mittels staatlich erklärter Vorbehalte vorzunehmen, weil sich hieraus Art und Umfang (mit eventuellen Modifizierungen) der in das kanonische Recht zu implementierenden Konventionsnormen zum Schutz von Kindern seitens der Vereinten Nationen ableiten und bestimmen lassen.

3. Vorbemerkung zur grundsätzlichen völkerrechtlichen Bedeutung von UN-Konventions-Vorbehalten in Bezug auf den Kinderschutz

Der von der UN-Kinderrechtskonvention bezweckte umfängliche Schutz des Kindes und seiner subjektiven Rechte kann [grundsätzlich] nur gelingen, wenn die kirchenrechtlichen Regelungen des Codex Iuris Canonici, seine Interpretation und seine rechtspraktische Umsetzung [auch auf der Basis der Apostolischen Konstitution *Pascite gregem Dei*] mit den kindesrelevanten Regelungen der UN-Kinderrechtskonvention in Einklang zu bringen sind.[15]

11 → I. 2. a).

12 Nr. 3 (dort in Anm. 4 der „Bemerkungen zu den Schlussbemerkungen des Ausschusses für die Rechte der Kinder“ → I. 2. a)).

13 → III. 1., IV. 2.

14 → III.–V.

15 Nach *Schmahl*, in: Richter, Krappmann, Wapler (Hrsg.), S. 55 (62, dort jedoch nicht im kirchenrechtlichen im Zusammenhang, sondern allgemein im Kontext unterschiedlicher UN-Menschenrechtsausschüsse und internationaler Gerichte). Dies gilt es für das römisch-katholische Kirchenrecht näher zu bestimmen (→ II.–V.).

Die Anbringung von Vorbehalten gegenüber der Kinderrechtskonvention der Vereinten Nationen ist in Art. 51 UN-KRK geregelt, wobei in dieser Konventionsnorm keinerlei besondere Einschränkungen formuliert sind, lediglich deren Vereinbarkeit mit dem Ziel und Zweck der Konvention wird gefordert.[16] Im Zusammenhang mit Art. 51 UN-KRK ist allerdings in systematischer Perspektive insbesondere auf die völkerrechtlichen Vorgaben zur Einhaltung von völkerrechtlichen Verträgen nach Artt. 2 lit. d, 19 lit. c, 25–27, 31 I i.V.m. dem dritten Präambelabsatz der Wiener Vertragsrechtskonvention hinzuweisen, nach welchem ein grundsätzlich strenges Vorbehaltsregime gefordert ist, das die Reichweite des Kinderschutzes nicht auf eine geltungserhaltende Reduktion minimiert.[17] Um dieses Ziel zu erreichen, werden die Konventionsvorgaben des Kinderschutzes sowohl durch die völkerrechtlich konsentierte (Art. 38 lit. b IGH-Statut) Kindeswohlmaxime nach Art. 3 UN-KRK,[18] als auch durch die Prinzipien der self executing- und der non-self-executing Normen nach Art. 4 UN-KRK (→ V.) flankiert und normativ verstärkt.

4. Grundsätzliche Akzeptanz der UN-Kinderrechtskonvention durch den Heiligen Stuhl, auch im Hinblick auf Art. 2 lit. g WVK

Grundsätzlich muss, um von einer Rezeption [im Recht] im Sinne einer Aufnahme von vorgegebenem fremdem Recht durch eine Rechtsgemeinschaft bzw. in eine Rechtsordnung [hier CIC] sprechen zu können, die Freiwilligkeit der Übernahme durch die aufnehmende Rechtsgemeinschaft gewährleistet sein.[19] Bei der Unterzeichnung eines völkerrechtlichen Vertrages und der Übernahme der ver-

---

[16] Siehe *Dorsch*, 6. Kap., S. 296 (dort mit Hinweis in Fn. 1 auf *Barsh*, N.Y.L.S.J.Hum.Rts 7 [1989], S. 155 zu den erwarteten zahlreichen Vorbehalten) sowie im 8. Kap., S. 310, dort mit Hinweis, die geäußerten Vorbehalte seien unbedenklich, selbst dann wenn ein Staat lediglich eine von verschiedenen möglichen innerstaatlichen Gesetzgebungstechniken ausklammere. Hier könnte zumindest aus bundesdeutscher Perspektive reklamiert werden, dass ein wirksamer Kinderschutz durch möglichst effektive und flächendeckende legislatorische Mechanismen etabliert werden muss.

[17] → II. 6. a) dd)–c).

[18] → I. 1., III. 2.

[19] *Haering*, S. 8 und S. 9 (dort in Abgrenzung zum „Transfer", insbesondere in Fn. 41, im Sinne einer Rechtsübertragung). Auf S. 285 f. (dort m.w.N. in Fn. 3 auf *Sosio D'Angelo*, De canonizatione I.C., in: Apoll 2, 1929, S. 291 [–306], Ovidio Cassola, La recezione del Diritto Civile nel Diritto Canonico [Utrumque ius 1], Roma[2] 1969, S. 62 f., *Pio Ciprotti*, Contributo alla teoria della canonizzazione delle leggi civili [Monografie dell'Istituto di diritto pubblico della Facoltà di giurisprudenza dell'Università di Roma 4, Roma 1941 – zu Ciprotti siehe auch den Hinweis von *Althaus*, in: Meckel u. a., S. 117 [118, dort Fn. 5 auf *Pio Ciprotti*, Qualche punto caratteristico della riforma del diritto penale Canonico: Ephemerides Iuris Canonici 46, 1990, 111–127]) seiner Arbeit benennt Haering weitere Synonyme für die „Rezeption" des Rechts wie Adoption, Anerkennung, Approbation, Inkorporation, Konfirmation, kanonistische Rezeption, statische bzw. dynamische Rezeption etc.

traglichen Regelungen in das jeweils eigene, d.h. nationale Recht(-ssystem), wird von einer Freiwilligkeit auszugehen sein, sei sie auch durch politische oder diplomatische Einflussnahme initiiert (und/oder flankiert) worden sein. Aber es ist und bleibt die Entscheidung souveräner Staaten (bzw. von Völkerrechtssubjekten), ob und inwieweit (d.h. auch unter Äußerung von Vorbehalten)[20] sie einen völkerrechtlichen Vertrag schließen (Konsensualprinzip)[21].

Der Heilige Stuhl als vierter von 196 Signataren hat allein durch die sehr frühe Zeichnung der UN-Kinderrechtskonvention ein klares Signal zu deren (zumindest grundsätzlicher) Geltung gegeben, weshalb neben der (außen-)politisch-diplomatischen auch auf der theologisch-kirchenpolitischen Ebene und auch vor dem Hintergrund der Konzilskonstitution Gaudium et spes[22] von einem – bestehenden bzw. grundsätzlich anzunehmenden – Rezeptionswillen des Heiligen Stuhls in Bezug auf die UN-Kinderrechtskonvention auszugehen ist.

Im Rahmen der Vertragsunterzeichnung der Kinderrechtskonvention der Vereinten Nationen erklärte der Heilige Stuhl zudem seine Verpflichtung, die in der Wiener Vertragsrechtskonvention enthaltenen Auslegungsregeln zu befolgen sowie die sich aus den völkerrechtlichen Verträgen ergebenden Aufgaben zu erfüllen.[23] Mit diesem Rekurs auf die Wiener Vertragsrechtskonvention erklärt und intendiert der Heilige Stuhl grundsätzlich die völkerrechtliche Wirksamkeit der von ihm ratifizierten Verträge und somit auch der UN-Kinderrechtskonvention.[24] Dies folgt auch aus Art. 2 lit. g WVK im Hinblick auf den Terminus „Vertragspartei", da ein Staat bzw. ein Völkerrechtssubjekt, das einem Vertrag zugestimmt hat, nach dieser und weiteren Normen (Artt. 26, 31 I i.V.m. dem dritten Präambelabsatz der Wiener Vertragsrechtskonvention) an den Vertrag gebunden ist.

Als Völkerrechtssubjekt ist der Heilige Stuhl somit für seine Handlungen verantwortlich und er erfüllt die Pflichten, welche sich aus dem Völkerrecht ergeben,[25] wobei mit „Völkerrecht" in diesem Kontext neben der vertraglichen Verpflichtung aus der Signatur der UN-Kinderrechtskonvention zugleich auch die Signatur der Wiener Vertragsrechtskonvention als kumulative völkerrechtliche Verstärkung der Kinderrechte gemeint ist. Eine besondere Bedeutung erlangen im Zusammenhang

---

20 → II.5.

21 → II.6.a) aa).

22 → I.2.c).

23 Nr. 16 und Nr. 2 der „Bemerkungen des Heiligen Stuhls (→ I.2.a)) zu den Schlussbemerkungen des Ausschusses für die Rechte des Kindes": *„Der Heilige Stuhl hat das Wiener Übereinkommen über das Recht der Verträge ratifiziert und ist verpflichtet, die darin enthaltenen Auslegungsregeln zu befolgen"* sowie dort mit Hinweis in Anm. 2 zu Nr. 2 auf die Wiener Vertragsrechts-Konvention, Bd. 1155, p. 331 (23.05.1969).

24 → I.2.d)–f).

25 *Haule*, S. 88, dort m.w.N. in Fn. 77 auf *Buonomo*, Considerazioni sul rapporto Santa Sede-Comunità internazionale alla luce del diritto e della prassi internazionale, Ius Ecclesiae 8, 1996 I, S. 12 (62ff.) sowie auf S. 89 in Fn. 82 auf *Lajolo*, I concordati moderni: La natura giuridica internazionale dei concordati alla luce di recente prassi diplomatica, 1968, S. 496; → I.2.d) cc), e), f).

mit dem völkerrechtlichen Rechtssatz „pacta sunt servanda" i. V. m. dem Estoppel-Prinzip[26] und dem Prinzip von Treu und Glauben vornehmlich die sogleich zu untersuchenden Artt. 26, 27, 31 I i. V. m. dem dritten Präambelabsatz der WVK, welche die völker- und kirchenrechtlichen Implikationen und Flankierungen der UN-Kinderrechtskonvention zugunsten eines weltumfassenden Kinderschutzes beinhalten.

Zu prüfen ist daher im Hinblick auf die Reichweite der UN-Kinderrechtskonvention, ob und inwieweit der Heilige Stuhl – wirksame – Vorbehalte gegenüber der UN-Kinderrechtskonvention erklärte und welche Folgen dies für deren Umsetzung auf dem Terrain des Codex Iuris Canonici hat.

5. Äußerung spezifischer Vorbehalte gegenüber der UN-Kinderrechtskonvention und Relativierung der Konventionsrechte durch den Heiligen Stuhl (?)

Bei der Schaffung der Wiener Vertragsrechtskonvention waren die Frage der Zulässigkeit und die Folgen von Vorbehalten gegenüber völkerrechtlichen Verträgen sehr umstritten,[27] zumal damit die Wirkung völkerrechtlicher Verträge „steht und fällt". Dies kann existenzielle Auswirkungen auf die Geltung der UN-Kinderrechtskonvention im Hinblick auf den Heiligen Stuhl als Signatar zentrale Bedeutung haben.

Der Heilige Stuhl hebt im Zusammenhang der Vertragsunterzeichnung der UN-Kinderrechtskonvention die souveräne Gleichheit und Unabhängigkeit aller Staaten hervor, wie auch das Prinzip der Nichteinmischung in die inneren Angelegenheiten der Staaten und die Grundsätze *Treu und Glauben* sowie *Pacta sunt servanda*.[28]

In Nr. 16 der „Bemerkungen des Heiligen Stuhls zu den Schlussbemerkungen des Ausschusses für die Rechte des Kindes"[29] erklärt der Heilige Stuhl – bei grundsätzlicher Anerkennung der Wiener Vertragsrechtskonvention[30] – seine Vorbehalte:

---

[26] → II. 7.

[27] *Neuhold*, AVR 1971, S. 1 (21, dort in Fn. 105 m.w. Nachweisen zu *Anand*, Reservations to Multilateral Conventions, The Indian Journal of International Law, Bd. 1, 1960, S. 84 ff.; *Holloway*, Les réserves dans les traités internationaux, 1958 [unter dem gleichen Titel und demselben Erscheinungsjahr auch Kappeler]; *Bishop*, Reservations to Treaties, Recueil des Cours de l'Académie de Droit International, Bd. 103, 1961, S. 249 ff.; *Narayana Rao*, Reservations to Multilateral Conventions, The Indian Journal of International Law, Bd. 1, 1960, S. 92 ff.).

[28] Nr. 15 der „Bemerkungen des Heiligen Stuhls zu den Schlussbemerkungen des Ausschusses für die Rechte des Kindes." unter Hinweis dort in Anm. 24 bzw. Anm. 2 zur Wiener Vertragsrechts-Konvention, Bd. 1155, S. 331 (23. 05. 1969) sowie in Nr. 8 seiner Bemerkungen („Befugnis der Glaubensgemeinschaften, ihre inneren Angelegenheiten zu organisieren und zu regeln", und dort m. w. N. im Anm. 14 zu Bemerkung 8: z. B. Human Rights Committee, *General Comment No. 22 (48) (art. 18)*, Doc. CCPR/C/21/Rev.1/Add.4): → I. 2. a), d), II. 7.

[29] → I. 2. a).

[30] → II. 4.

„Darüber hinaus bekräftigt der Heilige Stuhl seine eigenen Vorbehalte, seine Auslegungserklärungen sowie seine seit langem im Völkerrecht und in der Konvention anerkannten Prinzipien."

Eine „gewisse" Relativierung der grundsätzlichen Verpflichtungen der Konventionsstaaten zur Umsetzung der UN-Kinderrechtskonvention ergeben sich für den Heiligen Stuhl zudem aus seiner „Erklärung", welche er bereits im Jahr 1990 bei der Hinterlegung der Ratifikationsurkunde sowie im Jahr 2014 im Rahmen seiner „Bemerkungen" abgegeben hat:

„In Anbetracht seines außergewöhnlichen Charakters und seiner besonderen Stellung äußerte der Heilige Stuhl durch seinen Beitritt zu dem Übereinkommen" einen Vorbehalt und eine „interpretative Erklärung", um die Vorgaben der UN-KRK im Hinblick auf die Vereinbarkeit mit seinem eigenen *„moralischen und religiösem Auftrag zu prüfen.*"[31]

Hierin offenbart der Heilige Stuhl als Unterzeichnerstaat einerseits seinen Souveränitäts- und völkerrechtsspezifischen Hoheitsanspruch, welcher mit Kinderrechten aus der UN-KRK und deren Umsetzungspflicht nach deren Art. 51 II, Art. 4 UN-KRK i. V. m. der völkerrechtlichen Bindungsklausel in Artt. 19 lit. c, 26, mittelbar Art. 27,[32] Art. 31 I i. V. m. dem dritten Präambelabsatz der Wiener Vertragsrechtskonvention in Konflikt geraten könnte. Dies gilt auch vor dem Hintergrund, als der Heilige Stuhl [im Hinblick auf die Umsetzung der Verpflichtungen aus der UN-Kinderrechtskonvention] auf die wichtige Unterscheidung zwischen dem Heiligen Stuhl, dem Staat der Vatikanstadt und der katholischen Weltkirche hinweist[33] (→ I. 2.).

---

[31] Nr. 3 sowie in Nr. 23 lit. b der „Bemerkungen des Heiligen Stuhls zu den Schlussbemerkungen des Ausschusses für die Rechte des Kindes" [→ I. 2. a)]; BGBl. 1992 II v. 10. 07. 1992, ausgegeben am 26. 09. 1992, S. 990 (999). Siehe auch *Kalbusch*, S. 64.

[32] Zu Art. 27 WVK siehe *Czerner*, Europarecht 2007, S. 537 (544, dort m. w. N. in Fn. 43).

[33] Nr. 6 der „Bemerkungen des Heiligen Stuhls zu den Schlussbemerkungen des Ausschusses für die Rechte des Kindes" sowie in den dazugehörenden Anm. 6–Anm. 9: → I. 2. a); Anm. 6–Anm. 9: The Holy See, Initial Report on the Convention on the Rights of the Child, CRC/C/3/Add.27, March 28, 1994, at paras. 1–2; The Holy See, Second Periodic Report on the Convention on the Rights of the Child, CRC/C/VAT/2, October 22, 2012, at paras. 1–5; The Holy See, Initial Report on the Optional Protocol to the Convention on the Rights of the Child on the Sale of Children, Child Prostitution and Child Prostitution, CRC/C/OPSC/VAT/1, November 8 2012, at paras. 4–5; The Holy See, Initial Periodic Report to the Convention on the Rights of the Child on the Involvement of Children in Armed Conflict, CRC/C/OPAC/VAT/1, October 22, 2012, at paras. 4–5 ; The Holy See, Written Replies to the List of Issues in relation to its Second Periodic Report on the Convention on the Rights of the Child, CRC/C/VAT/Q/2 Add. 1, January 9, 2014, at paras. 6–8; The Holy See, Written Replies to the List of Issues in relation to its Initial Report on the Optional Protocol to the Convention on the Rights of the Child on the Sale of Children, Child Prostitution and Child Prostitution, CRC/C/OPSC/VAT/Q/1 Add.1 January 9, 2014, at paras. 6–8; The Holy See, Presentation of Reports to the Committee on the Rights of the Child at the Interactive Dialogue, 65th Session of the Committee on the Rights of the Child (13.–31. January 2014), 16. January 2014 ; The „moral authority" or „moral leadership" of the Holy See, referred to several times by the Committee (see e.g., CRC/C/OPSC/VAT/CO/1, supra note 1,

Andererseits hat der Heilige Stuhl die fundamentale Bedeutung des Schutzes von Kindern zu Anfang seiner Erklärung deutlich formuliert (→ II.4.). Dabei dürfen durch den Heiligen Stuhl jedoch – auch bei grundsätzlicher Anerkennung seiner einzigartigen Souveränität und legislativer Autonomie (– dies hat seinen Ursprung und Grund in dem vorgenannten Selbstverständnis sowie dem auch damit einhergehenden völkerrechtlichen Sonderstatus, den der Heilige Stuhl einnimmt[34] –) wie bei allen anderen Unterzeichnerstaaten auch, keine Vorbehalte nach Art. 51 II UN-KRK angemeldet werden, welche mit Ziel und Zweck der Konvention unvereinbar sind (vgl. auch Art. 19 lit. c sowie Artt. 26, 31 I i.V.m. dem dritten Präambelabsatz der Wiener Vertragsrechtskonvention), weil sich der Heilige Stuhl andernfalls in unauflösbarem Widerspruch zur UN-KRK wie zur von ihm gezeichneten Wiener Vertragsrechtskonvention setzen und damit einen doppelten völkerrechtlichen Vertragsbruch[35] begehen würde.

Bei der Hinterlegung der Ratifikationsurkunde zur UN-KRK am 20.04.1990 erklärte der Heilige Stuhl zudem spezifische Vorbehalte, welche sich im Wesentlichen auf Fragen der Familienplanung (Art. 24 UN-KRK) und auf die Elternrechte sowie auf die besondere Natur des Staates der Vatikanstadt und dessen Quellen des objektiven Rechts vom 07.06.1929 (Art. 1 des Gesetzes n. 11) beziehen.[36] Jene Vorbehaltserklärungen sind wiederum insbesondere im Zusammenhang mit der territorialen bzw. universalen Reichweite und mit der Umsetzungspflicht nach Art. 4 UN-KRK von Bedeutung (→ V.). In Bezug auf die im Rahmen dieser Arbeit zu untersuchenden Cann. 1397, 1398 CIC spielen diese letztgenannten Vorbehalte vom 20. April 1990 keine Rolle.

---

at paras. 16, 21), does not constitute legally binding authority over anyone. Such leadership cannot be transformed into a treaty obligation. That the central organ of the Church has openly „shared" best practices, especially about child protection going well beyond its strict obligations under the CRC, should not be misinterpreted as suggesting that intra-Church matters fall within the mandate of a treaty body.

[34] Zum kirchlichen Selbstverständnis sowie zur Qualifizierung Völkerrechtssubjekt sui generis → I. 2. a), b), d), e), III. 1. b) bb), IV. 5. b) aa) (1), 7. b) c), V. 1. a), VI. 3. und *Czerner*, KST 76, II 1, III 1a, S. 23–25, 69 ff.

[35] Zum Risiko eines doppelten Konventionsverstoßes (gegen UN-KRK sowie gegen die WVK) → III. 1. b) aa) (1), IV. 4. b).

[36] Siehe BGBl. 1992 II v. 10.07.1992, ausgegeben am 26.09.1992, S. 990 (998 f.) sowie die tabellarische Übersicht zum Mitgliederstand der UN-KRK in *Verschraegen*, S. 112, die Nennung des Heiligen Stuhls mit Datum vom 20.04.1990; → I. 2. a) bb), cc).

6. Völkervertragliche Zulässigkeit von Vorbehalten des Heiligen Stuhls gegenüber der UN-Kinderrechtskonvention gem. Artt. 2 I lit. d, 19 lit. c WVK i. V. m. Art. 51 II UN-KRK

a) Gründe für und gegen staatliche Vorbehaltserklärungen als Risiken und Chancen in Bezug auf Menschenrechtsverträge

aa) Ausgangssituation: Völkerrechtliche Verträge aus Ausdruck bi- und multilateraler Konsensfindung auch in Bezug auf den Heiligen Stuhl als Signatar der UN-Kinderrechtskonvention

Die UN-Kinderrechtskonvention wie auch die ebenfalls vom Heiligen Stuhl unterzeichnete Wiener Vertragsrechtskonvention stellen völkerrechtliche Verträge dar, für welche die folgend aufgeführten völkerrechtlichen Spezifika gelten:

Mit völkerrechtlichen Verträgen können sich Staaten bzw. Völkerrechtssubjekte i. w. S. gegenseitig zu einem bestimmten Tun, Dulden oder Unterlassen berechtigen und verpflichten. Alle völkerrechtlichen Verträge lassen sich – unbeschadet ihrer Bezeichnung, ihrer Form oder ihres Inhalts – ausnahmslos auf die folgende Definition zurückführen:

Ein völkerrechtlicher Vertrag ist jede zwischen zwei oder mehreren Staaten bzw. anderen vertragsfähigen Völkerrechtssubjekten [– das ist der entscheidende Aspekt im Hinblick auf den Heiligen Stuhl als Völkerrechtssubjekt sui generis, das als Signatar die UN-Kinderrechtskonvention gezeichnet hat → I. 2.] getroffene Vereinbarung, die dem Völkerrecht unterliegt.[37] Im Rahmen der bi- bzw. multilateralen Vertragsverhandlungen werden auf Regierungsebene die dem eigenen politischen Interesse entsprechenden maximalen Verhandlungsziele sowie die minimalen Ziele festgelegt, deren Verfehlung für den betreffenden Staat die Willensübereinstimmung und damit den Vertragsschluss ausschließt.[38] Dieses Faktum ist bedeutsam für die Frage des „Ob" hinsichtlich der rechtlichen Verbindlichkeit und der normativen „Durchschlagskraft" im Sinne der Geltungsintensität der UN-Kinderrechtskonvention wie auch der durch die Wiener Vertragsrechtskonvention garantierten völkervertraglichen Bindungswirkung.

Ein Streit über den Inhalt [im Sinne von Substanz, Art, Ausmaß und Tragweite] der Menschenrechte kann [im Falle eines bereits verabschiedeten Menschenrechtsvertrages] leicht zu einem Anlass für ihre Nichtbeachtung werden,[39] indem völker-

---

[37] *Heintschel von Heinegg*, in: Ipsen, Völkerrecht, 4. Kap., § 12 I Rdz. 1, S. 457.

[38] *Ipsen*, S. 69 (94). Zu der „optimalen" bzw. maximalen „Anordnung" von Freiheitsrechten, welche vor allem Gegenstand völkerrechtlicher Verträge sein können, siehe *O'Neill*, S. 188 (221, dort im Zusammenhang mit den „kantischen Konstruktionen der Prinzipien der Pflicht" und der „Menschenrechtskonstruktionen").

[39] *Alexy*, S. 244 (256, dort Fn. 21).

rechtliche Kontroversen (oder gar staatlich-politische Diskreditierungen in Bezug auf Mindeststandards) zu Zweifeln hinsichtlich der Reichweite und der Intensität schützenswerter Rechtsgüter führen (können). Dies könnte fatale Folgen für Menschenrechtsverträge – und somit auch für die Rezeption der UN-Kinderrechtskonvention durch den Heiligen Stuhl – mit sich bringen. Erst eine von den beteiligten Staaten politisch hinreichend ausgehandelte konsensuale Basis schafft die conditio sine qua non zur Verabschiedung eines auf normativer Ebene verbindlichen völkerrechtlichen Vertrages. Dies betrifft zunächst nur das „Ob" eines völkerrechtlichen Vertragsschlusses.

Die Rechtsquelle des völkerrechtlichen Vertrages macht mit einer konsentierten Handlungsform zusätzlich zum konsentierten Inhalt den qualitativen Wandel vom [empirisch-faktischen] Konsens zur Normativität als endogenen Vorgang nach außen erkennbar.[40] Mit der Schaffung bzw. Verabschiedung eines völkerrechtlichen Vertrages als Ergebnis einer mehr- bis multilateralen staatlichen Konsensfindung wird somit eine seit geraumer Zeit geübte Praxis der Staaten vom faktisch-politischen Konsens auf eine normative Ebene mit Verbindlichkeitscharakter gestellt. Allerdings ist dieser Verbindlichkeitscharakter nicht von allen Staaten – auch bei grundsätzlicher Anerkennung des völkerrechtlichen Vertrages als Ganzes – en detail gewollt bzw. innerstaatlich auf politischer bzw. justizieller Ebene durchsetzbar, so dass der grundsätzlich gefundene und völkerrechtlich vereinbarte und ratifizierte Konsens – wiederum auf völkerrechtlich verbindlicher Ebene nach Auffassung einzelner Signatarstaaten bzw. Signatare – zumindest partiell durch Vorbehalte (bzw. durch die Erklärung von Vorbehalten) fragmentiert werden soll. Dies ist durch die vom Heiligen Stuhl geäußerten Vorbehalte bzw. interpretativen Erklärungen – bei grundsätzlicher Anerkennung der UN-Kinderrechtskonvention als solcher[41] – zumindest ansatzweise deutlich geworden.

bb) Pro und Contra extensives vs. restriktives Vorbehaltsregime und Risiko der Konsens-Fragmentierung durch Vorbehalts-Optionen (Art. 2 I lit. d WVK)

Grundsätzlich soll sich in einer völkervertraglichen Vorbehaltsregelung das Verständnis der Staaten zur Konsensfindung im multilateralen Kontext widerspiegeln.[42] Dem vermag nur bedingt zuzustimmen sein, denn der in einem völker-

---

[40] *Ipsen*, S. 69 (93).

[41] → I. 2., II. 3.

[42] So *Hilpold*, AvR 1996, S. 376. Andererseits erklärt *Hilpold* (S. 376 f.), Vorbehalte stellten ein Regulativ gegenüber den Bindungswirkungen völkerrechtlicher Verträge dar, um beispielsweise bestimmte Eigenheiten [und damit primär bis ausschließlich staatliche Interessen] der jeweiligen nationalen Rechtsordnungen zu wahren. Durch diesen Interessenausgleich können grundsätzlich mehr Signatarstaaten zum Beitritt zu Menschenrechtsabkommen bewogen werden. Das ist die positive Kehrseite der Distanzierung durch Vorbehaltserklärungen.

rechtlichen Vertrag (zumindest dem Grunde nach) gefundene Konsens soll durch den von einer Vertragspartei erklärten Vorbehalt zumindest partiell relativiert, entkräftet oder substanziell aufgeweicht oder sogar (wenn auch nicht explizit) in Frage gestellt werden. Damit soll der vertragliche „Konsens" – insoweit, d. h. in Bezug auf den Inhalt und die Reichweite des erklärten Vorbehalts – nicht bzw. nur bedingt gelten und es besteht dadurch das Risiko einer völkervertraglichen Konsens-Fragmentierung. Auch wenn Staaten grundsätzlich bereit sind, Konventionen zu ratifizieren, äußern sie gegenüber den internationalen Implementierungsvorschriften regelmäßig Vorbehalte,[43] welche die Wirkkraft eines völkerrechtlichen Vertrages im Ergebnis schmälern. Obwohl Menschenrechte genuin normativ auf Befolgung angelegt sind[44] – das ist der Sinn eines völkerrechtlichen Vertrages – bedeutet das nicht, dass entsprechende Verträge zur Festschreibung und Absicherung von Menschenrechten von den Unterzeichnerstaaten auch tatsächlich und vollumfänglich befolgt werden (wollen). Daher ist zu untersuchen, wie weit bzw. wie eng ein völkerrechtlich grundsätzlich zulässiges Vorbehaltsregime ausgestaltet sein darf bzw. muss, um einen grundsätzlich gefundenen völkervertraglichen Konsens nicht zu zerstören. Dies gilt vor allem im Hinblick auf die UN-Kinderrechtskonvention und deren – mit Vorbehalten versehenen – Annahme durch den Heiligen Stuhl.[45]

(1) Vorbehalts-Intentionen der Reservatarstaaten

Im Zusammenhang mit der Unterzeichnung völkerrechtlicher Verträge besteht für die Signatarstaaten die Möglichkeit, Vorbehalte zu äußern, wenn sie sich nicht vollumfänglich an die vertraglichen Inhalte binden wollen bzw. dies aufgrund der innerstaatlich divergierenden Gesetzes- und Rechtslage nicht oder nur eingeschränkt können, der völkerrechtliche Konsens also nicht vollumfänglich ist. „*Anstatt die Konvention dazu zu nutzen, die eigene Rechtsordnung dem internationalen Standard anzupassen, schneiden sich die Staaten ihre völkerrechtlichen Verpflichtungen nach Maßgabe ihres eigenen Rechts zurecht*,"[46] obwohl der Abschluss völkerrechtlicher Menschenrechtsverträge von den Konventionsstaaten [in umgekehrter Perspektive] Änderungen ihres geltenden nationalen Rechts und ihrer nationalen Rechtspraxis verlangt, soweit diese nicht mit den konventionsrechtlichen [und konventionsrechtlich konsentierten] Standards übereinstimmen.[47] Völkerrechtliche Verträge sollen die Signatare gemeinsam „auf Kurs" im Hinblick auf die vertraglich konsentierten Ziele bringen, d. h. die Unterzeichnerstaaten haben sich infolge der vertraglichen Bindung insoweit anzupassen – und keine „Schlupf-

[43] *Gornig*, 19. Kap., § 109 VIII, Rdz. 48, S. 1103.
[44] *Klein*, Europäische Grundrechts-Zeitschrift 1999, S. 109, dort ausdrücklich in Bezug auf Menschenrechte.
[45] → II. 5., 6. a) cc).
[46] *Klein*, Europäische Grundrechts-Zeitschrift 1999, S. 109 (110).
[47] *Wolf, J.*, ZRP 1991, S. 374.

löcher" und Umgehungsmöglichkeiten in ihrem nationalen Binnenrecht zu suchen, um den völkerrechtlichen Verpflichtungen zu entgehen.

Die Anbringung eines Vorbehalts dokumentiert nach außen [sowie gegenüber den Signatarstaaten eines Völkerrechtstextes und auch nach innen in Bezug auf den jeweiligen intra-nationalen Schutzstandard] hin, dass der Vorbehaltsstaat [auf politischer Ebene] nicht willens [oder nicht fähig] ist, den gemeinsam ausgehandelten Vertragstext zur Gänze zu akzeptieren [bzw. politisch-administrativ umzusetzen], was insbesondere bei Verträgen zum Schutz der Menschenrechte [und somit im Zusammenhang mit der UN-Kinderrechtskonvention] eine Rolle spielt.[48] Staaten können sich insbesondere im Zusammenhang mit der Unterzeichnung von Menschenrechtsverträgen gezwungen sehen, Vorbehalte zu erklären [bzw. erklären zu müssen], um Widersprüche zu ihrem nationalen Recht zu vermeiden,[49] weil sie diese Widersprüche zu ihrem Recht nicht auflösen können (bzw. wollen).

Aus der Sicht der einen Vorbehalt erklärenden Staaten spricht zugunsten von Vorbehalten, dass Vorbehaltsklauseln den einem Menschenrechtsabkommen immanenten Schutzstandard [im Extremfall und entgegen der grundsätzlich erklärten völkervertraglichen Zustimmung] ausschließen [zumindest jedoch erheblich schwächen und an das nationale Rechtanpassen bzw. absenken][50] oder aus anderen Gründen an eine Änderung und Anpassung des eigenen nationalen Rechts überhaupt nicht denken wollen[51] und die Staaten dadurch ein möglichst hohes Maß an Autonomie in Bezug auf die innerstaatliche Gesetzgebung und Rechtsprechung wahren können. Das könnte Staaten (vergleichsweise einfach) veranlassen, einem völkerrechtlichen Vertrag zuzustimmen. Auch wenn Staaten durch ihre Mitgliedschaft in internationalen Organisationen die Verpflichtung zur Förderung gemeinsamer Zwecke eingehen [vgl. Pacta sunt servanda, dritter Präambelabsatz, Artt. 26, 31 I WVK], möchten sie ihre staatliche Souveränität weder aufgeben noch darauf [d. h. auf ihre Ausübung bzw. Ausübbarkeit] verzichten.[52] Mit der Möglichkeit, Vorbehalte zu äu-

[48] *Kühner*, S. 15 f., dort mit Bezugnahme auf Partsch, Die Rechte und Freiheiten der europäischen Menschenrechtskonvention, 1966, S. 71 mit der [zutreffenden] Deutung, jeder Vorbehalt stelle eine Art „Selbstanprangerung" dar, weil damit [seitens des Vorbehaltsstaates] eingestanden werde, das innerstaatliche Recht entspreche nicht dem internationalen Standard und mit weiterer Erklärung auf S. 115, Staaten seien nur ungern bereit, sich der Möglichkeit einseitiger Einschränkungen der Tragweite völkerrechtlicher Verträge begrenzen zu lassen.

[49] *Bauer, Monika*, S. 67.

[50] So deutlich postuliert von *Giegerich*, ZaöRV 1995, S. 713 (771 f.).

[51] *Wolf, J.*, ZRP 1991, S. 374 (375).

[52] *Göthel*, S. 64 (dort im Zusammenhang mit der UN-Charta). Zur „Zurückdrängung" des staatlichen „Souveränitätsdogmas" seit den späten 60er Jahren, z. B. durch die ECOSOC-Resolutionen (Wirtschafts- und Sozialrat der Vereinten Nationen/Economic and Social Council) 1235 und 1503 aus den Jahren 1967 und 1970, durch die Helsinki-Schlussakte von 1975, durch das Wiener KSZE-Abschlussdokument (Konferenz für Sicherheit und Zusammenarbeit in Europa von 1989 [jetzt OSZE, wobei die KSZE-Schlussakte kein völkerrechtlicher Vertrag ist und damit keine völkervertraglichen Verpflichtungen ausgelöst hat, so *Gornig*, 19. Kap., § 109 VII, Rdz. 41 f., S. 1101]) und durch weitere Dokumente, siehe *Nowak*, S. 45 im Kapitel 3.1.1. über „Menschenrechte gegen nationale Souveränität" im Abschnitt 3.1 über „Menschenrechte

ßern, lassen sich diese Bedenken der einzelnen Staaten in Bezug auf ihre nationalen „Souveränitätseinbußen" zumindest ein Stück weit steuern bzw. zurückdrängen. Damit besteht einerseits eine vergleichsweise einfache Möglichkeit, Staaten zur Unterzeichnung eines Menschenrechtsvertrages zu motivieren, da die Staaten mittels der Vorbehalts-Option(en) nichts bzw. nicht viel von ihrer staatlichen Souveränität einbüßen. Andererseits besteht jedoch zugleich die Gefahr einer zu starken Abschwächung von Menschenrechten in einem völkerrechtlichen Vertrag durch Staaten, welche (u. U. weitreichende) Vorbehalte erklären und damit den Schutzstandard des Vertrages verwässern.

Das Bestreben, möglichst viele Staaten an den wesentlichen Inhalt eines Vertrages zu binden, auch wenn sie bestimmte Teile des Vertrages ablehnen, führt letztlich zu einer weitgehenden Duldung [bzw. politisch-faktischen „Duldungspflicht"] von Vorbehalten[53] und auf teleologisch-politischer und juristischer Seite möglicherweise zu einem Verschwimmen der mit dem völkerrechtlichen Vertrag verknüpften Intention(en) im Hinblick auf die beabsichtigte normative Etablierung von menschenrechtlichen Mindestgarantien. Durch zu weitreichende Vorbehalte wird der normative Wirkungsgrad menschenrechtlicher Verträge – und somit auch der Schutzstandard der UN-Kinderrechtskonvention – abgesenkt, und letztlich kann er verblassen.

(2) Ausbalancieren staatlicher und völkerrechtlicher Interessen im Vorbehaltskontext

Grundsätzlich gestattet die Wiener Vertrags-Konvention, insbesondere auch deren Artt. 2 I lit. d, 19 lit. c WVK, die Erklärung von Vorbehalten und schließt jene – auch – in Bezug auf Menschenrechtsverträge – und damit auch in Bezug auf die UN-Kinderrechtskonvention – nicht (von vornherein) aus. Dabei muss jedes rechtsverbindliche internationale Dokument an der Bewusstseinslage in der internationalen Gemeinschaft sowie in den einzelnen Mitgliedsländern anknüpfen, um [überhaupt und auch auf politisch wie justizieller Ebene] akzeptiert und realisiert werden zu können.[54] Nur vor diesem Hintergrund ist verstehbar, dass Vorbehalte [auch mit dem zwangsläufigen Risiko und dem „Preis" einer Abschwächung des Menschenrechtsschutzes] den Zweck erfüllen, in multilateralen Vertragswerken einen möglichst großen Beteiligtenkreis zu erschließen und dadurch möglichst

im Kontext". *De Riedmatten*, Concilium 1970, S. 561 (564), weist darauf hin, dass die ECOSOC und somit die Vereinten Nationen den Heiligen Stuhl „ganz von Anfang an" zum Mitglied der neu geschaffenen Körperschaft ernannten: Dies sei insofern ein entscheidendes Ereignis gewesen, als die UNO das erste Mal den Hl. Stuhl zum Vollmitglied eines ihrer Organe berief (→ I. 2. b) zum Beobachterstatus des Heiligen Stuhls).

[53] *Neuhold*, AVR 1971, S. 1 (21).

[54] *Wintersberger*, S. 73 f., der sich insgesamt sehr skeptisch gegenüber der Wirksamkeit des Schutzes vor Diskriminierung in Bezug auf die Altersdifferenzierung im (jeweiligen nationalen Recht) durch die UN-KRK äußert.

viele Vertragsparteien gewinnen zu können – ein Staat, der mit den Zielen und Inhalten eines Abkommens zum größten Teil übereinstimmt und nur einzelne Bestimmungen nicht mittragen möchte, kann auf diese Weise als Vertragspartei gewonnen werden,[55] weil der Abschluss multilateraler Verträge dadurch erheblich erleichtert wird [bzw. werden kann] und die universelle Beteiligung der Staaten an Menschenrechtsverträgen insgesamt gefördert werden kann.[56] Dies betrifft jedoch eher die quantitative Seite in Bezug auf die Mehrung der Signatarstaaten zugunsten eines universellen Menschenrechtsvertrages. Damit ist noch nichts über die substanzielle Qualität des völkervertraglich vereinbarten Menschenrechtsschutzes im Sinne eines normativen Wirkungsgrades ausgesagt, welcher durch die erklärten Vorbehalte nach seiner ratio legis nicht minimiert werden soll. Daher darf neben dem Ziel, eine möglichst umfangreiche Beteiligung an den humanitären Verträgen (durch Etablierung eines liberalen Vorbehaltsregimes) zu erreichen – was durch eine weitreichende Zulässigkeit von Vorbehalten bezweckt werden kann (bzw. soll) –, das Ziel, die Integrität der einzelnen Verträge zu bewahren, nicht aus dem Fokus geraten.[57]

Auch wenn diese beiden Ziele [völkerrechtlicher Vertragsschluss vs. Vorbehalts-Option[en]] gleichwertig nebeneinanderstehen[58] [sollen], muss letztlich bei jedem einzelnen völkerrechtlichen Vertrag abgewogen werden, „um welchen Preis“ eine möglichst breite Zustimmung vieler Staaten „erkauft“ wird, der – zwangsläufig – in einer Nivellierung bzw. Minimierung des menschenrechtlichen Schutzstandards bestehen wird. – Umgekehrt ist zu fragen, um welchen Preis ein möglichst hoher, mehr oder weniger unverrückbarer Menschenrechtsschutz im Rahmen eines (sehr) restriktiven Vorbehaltsregimes „erkauft“ wird, wenn dadurch nur vergleichsweise wenige Staaten zur Signatur bereit sein werden und Menschen- bzw. Kinderrechte dadurch letztlich keine weite Verbreitung finden (können).

cc) Vorbehalte i. S. d. Art. 2 I lit. d WVK vs. „interpretatorische Erklärungen“ des Heiligen Stuhls als de-facto-Vorbehalte (?): falsa demonstratio non nocet

Im Kontext der Unterzeichnung der UN-Kinderrechtskonvention äußerte der Heilige Stuhl in den „Bemerkungen zu den Schlussbemerkungen des Ausschusses für die Rechte der Kinder“: „*Der Heilige Stuhl bekräftigt bei der Bekräftigung*

[55] *von Arnauld*, S. 87, Rdz. 218, mit berechtigtem Hinweis darauf, das Ziel einer möglichst großen Beteiligung von Staaten werde um den Preis einer inhaltlichen „Durchlöcherung“ der Vertragsbindung [und möglicherweise wesentlicher Vertragsinhalte] „erkauft“.

[56] *Bauer, Monika*, S. 6, dort m. w. N. in Fn. 1 auf IGH, Advisory Opinion, Reservations to the Convention on the Prevention and Punishment of the Crime of Genocide, Reports of the ICJ (International Court of Justice) 1951, S. 23.

[57] *Bauer, Monika*, S. 72.

[58] *Bauer, Monika*, S. 72.

seiner Eigenständigkeit als Völkerrechtssubjekt die Erfüllung der internationalen Verpflichtungen, die sich aus dem Beitritt zur KRK mit Vorbehalten und Auslegungserklärungen […]"[59] ergeben. Gleichzeitig bekräftigt der Heilige Stuhl explizit seine eigenen „Vorbehalte" und seine „Auslegungserklärungen".[60] Nunmehr gilt es, diesen Terminus „Vorbehalt" und weitere „Erklärungen" und „Interpretationen" des Heiligen Stuhls in Bezug auf den Geltungsrang und die Geltungskraft der UN-Kinderrechtskonvention in völkerrechtlicher Perspektive zu qualifizieren, zumal der Heilige Stuhl im Rahmen seiner „Bemerkungen zu den Schlussbemerkungen des Ausschusses für die Rechte des Kindes" explizit die Begriffe „Auslegungserklärung" und „interpretatorische Erklärung" verwendet.

Wann ein Vorbehalt vorliegt, bemisst sich nach Art. 2 I lit. d WVK[61]: Eine einseitige Erklärung eines einen Vertrag unterzeichnenden Staates, mit welcher der betreffende Staat bezweckt, die Rechtswirkung einzelner Vertragswirkungen auszuschließen oder zu ändern [d. h. letztlich zumindest abzuschwächen]. Dabei kommt es auf die Bezeichnung „Erklärung" oder „Vorbehalt" nicht an, denn jede Erklärung, welche die Rechte [und Pflichten [?]] eines Vertrages modifiziert, stellt einen Vorbehalt dar, unabhängig von ihrer Benennung,[62] so dass in Bezug auf die Benennung des Vorbehalts bzw. der Erklärung an den römisch-rechtlichen Grund-

[59] Nr. 3 (sowie die dazu gehörenden Anm. 3 und 4) der „Bemerkungen zu den Schlussbemerkungen des Ausschusses für die Rechte der Kinder" (→ I. 2. a)).

[60] Nr. 16 der „Bemerkungen zu den Schlussbemerkungen des Ausschusses für die Rechte der Kinder" (→ I. 2. a), II. 5.).

[61] Vgl. *Wetzel/Rauschning*, S. 72; nach Art. 2 lit. d WVK ist ein „Vorbehalt" eine „*wie auch immer formulierte oder bezeichnete, von einem Staat bei der Unterzeichnung, Ratifikation, Annahme oder Genehmigung eines Vertrags oder bei dem Beitritt zu einem Vertrag abgegebene einseitige Erklärung, durch die der Staat bezweckt, die Rechtswirkung einzelner Vertragsbestimmungen in der Anwendung auf diesen Staat auszuschließen oder zu ändern*".

[62] *Giegerich*, ZaöRV 1995, S. 713 (719, dort in Fn. 25 unter Bezugnahme auf Art. 2 I lit. d WVK und zur schwierigen Abgrenzung von Vorbehalten gegenüber anderen ratifikationsbegleitenden Erklärungen und mit Hinweis auf *W. Heintschel-von Heinegg*, in K. Ipsen, Völkerrecht, 3. Aufl. 1990, S. 147 f.); *Hilpold*, AvR 1996, S. 376 (381); *Kühner*, S. 15, der dort in Fn. 70 als Beispiele für die Unbeachtlichkeit der Bezeichnung „Vorbehalt" bzw. „interpretative Erklärung" die schweizerische Erklärung zu Art. 6 III lit. e EMRK sowie die Entscheidung der EKMR – Europäische Kommission zum Schutze der Menschenrechte – im Fall *Temeltasch*, ZaöRV 43, 1983, S. 834 ff. aufführt. *Kalbusch*, S. 65, dort in Fn. 225 sowie auf S. 260, folgert daher zu Recht, dass es sich um Vorbehalte handelt, auch wenn der Heilige Stuhl von „Interpretation" und „Erklärung" spricht, weil der Heilige Stuhl seine Auslegung als in seinem Verhältnis zu anderen Vertragsparteien bindend ansehen muss, ohne sich selbst zu widersprechen. Allerdings spezifiziert *Kalbusch*, S. 259, dort Fn. 35, seine Ansicht dahingehend, die Erklärung des Heiligen Stuhls unterscheide sich [demgegenüber] von Vorbehalten, da die Erklärung „rein politischer Natur" sei und die besondere Natur des Heiligen Stuhles und des Staates der Vatikanstadt klarstellen solle. Damit entzieht Kalbusch jedoch möglicherweise die „Erklärung" des Heiligen Stuhls der völkerrechtlichen Kontrolle am Maßstab der Wiener Vertragsrechts-Konvention, so dass auch in diesem spezifischen Kontext an den römisch-rechtlichen Grundsatz *falsa demonstratio non nocet* zu erinnern ist. Siehe auch *Schmahl*, KRK, Art. 46–54, Rdz. 5 m. w. N. Diese Vorbehalte haben zum Ziel, die kulturellen und religiösen Traditionen einzelner Staaten zu wahren – bspw. reklamierten Iran und Somalia den Vorrang des islamischen Rechts,

satz der *falsa demonstratio non nocet*[63] zu erinnern ist. Vom grundsätzlich übereinstimmenden Bekundungs- und Transformationswillen der beteiligten Signatare eines völkerrechtlichen Vertrages ist auszugehen und, im Falle von Abweichungen, dass Vorbehalte entsprechend dem Vorbehaltsregime der Wiener Vertragsrechtskonvention (vgl. Art. 2 lit. d WVK) offen erklärt werden.[64]

Insofern spielt es auf völkerrechtlicher Ebene letztlich keine Rolle, ob der Heilige Stuhl „Vorbehalte" i. S. v. Art. 2 lit. d WVK äußert, oder ob er lediglich „interpretative Erklärungen" im Zusammenhang mit dem Beitritt zur UN-Kinderrechtskonvention abgibt, zumal es „so oder so" um die von ihm (Heiliger Stuhl) intendierten Einschränkung(en) des völkerrechtlichen Vertrages der von ihm signierten UN-Kinderrechtskonvention (→ I. 2.) geht.

Die in der Praxis zuweilen nicht einfach zu klärende Abgrenzung eines Vorbehalts gegenüber einer bloßen Interpretationserklärung,[65] mit welcher ihrem Wortlaut nach nicht ausdrücklich und nicht eindeutig bestimmte Vertragspflichten ausgeschlossen oder beschränkt werden, aber dennoch spezifische Aussagen zu Inhalt und Umfang der völkervertraglichen Pflichten gegeben werden sollen[66], indem ein Staat eine Vertragsbestimmung in einer bestimmten Weise auslegt,[67] ist (dennoch) bedeutsam. Dessen ungeachtet soll nicht jede Erklärung, die „bezweckt", die Rechtswirkung einzelner Vertragsbestimmungen in der Anwendung auf diesen

---

der Scharia, ähnlich auch Dschibuti in Bezug auf religiöse und traditionelle Bräuche, während Ägypten, Pakistan und Indonesien ihren Scharia-Vorbehalt in Bezug auf Art. 51 III UN-KRK zwischenzeitlich aufgegeben haben (*Schmahl*, KRK, Art. 46–54, Rdz. 7). Zur (in der Diktion etwas „breiter" gefassten) Entwurfsformulierung (– die Legaldefinition des Art. 2 I lit. d WVK hat nach *Verosta* [ZaöRV 1969, S. 654 [695]] gegenüber dem Entwurf nur redaktionelle Änderungen erfahren und hält an dem Charakter des Vorbehalts als eines einseitigen Rechtsgeschäfts fest). – Zum expliziten Verbot, Vorbehalte zu erklären, siehe *Nowak*, S. 72, hinsichtlich des Verbotes der Todesstrafe (Art. 4 des 6. Zusatzprotokolls zur EMRK).

[63] Nach *Bydlinski*, S. 466, spielt im Falle von übereinstimmendem Verständnis und Willen im zivilrechtlichen Zusammenhang der „objektive Erklärungswert überhaupt keine Rolle": *Falsa demonstratio non nocet. Medicus/Petersen* (§ 6 I 2, S. 52, Rdz. 124, dort in Fn. 2 m. w. N. auf *Leenen*, liber amicorum J. Prölss, 2009, S. 153 ff.) betrachten die falsa demonstratio (ebenfalls im zivilrechtlichen Kontext) als Sonderfall der Auslegung, nach welchem die Willenserklärung gegen ihren eindeutigen Wortlaut im Sinne des von beiden (oder mehreren Parteien) tatsächlich *Gewollten* auszulegen ist. Dabei ist im Wege der Auslegung zu ermitteln, ob beide (oder mehrere) Parteien tatsächlich einen übereinstimmenden Willen in Bezug auf den Vertragsabschluss haben oder ob nicht tatsächlich der Fall eines Dissenses gegeben ist.

[64] → II. 6. a) aa)–cc).

[65] Auf diesen Unterschied weist berechtigt *von Arnauld*, S. 86, Rdz. 216, hin, dort m. w. N. in Fn. 20 auf I. Cameron, Treaties, Declarations of Interpretation, MPEPIL (Max Planck Encyclopedia of Public International Law, hrsgg. von R. Wolfrum, A. Peters) 12/2020; *Kühner*, S. 31 (dort mit Bezugnahme auf eine Erklärung des Generalsekretärs der Vereinten Nationen in einem Memorandum aus dem Jahr 1976 und zu einer als Vorbehalt bezeichneten Erklärung zur panamerikanischen Convention on Treaties vom 20. 02. 1928 in Fnn. 166–168) sowie *Kühner*, S. 35, dort auch als „Interpretationsvorbehalt" bezeichnet.

[66] *Bauer, Monika*, S. 30 f.

[67] *Kühner*, S. 35, dort m. w. N. in Fnn. 186, 187.

Staat zu ändern, einen echten Vorbehalt beinhalten.[68] Der Terminus „Vorbehalt" zu einem völkerrechtlichen Vertrag ist demnach zu interpretieren bzw. zu qualifizieren, wobei die Auslegungsregel des Art. 31 I WVK mit heranzuziehen ist, zumal es bei der Anbringung von Vorbehalten um eine unmittelbare [oder mittelbare] Veränderung bzw. Vertragsmodifizierung geht.

Ein Vorbehalt muss, um als solcher angesehen werden zu können, [nach seiner „ratio legis", d. h. nach Sinn und Zweck seiner Erklärung] den Zweck verfolgen, die sich für den Vorbehaltsstaat aus dem Vertrag ergebenden rechtlichen Verpflichtungen einzuschränken.[69] Deswegen wird ein Vorbehalt überhaupt erklärt bzw. geltend gemacht. Art. 2 I lit. d WVK steht somit in einem unmittelbaren systematischen und dogmatischen Spannungsfeld mit Art. 19 lit. c, mit Art. 31 I WVK sowie mit dem dritten Prämbelabsatz der WVK im Hinblick auf die Wirkintensität menschenrechtlicher Verträge wie die UN-Kinderrechtskonvention, wobei die zwingende Grenze des objektiven Vorbehaltsverbots aus Art. 51 II UN-KRK[70] und die völkergewohnheitsrechtlich konsentierte Kindeswohlpriorisierung nach Art. 3 UN-KRK i. V. m. Art. 38 lit. b IGH-Statut (→ I. 1.) zu beachten sind.

Mit Rücksicht auf die öffentliche Meinung (politisches „standing") neigen Staaten dazu, keine Vorbehalte zu äußern, weil dies in negativer Konnotation als „quasi-Ablehnung" des Völkerrechtsvertrages angesehen werden könnte. Stattdessen werden von den betreffenden Staaten „interpretative" Erklärungen gegeben, die vergleichsweise „weicher" und als weniger „ablehnend" empfunden werden (sollen).[71] Dadurch, dass ein derartiger „de-facto-Vorbehalt" nicht offen als Vorbehalt i. S. v. Art. 19 lit. c WVK kommuniziert und bi- bis multilateral ausgehandelt wird, besteht allerdings die Gefahr, dass einzelne Signatarstaaten sich sprichwörtlich „hinter ihren interpretativen Erklärungen verstecken" und auf diese Weise „de-facto-Vorbehalte" (welche jedoch als solche offen gekennzeichnet werden sollten) äußern, und sich durch ihre (so deklarierten) Interpretationen von ihren menschenrechtlichen Verpflichtungen, die sie vertraglich eingegangen sind, zu lösen versuchen. In diesem Kontext ist an die römisch-rechtlichen Grundsätze *venire contra factum proprium nulli conceditur* sowie an pacta sunt servanda[72] zu erinnern, so dass mittels interpretativer Erklärungen die Vertragszwecke im Sinne der Art. 26, mittelbar Art. 27, Art. 31 i. V. m. Art. 19 lit. c i. V. m. dem dritten Präambelabsatz der WVK nicht vereitelt bzw. unterlaufen werden dürfen.

---

[68] So *Kühner*, S. 25, dort in Fn. 126 auch unter Bezugnahme auf den Wortlaut von Art. 2 I lit. d WVK.

[69] *Kühner*, S. 31, 32.

[70] Siehe hierzu *Wolf, J.*, ZRP 1991, S. 374 (378, dort in Fn. 22 m. w. N. auf *Gaja*, Festschrift für Roberto Ago, International Law at the Time of its Codification, Bd. I, 1987, S. 307 ff.).

[71] *Bauer, Monika*, S. 33.

[72] → II. 6. a) dd), 7.

dd) Geltungserhaltende Reduktion durch die Systemwidrigkeitskontrolle der Vorbehaltsschranke des Art. 19 lit. c WVK – venire contra factum nulli conceditur und das Vorbehaltsverbot aus Art. 51 II UN-KRK

(1) Vorbehaltserklärungen als Distanzierungs-Instrumentarium der Signatarstaaten gegenüber völker- und kinderrechtlichen Verpflichtungen

Letztlich geht es bei der Erklärung eines Vorbehalts darum, sich von der inhaltlichen Wirkung des völkerrechtlichen Vertrages explizit, d. h. durch die Erklärung des Vorbehaltes, zu distanzieren und sich nicht vollumfänglich an die daraus resultierenden Rechtspflichten binden zu wollen bzw. politisch-administrativ zu können – ohne dabei, je nach „Art und Güte" des Vorbehaltes, zwangsläufig Sinn und Zweck dieses Vertrages genuin in Zweifel zu ziehen (bzw. ziehen zu müssen). Im Extremfall kann die Äußerung eines Vorbehaltes jedoch auch den Versuch eines Staates implizieren, mittels des erklärten Vorbehaltes dem Vertragsregime [weitestgehend bzw. möglichst insgesamt] zu entgehen.[73] Der betreffende Staat würde dadurch versuchen, sich den völkervertraglichen Verpflichtungen zumindest teilweise zu entziehen, womit an den römisch-rechtlichen Grundsatz des *venire contra factum proprium nulli conceditur* im Zusammenhang mit dem (aus dem Common Law entwickelten) Estoppel-Prinzip zu erinnern ist:

In der Völkerrechtslehre[74] führt das Verbot des *venire contra factum proprium* dazu, dass ein Saat Rechte wie Anfechtung und Rücktritt verwirkt: Veranlasst eine Vertragspartei durch ihr Verhalten eine andere Partei zu einem bestimmten rechtserheblichen Handeln, so kann sie sich später auf ein diesem Verhalten widersprechendes Recht nicht mehr berufen, wenn dadurch der anderen Partei ein rechtlicher Nachteil entstehen würde. Im Hinblick auf die UN-Kinderrechtskonvention bedeutet der rechtliche „Nachteil" jedwede Form der Schwächung der Konventionsrechte, welche im Hinblick auf Art. 51 II UN-KRK i. V. m. Art. 19 lit. c WVK und auch unter der völkergewohnheitsrechtlich anerkannten (Art. 38 lit. b IGH-Statut) Kindeswohlmaxime nach Art. 3 UN-KRK größten Bedenken ausgesetzt ist, zu-

[73] So deutlich *Giegerich*, ZaöRV 1995, S. 713 (744, 723).

[74] *Heintschel von Heinegg*, in: Ipsen, Völkerrecht, 4. Kap., § 18 Rdz. 8, 109, S. 506, 534; *von Arnauld* (S. 110, Rdz. 269). Hierzu *von Arnauld* (S. 110, Rdz. 269, dort m. w. N. in Fn. 88 f. auf *J. P. Müller*, Vertrauensschutz im Völkerrecht, 1971 und auf *N. T. Cottier/J. P. Müller*, Estoppel, MPEPIL 9/2021, *A. Martin*, L'estoppel en droit international public, 1979, *A. Kulick*, Estoppel im Völkerrecht, AVR 52, 2014, S. 522, B. Fauvarque-Cosson [Hrsg.], La confinance légitime et l'estoppel, 2007), dort unter Bezugnahme auf die Bedeutung des Vertrauensschutzes. Nach dem Estoppel-Prinzip, einem Grundsatz im Verfahrens- und materiellen Recht des Common Law, darf ein Staat von seiner bisherigen Praxis nicht zum Nachteil eines anderen Staates abweichen, wenn dieser berechtigt auf die frühere Erklärung oder Staatenpraxis der anderen vertraut hat (*Gornig*, 3. Kap., § 14 IV, Rdz. 48, S. 107, dort m. w. N. in Fn. 94 sowie im 4. Kap., § 26 IV, Rdz. 13, S. 194, dort m. w. N. in Fn. 16 und im. 5. Kap., § 33 IV, Rdz. 16, S. 221, dort m. w. N. in Fn. 14 auf *Everest/Strode*, The Law of Estoppel, 1923).

mal sie dem Grundsatz pacta sunt servanda aus Artt. 26, 31 I i. V. m. dem dritten Präambelabsatz der Wiener Vertragsrechtskonvention widerspricht.

(2) „Bedingungsfeindlichkeit" eines effektiven Menschenrechtsschutzes und Systemwidrigkeitsprüfung

Ein effektiver Menschenrechtsschutz ist nur möglich, wenn die Integrität der Verträge, welche die Staaten zur Achtung und Gewährung der Menschenrechte verpflichten, be[- und ge-]wahrt bleibt und diese Verträge nicht ihrer Substanz beraubt werden.[75] Dies darf weder „versteckt" durch (wie auch immer formulierte bzw. „reklamierte") interpretative Erklärungen, d. h. in formaler Perspektive zwar ohne Abgabe einer Vorbehaltserklärung i. S. v. Art. 2 I lit. d WVK, aber inhaltlich doch sehr weitreichend, noch „offen" durch die Erklärung von Vorbehalten, welche den Vertragszweck gefährden (können) bzw. auch ganz in Zweifel ziehen bzw. vereiteln können, erfolgen.

Im Rahmen von Menschenrechtsabkommen ist vor diesem Hintergrund der Geltendmachung von Vorbehalten gegenüber der [territorialen Reichweite wie auch der inhaltlichen] Wirkung [der UN-Kinderrechtskonvention] die Frage zu stellen, welche Anforderungen an die Zulässigkeit von Vorbehalten gegenüber diesen völkerrechtlichen Verträgen zu stellen sind[76] – wenn schon, d. h., wenn überhaupt Vorbehalte gegenüber der Geltung von ohnehin minimalen Schutzstandards („kleinster gemeinsamer Nenner") geäußert werden. Diese Frage ist noch etwas zuzuspitzen und hinsichtlich der „Essenz" im Sinne eines nicht unterschreitbaren Minimalkonsenses an Schutzstandard im Rahmen von Menschenrechtsverträgen zu konkretisieren: Welche Anforderungen *müssen* unabdingbar an einen Vorbehalt, d. h. dessen Inhalt, Reichweite und Formulierung gestellt werden, um die ratio legis von Menschenrechtsverträgen und deren Mindeststandards nicht durch Vorbehalte zu unterlaufen? Immerhin ist ein internationaler Menschenrechtsschutz nur denkbar, wenn [wenigstens] ein Mindestmaß an gemeinsamem materiellem Substrat gewährleistet ist,[77] also von einer geltungserhaltenden Vorbehaltsschranke gesprochen werden muss. Eine solche Vorbehaltsschranke in Form eines Vorbehaltsverbotes beinhaltet Art. 51 II UN-KRK zum Schutz elementarer Kinderrechte. Vorbehalte dürfen nicht als Instrumentarium dazu genutzt werden, um sich [letztlich bzw. möglichst gänzlich] aus völkervertraglichen Verpflichtungen zu befreien[78] („*venire contra*

[75] *Bauer*, *Monika*, S. 55.

[76] So die allgemein formulierte Frage von *Giegerich*, ZaöRV 1995, S. 713 (716).

[77] Völlig berechtigt *Hilpold*, AVR 1996, S. 376 (416).

[78] Wiederum zutreffend: *Hilpold*, AVR 1996, S. 376 (419). Bei Menschenrechtsverträgen soll es häufig schwierig sein herauszufiltern, ob eine den Schutz der Menschenrechte beschränkende Interpretation noch mit dem Ziel und Zweck des Gesamtvertrags in Einklang gebracht werden kann (so *Nowak*, S. 80). Dem ist entgegenzuhalten, dass mit Hilfe der teleologischen Auslegung und der Präambel die „Essenz" und der unbedingt zu schützende Kern eines menschenrechtlichen Vertrages herausgefiltert werden können (→ s. u., II. 6. a) dd) (3), b), c), 7.).

factum proprium nulli conceditur"). Ob dabei Vorbehalte nicht notwendig eine Variierung oder Eliminierung einzelner Vertragsbestimmungen bezwecken, oder ob sie auf den Ausschluss oder die Einschränkung der sich aus dem Vertrag ergebenden rechtlichen Verpflichtung[79] abzielen, ist dabei weniger entscheidend, sondern die Wahrung des Kerngehaltes und die konsensuale Annahme[80] der „teleologischen Essenz" des völkerrechtlichen Vertrages. Zudem darf der souveränitätswahrende Mechanismus des Vorbehalts nicht nur unter dem kooperationsfördernden Aspekt betrachtet werden [dass ein völkerrechtlicher Vertrag nur wegen der Option, auch Vorbehalte erklären zu können, abgeschlossen wird], sondern auch unter dem Aspekt, dass der Vertrag auch einen Dissens verdecken kann,[81] womit dem Schutz von Menschen- bzw. Kinderrechten letztlich nicht gedient ist.

Vereinzelt wird vorgeschlagen, die Integrität der Menschenrechtsverträge vor einem Aushöhlen durch Vorbehalte zu schützen, indem Vorbehalte, welche mit Ziel und Zweck der Verträge nicht vereinbar sind, verboten werden.[82] Dies ist bereits in Art. 19 lit. c WVK normiert und findet sich auch im Vorbehaltsverbot des Art. 51 II UN-KRK, welcher kraft Signatur der UN-Kinderrechtskonvention wie auch der Wiener Vertragsrechtskonvention für den Heiligen Stuhl völkerrechtlich doppelt bindend ist. Zudem scheint es in Anknüpfung an die römisch-rechtliche Figur der geltungserhaltenden Reduktion im Lichte der teleologischen Auslegung sinnvoll, völkerrechtliche bzw. völkervertragliche Kriterien zu entwickeln, welche die Frage nach der Unvereinbarkeit mit Ziel und Zweck des Vertrages erhellen können.

Die implizit zugelassenen, weil nicht ausdrücklich ausgeschlossenen Vorbehalte sind somit keineswegs schrankenlos zulässig, sie müssen vielmehr mit Ziel und Zweck des Vertrages (noch) vereinbar sein – Art. 19 lit. c WVK ist daher auf alle Vorbehalte anwendbar, die nicht ausdrücklich verboten sind.[83] Als „Prüfkriterium" kann im Zusammenhang mit Art. 19 lit. c WVK im Kontext einer Gesamtbetrach-

---

[79] *Kühner*, S. 23, dort in Fn. 118 unter Hinweis auf *Imbert*, Les réserves aux traités multilatéraux, Evolution du droit et de la pratique depuis l'avis consultatif donné par la Cour internationale de Justice le 28 mai 1951, Publications de la Revue Générale de Droit International Public, Nouvelle Série, Nr. 31, Paris 1978, S. 15.

[80] → II. 6. a) aa).

[81] Gut gesehen von *Hilpold*, AvR 1996, S. 376 (424).

[82] *Bauer, Monika*, S. 261, 263, dort mit dem Zusatz, dass Vorbehalte, welche mit Ziel und Zweck der Menschenrechtsverträge unvereinbar sind, nicht abgegeben werden dürften. Dies scheint allerdings fraglich, zumal die Unterzeichnerstaaten die Möglichkeit, d. h. die grundsätzliche Zulässigkeit der Erklärung von Vorbehalten als Ausdruck ihrer nationalen Souveränität ansehen werden und die Ansichten, ab wann eine mit Ziel und Zweck unvereinbare Erklärung vorliegt (Arg. ex Art. 19 lit. c WVK) vermutlich sehr weit auseinandergehen.

[83] *Kühner*, S. 132, 133; als Maßstab benennt *Kühner*, S. 134 (dort m. w. N. in Fn. 133) das sog. Kompatibilitätskriterium, das Art. 19 lit. c WVK wörtlich aus dem Gutachten des Internationalen Gerichtshofes (IGH) zu den Vorbehalten zum Völkermord-Abkommen entwickelt und am 28. Mai 1951 vorgestellt hatte (– die von der Vollversammlung der Vereinten Nationen einstimmig verabschiedete Konvention zur Verhütung und Bestrafung des Verbrechens des Völkermordes vom 9. Dezember 1948 enthält keine Vorbehaltsklausel [*Kühner*, S. 70 f. unter Hinweis dort in Fn. 109 auf ICJ Reports [International Court of Justice] 1951, S. 15 ff.]).

tung der Aspekt der Systemwidrigkeit[84] herangezogen werden, ob die Erklärung eines Vorbehaltes zu einer Inkongruenz von Vertragsziel (neben der wörtlichen insbesondere durch die teleologische und die historische Auslegung zu bestimmen) und dem tatsächlich erklärten Vertrag – incl. Vorbehaltserklärung – führen würde: falls ja, d. h., wenn der Vorbehalt mit Ziel und Zweck des Vertrages (arg. ex Art. 19 lit. c WVK i. V. m. Art. 51 II UN-KRK) unvereinbar ist, wäre die Systemwidrigkeit immanent, und der Vorbehalt dürfte inhaltlich im Hinblick auf Artt. 2 lit. d, 19 lit. c WVK i. V. m. Art. 51 II UN-KRK nicht erklärt werden.

Die „Systemwidrigkeit" wird sich grundsätzlich aus der Präambel und aus den programmatischen Zielvorgaben (und deren Synergieeffekten) des jeweiligen völkerrechtlichen Vertrages ableiten lassen. Für die UN-Kinderrechtskonvention ist das „teleologische Leitmotiv" in ihrer Präambel und im Hinblick auf die Kindeswohlmaxime in Art. 3 UN-KRK (→ III. 2.) als Völkergewohnheitsrecht nach Art. 38 lit. b IGH-Statut klar formuliert. Fraglich ist dabei, ob eine geltungserhaltende Reduktion im Sinne eines Minimalkonsenses als mit dem Vertragszweck noch vereinbar angesehen werden kann, oder ob ein bloßes „Vertrags-Residuum" als solches nicht dem Charakter von menschenrechtlichen Mindeststandards und der UN-Kinderrechtskonvention als kinderschützende Essentialia widerspricht.

Maßgeblich ist daher vor dem Hintergrund der Gefahr einer „Konsens-Fragmentierung",[85] welcher Minimalstandard an Menschenrechtsschutz nicht unterschritten werden darf, um den Vertragszweck nicht zu vereiteln (Arg. ex Artt. 19 lit. c, 31 I, 26, 27 i. V. m. dem dritten Präambelabsatz der WVK), zumal Menschenrechtsverträge bereits diesen „Minimalkonsens" abbilden, welcher durch Vorbehalte nicht zusätzlich fragmentiert und ausgehöhlt werden darf.

(3) Weiterer Diskussionsbedarf hinsichtlich des Risikos von Menschen- bzw. Kinderrechts-Vertragsverletzungen durch die Vorbehalts-Hypertrophie von Signatarstaaten

Es bleibt vor diesem Hintergrund auch künftig zu diskutieren, wie weit nach Art. 2 lit. d i. V. m. Art. 19 lit. c WVK i. V. m. Art. 51 II UN-KRK genuin zulässige Vorbehaltserklärungen den Vertragszweck verändern und an die jeweiligen innerstaatlichen Gepflogenheiten eines Staates (noch) anpassen dürfen, ohne gegen die elementaren Grundsätze Pacta sunt servanda und Treu und Glauben aus Art. 26 i. V. m. Art. 31 und dem dritten Präambelabsatz der WVK sowie gegen den auch in diesem völkerrechtlich zu reklamierenden Grundsatz einer geltungserhaltenden Reduktion (arg. ex dem Rechtsgedanken in § 139 BGB) zu verstoßen: Hat der Vertrag auch mit dem geäußerten Vorbehalt bzw. dem der „interpretativen Erklärung" – noch – die von ihm in teleologischer Perspektive beabsichtigten und in der

[84] Diesen Aspekt der Systemwidrigkeit benennt *Giegerich*, ZaöRV 1995, S. 713 (722).
[85] → II. 6. a) bb).

Präambel vorgezeichneten Zielsetzung und Rechtswirkungen, oder ist der Vertrag durch die Vorbehalte bzw. interpretativen Erklärungen so weit „entkernt", dass er im Ergebnis in Bezug auf den Schutz von Menschen- bzw. Kinderrechten (weit[est]-gehend) sinnlos geworden ist? Mit der Beantwortung dieser Frage(n) steht und fällt der normative Wirkungsgrad der UN-Kinderrechtskonvention im Zusammenhang mit deren Signatur durch den Heiligen Stuhl und der von ihm abgegebenen Vorbehalte (bzw. „Auslegungserklärungen" und „interpretativen Erklärungen").

b) Restriktives Vorbehaltsregime argumentum ex Alejandro Álvarez und Negierung eines „Menschenrechts-Relativismus" (Angelika Nußberger und Paul Kirchhof)

Im Zusammenhang mit der Erstattung eines Gutachtens für den Internationalen Gerichtshof betreffend Vorbehalte gegenüber einer Konvention gegen Völkermord fügte der chilenische Völkerrechtler und Richter Alejandro Álvarez ein Sondervotum bei, in welchem er multilaterale Abkommen zum Schutz der Menschenrechte als „unteilbares Ganzes für das Allgemeininteresse", nicht zugunsten von „Sonderinteressen" [einzelner Reservatarstaaten], ansieht: Menschenrechtsabkommen erlegten dem Staat Verpflichtungen auf, ohne ihnen eigennützige Rechte zu gewähren.[86] Nach Álvarez dürften Menschenrechtsabkommen [deshalb] nicht unter Vorbehalte gestellt werden, weil dies ihren Gemeinwohlzielen widerspräche – und wenn Vorbehalte unverzichtbar seien, müssten deren Rechtswirkungen so minimal wie möglich gehalten werden. Dies gilt umso mehr, als [vermutlich nicht nur] zeitliche Vorbehalte die Kontrollbefugnisse von Vertragsgremien in Bezug auf die Einhaltung des Menschenrechtsvertrages ausschließen bzw. relativieren werden.[87]

Begründen lässt sich Álvarez' Auffassung mit der Unteilbarkeit, d.h. mit der Nicht-Relativierbarkeit von Menschenrechten, weil Einschränkungen des Mindeststandards fundamentaler Menschenrechte den Schutzzweck noch stärker minimieren bzw. vereiteln können (bzw. vereiteln werden).

Für die Vertragskategorie von Menschenrechtsverträgen muss aufgrund des Unterschiedes gegenüber anderen, „gewöhnlichen" multilateralen Verträgen ein

---

[86] *Giegerich*, ZaöRV 1995, S. 713 (718, dort m. Hinweis in Fn. 23 auf Reservations to the Convention on Genocide, Advisory Opinion: I.C.J. Reports 1951, 15 [49 ff.]). Zur Rechtsauffassung des fünften dissentierenden Richters Álvarez siehe *Kühner*, S. 78 f., mit kritischem Hinweis, die Kollektivverträge seien bisher auf der individualistischen Basis der uneingeschränkten Souveränität der Staaten abgeschlossen worden. Auf diese Auffassung von Álvarez in seiner dissenting opinion zum Gutachten des Internationalen Gerichtshofes über die Frage der Kompetenz der Generalversammlung zur Zulassung eines Staates zu den Vereinten Nationen weist *Neuhold* hin (AVR 1971, S. 1 [28, dort in Fn. 142] mit Bezug zu ICJ Reports 1950, S. 15 ff.).

[87] *Giegerich*, ZaöRV 1995, S. 713 (719, dort in Fn. 27). In diesem Zusammenhang der Universalität der Menschenrechte wird ein „Schnittmengenkonsens" zu deren Begründung [bzw. Begründbarkeit] nicht ausreichen (so zutreffend *Breul*, S. 327 [333]).

anderes Vorbehaltsregime gelten mit der Folge, dass Vorbehalte in diesem Bereich generell als „Anomalie“ [im Sinne einer empirisch-/rechtlichen Ausnahme] angesehen werden sollten [müssen], um einen für alle Vertragsstaaten gleichermaßen verbindlichen und nicht weiter verhandelbaren Mindeststandard an Humanität festzuschreiben.[88] Wenn bzw. weil es sich ohnehin lediglich um Mindeststandards zugunsten des Menschenrechtsschutzes handelt,[89] wird eine noch weitere als die bereits im Vertragstext formulierte „Nivellierung nach unten“ in Bezug auf Gepflogenheiten einzelner Staaten problematisch, wenn die Vertragswirkung nach Abgabe einer Vorbehaltserklärung nicht lediglich in einer „geltungserhaltenden Reduktion“ und als Desiderat eines Menschenrechtsabkommens angesehen werden soll. In diesen Zusammenhang sind die Artt. 2 lit. d, 19 lit. c WVK i. V. m. Art. 51 II UN-KRK einzustufen, wobei der zu schließende völkerrechtliche Vertrag mit den Formulierungen „Rechtswirkung einzelner Vertragsbestimmungen […] auszuschließen oder zu ändern“ und „Unvereinbarkeit des Vorbehalts mit Ziel und Zweck des Vertrages“ vor zu weitreichenden Änderungen geschützt werden soll.

Angelika Nußberger[90] (ehem. Vizepräsidentin des Europäischen Gerichtshofs für Menschenrechte, Internationale Richterin am Verfassungsgericht von Bosnien und Herzegowina, Mitglied der Venedig-Kommission) spricht daher zu Recht von der Gefahr durch einen „kulturellen Relativismus“, mit welchem der [universale] Allgemeinverbindlichkeitsanspruch der menschenrechtlichen Verbürgungen in Frage gestellt wird [bzw. von einzelnen [Vorbehalts-]Staaten [zugunsten derer Vertragsunterzeichnung] gestellt werden soll], denn der kulturelle Relativismus

---

88 *Giegerich*, ZaöRV 1995, S. 713 (742, dort m. w. N. in Fn. 107 auf *P.-H. Imbert*, Reservations and Human Rights Conventions, in: I. Maier [ed.], Protection of Human Rights in Europe [1982, 87 [100 ff.]]; *M. Coccia*, Reservations to Multilateral Treaties on Human Rights, California Western International Law Journal 15 [1985], 1 [16] sowie auf *C. Redgwell* in Fn. 107/44, Universality or Integrity? British Year Book of International Law [BYLL] 64 [245 [279 f.]] sowie *Giegerich*, S. 743, dort m. w. N. in Fn. 108/65 auf *Frowein*, Reservations to the European Convention on Human Rights, in: Protecting Human Rights: The European Dimension – Studies in Honour of G. J. Wiarda [1988], 193 ff.). Zu den von den Staaten gewollten und objektiv zumutbaren anzustrebenden Mindeststandards der UN-KRK siehe auch *Verschraegen*, S. 32 und S. 67, dort m. w. N. in Fn. 458 hinsichtlich der im europäischen Raum weitestgehenden Umsetzung der Konventionsvorgaben aus Art. 37 UN-KRK.

89 → II. 6. a) dd).

90 *Nußberger*, S. 7 (17, dort m. w. N. in Fn. 39 auf *Tomuschat*, Menschenrechte und kulturelle Traditionen, EuGRZ 2016, auf Lea Brilmayer, Tian Huang, The Illogic of Cultural Relativism in Global Human Rights Debate, in: The Global Community Yearbook of International Law and Jurisprudence 2014, S. 17–34, auf Jack Donelly, The Relative Universality, of Human Rights, in: Human Rights Quarterly 2007, S. 281–306 sowie auf András Sajó, (Hrsg.), Human Rights with Modesty: The Problem of Universalism, Dordrecht 2004 und *Nußberger* [a. a. O.], S. 22 [23, dort Leitsätze V 2 und 3]). Zum kulturellen Relativismus als „*vorgeschobenes Argument um Veränderungen des Systems abwehren zu können und dadurch den politischen Machterhalt sichern zu können*“: *Klein*, Europäische Grundrechts-Zeitschrift 1999, S. 109 (114, dort m. w. N. in Fn. 61 auf *Jerome J. Shestack*, The Philosophic Foundations of Human Rights, HRQ 2/1998, S. 201 ff., 231, ähnlich auch *Sakah S. Mahmud*, The State and Human Rights in Africa in the 1990s, Perspectives and Prospechts, HRQ 15 [1993], S. 485 ff., 494).

steht im Widerspruch zur völkerrechtlichen Bindung der Mehrzahl der Staaten (im Sinne eines gemeinsamen, möglichst umfassenden und für alle Unterzeichnerstaaten verbindlichen Menschenrechtsschutzes). Der Menschenrechtsschutz ist auf internationaler Ebene untrennbar [und zwangsläufig] mit einer mehr oder weniger gewichtigen Einschränkung der staatlichen Souveränität verbunden[91]: Mit der Verpflichtung zur Einhaltung existentieller und fundamentaler Menschenrechte muss zwangsläufig eine Einschränkung nationaler Souveränität einhergehen, weil sich die Staaten *insoweit* verpflichten, ihr jeweiliges nationales Recht an die vereinbarten internationalen, d.h. offiziell konsentierten völkervertraglichen Verbindlichkeiten[92] anzupassen bzw. ihr eigenes Recht – insoweit – dem „universalen Gedanken" zu unterwerfen bzw. unterzuordnen. Das ist die Konsequenz zugunsten eines multilateralen bzw. weltumspannenden, möglichst hohen Verbindlichkeitsgrad beanspruchenden Menschenrechtsschutzes. Richtigerweise konstatiert Paul Kirchhof,[93] dass die unveräußerlichen Menschenrechte keine Relation von Rechten und Pflichten begründen, die nur denjenigen berechtigen würden, der die Pflichten erfüllt. Zugunsten dieser Position lässt sich anführen, dass andererseits der Gedanke von der Universalität und der Unteilbarkeit der Menschenrechte verloren ginge bzw. letztlich mittels eines extensiven Vorbehaltsregimes bzw. mittels „interpretativer

---

[91] *Nußberger*, S. 22, dort Leitsatz III 1.

[92] → II. 6. a) aa).

[93] *Kirchhof*, S. 25. *Van Meegen/Graulich* (S. 1) betonen zum 60. Jahrestag der Proklamation der Allgemeinen Menschenrechte bereits im ersten Satz ihres Vorwortes deren Bedeutung, die auch auf die UN-Kinderrechtskonvention zu übertragen ist: *„Menschen sehnen sich schon immer nach unveräußerlichen Rechten, nach einer letzten schützenden und geschützten Gerechtigkeit."* Siehe auch *Wildt*, S. 124 [142: *„Menschenrechte sind die generellen und nicht-erworbenen Rechte* […]"). *Graulich* (in: Van Meegen/Graulich (S. 46 [48, dort m. w. N. in Fn. 9 auf *N. Witsch*, Ius nativum, LKStKR II, Sp. 335a–335b]) sieht auch den Dienst der Verkündigung des Glaubensgutes als *ius nativum*, als ein angeborenes, von Jesus selbst übertragenes, originäres, unveräußerliches und unverletzliches Recht der Kirche. Andererseits vermögen Menschenrechte in der Regel keine absolute, sondern lediglich eine relative Geltung zu beanspruchen und Eingriffe in Menschenrechte seien nur dann als Verletzung zu qualifizieren, wenn sie nicht gerechtfertigt sind (*Nowak*, S. 62f., 71). Dies entspricht zwar dem grundsätzlichen verfassungsrechtlichen Prüfschema in Bezug auf die bundesdeutschen Grundrechte, lediglich Art. 1 GG macht insofern eine Ausnahme, als stets, d.h. ausnahmslos, jeder Eingriff in die Menschenwürde immer und zugleich deren Verletzung bedingt („unantastbar", vgl. *Habermas*, S. 59) und nach herrschender verfassungsrechtlicher Doktrin somit nicht gerechtfertigt werden kann (→ III. 1. a), b) aa) (2)). Zur Frage einer (überhaupt zulässigen oder zumindest bedingten) Abwägbarkeit der Menschenwürde in dem Fall, dass die Menschenwürde in einer bestimmten Fallkonstellation von zwei Menschen betroffen ist, also eine Menschenwürde-Kollision gegeben ist, siehe die differenzierenden Darlegungen bei *Zippelius/Würtenberger*, § 21 IV 2, Rdz. 54–60, S. 243 ff.; für eine *„unumgängliche Abwägbarkeit"* spricht sich in dieser Kollisionslage *Hillgruber*, in: Epping/Hillgruber, GG, Art. 1, Rdz. 10.1, aus; *Teifke*, S. 154 (dort m. w. N. in Fn. 5 auf Clérico, Die Struktur der Verhältnismäßigkeit, S. 168 f.), gelangt im Rahmen seiner *„Strukturanalyse nicht zuletzt zu dem Ergebnis, dass das Grundrecht der Menschenwürde abwägungsfähig ist"*; zur Diskussion der Abwägbarkeit der Menschenwürde auch *Poscher*, in: Herdegen/Masing/Poscher/Gärditz, § 17, Rdz. 120–122, dort Fnn. 250 ff. (Kontroverse *Böckenförde* [FAZ 3. 9. 2003] vs. *Herdegen* anlässlich der Neukommentierung von Art. 1 GG in Maunz/Dürig/Herzog/Scholz).

Erklärungen" ad absurdum geführt würde, was weitreichende Konsequenzen für die Geltungskraft der UN-Kinderrechtskonvention auch in Bezug auf den Heiligen Stuhl und deren Implementation in den Codex Iuris Canonici hätte.

Bielefeldt[94] erinnert an die – auch – religiöse Konnotation und Determinierung der Begriffe „Unveräußerlichkeit", „Unverletzlichkeit", „Unantastbarkeit" und weist zutreffend auf das „*Element von Unbedingtheit*" hin, das die Menschenrechte trägt und ihnen eine besondere Autorität verleiht. Weil die Menschenrechte in der Würde der menschlichen Person gründen, welche nach kirchlicher Lehre ihren Ursprung im schöpferisch-liebenden Wollen Gottes und nicht erst durch die Kirche verliehen wird [dies hat auch Auswirkung auf den Schutz des beginnenden menschlichen Lebens, das nicht erst die Entwicklung *zum* Menschen hin, sondern bereits *als* Mensch schützt[95]], sind die Menschenrechte auch in der Kirche unantastbar und unveräußerlich.[96] Hollerbach[97] spricht im Zusammenhang von unverletzlichen und unveräußerlichen Menschenrechten als „setzungsunabhängige" bzw. „setzungsvorgeordnete Rechtswahrheit", welche demnach bereits *vor* deren ausdrücklicher Normierung und Positivierung als naturrechtliche Vorgabe „existieren".[98]

Nach Maradiaga[99] sei die Unverletzlichkeit des menschlichen Lebens Dank kirchlicher Anstrengungen anerkannt. Dem wird auf der Ebene kirchlicher Regelungen zuzustimmen sein, nicht jedoch auf der Ebene des staatlichen Lebens-„Schutzes", welcher durch große Reglungsdefizite – zulasten des sich entwickelnden Lebens – gekennzeichnet ist.[100]

Mit dem Terminus der Unbedingtheit kann im zivilrechtlichen Sinne die Bedingungsfeindlichkeit (vgl. § 158 BGB) fundamentaler und ununterschreitbarer Menschenrechte assoziiert werden, welche „ohne Wenn und Aber" Geltung beanspruchen (im Sinne einer „Bedingungsfeindlichkeit der Menschenwürde") und welche nicht durch völkervertragliche Vorbehalte eingeschränkt und dadurch relativiert werden dürfen, denn Sinn und Zweck von Menschenrechtsverträgen bestehen in der Etablierung und normativen Festschreibung fundamentaler Schutzrechte. Berechtigt wird daher im Kontext von Menschenrechten als [nicht unterschreitbare]

---

94 *Bielefeldt* S. 17 (19).
95 → III. 1. b) aa) (2), IV. 2.
96 *Hilpert*, S. 251 im Zusammenhang mit der Verbindlichkeit der Menschenrechte auch in der Kirche in Kap. 9.3 b, dort unter Bezugnahme in Fn. 45 auf Pacem in terris, Utz XXVIII 102 f.; Gaudium et spes, artt. 16 f. 29 (→ I. 2. c)); Dignitatis humanae art. 2; Die Kirche und die Menschenrechte – Ein Arbeitspapier der Päpstlichen Kommission Iustitia et Pax, München/Mainz 1976, Entwicklung und Frieden: Dokumente, Berichte, Meinungen, Nr. 46–48; Botschaft über Menschenrechte und Versöhnung zum Abschluss der römischen Bischofssynode, Herder Korrespondenz 28, 1974, 624 f.
97 *Hollerbach* (S. 811, 814, dort m. w. N. in Fn. 12 auf *Günter Ellscheid*, Naturrecht, Handbuch philosophischer Grundbegriffe, München, 1973, 969 f.).
98 Hierzu *Czerner*, KST 76, Kap. VII 2b, S. 140 ff.
99 *Maradiaga*, S. 124 (126).
100 → III. 1., IV. 2.

Mindeststandards und als Minimalrechte von Unverletzlichkeit und Unveräußerlichkeit gesprochen.[101]

c) Die Implementierbarkeit eines Vertragsvorbehaltes als conditio sine qua non zugunsten des Abschlusses eines Menschenrechts-Vertrages

Die Risiken der Erklärung von Vorbehalten bzw. von interpretativen Erklärungen dürfen gerade angesichts der fundamentalen Bedeutung der menschenrechtlichen Verträge wie die UN-Kinderrechtskonvention in der „Gesamtbilanz" nach Vorgesagtem jedoch nicht zu negativ zu bewertet werden:

Die Zulässigkeit von Vorbehalten und Vorbehaltserklärungen kann in internationaler bzw. politischer Hinsicht möglicherweise die einzige Chance sein, einen Staat überhaupt zur Unterzeichnung eines menschenrechtsschützenden völkerrechtlichen Vertrages zu „motivieren", wenn bzw. weil ihm dann innerstaatlich die Möglichkeit einer nationalen Nivellierung des Schutzstatus gegeben wird, ohne deren Möglichkeit der betreffende Staat aufgrund der ihn dann vollumfänglich treffenden völkervertraglichen Verpflichtung diesen Vertrag nicht unterzeichnen würde. Die Vorbehaltsoption(en) beinhaltet somit die conditio sine qua non und bedingt dann das „Ob" eines Vertragsschlusses, zu welchem es ohne Vorbehaltsmöglichkeit andernfalls unter Umständen nicht kommen würde bzw. gekommen wäre. So sehr die Frage berechtigt ist, ob die in der Praxis häufigen Vorbehalte zu Menschenrechtsabkommen überhaupt zulässig sind, weil sie letztlich Sinn und Zweck solcher Abkommen zuwiderlaufen,[102] muss die damit zusammenhängende Folgefrage – im Umkehrschluss – gestellt werden, ob sich auf diese Weise nicht zumindest der „kleinste gemeinsame Nenner" in Bezug auf einen völkerrechtlich normierten Menschenrechtsschutz absichern lässt und somit auch Kinderrechte per saldo mittels des staatlichen als auch des kirchlichen Rechts (zumindest etwas) besser geschützt werden können – oder ob sie dadurch letztlich zu „potemkinschen Dörfern" des

[101] *Wildt*, S. 124 (135, 138, dort Fn. 11: „*Zum Begriff der Menschenrechte hat immer gehört, dass sie unverletzlich und unveräußerlich sind*"), hierzu auch *Czerner*, MedR 2001, S. 354 (360, dort Fn. 41 im Zusammenhang mit der Eingriffsqualifizierung als Menschenwürde-Verletzung und im Kontext der Objektformel von Günter Dürig, Tübingen).

[102] *von Arnauld*, S. 89, Rdz. 225, dort m. w. N. in Fnn. 24, 25 auf IGH-Gutachten vom 28.05.1951, Reservations to the Convention in the Prevention and Punishment of the Crime of Genocide, ICJ (International Court of Justice, Reports Judgments, Advisory Opinions and Orders-)Report 1951, 15 mit Sondervotum von Richter Álvarez; *I. Ziemele*, Reservations to Human Rights Treaties and the Vienna Convention Regime, 2004; *J. Fournier*, Reservations and the Effective Protection of Human Rights, GoJIL (Goettingen Journal of International Law) 2, 2010, 437; *N. Ando*, Reservations to the International Covenant on Civil and Political Rights and the Human Rights Committee, FS E. Klein, 2013, 977; *A. Pellet*, Reservations to Treaties and the Integrity of Human Rights, in: Sheeran/Rodley, Hrsg., Routledge Handbook of International Human Rights Law 2013, 323.

Völkerrechts – trotz der völkerrechtlichen Anerkennung von Art. 3 UN-KRK durch Art. 38 lit. b IGH-Statut und die Umsetzungspflicht durch Art. 4 UN-KRK (→ V.) – desavouiert werden.

7. Effet utile, pacta sunt servanda als flankierende konventionssichernde Völkerrechtsklauseln

Gemäß Art. 31 WVK gilt der sog. Effektivitätsgrundsatz (effet-utile[103]), wonach Verträge so auszulegen sind, dass dessen Regelungs- und Gestaltungsziel bestmöglich erreicht werden.[104] Die Anwendung dieses Grundsatzes (mit der gleichbedeutenden *ut res magis*-Maxime: „*ut res magis valeat quam pereat*") darf nicht zur Auslegung gegen den Wortlaut und den Sinn des Vertrages führen.[105] – Wortlaut und teleologische Zielsetzung dienen daher als geltungserhaltende und -stabilisierende Faktoren des jeweiligen völkerrechtlichen Vertrages. In systematischer Perspektive wird der Effektivitätsgrundsatz durch Art. 26 WVK abgesichert, nach welchem ein gültiger Vertrag die Vertragsparteien bindet und sie ihn nach Treu und Glauben zu erfüllen haben – „pacta sunt servanda"[106] lautet die Überschrift

---

[103] *Czerner*, KST 76, Kap. VIII Nr. 2, S. 147, dort unter Hinweis auf Art. 4 III EUV.

[104] *Gornig*, 21. Kap., § 118 I, Rdz. 6, S. 1164: „*Der Rückgriff auf den Grundsatz Effet Utile erlaubt eine so weite Auslegung einer Vertragsbestimmung, dass der von dem Vertragspartner gewollte Zweck tatsächlich erreicht werden kann*"; dabei wird das Anliegen verfolgt, den Normen des Unionsrechts optimale Wirkungskraft zu verleihen (*Gornig*, 21. Kap., § 122 V, Rdz. 174, S. 1307; *Gornig*, 21. Kap., § 122 VIII 4d, bb, Rdz. 316, S. 1338, dort in Fn. 272: „*Bestimmungen in Gründungsverträgen internationaler Organisationen sind weit auszulegen, wenn es zur Erreichung eines von der Organisation vorgegebenen Vertragsziels erforderlich ist*").

[105] *Heintschel von Heinegg*, in: Ipsen, Völkerrecht, 4. Kap., § 14 Rdz. 16, S. 478, dort in Fn. 65 mit Hinweis auf PCIJ [Permanent Court of International Justice], Case of the S. S. „Wimbledon" (United Kingdom, France, Italy and Japan v. Germany), Urteil v. 17.08.1923, PCIJ Ser. A., No. 1 (1923), 25, sowie ICJ, Interpretation of Peace Treaties with Bulgaria, Hungary and Romania, Second Phase, Gutachten v. 18.07.1950, ICJ Rep. 1950, 221 (221).

[106] *Landau* (S. 761 ff., 780 f.) analysiert die rechtshistorisch-kanonistische Herkunft des Satzes *pacta sunt servanda*, primär unter privatrechtlichen Gesichtspunkten im Hinblick auf den Typenzwang für Verträge: Die mittelalterliche klassische Kanonistik, Huguccio von Bologna (Verfasser der Summa zum Dekret Gratians [*Landau*, S. 766, dort m. w. N. in Fn. 23 auf *W. P. Müller*, Huguccio, Studies in Medieval and Early Modern Canon Law 3, Washington D. C., 1994]) und Bernhard von Pavia haben diesen Rechtsgrundsatz im Jahr 1188 in den juristischen Diskurs eingebracht. Bereits nach der Definition Bernhards von Pavia habe sich die Notwendigkeit des Rechtsschutzes aus dem Rechtsverhältnis des pactum, das auf einem wechselseitigen Konsens beruht, ergeben. *Landau* verweist (S. 781, dort Fn. 1) zudem auf Helmut Coing, Kanonisches Recht und Ius Commune (in: Proceedings of the Sixth International Congress of Medieval Canon Law, Berkeley/Cal., 1980, zu Addenda II c, S. 283, 507 [513]): Es ist das kanonische Recht, das die Maxime *Pacta sunt servanda* eingeführt hat. Schließlich verweist *Landau* (S. 781, dort in Fn. 1) auf die Angaben zur Bedeutung des Prinzips *Pacta sunt servanda* in der Geschichte des modernen Völkerrechts auf *Randall Lesaffer*, The Influence of the Medieval Canon Law on Early Modern Treaty Law, in: Manlio Bellomo/Orazio Condorelli (Hrsg.), Proceedings of the Eleventh International Congress of Medieval Canon Law Catania 2000 (MIC, Ser. C, Vol. 12),

zu Artt. 26, 31 I i. V. m. und wird – als programmatische Zielvorgabe bereits im dritten Präambelabsatz der Wiener Vertragsrechtskonvention dem gesamten Werk vorangestellt – und als normatives Leitmotiv übergeordnet. Nach Art. 27 WVK kann sich eine Vertragspartei nicht auf ihr innerstaatliches Recht berufen, um die Nichterfüllung eines Vertrages zu rechtfertigen. Damit immunisiert der Gedanke des *effet utile* die Wiener Vertragsrechts-Konvention bzw. den jeweiligen völkerrechtlichen Vertrag, d.h. auch die UN-Kinderrechtskonvention gegenüber einer souveränitätsbedingten Nicht-Beachtung bzw. Aushöhlung des menschenrechtlichen Schutzanspruches durch die vorbehaltserklärenden Signatarstaaten.

Dieser völkerrechtliche Grundsatz, an welchen der Heilige Stuhl kraft Signatur auch der Wiener Vertragsrechtskonvention grundsätzlich gebunden ist, spielt eine bedeutende Rolle bei der Frage der inhaltlichen (neben der grundsätzlichen) Umsetzungsverpflichtung der CIC-Vorgaben durch den Heiligen Stuhl,[107] insbesondere auf der Ebene des kanonischen Rechts im Hinblick auf die vom Heiligen Stuhl unterzeichnete UN-Kinderrechtskonvention mit der völkergewohnheitsrechtlichen Verstärkung durch Art. 38 lit. b IGH-Statut, wobei der Heilige Stuhl als Völkerrechtssubjekt sui generis[108] auch hier spezifische Vorbehalte aus seiner Rechtsnatur heraus einwenden darf.

Città del Vaticano 2006, S. 449–467. Bereits im ersten Konzil von Karthago, dem ältesten Plenarkonzil der afrikanischen Reichskirche unter Vorsitz des karthagischen Bischofs Gratus, seien nach *Landau* (S. 761 [762, dort m. w. N. in Fn. 6]) inhaltlich-sprachliche „Vorläufer" dieses Rechtsprinzips ablesbar, das in der verkürzten Wiedergabe des Konzilskanons (c. 12) im Liber Extra lautet: „*Antigonus episcopus dixit: Aut inita pacta suam obtineant firmitatem, aut conventus, si se non cohibuerit, ecclesiasticam sentiat disciplinam. Dixerunt universi: Pax servetur, pacta custodiantur*"; X 1. 35. 1, der ursprüngliche Kanon des Konzils von Karthago findet sich bei Ch. Munier (ed.), Concilia Africae (= CCL., vol. CCLIX, Turnholti 1974), 9 (= Conc. Carth. ao. 345–348, c. 12). Jedoch sei dieser zitierte Kanon des ersten Konzils von Karthago von 348 nach *Landau* (S. 762, dort m. w. N. in Fn. 7 zum Breviarum extravagantium auf *G. Fransen*, Les diverses formes de la Compilatio Prima, in: Scrinium Lovaniense, Mélanges Étienne Van Cauwenbergh, Louvain 1961, S. 235–253 sowie auf die Dekretalen von Papst Clemens III. und seiner Rezension der Compilatio I [1 Comp. 3. 33. 7]) noch nicht in das Decretum Gratiani bei dessen Redaktion um 1140, sondern zuerst in dem Gratians Dekret ergänzenden Breviarum des Kanonisten Bernhard von Pavia um 1188 bzw. 1190 aufgetaucht.

107 → I. 2. d)–f), II. 2.–7., V.

108 → I. 2. a), d), e), IV. 7. b), c).

III. Inhalt und Reichweite der Anerkennung der UN-KRK durch den Heiligen Stuhl, auch im Lichte von Art. 3 UN-KRK, Artt. 26, 27, 31 I i. V. m. dem dritten Präambelabsatz der WVK, als völkerrechtliche Basis für die Etablierung existentieller Kinderrechte auf der Ebene des kanonischen Rechts

Nachdem der Heilige Stuhl sowohl Signatar der UN-Kinderrechtskonvention, als auch der Wiener Vertragsrechtskonvention ist[1] und er damit korrespondierende doppelte völkerrechtliche Verpflichtungen aus den Artt. 3, 4, 6 i. V. m. dem neunten Präambelabsatz, Artt. 19, 34, 51 II UN-KRK i. V. m. Artt. 26, 27, 31 I i. V. m. dem dritten Präambelabsatz der Wiener Vertragsrechtskonvention eingegangen ist, sind auf materiell-völkerrechtlicher Ebene zunächst die Schutznormen aus der UN-Kinderrechtskonvention, insbesondere in Bezug auf das Recht auf Leben – inclusive dem Schutz des vorgeburtlichen Lebens –, die körperliche und die sexuelle Integrität im Zusammenhang mit Schutz vor Gewalt und (sexueller) Misshandlung zu untersuchen. In Kap. IV werden die darauf aufbauende kirchenrechtliche Umsetzung dieser kinderschützenden Konventionsrechte der Vereinten Nationen im Liber VI des Codex Iuris Canonici, im Motu proprio *Vos estis lux mundi* (2019 und 2023), im Motu proprio *Come una madre amorevole* (2016) und weiterer, auch nicht normativer Texte, vor dem Hintergrund der menschenrechtspostulierenden Konzils-Konstitution *Gaudium et spes* (→ I. 2. c)) analysiert.

1. Persönlicher Anwendungsbereich der UN-KRK und Zeitpunkt des Beginns des Lebensschutzes: Art. 1 i. V. m. Art. 6 UN-KRK (Heiliger Stuhl, Republiken Argentinien und Senegal, Bundesrepublik Deutschland)

a) Das geborene Kind als UN-KRK-Normadressat spezifischer Kinderrechte

Art. 1 UN-KRK definiert die Obergrenze, bis zu welchem Lebensalter ein junger Mensch als „Kind" im Sinne der UN-Kinderrechtskonvention anzusehen ist: Solange das 18. Lebensjahr nicht vollendet ist (siehe rechtsvergleichend auch

---

[1] → I., II.

Art. 7 EGBGB zur Altersgrenzenverschiebung). Jedoch wird im Konventionstext keine Untergrenze genannt. Laut Verschraegen[2] sagen die Konventionstexte nichts darüber aus, ab wann ein menschliches Wesen [sic!] als Kind zu bezeichnen bzw. ob ein Foetus als „human being" anzusehen ist.

Bei einer Betrachtung der Konventionsrechte – im Wege systematischer Auslegung – wird augenscheinlich, dass jene ausschließlich für geborene Kinder Bedeutung – vor allem praktisch-forensische Bedeutung zu erlangen scheinen: Der Diskriminierungsschutz (Art. 2 UN-KRK) – es sei denn, man sieht in der Vornahme eines Schwangerschaftsabbruches infolge einer zu erwartenden Behinderung des Kindes, was Gegenstand der embryopathischen Indikation[3] ist, zugleich eine Diskriminierung[4] (auch bereits geborener) Behinderter, Trennung von den Eltern (Art. 9), Familienzusammenführung (Art. 10), Internationale Kindesentführung (Art. 11), Mitspracherecht und rechtliches Gehör (Art. 12), Meinungs- und Informationsfreiheit (Art. 13), Gewissens- und Religionsfreiheit (Art. 14), Erziehung durch die Eltern (Art. 18), Schutz vor Gewalt (Art. 19), Kinder als Flüchtlinge (Art. 22), Unterbringungsmaßnahmen (Art. 25), Kulturelle Identität (Art. 30), Schutz vor sexuellem Missbrauch (Art. 34), Schutz vor Ausbeutung (Art. 36), Schutz vor Folter und Garantien bei Freiheitsentziehung (Art. 37),[5] Kinder im Strafrecht und im Strafverfahren (Art. 40),[6] um nur eine Auswahl zu nennen, setzen naturgemäß qua faktisch-empirischer Ausübbarkeit dieser Rechte und des damit

---

[2] *Verschraegen*, S. 21, dort m. w. N. in Fnn. 138, 139, und unter systematischer Bezugnahme auf Art. 6 IPBPR (Art. 6 I des Internationalen Paktes über Bürgerliche und Politische Rechte vom 16. Dezember 1966: *„Jeder Mensch hat ein angeborenes Recht auf Leben. Dieses Recht ist gesetzlich zu schützen. Niemand darf willkürlich seines Lebens beraubt werden.*") und auf Art. 2 EMRK (Art. 2 der Europäischen Menschenrechtskonvention vom 4. November 1950: *„Das Recht jedes Menschen auf Leben wird gesetzlich geschützt. Niemand darf absichtlich getötet werden, außer durch Vollstreckung eines Todesurteils, das ein Gericht wegen eines Verbrechens verhängt hat, für das die Todesstrafe gesetzlich vorgesehen ist.*") sowie auf *McGoldrick, D.*, The United Nations Convention on the Rights oft he Child, International Journal of Law and the Family, IJLF Vol. 5 (1991), 132 f.

[3] → III. 1. b).

[4] *Ullmann*, FamRZ 1991, S. 898 (900, dort Fn. 18) deutet das nahezu in allen UNO-Menschenrechtsverträgen enthaltene Diskriminierungsverbot als allgemeine Regel des Völkerrechts (→ I. 1., 2. a)), das gem. Art. 25 GG dem innerstaatlichen [bundesdeutschen] Recht vorgeht. Dies hat Implikationen im Hinblick auf die in der vorgenannten Anmerkung erörterten und im bundesdeutschen Recht immanenten Widersprüche in Bezug auf den Schutz des Lebens und auf den Schutz der von Behinderung betroffenen Ungeborenen (– zu allgemeinen Regeln des Völkerrechts bzw. zum Völkergewohnheitsrecht → I. 1.).

[5] Im Kontext von Freiheitsentziehungen nach Art. 37 UN-KRK spielen die jeweiligen intranationalen gesetzlichen Vorgaben eine entscheidende Rolle (vgl. auch Art. 5 I 2 lit. d EMRK), an welche die Konventionsrechte des Europarates und der Vereinten Nationen anknüpfen (→ I. 2. a) sowie *Czerner* 2008, S. 333, dort m. w. N. in Fn. 1334 und 1339, S. 491).

[6] Nach dem bundesdeutschen Strafrecht können Kinder nach § 19 StGB keine Straftaten begehen, da sie als schuldunfähig gelten und die von § 46 I 1 StGB geforderte Kongruenz der Schuldfähigkeit zum Tatzeitpunkt (§ 8 StGB) prinzipiell nicht erfüllt sein kann. Daraus resultiert ein unüberwindbarer Strafausschließungsgrund sowie ein unüberwindbares Prozesshindernis

einhergehenden Schutzes der Konventionsrechte das geborene Kind als Adressat und Rechtsgutträger der UN-Konventionsrechte voraus.

b) Pränataler Lebensschutz durch den 9. Präambelabsatz UN-KRK, Art. 6 UN-KRK und Artt. 26, 27 und 31 I WVK (?)

aa) Bundesrepublikanische Referenznormen und Rechtslage in Bezug auf den vorgeburtlichen Lebensschutz

In der Bundesrepublik Deutschland bestehen unauflösbare Wertungswidersprüche aufgrund inkonsistenter Regularien betreffend die Pränatal- und Gen-Diagnostik[7] und im Zusammenhang mit Schwangerschaftsabbrüchen und in Bezug auf die sog. embryopathische Indikation. Es existieren massive Verwerfungen mit dem Prinzip des Lebensschutzes, der nach bundesdeutscher Rechtslage für ungeborene behinderte Kinder nicht zu bestehen scheint, wie die Normen in den §§ 218 ff. StGB und im Gendiagnostik-Gesetz belegen – dort § 15 GenDG zu vorgeburtlichen Untersuchungen:

„*(1) Eine genetische Untersuchung darf vorgeburtlich nur zu medizinischen Zwecken und nur vorgenommen werden, soweit die Untersuchung auf bestimmte genetische Eigenschaften des Embryos oder Fötus abzielt, die nach dem allgemein anerkannten Stand der Wissenschaft und Technik seine Gesundheit während der Schwangerschaft oder nach der Geburt beeinträchtigen, oder wenn eine Behandlung des Embryos oder Fötus mit einem Arzneimittel vorgesehen ist, dessen Wirkung durch bestimmte genetische Eigenschaften beeinflusst wird und die Schwangere nach § 9 aufgeklärt worden ist und diese nach § 8 Abs. 1 eingewilligt hat.*"

Dies dient als Rechtfertigung zur Vornahme eines später erfolgenden Schwangerschaftsabbruches, indem dieser ärztliche Befund in die „medizinisch-soziale" Indikation „hineingelesen" wird, obwohl durch die medizinische Indikation ausschließlich das Leben der Mutter vor den Gefahren der Schwangerschaft geschützt werden soll, dieser Indikationsgrund also zum Schwangerschaftsabbruch contra,

---

(hierzu *Fischer*, StGB, § 19, Rdz. 2, mit zutreffendem Hinweis darauf, dass ein dennoch eröffnetes Strafverfahren gegen Kinder sofort gem. § 206a III, 260 III StPO einzustellen ist [zu ergänzen sind in diesem Zusammenhang §§ 170 II 1 und 204 StPO, die Einstellung des Verfahrens aus rechtlichen Gründen durch die Staatsanwaltschaft bzw. durch das Gericht] → III. 2.). Immerhin können Kinder tatbestandsmäßige und rechtswidrige Handlungen begehen (§ 11 I Nr. 5 StGB, III 2) und es können sich familiengerichtliche Maßnahmen (bei grundsätzlichem Einverständnis der Eltern als Personensorgeberechtigte) z. B. nach § 1631b BGB (vorläufige Unterbringung des Minderjährigen auch bei Fremdgefährdung) anschließen, hierzu *Czerner*, AcP 2002, S. 72 (77, dort auch in Fn. 3 noch zu § 1631b BGB a. F. sowie dort S. 124 zur (auch) drittschützenden Funktion von § 1631b BGB – seit 2008 (BGBl. I Nr. 61 vom 22. 12. 2008, S. 2586 f.) ist die Fremdgefährdung infolge des Begehens von rechtwidrigen Tathandlungen Minderjähriger von dieser Norm explizit erfasst).

[7] Siehe hierzu *Czerner*, ZRP 2009, 233 ff.

zumindest jedoch para legem, d.h. entgegen dem Ziel des Lebensschutzes, gebzw. benutzt wird.[8]

Bedenklich sind in diesem Zusammenhang sog. Spätabtreibungen, d.h. die sanktionslose Freigabe des zu schützenden Rechtsgutes „sich entwickelndes Leben", bis zum Beginn der Eröffnungswehen – aufgrund einer zu erwartenden Behinderung des Nasciturus bei – obsoleter – embryopathischer Indikation nach § 218a II StGB. Hofmann[9] bewertet diese Form der Schwangerschaftsabbrüche zu Recht als „*hoch problematisch*", insbesondere dann, „*wenn das Kind ausserhalb des Mutterleibes bereits lebensfähig wäre und es dann zum Abbruch kommt.*"

Eine ähnliche Problematik hinsichtlich des pränatalen Lebensschutzes besteht beim vorgeburtlichen Drogen- bzw. Alkoholkonsum der Mutter, welcher mangels Tatbestandsmäßigkeit – [geborenes] Kind – nicht über die Regelung der Kindeswohlgefährdung nach § 1666 I BGB erfasst werden kann, weil der bürgerlichrechtliche Kinderschutz (von den zivilrechtlichen Spezifika in §§ 844 II, 1923 II BGB abgesehen) noch nicht perinatal, sondern erst postnatal, also vergleichsweise spät, ansetzt (vgl. § 1 BGB: „*Die Rechtsfähigkeit beginnt mit der Vollendung der Geburt.*").[10]

Würde die UN-KRK mit Art. 6 auch den vorgeburtlichen Lebensschutz erfassen, bestünde auch für den bundesdeutschen Gesetzgeber eine pränatale Schutz- und Regelungspflicht zur Vermeidung der vorgenannten Fallkonstellationen der Schutzlosigkeit und Preisgabe des Rechtsgutes Leben in seiner frühesten Entwicklungsphase. Nach heute verbreitetem Verständnis würde dies vermutlich als unakzeptabler und ggf. sogar diskriminierender Eingriff in das Selbstbestimmungsrecht und der Menschenwürde der Frau und werdenden Mutter angesehen werden. Angesichts von mehr als 10.000 FASD-Fällen pro Jahr (BZgA), d.h. irreversibel (!) geschädigten Kindern (davon mehr als 3.000 Kinder mit FASD-Vollbild), ist de lege ferenda zu überdenken, ob ein (mehr oder weniger) uneingeschränktes bzw. uneinschränkbares Selbstbestimmungsrecht der Schwangeren unter dem derzeit gesellschaftlich vorherrschenden Topos möglichst weit gefasster Autonomie (der Schwangeren) über dem (zumindest moralischen) Recht des Kindes, körperlich-geistig möglichst unbeschadet und gesundheitlich vermeidbar unvorbelastet auf die Welt kommen zu dürfen (arg. ex Art. 2 II 1 i.V.m. Art. 1 I GG zugunsten des Kindes bzw. des sich entwickelnden Lebens), stehen muss. Diese unauflösbaren Wertungswidersprüche in Zusammenhang mit dem sich entwickelnden Leben sieht auch Graulich[11]:

---

[8] *Czerner*, MedR 2011, S. 783 (S. 786 zu Strafbarkeitslücken im Embryonenschutz bzgl. § 2 I ESchG sowie auf S. 787 zu Konflikten im Zusammenhang mit straflosen Schwangerschaftsabbrüchen).

[9] *Hofmann*, in: Schmidt-Bleibtreu, Art. 1 GG, Rdz. 24.

[10] Hierzu insbesondere auch unter Heranziehung der parlamentarischen Materialien [Mugdan]: *Czerner*, ZKJ 2010, S. 220 (223, dort m.w.N. in Fnn. 60–62, 65, 70, 71, insbesondere Fn. 77) zur Alkoholembryopathie.

[11] *Graulich*, in: van Meegen/Graulich, S. 46 (55).

„Gerade in einer Zeit, in der man feierlich die unverletzlichen Rechte der Person verkündet und öffentlich den Wert des Lebens geltend macht [z. B. durch sog. ‚Klimaschützer' oder Personen, die sich dafür halten], *wird dasselbe Recht auf Leben, besonders in den sinnbildhaftesten Augenblicken des Daseins, wie es Geburt und Tod sind, praktisch verweigert und unterdrückt. Auf der einen Seite sprechen die verschiedenen Menschenrechtserklärungen und die vielfältigen Initiativen, die von ihnen inspiriert werden, von der Durchsetzung einer moralischen Sensibilität auf Weltebene, die sorgfältiger darauf achtet, den Wert und die Würde jedes Menschen als solchen anzuerkennen, ohne jede Unterscheidung von Rasse, Nationalität, Religion, politischer Meinung und sozialem Stand. Auf der anderen Seite setzt man diesen edlen Proklamationen leider in den Taten ihre tragische Verneinung entgegen. Diese ist noch bestürzender, ja skandalöser, weil sie sich in einer Gesellschaft abspielt, die die Durchsetzung und den Schutz der Menschenrechte zu ihrem Hauptziel und zugleich zu ihrem Ruhmesblatt macht. Wie lassen sich diese wiederholten* [und oftmals lautstark und medienwirksam inszenierten und proklamierten] *Grundsatzbeteuerungen mit der ständigen Vermehrung und verbreiteten Legalisierung der Angriffe auf das menschliche Leben in Einklang bringen? Wie lassen sich diese Erklärungen in Einklang bringen mit der Ablehnung des Schwächsten, des Bedürftigsten, des Alten, [des Behinderten], des soeben im Mutterschoß Empfangenen*? [Die Antwort lautet: Gar nicht.] *Diese Angriffe gehen in die genau entgegengesetzte Richtung wie die Achtung vor dem Leben und stellen eine frontale Bedrohung der gesamten Kultur der Menschenrechte dar.*"

– Dem ist angesichts neuerer politisch-gesellschaftlicher Entwicklungen der vergangenen anderthalb Jahrzehnte hinzuzufügen: Eine (weitgehend) fakten-resistente, ideologie- und gesinnungsethischbasierte Politik, die unter Berufung auf den Schutz der natürlichen Lebensgrundlagen einer Kröte in einem Naturraum mehr Lebens- und Existenzrecht zuspricht als dem von Behinderung betroffenen Ungeborenen, macht sich nicht nur unglaubwürdig, sondern sie desavouiert sich und ihre – vermeintlichen und nach außen hin behaupteten – Ansprüche in Bezug auf den Schutz der „natürlichen Lebensgrundlagen". Sie beraubt eine Gesellschaft um ihre Zukunftsfähigkeit, indem die „Selbstbestimmung" der werdenden Mutter und die damit – bisweilen angemahnte – Menschenwürdeverletzung (im Falle des Austragens der Schwangerschaft) über das Lebensrecht des von Behinderung betroffenen Ungeborenen gestellt wird, dessen Menschenwürde in diesem „Diskurs" keine Rolle spielt – und auch nicht spielen darf, weil die von einer Seite eingeforderte Menschenrechtsbeeinträchtigung infolge der „Unverletzlichkeit" der Menschenwürde nach Art. 1 I GG zwangsläufig dazu führt, dass die Menschenwürde eines anderen – hier des Ungeborenen – in dieser Konstellation keine Berücksichtigung findet – und nach vorherrschender Verfassungsdoktrin keine Berücksichtigung finden darf.[12] Das Diskriminierungsargument zum Schutz Behinderter aus Art. 3 II GG im Kontext der Rechte der werdenden Mutter wird in diesem Kontext freilich nicht bemüht. Fundamentale und existentielle Menschenrechte werden nicht selten von denjenigen missachtet und abgelehnt, die sich medien- und öffentlichkeitswirksam im gesellschaftspolitischen Diskurs auf jene berufen.

[12] → II. 6. b), III. 1. b) aa) (2).

Vor diesem Hintergrund der bundesdeutschen Gesetzes- und Rechtslage ist die zentrale „Botschaft“ des 9. Präambelabsatzes der UN-Kinderrechtskonvention im Hinblick auf den vorgeburtlichen Lebensschutz zu betrachten und ihre Rezeption und Transformation in das jeweilige nationale Recht einzufordern (arg. ex Artt. 2, 3, 4, 6 [„angeborenes Recht auf Leben“], 23, 51 II UN-KRK i. V. m. Artt. 19 lit. c, 26, 27, 31 I, 32 WVK → II.).

(1) Teleologisch-systematische Interpretation des Rechts auf Leben: Art. 6 i. V. m. dem 9. Präambelabsatz der UN-KRK

Aus dem Recht auf Leben nach Art. 6 UN-KRK lässt sich auch die teleologisch noch weiter gefasste Position zugunsten eines bereits vorgeburtlichen Lebensschutzes vertreten (ähnlich dem bundesdeutschen Recht in Bezug auf den Schutz des sich entwickelnden Lebens nach Art. 2 II 2 i. V. m. Art. 1 I GG, wie ihn z. B. rechtsvergleichend das Bundesverfassungsgericht mehrfach postuliert[13]). Schmahl[14], betont, der Wortlaut von Art. 6 UN-KRK sei bezüglich der Frage, ob das Lebensrecht des Kindes nach dieser Konvention schon vor der Geburt besteht, nicht eindeutig. Z. B. habe sich die Bundesrepublik Deutschland dafür ausgesprochen, den Schutz des ungeborenen Lebens in die UN-KRK mit einzubeziehen.[15] Ein systematisches Argument zugunsten dieser Position lässt sich vor allem aus Spiegelstrich 9 der Präambel der UN-KRK ableiten („*eingedenk dessen dass [...] das Kind wegen seiner mangelnden körperlichen und geistigen Reife des besonderen Schutzes und besonderer Fürsorge, insbesondere eines angemessenen rechtlichen Schutzes vor*

[13] BVerfGE 39, 1 ff. v. 25. 02. 1975 sowie BVerfGE 88, 203 ff. v. 28. 05. 1993 (siehe hierzu BVerfG v. 27. 10. 1998 – 1 BvR 2306/96). Zu diesen beiden Judikaten des BVerfG auch *Enders*, S. 340: „*Deswegen braucht aber die Ausstrahlung des Art. 1 GG sowenig im Hinblick auf Art. 2 Abs. 2 Satz 1 GG relativiert zu werden* [...]“; *Rox*, in: Uhle, S. 13 (16 ff., 49, auch und vor allem unter Betonung der staatlichen Schutzpflicht zugunsten des sich entwickelnden Lebens und mit dem Plädoyer: „*Die aus der Verfassung folgende Schutzpflicht für jegliches menschliche Leben immunisiert gegen den Zeitgeist.*“). Siehe auch BT-Drs. 12/42 v. 24. 01. 1991, S. 34 (Ziffer 5), nach welcher „die Notwendigkeit eines angemessenen rechtlichen Schutzes vor der Geburt (Präambelabsatz 9)“ seitens der Bundesrepublik Deutschland anerkannt wurde. Es ist angesichts des hypertrophierenden Autonomiegedankens, dem sich der Deutsche Bundestag und das Bundesverfassungsgericht immer stärker – und einseitig, d. h. ohne (verfassungsrechtlich zwingende [!] Abwägung) – zuneigen, höchst unwahrscheinlich, dass dem vorgeburtlichen Lebensschutz künftig der Verfassungsrang und der Schutzstandard zugesprochen werden wird, wie dies in den Jahren 1975 und 1993 (s. o.) noch der Fall gewesen ist. Das Schwangerenkonfliktgesetz aus dem Jahr 1992 und das Gendiagnostikgesetz legen hiervon beredtes Zeugnis ab und offenbaren deutliche Auflösungserscheinungen in Bezug auf den Lebensschutz – dies gilt erst recht für den vorgeburtlichen Lebensschutz. Die beiden Entscheidungen des Bundesverfassungsgerichts gehören vermutlich der Rechtsgeschichte an, mehr Bedeutung wird ihnen kaum noch zukommen.

[14] *Schmahl*, KRK, Art. 6, Rdz. 7.

[15] *Schmahl*, KRK, Art. 1, Rdz. 5, dort m. w. N. in Fn. 14 auf CHR [Commission on Human Rights],/E/CN.4/L.1542, Rn. 29 (United Nations Documents).

und nach der Geburt bedarf"), welcher den pränatalen Schutzaspekt ausdrücklich benennt und somit für eine Einbeziehung des vorgeburtlichen Lebensschutzes votiert. Ähnlich argumentiert auch Haslinger[16], welcher die Entstehungsgeschichte von Kinderrechten aus der besonderen Verletzlichkeit und der besonderen Schutzbedürftigkeit von Kindern ableitet.

Mit Recht wird aus Art. 6 II UN-KRK das Überleben und die Entwicklung des Kindes in größtmöglichem Umfang gefolgert, was einen Ermessensspielraum der Vertragsstaaten weitgehend ausschließen soll.[17] Das explizit verankerte „Recht auf Überleben und Entwicklung des Kindes" würde durch ein liberales Recht zum Schwangerschaftsabbruch (z. B. durch ein weitgefasstes Indikationensystem bzw. durch eine isolierte Beratungslösung) – in doppelter Hinsicht konventionswidrig[18] – ausgehebelt. Zudem spricht die Eigenschaft bzw. die Bedeutung des Lebensschutzes nach Art. 6 UN-KRK als das zentrale Menschenrecht und als eines der vier *general principles*, welche die Schutzrichtung der Konvention sowie die Grundprinzipien ihrer Umsetzung bestimmen und welche als allgemeine Konventionsvorschrift für die gesamte Auslegung der materiellen Regelungen entscheidend sind,[19] für eine Erstreckung des Menschenrechtsschutzes auch auf die vorgeburtliche Phase. Dies gilt umso mehr, als diese UN-Konvention den Endpunkt grundsätzlicher Zweifel in Bezug auf die Qualifizierung von Kindern als Rechtssubjekte und der bis dato nur punktuellen und uneinheitlichen Handhabung der Thematik auf völkerrechtlicher Ebene darstellt[20] (bzw. darstellen soll). Zur Rechtssubjektivität gehört untrennbar, als existenzielle conditio sine qua non, das Lebensrecht des Kindes von Anfang (nicht erst ab der Geburt) an, so dass neben Präambelabsatz 9 auch die *general principles* für einen vorgeburtlichen Schutzstatus des Kindes votieren.

Papst Benedikt XVI. erklärte am 7. September 2007 vor Vertretern des politischen und öffentlichen Lebens sowie dem Diplomatischen Korps in der Wiener Hofburg, dass das grundlegende Menschenrecht, das Recht auf das Leben selbst, von der Empfängnis bis zu seinem natürlichen Ende, die [existentielle] Voraus-

---

[16] *Haslinger*, S. 49 (55).

[17] *Ullmann*, FamRZ 1991, S. 898 (900 f.).

[18] Ein zweifacher Konventionsverstoß bzw. ein Verstoß gegen zwei völkerrechtliche Verträge wäre gegeben, wenn bzw. weil durch die Ablehnung des (Über-)Lebensrechts des Kindes bzw. des Ungeborenen nicht nur die UN-Kinderrechtskonvention, sondern zugleich auch die zwingenden Vorgaben aus den die UN-KRK völkerrechtlich flankierenden Artt. 26, 27, 31 I i. V. m. dem dritten Präambelabsatz der WVK verletzt wären. Zum Risiko eines doppelten Konventionsverstoßes (gegen UN-KRK sowie gegen die WVK) → II. 5., IV. 4. b).

[19] *Hepp*, Teil 2, Kap. B I 1, S. 69, dort in Fn. 234 m. w. N. auf CRC/C/GC/2003/5, Rn. 12 sowie auf *Vandenhole*, in: Routledge International Handbook of Children's Rights Studies, S. 31, *Hepp*, S. 71; *Rossa*, S. 15, 89 (dort m. w. N. in Fn. 449 auf CRC/GC/2003/5, Rn. 12), S. 186 (dort m. w. N. in Fn. 999 im Kontext der UN-Behindertenrechtskonvention), S. 216 speziell zu den general principles.

[20] *Hepp*, Teil 2, Kap. D, S. 117 f.

setzung für alle anderen Rechte beinhaltet und dass Abtreibung demgemäß kein Menschenrecht sein könne – sondern das Gegenteil davon.[21]

(2) Lebensschutzimplizierende Menschenwürde als An-Erkenntnis statt Zu-Erkenntnis (Honnefelder, Böckenförde)

Mit Honnefelder[22] lässt sich im Kontext der Würde des Menschen (aus dem sich das existentielle Lebens-Recht (als „vitale Konsequenz" der Menschenwürde) auch ableiten lässt) eher von *An*erkenntnis anstelle von *Zu*erkenntnis sprechen, so dass das Lebensrecht in diesem Zusammenhang nicht erst „zuerkannt" werden muss [– wie und durch wen sollte dies nach welchen – demokratisch konsentierten – Maßstäben erfolgen?], sondern dass das dem Ungeborenen wesensimmanente (und damit bereits gegebene) Lebensrecht auch und gerade von Seiten des Rechts *an*erkannt wird. Nach Böckenförde[23] kommen jedem Menschen kraft seines Menschseins Menschenrechte zu, unabhängig davon, ob sie [lediglich, d.h. ohne zwingende rechtliche Konsequenzen] als moralisch-philosophische Rechte [genannt sind bzw.] postuliert werden, welche [um einen ggf. juristisch einklagbaren

[21] Papst Benedikt XVI., zit. nach *Graulich* (in: Van Meegen/Graulich, S. 46 [56 dort m. w. N. in Fn. 33 auch zu den sog. „neuen Menschenrechten" [*A. Grześkowiak*, Recht auf Abtreibung?, in: Päpstlicher Rat für die Familie, Hrsg., Lexikon Familie, 2007, S. 1–8, ebda. auch *A. Lobato*, Neue Menschenrechte, S. 526–537]]), welche unter ausschließlich einseitiger Beachtung vermeintlicher Rechte andere Rechte bzw. die Rechte anderer vollständig negieren bzw. überhaupt nicht anerkennen und nicht in den Diskurs mit einbeziehen, was sich allenfalls ideologisch, keineswegs sachlich-inhaltlich, begründen lässt. Im Verwaltungsrecht wird in derartigen Fallkonstellationen von *Ermessensnichtgebrauch* gesprochen, wenn nicht alle abwägungsrelevanten und somit entscheidungserheblichen Aspekte in die Entscheidung mit einbezogen werden (hierzu *Czerner*, 2020, S. 170f., 86f., dort m. w. N. in den Fnn. 157, 158, in Bezug auf eine fehlerhafte Entscheidung der Senatsverwaltung für Kultur und Europa des Landes Berlin v. 16.02.2018 betreffend den Denkmalschutz für die St. Hedwigs-Kathedrale zu Berlin). Letztlich laufen das Außerachtlassen und die vollständige Nichtbeachtung des – eigenständigen (!) = BVerfGE 39, 1ff. vom 25.02.1975/[hierzu BVerfG v. 27.10.1998 – 1 BvR 2306/96] Lebensrechts des Ungeborenen nicht nur tendenziell auf eine Pervertierung, sondern zugleich auf eine Abschaffung der Menschenrechte hinaus – unter dem behaupteten Deckmantel der Freiheit und der Humanität. Das bundesdeutsche Grundgesetz hat daher in Art. 19 II GG die Wesensgehaltsgarantie verankert, nach welcher kein Grundrecht in seinem Wesensgehalt angetastet werden dürfte, so dass einer Abwägung insofern Grenzen gezogen sind, als sie überhaupt erfolgen muss, um kein – verfassungsrechtlich geschütztes (!) – Rechtsgut auszublenden. Die (Nicht-)Anwendung von Art. 19 II GG in diesem Zusammenhang – auch durch das Bundesverfassungsgericht – ist ein anderes Thema.

[22] *Honnefelder*, S. 171 (175). Dazu auch *Aymans*, Archiv für Katholisches Kirchenrecht 1980, S. 389 (397, dort in Fn. 21: „*In diesem […] Sinn wird der Mensch auch von der Kirche aufgrund der ihm eigenen Würde (dignitas humana) als religiöses Subjekt verstanden; dies ist ein vorkirchliches religiöses Verständnis des Menschen*"). Siehe auch *Witschen*, S. 18 und 59: „*Menschenrechte, die ausnahmslos jedem Menschen kraft seines Menschseins zukommen*" – „*angeborene Rechte*" → II. 6. b).

[23] *Böckenförde*, S. 233 (236, dort m. Hinweis in Fn. 2 auf *Jürgen Habermas*, Kants Idee des ewigen Friedens – aus dem Abstand von 200 Jahren, in: Habermas, Die Einbeziehung des An-

Geltungsanspruch erlangen zu können] in positives Recht umzusetzen sind, oder ob sich aus ihnen heraus [d. h. bereits unabhängig von ihrer legislatorischen Kodifikation] schon der Charakter einforderbarer Rechte im sachlich-juristischen Sinn zuerkannt werden, wie es der ursprünglichen Intention der Menschenrechte entspreche. Auch wenn die Argumentation von Böckenförde in der hier vorgenommenen Kontextualisierung (zunächst) zu einem Zirkelschluss führen muss, indem Menschenrechte dem Menschen zukommen und damit die Frage des menschenrechtlichen Status des Ungeborenen (noch) *nicht* beantwortet wird[24], weil nach wie vor unklar ist, ab wann (bzw. wodurch) der Mensch im rechtlichen Sinne ein (deswegen auch in rechtlicher Perspektive schützenswerter) Mensch ist, lassen sich aus der Schutzfunktion der Menschenrechte als existenzielle Rechte zugleich vorgeburtliche Implikationen ableiten, welche demnach nicht erst an die Geburt (vgl. § 1 BGB) anknüpfen, sondern, wie der 9. Präambelabsatz und Art. 6 der UN-KRK („angeborenes Recht auf Leben") postulieren, frühestmöglich, d. h. im Embryonalstadium der menschlichen Entwicklung, ansetzen und bereits von da an die Menschenwürde des Nasciturus *an*erkennen.

Daher muss nach Tugendhat[25] der Begriff der Legitimität [bzw. das Faktum der rechtlichen Legitimierbarkeit im Sinne von legislatorischer Kodifikation] den Rahmen [und auch die rechtliche Grundlage] für die Frage der Existenz [im Sinne von juristisch verbindlicher „Geltung" und rechtlicher Ausdifferenzierung] der Menschenrechte bilden, zumal Menschenrechte nach Tugendhat aus einem *„sehr ätherischen Material"* bestehen.[26]

Vor diesem Hintergrund muss Wildt[27] widersprochen werden, wenn Wildt die (zutreffende) Folgerung von Alexy (*„Wenn es ein moralisches, also gegenüber jedem begründbares Recht auf Leben gibt, muss es auch ein gegenüber jedem begründbares Recht darauf geben, dass eine gemeinsame Instanz geschaffen wird, die jenes Recht durchsetzt. Andernfalls wäre die Anerkennung moralischer Rechte keine ernsthafte Anerkennung, was ihrem fundamentalen und vorrangigen Charakter widerspräche."*) als „fehlerhaft" bezeichnet. Das Gegenteil ist der Fall: Wenn und solange (moralische) Rechte lediglich behauptet werden, ohne sie den jeweiligen Rechtsinhabern zugänglich, d. h. auch subjektiv einklagbar i. S. von justitiabel, zu machen, beinhalten jene behaupteten „Rechte" nicht mehr als vordergründig-

deren, 1996, S. 220 f., vgl. auch *Tugendhat*, S. 48: Menschenrechte *„als zu Recht bestehend, als legitim anerkennen"*, im Sinne etwas *„Vorgefundenem"*, das es juristisch-kodifikatorisch im Rahmen eines Gesetzgebungsverfahrens zu positivieren gilt – dem entspricht Honnefelders „an-erkennen", siehe vorgenannte Fn).

[24] Vgl. insoweit *Alexy*, S. 244 (247 mit biologischer Definition in Bezug auf den Trägerkreis der Menschenrechte im Unterschied zu einem „Kreaturenrecht", das zusätzlich auch Tiere einschließen könnte, was nicht zuletzt im Hinblick auf die Staatszielbestimmung des Art. 20a GG von Interesse wäre).

[25] *Tugendhat*, S. 48.

[26] *Tugendhat*, Vorlesungen über Ethik, 1993, S. 390, Nachweis in *Alexy*, S. 244 (255, dort m. w. N. in Fn. 19 und 15, S. 252).

[27] *Wildt*, S. 124 (131, dort Fn. 6 unter Bezugnahme auf *Alexy*, S. 244 [255]).

plakative Symbolik und substanzlose Makulatur ohne juristische Relevanz – auf der Ebene internationalen Rechts ließe sich dann von „potemkinschen Dörfern des Völkerrechts“ sprechen[28]: Es ist dann zu fragen: Wodurch wird jenes „Recht“ zum Recht (im juristischen Sinne)? Was ist das bestimmende Merkmal und Kennzeichen eines solchen „Rechts“ und wie lässt es sich, wenn es nicht „positiviert“, d. h. kodifiziert und damit nachvollziehbar expliziert ist (vgl. Art. 103 GG i. V. m. § 1 StGB in Bezug auf die fundamentale Bedeutung des Bestimmtheitsgrundsatzes) für die Rechtsadressaten und Rechtsanwender *erkennen*? Dies ist die Grundvoraussetzung zu dessen Anwendbarkeit, nicht zuletzt im Hinblick darauf, welche Rechte (und Pflichten) wem wann unter welchen Bedingungen und wem gegenüber formuliert sind. Dies zeigt sich vor allem im Bereich des Rechtsgüterschutzes[29]: Das unbedingte, nicht relativierbare und nicht abstufbare Prinzip der Menschenwürde nach Art. 1 I 1 des Grundgesetzes[30] würde letztlich leerlaufen, wenn es nicht auf einfachgesetzlicher Ebene z. B. durch die lebens-, gesundheits- und ehrenschützenden (einklagbaren) Rechtsnormen – zugleich einfachgesetzliche Komplementärnormen von Art. 1 I 1 GG – der §§ 212, 211, 223 ff., 185 ff. StGB, 823 BGB (und weiterer Rechtsnormen) abgebildet, mitumfasst und positivrechtlich umgesetzt und ausdifferenziert worden wäre. Entsprechendes gilt für umweltschützende Normen [Boden, Gewässer, Luft] in den §§ 324–330 lit. d StGB, für tierschutzrechtliche Bestimmungen sowie für bau- und naturschutzrechtliche Vorschriften, welche die Staatszielvorgabe von Art. 20a GG – Schutz der natürlichen Lebensgrundlagen als „ökologische conditio sine qua non“ – konkret aufzugreifen und umzusetzen haben. Ohne diese einfachgesetzlichen Konkretisierungen und Verrechtlichungen wäre das Staatsziel Umweltschutz [auch in rechtlicher Perspektive] sinn- und nutzlos.[31]

Ohne die entsprechenden Pflichten steht [auch] ein universelles Recht „nur auf dem Papier“.[32] In der Konsequenz bedeutet das mit O'Neill, dass die Durchsetzung von Menschenrechten [noch] nicht [ernsthaft] diskutiert, noch realisiert werden kann, solange die Pflichten noch nicht [positiv-rechtlich und gegenüber den Signatarstaaten einklagbar] bestimmt und [den jeweiligen Adressaten unter Spezifizierung der tatbestandlichen Voraussetzung zur Anwendbarkeit spezifischer Schutzrechte und der damit ggf. korrespondierenden Schutzpflichten] zugeordnet wurden. Zuvor handelt es sich allenfalls um (welt-)politische Absichtserklärungen ohne (völker- bzw. innerstaatlich-)rechtliche Bindungswirkung.[33]

---

[28] → III. 3. b) cc).

[29] → IV. 7.

[30] → II. 6. b), III. 1. a), IV. 6.

[31] Siehe hierzu auch *Maradiaga*, S. 124, „*das geschärfte Bewusstsein und eine stärker entfaltete Gesetzgebung im Hinblick auf eine ökologische Umgebung*“.

[32] *O'Neill*, S. 188 (218, 219).

[33] Zu den normativen wie moralischen Bezugspunkten der Menschenwürde im Menschenrechtsdiskurs siehe *Mende*, S. 193 f., wobei die auch Verbindlichkeit und die Einklagbarkeit von Menschenrechten thematisiert wird: „*Das Konzept Menschenwürde bietet den Anspruch und die Hoffnung einer Möglichkeit des Besseren: etwas, das besser ist als das unmittelbar vorfindlich Gegebene*“.

Ebenso verhält es sich mit den Rechten der UN-Kinderrechtskonvention, welche von den Signatarstaaten – und somit auch vom Heiligen Stuhl als unterzeichnendes Völkerrechtssubjekt – in das jeweilige innerstaatliche Recht (bzw. auch grundsätzlich unter Wahrung kirchenrechtlicher Spezifika und des kirchlichen Selbstbestimmungsrechts[34]) auch in das kirchliche Recht zu transformieren, auszudifferenzieren und auch fortzuentwickeln und aktuellen (auch politisch-sozioökonomischen) Bedürfnislagen anzupassen sind. Erst und nur durch die Transformation in das jeweilige nationale Recht vermögen die Rechte aus der UN-KRK – und somit auch das Recht auf Leben – ihre volle und frühestmögliche Entfaltung zu erreichen.[35] Dabei geht es um mehr als „nur" um das Lebensrecht des (ungeborenen) Kindes – dessen von Anbeginn angelegte Menschenwürde (vgl. BVerfGE 39, 1 ff.):

Die Kopplung des Lebensrechts an die Würde des Menschen ist insofern nicht nur zulässig, sondern auch geboten, weil das Recht auf Leben überhaupt die existenzielle Voraussetzung für die Ausübung aller anderen Menschenrechte darstellt. Vor diesem Hintergrund kommt dem Recht auf Leben eine besondere Wichtigkeit zu.[36] Das Recht auf Leben und seine möglichst frühzeitige Anerkennung beinhalten die conditio sine qua non zugunsten eines möglichst umfassenden Lebens- und Würdeschutzes des (noch ungeborenen) Kindes.

(3) Historische Auslegung von Art. 6 UN-KRK und des 9. Präambelabsatzes der UN-KRK

Bei der Schaffung der UN-Kinderrechtskonvention lagen der betreffenden Arbeitsgruppe in den Jahren 1980 und 1983 einige Vorschläge vor, die den Zeitpunkt der Empfängnis als maßgeblich für den Beginn des Kindseins festschreiben wollten.[37] Zugunsten einer weitestmöglichen Akzeptanz der UN-KRK wurde

---

[34] → I. 2. d), e), II. 5., III. 1. b) bb), IV. 5. b) aa) (1), 7., V. 1. a), VI. 3. sowie *Czerner*, KST 76, Kap. I 1, III 1a, S. 23–25, 69 f.

[35] Immerhin tendiert *Wildt* (S. 124 [134]), dazu anzuerkennen, dass für moderne Gesellschaften die juridische Positivierung von Grund- und Menschenrechten „wohl funktional erforderlich" sei, wenngleich er einer „Legalisierung von Rechten" – gemeint ist vermutlich die Kodifizierung (moralischer) Normen – skeptisch gegenübersteht (S. 133); dennoch postuliert er am Ende seines Beitrages (S. 142) zu Recht die Durchsetzung bzw. Durchsetzbarkeit subjektiver Menschenrechte mit *„juridischen Mitteln, so dass ihre Berücksichtigung nicht den Kontingenzen des politischen Mehrheitswillens* [im Sinne von politisch-administrativer Willkür] *überlassen bleibt*." Insofern ist *Wildt* im Ergebnis nicht weit von *Alexy* (S. 254) entfernt, der berechtigt die rechtliche Institutionalisierung von Menschenrechten als universelle, moralische, fundamentale, vorrangige und abstrakte Rechte auf internationaler wie auf nationaler Ebene fordert. Diese Zielvorgabe postuliert die UN-Kinderrechtskonvention in Bezug auf ihre insgesamt 196 Signatare und wird dabei vom dritten Präambelabsatz sowie von Artt. 26, 31 I der WVK flankiert.

[36] *Schmitz*, S. 233; *„Der Leib ist Medium der Verkörperung personaler Existenz*" (*Tugendhat*, Selbstbewusstsein und Selbstbestimmung, 1979, S. 68 ff., in: *Habermas*, S. 100).

[37] *Dorsch*, 4. Kap. III 1, S. 99, dort m. w. N. in den Fnn. 2 bis 4 auf E/CN.4/L1542, para 29–31; auf E/CN.4/1989/48, para 75–77; der Begriff der Empfängnis wird nach diesen Quellen verstanden als „conception", nicht als Befruchtung i. S. v. fertilization.

im Jahr 1980 gegen die Aufnahme einer solchen Konkretisierung votiert und die Republiken Malta und der Senegal, welche diese Konkretisierung zunächst befürwortet hatten, nahmen ihre entsprechenden Vorschläge in der zweiten Lesung zurück und sie begründeten dies mit der Einfügung des neuen Absatzes 9 in die Präambel, wodurch die Schutzbedürftigkeit des Kindes schon vor seiner Geburt anerkannt wurde.[38]

Die Republik Argentinien erklärte bei Hinterlegung der Ratifikationsurkunde am 4. Dezember 1990 ihren Vorbehalt gegen Art. 1 UN-KRK, weil nach argentinischer Lesart bereits ab dem Zeitpunkt der Empfängnis vom Status „Kind" ausgegangen würde.[39]

Auf Vorschlag des Redaktionskomitees und in Übereinstimmung mit der Arbeitsgruppe gab der Vorsitzende Lopatka eine einschlägige Erklärung zu Protokoll: *„Mit der Annahme dieses Präambelabsatzes [9] verfolgt die Arbeitsgruppe nicht die Absicht, der Auslegung des Art. 1 oder einer anderen Bestimmung des Übereinkommens durch die Vertragsstaaten vorzugreifen.*"[40] In historischer Perspektive belegt die Genese der UN-Kinderrechtskonvention, dass sie diese existenzielle Frage ungeachtet der Vorgaben des 9. Präambelabsatzes nicht selbst völkerrechtlich bindend vorgeben, sondern jene den Vertragsstaaten überlassen wollte. Jedoch findet die historische Auslegung ihre Grenze(n) in dem (nicht nur insoweit) eindeutigen und durch die Wiener Vertragsrechtskonvention (→ II.) flankierten Wortlaut des 9. Präambelabsatzes, der nicht nur programmatisch, sondern vor allem inhaltlich die konventionsprägende Weichenstellung zugunsten der legislativen Handhabung des Lebensschutzes zum Lebensbeginn vorgibt und welcher durch die vorgenannte, zu Protokoll gegebene Erklärung nicht interpretatorisch aufgeweicht und relativiert werden kann.

Die Einbeziehung Ungeborener hätte jedoch (nicht nur in das bundesdeutsche Recht) bislang ungeklärte Folgefragen in Bezug auf den Schwangerschaftsabbruch sowie auf künstliche Befruchtung und medizinische Experimente im Zusammenhang mit dem Embryonenschutz aufgeworfen, über deren Schutzumfang weltweit letztlich keine Einigung zu erzielen war (und ist), daher sei von der Festlegung eines auch vorgeburtlichen Lebensschutzes Abstand genommen worden und die Mehrheit der Staaten habe daher während der Verhandlungen zur Ausarbeitung der Konvention einen ausdrücklichen Bezug auf die Empfängnis als Zeitpunkt für

---

[38] *Dorsch*, 4. Kap. III 1, S. 99 (dort m. w. N. in den Fnn. 5 bis 7 auf E/CN.4/L1542, para 29, E/CN.4/1989/48, para 77 und para 75). Der Senegal beharrte [zunächst] auf dem Zeitpunkt der Zeugung (*Verschraegen*, S. 21, dort m. w. N. in Fn. 140 auf E/CN.4/1989/48, para 76).

[39] BGBl. 1992 II v. 10. 07. 1992, ausgegeben am 26. 09. 1992, S. 990 (995). Argentinien erklärte zudem Vorbehalte, um Kinderhandel zu unterbinden (*Bauer*, *Monika*, S. 65, dort m. w. N. in Fn. 159 auf Multilateral Treaties 1991, S. 138).

[40] *Verschraegen*, S. 21, dort m. w. N. in Fnn. 142 und 143 auf E/CN.4/1989/48, para 75 sowie auf RV (Regierungsvorlage) 413 BlgNR (Beilagen zum Nationalrat) 18 GP (Gesetzgebungsperiode) 28 Pkt. 4.

den Beginn des Lebensschutzes abgelehnt.[41] Aus Art. 6 UN-KRK lässt sich daher aus historischen Gründen hinsichtlich der Normgenese ein Verbot des Schwangerschaftsabbruchs nicht [bzw. nicht unmittelbar] ableiten [allenfalls im Wege der teleologischen Extension], jedoch steht es den Vertragsstaaten frei, über den Schutzstandard der UN-KRK hinaus weiterreichende Schutznormen zugunsten des sich entwickelnden Lebens zu erlassen[42] (vgl. Art. 41 UN-KRK; zu den Regularien betreffend den Schwangerschaftsabbruch im CIC, Can. 1397 § 2 CIC[43]). Dieser normative Befund steht im Einklang mit der Einschätzung des Moraltheologen Peter Inhoffen,[44] dass sich auf staatlicher Ebene das Gesamtrechtssystem in einer Entwicklung befindet, welche von der Gesellschaft als weithin unabhängige Variable vorangetrieben werde – und zugleich mit dem Wandel der Gesellschaft wandle sich das Wertebewusstsein. Dies offenbart sich insbesondere im Umgang mit dem Rechtsgut Leben, wie die Kontroversen in Bezug auf die Interpretation des 9. Präambelabsatzes der UN-Kinderrechtskonvention und exemplarisch im bundesdeutschen Recht betreffend den Schwangerschaftsabbruch und den Embryonenschutz gezeigt haben.

bb) 9. Präambelabsatz der UN-KRK und explizite Berufung des Heiligen Stuhls auf die Wiener Vertragsrechtskonvention

Bei der Hinterlegung der Ratifikationsurkunde bekräftigte der *Heilige Stuhl* am 20. 04. 1990 seine Überzeugung, „*dass Absatz 9 der Präambel als Perspektive für die Auslegung des übrigen Übereinkommens im Einklang mit Art. 31 des Wiener Übereinkommens vom 23. Mai 1969 über das Recht der Verträge dienen wird.*“[45] Sieht man den 9. Präambelabsatz der UN-KRK, nach welchem das Kind eines „*angemessenen rechtlichen Schutzes vor […] der Geburt*“ bedarf, in systematisch-teleologischem Kontext mit Art. 31 I WVK, diese Norm (9. Präambelabsatz) im „*Zusammenhang* [mit der ihm] *zukommenden Bedeutung und im Lichte sei-*

---

[41] *Schmahl*, KRK, Art. 1, Rdz. 5 sowie zu Art. 6, Rdz. 7. Frankreich und das Vereinigte Königreich vertraten den Standpunkt, der Beginn der Rechtsstellung des Kindes sei erst ab der Lebendgeburt gegeben (*Verschraegen*, S. 21).

[42] Vgl. *Schmahl*, KRK, Art. 6, Rdz. 7 unter Bezugnahme auf Art. 41 UN-KRK. Vergleichend zu Art. 41 UN-KRK und einem gegenüber der UN-KRK erweiterten Schutzstandard siehe bspw. auch Art. 23 der UN-Frauenrechtskonvention (= Übereinkommen zur Beseitigung jeder Form von Diskriminierung der Frau vom 18. 12. 1979, BGBl. 1985 II S. 648: https://www.bmfsfj.de/resource/blob/93726/db851872246d0e43f3f80f7bf9823f6c/fakultativprotokoll-uebereinkommen-data.pdf), dem Art. 41 UN-KRK nachgebildet ist: https://www.kinderrechtskonvention.info/die-un-kinderrechtskonvention-als-mindest-schutzstandard-3820/. Zu Frauenrechten grundsätzlich → I. 2. c) aa).

[43] → III. 2., IV. 2.

[44] *Inhoffen*, S. 449 (459).

[45] BGBl. 1992 II v. 10. 07. 1992, ausgegeben am 26. 09. 1992, S. 990 (999). In den Bemerkungen des Heiligen Stuhls [→ I. 2. a)] zu den Schlussbemerkungen des Ausschusses für die Rechte des Kindes“ spricht der Heilige Stuhl in Anm. 30 vom „Recht des Kindes auf Leben vor und

nes Zieles und Zweckes auszulegen", folgt daraus eine Selbstbindung des Heiligen Stuhls nicht nur dahingehend, die UN-Kinderrechtskonvention als Ganzes, sondern auch deren normativ weitestmöglichen lebensschützenden Gehalt anzuerkennen – und jenen auch im Rahmen des Codex Iuris Canonici auf normativer Ebene[46] hinreichend abzubilden, d. h. in das kanonische Recht zu transformieren, wozu insbesondere Artt. 3 (i. V. m. Art. 38 lit. b IGH-Statut), 4 UN-KRK verpflichten.

Für den Heiligen Stuhl sind in diesem Zusammenhang nicht nur die explizit von ihm erwähnte Vorschrift des Art. 31 I WVK von Bedeutung, sondern ebenfalls qua Signatur die aus der Wiener Vertragsrechtskonvention resultierenden Artt. 26 und 27 sowie der dritte Präambelabsatz der WVK, nach welchen die völkerrechtlich eingegangenen Verpflichtungen nach Treu und Glauben und gemäß dem Grundsatz „pacta sunt servanda"[47] einzuhalten sind und nach welchen ein Rückgriff auf innerstaatliches Recht zur Begründung einer [teilweisen] Nichterfüllung der Vertragsziele nicht zulässig ist. Dieser Regelung in Art. 27 WVK steht jedoch das Selbstverständnis des Heiligen Stuhls[48] gegenüber, dessen Vertragserfüllungspflichten infolge seines Spezifikums als Völkerrechtssubjekt sui generis nicht auf eine Stufe mit „klassischen" Vertragsstaaten gestellt werden dürfen, zumal der Heilige Stuhl als universell-weltumfassende Institution eine Sonderrolle einnimmt und sein Recht, der Codex Iuris Canonici, nicht nur für einen Staat, sondern für alle Staaten der Welt gilt, welche bereits ihrerseits die Pflichten aus der UN-KRK kraft ihrer eigenen Signatur zu erfüllen haben, es also einer (staatlichen wie zugleich kirchenrechtlichen) „Doppelregelung" angesichts eines divergierenden Rechtsgüterschutzes mit unterschiedlichen Zielsetzungen nicht bedarf (→ IV. 7.).

---

nach der Geburt" und erfüllt damit vollumfänglich die aus dem 9. Präambelabsatz der UN-KRK resultierenden Konventionsvorgaben in Bezug auf den vorgeburtlichen Lebensschutz. *Kalbusch*, S. 66, dort Fn. 228, benennt zudem berechtigt Art. 31 II WVK, der auf den Zusammenhang des Vertrages verweist: Dazu gehören der operative (= regelnde) Text, die Präambel und etwaige Anlagen eines Vertrages und jede sich auf den Vertrag beziehende Übereinkunft, die zwischen allen Parteien anlässlich des Vertragsabschlusses geschlossen wurde sowie jede von einer oder mehrerer Vertragsparteien anlässlich des Vertragsabschlusses abgefassten Urkunde, die von den anderen Vertragsparteien als solche angenommen wurde (dort auch mit Hinweis auf IGH, Ambatielos case [jurisdiction] Judgment, Preliminary Objection, Greece vs. United Kingdom, Urt. v. 1. 7. 195, ICJ Reports 1952, S. 28, 44 und IGH, Case concerning the Land, Island and Maritime Frontier Dispute [*El Salvador/Honduras*, Nicaragua intervening], judgment, Urt. v. 11. 9. 1992, ICJ Reports 1992, S. 351, 582 ff.); *Heintschel von Heinegg*, in: Ipsen, Völkerrecht, 4. Kap. § 14 Rdz. 13, S. 477 (dort mit Präzisierungen in Fn. 58 zu den vorgenannten Judikaten), der im Zusammenhang mit der Urkunde ergänzt, jene müsse die aufgeführten Merkmale kumulativ aufweisen, ein einseitiges Dokument als solches genüge dem Annahmeerfordernis nicht, eine derartige Urkunde sei nicht Bestandteil des Vertrages.

46 → II. 2., 4., 6., 7., IV., V.

47 → II. 7.

48 Zum „Selbstverständnis" der römisch-katholischen Kirche → I. 2. a), d), e), II. 5., IV. 5. b) aa) (1), 7. b) aa), V. 1. a), VI. 3. sowie *Czerner*, KST 76, Kap. I 1, III 1a, S. 23–25, 69 f.

Die Erklärungen bzw. Vorbehalte des Heiligen Stuhls sowie der Republik Argentinien und der Bundesrepublik Deutschland in Bezug auf den vorgeburtlichen Lebensschutz vermochten sich letztlich nicht durchzusetzen. Im Ergebnis ist auf völkerrechtlicher Ebene daher vereinbart worden, dass Art. 6 UN-KRK geborene Kinder im Hinblick auf ihr Lebensrecht schützt, d.h. vor Gewalt, Missbrauch, Ausbeutung und Vernachlässigung sowie traditionellen schädlichen Praktiken wie Beschneidung[49] bei Mädchen[50], wenn und soweit dies mit dem Überleben des Kindes in Zusammenhang steht, da bei diesem Konventionsrecht [das zu schützende Rechtsgut ist in Art. 6 UN-KRK das menschliche Leben] lebensbedrohende Handlungen an Kindern unterbunden werden sollen.[51]

2. Zentralnorm des Kinderschutzes: Art. 3 UN-KRK (i.V.m. Art. 38 lit. b IGH-Statut) als Leitstimme im Konventions-Ensemble: Cour de Cassation und Conseil d'Etat

Gemäß Art. 3 I UN-KRK ist (leicht verkürzt formuliert) bei allen Maßnahmen, gleichwohl, ob sie von Gesetzgebungsorgangen, von Gerichten oder von Verwaltungsbehörden getroffen werden, das Wohl des Kindes ein Gesichtspunkt, der vorrangig zu berücksichtigen ist. Leitmotiv der Konvention ist somit, vor allem auch im Hinblick auf die völkergewohnheitsrechtliche Regelung von Art. 38 lit. b IGH-Statut, das Kindeswohl; dies wird in der Präambel und z.B. in Art. 18 I UN-KRK betont.[52] Nach Absatz 2 dieser Norm verpflichten sich die Vertragsstaaten, Kindern den Schutz und die Fürsorge zu gewähren, die zu seinem Wohlergehen notwendig sind; zu diesem Zweck treffen sie alle geeigneten Gesetzgebungs- und Verwaltungsmaßnahmen.

In engster Anbindung an den Wortlaut von Art. 3 II UN-KRK ist davon auszugehen, dass *„sich ein Schutzbedarf dann ergibt, wenn eine fragliche Maßnahme*

---

[49] → III. 2., V. 1. a).

[50] In Bezug auf Mädchen wird die Beschneidung als nicht vereinbar mit der UN-KRK angesehen, in Bezug auf Jungen hingegen als noch vereinbar (*Schmahl*, KRK, Art. 3, Rdz. 13, dort m.w.N. in Fnn. 85 und 86). Zur religiösen Beschneidung bei Jungen als irreversibler und die Kinderrechte auf Unversehrtheit des Körpers als gegenüber dem in dieser Konstellation zu weit verstandenen, hypertrophierten elterlichen Religions(ausübungs)recht (auch) verfassungsrechtlich nicht zu rechtfertigenden Eingriff (d.h. Grundrechts*verletzung* des Kindes): *Czerner*, ZKJ 2012, 374ff. (S. 378: „negative Glaubensfreiheit" von Minderjährigen, S. 379ff.: Abwägung elterlicher Glaubensrechte mit dem Anspruch des Kindes auf Schutz seiner körperlichen Integrität und seines [verfassungsrechtlich verbürgten] Selbstbestimmungsrechts auch und gerade gegenüber den Eltern bzw. deren insoweit einzuschränkenden Glaubensfreiheit, S. 434ff. in Bezug auf die völkerrechtlichen Schutz-Determinanten zugunsten des Kindes in Artt. 24, 19, 14 UN-KRK).

[51] *Schmahl*, KRK, Art. 6, Rdz. 3.

[52] *Schmahl*, KRK, Einleitung, Rdz. 30.

oder deren Unterlassung dem Kindeswohl zuwiderläuft und damit sein Wohlergehen gefährdet.“[53] Art. 3 UN-KRK wird somit von der Eingriffsseite her betrachtet.

Der Bestimmung des Art. 3 UN-KRK kommt insofern eine besondere Bedeutung zu, als sie nicht nur als Völkergewohnheitsrecht nach Art. 38 lit. b IGH-Statut gilt (→ I. 1.), sondern dass sie zusammen mit Artt. 2, 6 und 12 UN-KRK zu den „general principles“ der UN-KRK gehört: Mit der Verpflichtung der Vertragsstaaten zur Beachtung des Kindeswohls normiert Art. 3 UN-KRK den „Dreh- und Angelpunkt“ aller UN-KRK-Rechte und ist [neben ihrer inhaltlichen Ausstrahlungswirkung und Zielperspektive] dogmatisch als Querschnittsklausel zu verstehen, die sich unmittelbar auf alle Maßnahmen der Mitgliedstaaten [d. h. auch auf gesetzgeberische Akte] bezieht, selbst jedoch keine konkreten Rechte schafft[54] – jene können bzw. müssen auf der Basis von Art. 3 UN-KRK (und nach der ratio legis von Art. 4 UN-KRK → V.) erlassen werden. Dies könnte für die Novellierung des Codex Iuris Canonici, auch und vor allem im Hinblick auf die weltweite, nicht lediglich territoriale (d. h. auf den Staat der Vatikanstadt bezogene) Umsetzung des UN-Konventionstextes von Bedeutung sein (→ I. 2. a), 2. bzw. 3. Konstellation).

Begründet wird die starke Position von Art. 3 UN-KRK im Konventions-Ensemble mit der (vergleichsweise) leichteren Verletzbarkeit von Kindern gegenüber Erwachsenen, denen gegenüber die Rechte und Interessen von Kindern unterzugehen drohen.[55] Hiervon geht auch Präambelabsatz 9 der UN-Kinderrechtskonvention[56] aus („*eingedenk dessen dass […] das Kind wegen seiner mangelnden körperlichen und geistigen Reife besonderen Schutzes und besonderer Fürsorge, insbesondere eines angemessenen rechtlichen Schutzes vor und nach der Geburt bedarf*“), womit neben dem prä- und perinatalen auch und vor allem der postnatale Kinderschutz (bis zum 18. Geburtstag) angesprochen ist. Insofern geht von Art. 3 UN-KRK gerade im Hinblick auf den folgend in Kap. IV 4, 6 zu untersuchenden Art. 19 UN-KRK – Schutz vor jeder Form von körperlicher oder geistiger Gewaltanwendung, Schadenszufügung und Misshandlung etc. – eine zentrale Bedeutung aus. Der normative Gehalt von Art. 19 UN-KRK wird durch die Kindeswohlmaxime von Art. 3 UN-KRK – und jene als Völkergewohnheitsrecht nach Art. 38 lit. b IGH-Statut – zusätzlich verstärkt.

---

[53] *Rossa*, S. 86 und auf S. 107, dort unter Hinweis auf den self-executing-Charakter des Kindeswohlvorrangs aus Art. 3 UN-KRK (→ V.).

[54] *Schmahl*, KRK, Art. 4, Rdz. 8 m. w. N. in Fn. 29 auf General Comment No. 5, CRC/GC/2003/5, 2003, Rn. 12, 22; General Comment No. 19, CRC/C/GC/19, 2016, Rn. 40; *Schmahl*, KRK, Art. 3, Rdz. 1 m. w. N.; *Rossa*, S. 215 – für eine unmittelbare Anwendbarkeit von Art. 3 UN-KRK spricht sich *Rossa* auf S. 60 f. (sowie auf S. 109, dort m. w. N. in Fn. 564) aus, dort mit dem beachtlichen Argument in Fn. 328 im Hinblick auf die einzigartige Position und Bedeutung von Art. 3 UN-KRK, weil in ihm das „Grundprinzip der UN-KRK“ normiert ist.

[55] *Schmahl*, KRK, Art. 3, Rdz. 1 m. w. N.

[56] → III. 1. b).

Auch wenn von der herausragenden Position von Art. 3 UN-KRK auszugehen ist, darf das Kindeswohl nicht absolut gesetzt[57] und damit jedweder Abwägung im Falle kollidierender Rechtsgüter entzogen werden, z. B. im Falle des Begehens von „Straftaten" Minderjähriger (→ III. 1. a)), wobei die berechtigten bzw. im Einzelfall auch dann vorrangigen Schutzinteressen Dritter (Opfer) zu berücksichtigen sind (was je nach Ausprägung der kindlich evozierten Gefährdungslage mit dem Strafzweck der negativen Individualprävention assoziiert wird).[58]

Das Kindeswohl muss als wesentliche Leitlinie und als Richtschnur, als Ermessensleitlinie und als Abwägungsbelang bei allen Konflikten zwischen Kinderrechten einerseits und Rechten Dritter andererseits, vor allem als Optimierungsgebot mit dem Ziel bestmöglicher Realisierung zum Einsatz kommen.[59] Der französische *Cour de Cassation* und der *Conseil d'Etat* unterstreichen seit dem Jahr 2005 wiederholt den Charakter von Art. 3 I UN-KRK als sog. self-executing-Norm, die demnach unmittelbar anwendbar ist,[60] womit zudem die Dominanz von Art. 3 UN-KRK charakterisiert ist.

Kulturelle und religiöse Riten und Bräuche (so auch die sog. religiöse Beschneidung[61]) sollen vor diesem Hintergrund jeweils [wenn überhaupt, nur] soweit akzeptabel sein, soweit sie die Grundvorstellungen der UN-Kinderrechtskonvention – insbesondere die vorgenannten Grundsätze von Art. 3 UN-KRK – berücksichtigen[62], worunter auch Art. 6 UN-KRK mit dem Lebensrecht des Kindes fällt.

---

57 *Schmahl*, KRK, Art. 3, Rdz. 2, 7 m. w. N. in Fn. 42 auf General Comment No. 14, CRC/C/GC/14, 2013, Rn. 39; siehe auch BT-Drs. 12/42 v. 24. 01. 1991, S. 35 (zu Art. 3 Ziffer 2).

58 Zu den Strafzwecken insgesamt → IV. 5. a) cc) sowie *Czerner*, KST 76, S. 15 m. w. N. zur negativen Individualprävention.

59 *Schmahl*, KRK, Art. 3, Rdz. 4, 5, 7 m. w. N. in Fn. 44 auf CRC, General Comment No. 14, CRC/C/GC/14, 2013, Rn. 37.

60 *Schmahl*, KRK, Art. 3, Rdz. 5 m. w. N. in Fn. 26, 27 auf General Comment No. 14, CRC/C/GC/14, 2013, Rn. 36, m. w. N.; zur self-executing-Wirkung der UN-KRK siehe auch *Dederer*, in: Uhle, S. 287 (310) und *Rossa*, S. 54, 61 f. (dort m. w. N. zum innerdeutschen Streitstand im Umgang mit dem self-executing-Charakter der UN-KRK).

61 → III. 1. b) bb), V. 1. a).

62 Vgl. *Schmahl*, KRK, Art. 3, Rdz. 9.

3. Sukzessive Priorisierung des Kindeswohls durch den Heiligen Stuhl als Präjudiz zugunsten der gesamtkirchlichen UN-KRK-Geltung?

a) Erklärung des Heiligen Stuhls von 2014 im Hinblick auf Artt. 19 lit. c, 26, 27, 31 I i.V.m. dem dritten Präambelabsatz der Wiener Vertragsrechtskonvention

Im Rahmen seiner Vorbehaltserklärung bekräftigte der Heilige Stuhl – unter (berechtigtem) Hinweis auf teilweise unterschiedliche Wortbedeutungen in den Berichten der Gremien und der Konvention[63] – sehr deutlich die Bedeutung der UN-Kinderrechtskonvention sowie die Vorrangstellung des Kindeswohls dieses Vertragswerkes im Zusammenhang mit der Stellung des Heiligen Stuhls als souveränes Völkerrechtssubjekt innerhalb des internationalen Rechtssystems in Bezug auf seine Verpflichtungen als Vertragsstaat der Konvention[64]:

„Der Heilige Stuhl betrachtet dieses Übereinkommen ein rechtes und lobenswertes Werkzeug zum Schutz der Rechte und Interessen der Kinder, die der kostbarste Schatz sind, der jeder Generation als Prüfstein ihrer Weisheit und Menschlichkeit übergeben wird" (Papst Johannes Paul II. am 26. April 1984).[65] Ausdrücklich *„bekräftigt der Heilige Stuhl seine Zusage, dem Schutz des Kindes in allen Situationen Vorrang einzuräumen*" [...],[66] was sich als grundsätzliche Annahme insbesondere von Art. 3 UN-KRK („Kindeswohlmaxime" bzw. „Kindeswohl-Priorisierung") deuten lassen kann.[67]

Diese Aussage steht in vollumfänglicher Übereinstimmung mit der aus den Artt. 26, 27, 31 I sowie aus Art. 19 lit. c WVK geforderten Verpflichtungen zur Ein-

---

[63] Nr. 16 der „Bemerkungen des Heiligen Stuhls [→ I. 2. a)] zu den Schlussbemerkungen des Ausschusses für die Rechte des Kindes" sowie dort mit Hinweis in Anm. 29 zu Nr. 16: See e.g., CRC/C/VAT/2, supra note 6, at paras. 18; 36 and both sets of Written Replies, generally: CRC/C/VAT/Q/2 Add.1 and CRC/C/OPSC/VAT/Q/1 Add.1, supra note 7 und BGBl. II 1992 vom 10.07.1992, S. 990 (999, dort unter Betonung des Heiligen Stuhls der „Ständigen Sorge um das Wohl des Kindes" und mit Hinweis auf seinen „außergewöhnlichen Charakter" und seiner „besonderen Stellung" im völkerrechtlichen Gefüge). Ludwig erinnert daran, Berichtspflichten seien systematisch vernachlässigt worden, z. B. bei der Einreichung des zweiten Berichts, der mit einer Verspätung von 14 Jahren beim UN-Ausschuss für die Rechte des Kindes einging (*Ludwig*, S. 259, dort in Fn. 90 unter Bezugnahme auf Committee on the Rights of the Child 2014, Concluding Observations on the Second Periodic Report of the Holy See, CRC/C/VAT/CO/2, 25. Februar 2014, Ziff. 2).

[64] Nachweis zu den „Bemerkungen des Heiligen Stuhls [→ I. 2. a)] zu den Schlussbemerkungen des Ausschusses für die Rechte des Kindes" (dort unter Nr. 1). Zur Qualifizierung des Heiligen Stuhls als Völkerrechtssubjekt sui generis → I. 2. a), d), e), IV. 7. b), c).

[65] Siehe BGBl. 1992 II v. 10.07.1992, ausgegeben am 26.09.1992, S. 990 (999).

[66] Nr. 3 der „Bemerkungen des Heiligen Stuhls [→ I. 2. a)]: zu den Schlussbemerkungen des Ausschusses für die Rechte des Kindes", dort explizit in Nr. 23 lit. a.

[67] → II. 4., III. 1. b) bb), IV. 2.

haltung völkerrechtlicher Verträge. Die sich aus der UN-Kinderrechtskonvention ergebenden Verpflichtungen werden durch diese Erklärungen umfassend geachtet und nach dem Grundsatz von Treu und Glauben bekräftigt.[68] Eine die UN-Kinderrechtskonventions-Geltung einschränkende Erklärung findet sich hierbei nicht, so dass auch Art. 27 WVK eingehalten ist und es fehlt ebenso eine Vorbehaltserklärung, welche nach Art. 51 II UN-KRK i. V. m. Art. 19 lit. c WVK als vertragsgefährdend anzusehen sein könnte.

b) Opfer-Priorisierung im Lichte der Apostolischen Konstitution *Pascite gregem Dei* (1 Petr 5, 2) und der Cann. 1311 § 2, 1752 CIC i. V. m. Art. 3 UN-KRK

aa) Missbrauchsproblematik als Anlass zugunsten kirchenrechtlicher Reformen

Christoph Kardinal Schönborn[69], der Präsident des Safeguarding-Instituts (vormals *Centre for Child Protection*) an der Päpstlichen Universität Gregoriana, Hans Zollner SJ[70] und der Kirchenrechtler Norbert Lüdecke[71] bezeichnen die Missbrauchskrise als eine der größten Erschütterungen, welche die Kirche in ihrer

[68] → II. 4, 6.

[69] *Schönborn, Christoph* Kardinal, in: Prüller-Jagenteufel, Treitler (Hrsg.), S. 16 f. Zur Geschichte des Phänomens sexueller Vergehen gegen Minderjährige durch Priester sowie kirchenrechtliche Vorkehrungen dagegen und deren nachlässige Anwendung siehe *Rees*, AfkKR 2011, S. 466 (467, dort in Fnn. 3 f. m. w. N. u. a. auf *Lüdecke*, MThZ 62, 2011, S. 33–60) sowie *Wittmann*, Schweizerische Kirchenzeitung 2016, S. 226.

[70] Pater *Hans Zollner* SJ (Leiter des Institute for Anthropology, Interdisciplinary Studies on Human Dignity and Care [IADC]); *Zollner*, in: Prüller-Jagenteufel, Treitler (Hrsg.), S. 230. Siehe auch: https://www.katholisch.de/artikel/44319-hans-zollner-zieht-sich-aus-paepstlicher-kinderschutzkommission-zurueck sowie *Zollner* (2022, 43 [45 dort m. Erläuterung der *École des Annales* unter Bezugnahme auf Francois Dosse, L'Histoire en miettes: des Annales à la „nouvelle histoire", Paris 1987, *Philippe Poirrier*, Les enjeux de l'histoire culturelle, Paris 2004, Philippe Ariès, Die Geschichte der Mentalitäten, in: Jacques LeGoff, Roger Chartier, Jacques Revel, Hrsg., Die Rückeroberung des historischen Denkens, Grundlagen der Neuen Geschichtswissenschaft, 1994, S. 138–165]) beleuchtet zudem den mentalitätsgeschichtlichen Ansatz zum Verstehens (im Sinne eines Nachvollziehen-Könnens) des Missbrauchsgeschehens. Siehe auch *Fegert/Wolff*, in: Fegert, Wolff, S. 15 (19, dort zu historischen Untersuchungen „*unglaublicher Schaden für die betroffenen Kinder und den Orden*"); *Fegert*, Forum für Kinder- und Jugendpsychiatrie, Psychosomatik und Psychotherapie 2019, S. 5 (11 in Bezug auf Kardinal Ratzinger).

[71] *Lüdecke*, MThZ 2011, S. 33 („*Glaubwürdigkeitskrise der Kirche*"), S. 51 zur Traumatisierung bzw. Re-Traumatisierung von Opfern infolge kirchenrechtlicher Verfahren. Siehe auch *Ernesti*, S. 258: „*Immer neue Enthüllungen über den sexuellen Missbrauch Minderjähriger durch kirchliche Amtsträger in zahlreichen Ländern der Welt erschüttern die Öffentlichkeit. […] Die Langzeitfolgen für die Kirche und ihre Glaubwürdigkeit sind noch gar nicht abzusehen*". Dazu auch: *Althaus*, BzMK, Bd. 82, S. 11: Zerstörung von Vertrauen; die Sendung der Kirche, die „Güte und Menschenfreundlichkeit" Gottes zu verkünden (Tit 3,4) und die Liebe des Herrn zu Kindern und allen der Hilfe Bedüftigen, werden ad absurdum geführt.

Geschichte erlebt hat, auch, weil sie in das Herz der Glaubwürdigkeit der Kirche, das Vertrauen, trifft, und weil viele tausende unschuldige Menschen schwer verletzt und traumatisiert worden sind.

Im Zusammenhang mit der MHG-Studie[72] werden als Folgen des sexuellen Missbrauchs (bei einer errechneten mittleren Dauer der individuellen Missbrauchsverläufe: 1,3 Jahre) benannt: „Posttraumatische Belastungsstörung, Angststörungen, Depressionen, Suizidales Verhalten, Schlaf- und Essstörungen, Substanzmissbrauch und selbstschädigendes Verhalten im Zuge maladaptiver Bewältigungsstrategien."

Die schweren Folgen in Bezug auf traumatische Sexualisierung und langfristigen psychischen Schäden werden u. a. von Rehak[73] zusammengefasst, u. a. Verrat, Ohnmacht und Hilflosigkeit, Wertlosigkeit, Stigmatisierung der Opfer, Kampf um die eigene Glaubwürdigkeit. Die Opfer von sexuellem Missbrauch benötigen manchmal viele Jahre [bis Jahrzehnte], bis sie sich des Missbrauchs [d. h. auch mit der damit zwangsläufig einhergehend ihrer Opferrolle] bewusst werden, der an ihnen verübt wurde und bis sie Mittel und Wege finden, sich davon zu befreien.[74]

Der herausragende Status von Priestern verleiht den Missbrauchsverbrechen eine besondere Qualität.[75] Das Geschehen des Missbrauchs priesterlicherseits als etwas Mystisches und sogar von Gott Gewolltes darzustellen (das Opfer sei „auserwählt"), ist zudem ein hochmanipulatives Mittel, um die Tat und deren Geheimhaltung zu „rechtfertigen"[76] und auch, um jene Taten überhaupt zu ermöglichen. Zur Heftigkeit der öffentlichen Debatte führte auch der Umstand, dass ausgerechnet die katholische Kirche, die im Geiste des Evangeliums allen Kindern und Jugendlichen ein sicherer Lern- und Lebensraum sein will, schwerwiegende Verbrechen

[72] *Dreßing* et al., 2019, dort m. w. N. in den Anm. 4–7: *Cantón-Cortés, D./Cantón, J.*, Coping with child sexual abuse among college students and post-traumatic stress disorder: the role of continuity of abuse and relationship with the perpetrator. Child Abuse Negl 2010; 34: 496–506; *Paolucci EO/Genuis ML/Violato, C.*, A meta-analysis of the published research on the effects of child sexual abuse. J Psychol 2001; 135: 17–36; *Yates TM/Carlson EA/Egeland, B.*, A prospective study of child maltreatment and self injurious behavior in a community sample. Dev Psychopathol 2008; 20: 651–67; *Dressing, H./Dölling, D./Hermann, D.* et al., Sexueller Missbrauch von Kindern. PSYCHup2date 2018; 12: 79–94.

[73] *Rehak*, in: Meckel u. a., S. 177 (183, dort mit zahlreichen Nachweisen zu entsprechenden Studien in Fnn. 13–15).

[74] *Carballo*, S. 15.

[75] *Lüdecke*, MThZ 2011, S. 33, dort auch in Fn. 2: *„Priesterliche Missbrauchstäter können ‚Seelenmörder' sein in der vollen Bedeutung des Wortes."* *Burkard* (S. 283 [286, dort mit zahlreichen weiteren Nachweisen in den Fnn. 12–15 zu aktuellen Missbrauchs-Forschungen und -Publikationen, u. a. in Fn. 14 auf Wunibald Müller, Myriam Wijlens [Hrsg.], Aus dem Dunkel ans Licht. Fakten und Konsequenzen des sexuellen Missbrauchs für Kirche und Gesellschaft, Münsterschwarzach 2011]) spricht vom *„Klerus im Kielwasser der Missbrauchskrise"*.

[76] *Lassus*, S. 249 (dort m. w. N. in Fn. 7 auf Jacques Poujol, Abus spirituel, S'affranchir de l'emprise, Tharaux 2015, S. 38), S. 296 f.

gegen deren Würde und Integrität einräumen musste.[77] Die Kirche ist keine „gewöhnliche“ Institution, sondern „*eine vom theologisch-spirituellen Gedanken getragene Gemeinschaft, die im Geist des Evangeliums ihr Leben deutet und gestaltet*“.[78] „*Radikaler als durch Kindesmissbrauch kann man das Versprechen, sein Leben Christus zu weihen, nicht verhöhnen*“.[79] In der Diktion ähnlich deutlich bringt Treitler dies zum Ausdruck:

> „*Der sexuelle Missbrauch an Minderjährigen ist – theologisch gesehen – Blasphemie im religiösen Erziehungs- und Betreuungsraum: Der Missbrauchstäter eignet sich göttliche Macht an und liquidiert in seinem Gottspiel Gott.*“[80]

Hans Zollner formuliert:

> „*Für viele Betroffene war es aber noch einmal so schlimm, wenn ein Ordensmann, eine Ordensfrau oder ein Priester missbraucht haben, weil dahinter Gott steht, der All-Mächtige. Das erschüttert das Vertrauen in Gott selbst. […] Die Kirche hat ihre Macht dafür eingesetzt, dass sie die Täter geschützt hat, versetzt hat und unter Umständen dazu beigetragen hat, dass diese Täter weiter missbrauchen konnten. […] …dass in ihren Reihen Vertuscher sind, dass es ihr mehr um ihren Ruf geht als um die Zuwendung zu denen, die verletzt, verwundet, traumatisiert worden sind.*“[81]

– Papst Benedikt XVI. formulierte in seinem Brief an die Seminaristen am 18. Oktober 2010:

> „*Wer Priester werden will, muss vor allem ein Gottesmensch sein, wie der Heilige Paulus es ausdrückt (1 Tim 6,11). Der Priester ist nicht Verwalter irgendeines Vereins, dessen*

[77] *Janssen*, in: Fegert, Wolff, S. 197 (199 ff.), dort insbesondere auch zu den Maßnahmen der Deutschen Bischofskonferenz sowie einzelner Bistümer im Zusammenhang mit der Aufarbeitung des Missbrauchs sowie der Entwicklung und Fortschreibung von Präventionsansätzen und -konzepten.

[78] *Janssen*, in: Fegert, Wolff, S. 208 (213).

[79] *Lotte Rose* und *Michael Behnisch*, in: Großbölting, S. 16, dort m. w. N. in Fn. 9 (S. 243) auf „Missbrauchsskandal“, dort S. 333. Auf S. 15 formuliert *Großbölting*: „*Ein erwachsener Mensch, der ein ihm anbefohlenes Kind zur Befriedigung seiner eigenen sexuellen Bedürfnisse missbraucht, pervertiert jegliche Idee von Nächstenliebe*.“

[80] *Treitler*, in: Prüller-Jagenteufel, Treitler (Hrsg.), S. 125 (133, 137). Unter den Begriffen „sexuelle Gewalt“ und „sexueller Missbrauch“ versteht *Rieger* (MThZ 2023, S. 51 [53]) im Anschluss an *Herbert Haslinger* (Macht in der Kirche, 2022, S. 455): „*alle willentlichen Handlungen, in denen jemand eine andere Person dazu benützt, seine sexuellen Bedürfnisse zu befriedigen, und dabei dem Willen, den Bedürfnissen, der Persönlichkeitskonstitution, der Lebenslage und dem Lebensstreben dieser anderen Person zuwiderhandelt, so dass deren Persönlichkeit verletzt wird*“. Eine Intensivierung erfährt dieses Phänomen angesichts der besonderen Vulnerabilität von Kindern und Jugendlichen. *Hoff* (MThZ 2023, 69, dort Fn. 1) nutzt den Begriff Missbrauchskomplex nach eigener Darstellung nicht im psychologischen Sinne, auch wenn er dem Problemfeld zugeordnet ist, in dem sich Missbrauch in der katholischen Kirche ereignet; die Rede vom Komplex verweist nach Hoff auf die systemische Dimension: auf den Zusammenhang vielfältiger Faktoren, der sich „in eigenen Codes und Praktiken“ verselbständige.

[81] *Zollner*, Erbe und Auftrag 2021, S. 466 (470).

Mitgliederzahl er zu erhalten und zu vergrößern sucht. Er ist der Bote Gottes unter den Menschen."[82]

Nicht zuletzt wegen dieses unauflösbaren Widerspruchs ist ein Umdenken auch innerhalb der Kirche notwendig und der Heilsbezug allen kirchlichen Verkündens und Tuns muss in seinem konkreten Vollzug auch die (potenziellen) Opfer von kirchlicherseits begangenen Straftaten mit einbeziehen, wie dies bereits durch die Pastoral-Konstitution *Gaudium et spes* (→ I. 2. c)) und vor allem mit der Apostolischen Konstitution *Pascite Gregem Dei*,[83] durch beide Fassungen des Motu proprio *Vos estis lux mundi* (2019, 2023) und durch das Motu proprio *Come una madre amorevole* (2016) und auch durch frühere sowie weitere Reformprozesse (auch in Bezug auf den Codex Iuris Canonici) erfolgt ist. Insbesondere mit dem Text *Come*

---

[82] Papst *Benedikt XVI.* in seinem Brief an die Seminaristen am 18. Oktober 2010 (Nachweis in *Lüdecke*, MThZ 2011, S. 33 [41, dort in Fn. 44 sowie mit Ausführungen von Joachim Kardinal Meisner über Marcial Maciel Degollado [†2008]])).

[83] → III. 3. b) dd), IV. 7. a), KST 76. Zu der Neuordnung der sog. „schwerwiegenderen Straftaten", delicta graviora, im Jahr 2010 siehe *Rees*, AfkKR 2011, S. 466 (474, dort mit Hinweis auf die Normen der Kongregation für die Glaubenslehre vom 21. Mai 2010 [Normae 2010] sowie dort in Fn. 31 m. Hinweis auf SC DocFid, Normae de gravioribus delictis vom 21. Mai 2010, in: AAS 102 [2010], S. 419–430, sowie Rescriptum ex Audientia vom 21. Mai 2010, in: AAS 102 [2010], S. 419, sowie DocFid, Lettera ai Vescovi della Chiesa Cattolica e agli altri Ordinari e Gerarchi interessati circa le modifiche introdotte nelle Normae de gravioribus delictis vom 21. Mai 2010, in: AAS 102 [2010], S. 431, Breve relazione circa le modifiche introdotte nelle Normae de gravioribus delictis riservati alla Congregazione per la Dottrina della Fede vom 21. Mai 2010, in: AAS 102 [2010], S. 432–436); zu delicta graviora siehe auch *Potz*, FS für Listl, KST 48, S. 271 (272, dort m. w. N. in Fn. 6 auf *V. De Paolis*, Normae de Gravioribus delictis riservati alle Congregazione per la Dottrina della Fede, Periodica de Re Canonica 91, 2002, 283); *Loretan*, Festschrift für Paarhammer, S. 263 (274); *Platen*, Festschrift für Paarhammer, S. 639 (647, 650); *Lüdicke*, Festschrift für Paarhammer, S. 619 f. (dort mit Hinweis auf die Epistula a Congregatione pro Doctrina Fidei missa ad totius Catholicae Ecclesiae Episcopos aliosque Ordinarios et Hierarchas quorum interest: de delictis gravioribus eidem Congregatione pro Doctrina Fidei riservatis"). Zur Vorgeschichte der Normae2010 siehe Nachweise in *Rees*, AfkKR 2011, S. 466 (477, dort u. a. in Fn. 41 auf Heribert Schmitz, Sexueller Missbrauch durch Kleriker nach kanonischem Strafrecht, in AfkKR 172 [2003], S. 380–391, sowie *Rees*, a. a. O., S. 466). Zu den *Normae de gravioribus declictis*: AfKKR 171 (2002), S. 458–466 (Nachweis in *Anuth*, BzMK 82 (S. 35 [39, dort Fn. 13])). Zur Prozessordnung in den Normae 2010 siehe *Rees*, AfkKR 2011, S. 466 (492 ff.). Zum Thematisieren und Aufarbeiten von Missbrauchsfällen siehe auch *Janssen*, in: Fegert, Wolff, S. 197 ff. Zu den Reformprojekten im Zusammenhang mit der Aufarbeitung und dem Schutz vor sexuellem Kindesmissbrauch unter dem Pontifikat von Papst Franziskus siehe *Bartlogg*, in: Prüller-Jagenteufel, Treitler (Hrsg.), S. 142 ff. (153 f.), dort insbesondere zur Errichtung einer Kinderschutzkommission am 22. 03. 2014, S. 154 zur Einrichtung eines neuen Gerichtshofes für Missbrauchsfälle am 10. 06. 2015, S. 155, 157 f., zum Kinderschutzgipfel vom 21. – 24. 02. 2019 – hierzu auch *Zimmermann*, S. 108 (dort m. w. N. in Fn. 20, S. 108 auf die Eröffnungsansprache von Papst Franziskus (https://www.dbk.de/fileadmin/redaktion/diverse_downloads/dossiers_2019/2019-02-21_Denkanstoesse-Papst-Franziskus_Kinderschutz_Vatican-news.pdf. [dort Nr. 8: „Opfer begleiten, schützen und betreuen und ihnen alle Unterstützung zu einer vollständigen Heilung anbieten"]), S. 109 (dort m. Nachweis in Fn. 23, S. 127, auf das Motu proprio *Vos estis lux mundi* vom 7. Mai 2019 → III. 3. b) cc), IV. 5. b) aa) (1)) mit der Einführung einer für alle Ortskirchen und Ordensge-

una madre amorevole wurde erstmalig im Zusammenhang mit der Vertuschung sexuellen Missbrauchs ein Instrumentarium im Umgang mit derartigen Fällen geschaffen, das im weiteren Verlauf durch *Vos estis lux mundi* weitergeführt und präzisiert worden ist.[84]

Ein weiterer Aspekt verdient Erwähnung: Das Dunkelfeld, d. h. die offiziell nicht bekannt gewordenen Fälle sexuellen Missbrauchs, welche gleichwohl sowohl Täter, als auch Opfer aufweisen, die jedoch in keiner Strafverfolgungsstatistik erscheinen. Und vermutlich hat Dominik Burkard[85] mit seiner Einschätzung Recht, die kirchliche Aktenüberlieferung dürfte – gemessen an den Aktenüberlieferungen anderer gesellschaftlicher Gruppen oder Teilbereiche, in denen Missbrauch vorkommt, „geradezu rosig" [bzw., um die Relation anzudeuten: vergleichsweise „rosig"] erscheinen.[86] Vermutlich werden mehr als 80% aller Delikte nicht angezeigt und verbleiben somit im Dunkelfeld.[87] Auch wenn nicht ausgeschlossen werden kann,

meinschaften geltenden, ausnahmslosen Meldepflicht für sexuelle Missbrauchsfälle an Minderjährigen sowie jeglicher Versuche zur Umgehung oder Beeinflussung ziviler [dies meint nicht primär bzw. ausschließlich zivilgerichtliche Verfahren, sondern umfassend-säkular auch Strafverfahren bzw. auch verwaltungsgerichtliche Verfahren] oder kirchenrechtlicher Verfahren: Die durch Metropolitanerzbischöfe zu leitenden Verfahren müssen nach 90 Tagen abgeschlossen sein, den römischen Dikasterien sind 30 Tage für ihre Anweisungen zur konkreten Vorgehensweise eingeräumt); S. 110 mit der Instruktion *Sulla riservatezza delle causa*, mit welcher das sog Päpstliche Geheimnis bei der Verfolgung von Missbrauchsstraftaten abgeschafft wurde: Damit sind alle meldepflichtigen Missbrauchsfälle Minderjähriger vom Siegel besonderer Geheimhaltung entbunden. Zu den Novellierungen des „päpstlichen Geheimnisses" siehe *Rees*, in: Meckel u. a., S. 135 (145, dort Fn. 39: Damit gehen Aussagen in Kirchenprozessen auch an zivile Behörden) sowie *Rees*, BzMK 82, S. 265 ff. (auf S. 270, dort m. w. N. in Fn. 18 und dem Hinweis auf Can. 1371 § 4 CIC n. F.). – Zu einzelnen, durch Papst Johannes Paul II., Papst Benedikt XVI. und Papst Franziskus auf den Weg gebrachten Projekten zur Reform des Kirchenrechts und zum Schutz von Kindern die Nachweise auch in: *Czerner*, KST 76, Kap. I 2, S. 25, dort Fnn. 7 und 8.

[84] *Bauer, Manfred*, S. 166 (185).

[85] *Burkard* (S. 283 [291]). Im Kontext der MHG-Studie (*Dreßing* et al., 2019) sind die ermittelten Zahlen als untere Schätzgröße des tatsächlich geschehenen Missbrauchs anzusehen. Hierzu *Fegert*, Forum für Kinder- und Jugendpsychiatrie, Psychosomatik und Psychotherapie 2019, S. 5 (17 f.), der sich auf die Auswertung von 38.156 Personalakten aus 27 Bistümern mit 3.677 aktenkundigen Fällen bezieht. Zur MHG-Studie siehe auch die weiteren Angaben bei *Anuth*, BzMK 82, S. 35 (38, dort in Fn. 9). – Auch vor dem Hintergrund der seit der Apostolischen Konstitution *Pascite gregem Dei* im Kirchenrecht geltenden Unschuldsvermutung nach Can. 1321 § 1 CIC (*Czerner*, KST 76, dort Kap. IV, S. 115 ff. sowie *Althaus*, in: Meckel u. a., S. 117 [133] und *Heckel*, in: Meckel u. a., S. 263 [264, dort m. w. N. in Fn. 7 auf *Fabio Franceschi*, Art. Innocencia [presunción de] DGDC [Javier Otaduy, ed., Diccionario General de Derecho canónico, no. 1–7, Navarra, 2012] Bd. 4, 600] sowie *Heckel*, a. a. O. S. 278 zu den historischen Vorlagen und Änderungen in Bezug auf die Unschuldsvermutung durch die Apostolische Konstitution *Pascite gregem Dei* und mit Hinweis auf S. 312, dort Fn. 178, die Unschuldsvermutung als fundamentales Rechtsprinzip gehöre zum Wesen des Rechts und sei „dem kanonischen Recht immanent") lässt sich das Dunkelfeld nur erahnen. *Fegert* (persönliche Stellungnahme vom 15. 02. 2022) ist uneingeschränkt darin zuzustimmen, wenn er die offiziell bekannt gewordenen (Missbrauchs-)Fälle als „*Spitze der Spitze des Eisberges*" bezeichnet.

[86] → IV. 5. a) cc).

[87] *Rehak*, in: Meckel/u. a., S. 177 (184, dort m. w. N. in Fn. 17 auf zahlreiche Studien).

dass im Zusammenhang mit der MHG-Studie[88] einige Kleriker falsch beschuldigt wurden, sei aufgrund der Erkenntnisse der Dunkelfeldforschung davon auszugehen, dass einer geringen Anzahl von möglichen Falschbeschuldigungen eine wesentlich höhere Zahl von nicht entdeckten Fällen gegenübersteht.

Diese [hochkomplexe und nur interdisziplinär-multiperspektivisch anzugehende] Aufgabe des Aufarbeitens aufgrund des „Versagens einer Institution“[89] ist durch eine simplifizierend bezeichnete „Autokorrektur des Lehramtes“[90] nicht zu leisten und es bedarf ebenso wenig einer plakativ-vordergründig geforderten „Theologie des Missbrauchs“[91] und nicht unbedingt eines „*synodalen* Ernstnehmens aller Kirchenmitglieder“.[92] Das wertschätzende Ernstnehmen aller Mitglieder der Kirche, ein Hin-Schauen statt Weg-Sehen, genügen, wenn es wahrhaftig aus lauterem Herzen, mit gegenseitigem Respekt im Bewusstsein um die hohe Verantwortung für die Sorge für die Menschen und in Anerkennung der unteilbaren Würde eines jeden Menschen, insbesondere auch von Kindern, wie sie in den Texten des Heiligen Stuhls, u. a. in dem Motu proprio *Vos estis lux mundi* vom 7. Mai 2019 – aktualisiert am 25. März 2023[93] – von Papst Franziskus und in dem vom Heiligen Stuhl u. a. signierten Art. 3 UN-KRK mit der Kindeswohl-Maxime[94] als unverhandelbares thematisches Leitmotiv und als Völkergewohnheitsrecht (arg. ex Art. 38 lit. b IGH-Statut) verankert ist (und auch im Bewusstsein der menschenrechtsfokussierten Konzils-Konstitution *Gaudium et spes* → I. 2. c)) und vor dem Hintergrund der Apostolischen Konstitution *Pascite gregem Dei*, geschieht. Zudem erfordert sie eine differenzierte Auseinandersetzung mit den normativen wie nicht-normativen Regularien in der römisch-katholischen Kirche unter dem Primat des Heils der Seelen als oberste Maxime und unter dem von Papst Benedikt XVI. initiierten und von Papst Franziskus fortgesetzten Weges zum Schutz von Opfern, insbesondere von Kindern.

Daher gehört neben der Aufarbeitung von Missbrauchsfällen, d. h. auch der, so weit möglich, Aufhellung des Dunkelfeldes, auch die Sensibilisierung für vielfäl-

---

88 *Dreßing* et al., 2019, dort m. w. N. in Anm. 11: *Horten, B./Dölling, D./Hermann, D.* et al., Sexueller Missbrauch an Kindern – Entwicklungen im Hell- und Dunkelfeld seit 1953 und Implikationen für das Gesundheitswesen [Sexual abuse of minors: development in light field statistics and dark field research since 1953 and implications for the health care system]. Gesundheitswesen 2018; 80: 1042–7 CrossRef MEDLINE.

89 In dieser Diktion *Mertes*, in: Prüller-Jagenteufel, Treitler (Hrsg.), S. 107 (109).

90 So aber *Wolf*, in: Prüller-Jagenteufel, Treitler (Hrsg.), S. 21 (23).

91 So allerdings *Bartlogg*, in: Prüller-Jagenteufel, Treitler (Hrsg.), S. 142 (161) – dabei ist fraglich, welchen Inhalt eine derartige „Theologie“ dogmatisch und heilsgeschichtlich aufweisen soll, auf welche Tradition sie sich stützen lässt und vor allem, wie sie sich biblisch ableiten und begründen lassen soll.

92 So jedoch *Zulehner*, S. 212 infolge einer auf den, wie auch immer gearteten und (selbst-) definierten „synodalen Weg“, fixierten Perspektive zur – vermeintlichen – Lösung der gegenwärtigen Kirchenkrise infolge bzw. anlässlich des sexuellen (Kindes-)Missbrauchs.

93 → III. 3. b) cc), IV. 5. b) aa) (1).

94 → I. 2., III. 2.

tige Präventionsaufgaben innerhalb der katholischen Kirche. Auf der Ebene der akademischen Ausbildung der Päpstlichen Universität Gregoriana ist mit dem Studiengang Safeguarding (IADC) unter der Leitung des Direktors des Instituts für Anthropologie, Prof. Dr. Dr. Hans Zollner SJ,[95] ein sehr wichtiger und zukunftsweisender Schritt erfolgt. Diese Forschungserkenntnisse sollten flächendeckend und über alle kirchlichen Hierarchien hinweg bis in die einzelnen Bistümer und Pfarreien, Pfarreiverbände bzw. Seelsorgeeinheiten mittel- bis langfristig hineingetragen werden, von den Beschäftigten und Verantwortlichen angenommen und internalisiert werden und zu einer entsprechend achtsamen Haltung führen. Zollner[96] konstatiert mit Recht, es sei eine Herkulesaufgabe, in einer weltweiten Kirche den sexuellen Missbrauch zu bekämpfen, wobei sehr viele Akteure in Kirche und Gesellschaft

---

[95] Pater Hans Zollner SJ (Leiter des Institute for Anthropology. Interdisciplinary Studies on Human Dignity and Care [IADC]); Universität Gregoriana: https://iadc.unigre.it/sowie auf der Seite des Vatikans: https://www.vaticannews.va/de/vatikan/news/2021-10/vatikan-kinderschutz-universitaet-zollner-safeguarding.html. In Erbe und Auftrag 2021, S. 466 (468) fragt *Zollner* in tiefenpsychologisch-psychodynamischer Perspektive, „wie Täter, deren Macht öffentlich legitimiert ist, dazu kommen, sich etwas herauszunehmen, was nicht von der Rollen- und Gestaltungsmacht bestimmter Ämter verbunden ist."

[96] *Zollner*, in: Prüller-Jagenteufel, Treitler (Hrsg.), S. 230 (248); ebenso *Zollner/Fuchs*, in: Fegert, Wolff, S. 720 (722, dort unter dem Aspekt der Schärfung der Aufmerksamkeit, der Vermittlung von Wissen und dem Geben von Handlungsanleitungen, um Situationen zu erkennen, in welchen Missbrauch geschehen kann und um darauf adäquat regieren zu können, damit sexueller Missbrauch künftig möglichst unterbunden werden kann). In diesem Zusammenhang ist es bedeutsam, den Forschungsstand zur Häufigkeit, Formen, Verläufen, Risikofaktoren [auf Täter- und Opferseite] und zu institutionellen Reaktionsweisen zu kennen (*Kindler/Fegert*, in: Fegert, Wolff, S. 167 f., dort auch mit weiteren Differenzierungen zum Begriff der „Institutionen"; dort auf S. 175 m. w. N. zu Studien betreffend die Täterpersönlichkeiten, zu sozialen Dynamiken und spezifischen Faktoren in Institutionen, dazu auch *Janssen*, in: Fegert, Wolff, S. 208 [insbesondere auf den S. 216–218 unter besonderer Akzentuierung der Macht-Asymmetrie und der Täter-Opfer-Konstellationen]). Zu den Missbrauch begünstigenden bzw. in bestimmten Fallkonstellationen erst ermöglichenden Täterpersönlichkeiten siehe *von Franqué/Turner/Briken*, in: Fegert, Wolff, S. 574 ff. Zur Aufarbeitung und Prävention gehört auch das Wissen um „Institutionen als Ort bzw. als Beziehungsnetz" (*Kindler/Fegert*, in: Fegert, Wolff, S. 167 [179]) als Tatgelegenheit mit gleichzeitig „beschränkter Schutzwirkung" (dort S. 180) sowie die Kenntnisse um dynamische Risikofaktoren (wie kriminogene Einstellungen und Kognitionen, Schwierigkeiten in der Selbstregulation i. S. v. geringer Verhaltenskontrolle, mangelnden Coping- und Problemlösefähigkeiten sowie Defiziten in der Affektregulation) und Ressourcen auf der Täterseite (*Franqué/Turner/Briken*, in: Fegert, Wolff, S. 574 [575, 577]), jedoch auch auf der Opferseite, um – aus Anlass dieser bereits erfolgten und (auch) kirchenrechtlich rechtskräftig festgestellten Tat (hierzu *Czerner*, KST 76, Kap. IV, S. 115 f. im Zusammenhang mit der Neu-Implementation der Unschuldsvermutung nach Can. 1321 § 1 CIC und Kap. V, S. 118–121 in Bezug auf die Suspensivwirkung bei Rechtsmitteln nach Can. 1353 CIC) – weitere Viktimisierungen für dieses (und andere potenzielle) Opfer wirksam abwehren zu können (tertiäre Kriminalprävention im Rahmen der Strafzwecke → IV. 5. a) cc) und *Czerner*, KST 76, S. 15 m. w. N.). Ähnlich auch *Janssen* (in: Fegert, Wolff, S. 197 [204]), es gehe darum, die Menschen sensibler und handlungssicherer zu machen, wobei Partizipation und Evaluation bedeutsam seien, um sexuellen Missbrauch nach Möglichkeit zu verhindern. *Janssen* (in: Fegert, Wolff, S. 208 [209]) benennt zudem die Bedeutung einer Risikoanalyse, d. h. einer Analyse der Gefährdungsrisiken im Hinblick auf die Präventionsarbeit.

zusammenwirken müssten. Insbesondere auch die theologische Ausbildung und Begleitung muss daraufhin ausgerichtet werden und für die Missbrauchsthematik sensibilisiert werden.[97] Es war nach Auffassung von Graulich[98] auch eine falsch verstandene pastorale Grundhaltung nach dem II. Vatikanischen Konzil, die dazu geführt hatte, das Strafrecht nicht oder nur unzureichend anzuwenden und dadurch mit Haltungen lebte, die sich mit der Zeit verfestigten, aber dennoch gegen die Disziplin der Kirche standen – mehr noch: Die Nicht-Anwendung des Strafrechts in der Kirche in den letzten Jahrzehnten hatte mit einem Versäumnis der Hirten in Bezug auf die Ausübung ihres Wächteramtes in der Kirche zu tun.

Dies gilt es künftig zu korrigieren, womit nicht zuletzt die menschenrechtliche Dimension auch des kirchlichen Rechts, auch vor dem Hintergrund von *Gaudium et spes* angesprochen ist (GS 41 → I. 2. c)).

bb) Viktimologische Dimension: Verjährung vs. Opferschutz

Im Unterschied zu früheren Zeiten wird den Opfern sexuellen Missbrauchs in den vergangenen Jahren große Aufmerksamkeit entgegengebracht.[99]

Ein zentraler Aspekt im Umgang mit den (mutmaßlich begangenen) Taten des sexuellen Missbrauchs besteht in der Verjährung dieser Taten. Der Grundsatz in Can. 221 § 3 CIC,[100] wonach die Gläubigen das Recht haben, dass kanonische Strafen über sie nur nach Maßgabe des Gesetzes verhängt werden, verbietet es, „verjährte Straftaten" mit Strafsanktionen zu ahnden („verjährungsrechtliches Strafverbot").[101] Dies kann bzw. wird auch von der Opferperspektive als „Freibrief" betrachtet, weil Täter dadurch vor Strafverfolgung geschützt werden. Andererseits soll es möglich sein, dass unter gewissen Umständen schwere Straftaten selbst dann verfolgt werden [können], wenn die Tat verjährt ist.[102]

---

[97] *Lassus*, S. 308 f.

[98] *Graulich*, in: Meckel u. a., S. 29 (30 f.). Zur pastoralen Ausrichtung des kirchlichen Strafrechts siehe *Rees*, in: Meckel u. a., S. 135 (169, dort m. w. N. in Fn. 137 auf Relatio circa „Principia quae Codicis Iuris Canonici recognitionem dirigant": Com I, 1969, 90, und auf *Pericle Felici*, Vortrag bei der Österreichischen Gesellschaft für Kirchenrecht vom 18. Januar 1974, Com 6, 1974, 113).

[99] *Rees*, AfkKR 2011, S. 466 (497).

[100] Zu Can. 221 § 3 siehe *Czerner*, KST 76, dort Kap. III 2, S. 80 f.

[101] *Rieger*, in: Meckel u. a., S. 217 (234). Siehe auch *Rehak*, in: Meckel u. a., S. 177 (197) zur sog. Anlaufhemmung bzw. Ruhen der Verjährung, bis die betroffene Person ein gewisses Mindestalter erreicht hat sowie *Rehak* (a. a. O., S. 202, zu den reformierten Regelungen in Can. 1362 CIC n. F.).

[102] So *Rieger*, in: Meckel u. a., S. 217; siehe allerdings *Rehak*, in: Meckel u. a., S. 177 (202, dort Fn. 73 m. w. N. auf *Brendan Peter Daly*, Response of the Holy See, StCan 55, 2021, 152 ff., *Rehak* Anm. 55): Eine Unverjährbarkeit der sexuellen Missbrauchsdelikte im kanonischen Recht hatte der Apostolische Stuhl im Februar 2020 in einer Stellungnahme zum Schlussbericht der *Royal Commission into Institutional Responses to Child Sexual Abuse in Australia* abgelehnt.

Täter können sich vor diesem Hintergrund, sofern deren Taten überhaupt bekannt werden, d. h. vom Dunkelfeld in das Hellfeld gelangen, auf Verjährung[103] berufen und den Opfern dürfte es schwer fallen bis nahezu unmöglich sein, das ihn angetane Leid nicht nur zu behaupten, sondern auch glaubhaft darzulegen und zu beweisen. Vor diesem Hintergrund muss die [vordergründig und in sich formalrechtlich stimmige] Behauptung, das Rechtsinstitut der Verjährung sorge für Rechtssicherheit,[104] nahezu zynisch anmuten, denn diese „Rechtssicherheit" bedeutet für den Täter das – unter *allen* strafzwecktheoretischen Erwägungen[105] unverdiente (!) – Ende der (zumeist begründeten) Sorge um Strafverfolgung und mit seinem Fehlverhalten konfrontiert und zur Verantwortung gezogen werden zu können. Für das Opfer bedeutet Verjährung, dass ein möglicherweise berechtigter Strafanspruch nicht mehr realisiert werden kann und das Opfer auch in rechtlicher Perspektive „Pech" gehabt hat, weil die Verjährung den Täter, nicht aber das Opfer schützt. Das sichere Wissen des Opfers, dass dessen Strafanspruch dezidiert „verloren" ist und dessen irreversibel verletzte Rechtsgüter sprichwörtlich „auf der Strecke" bleiben, lässt sich letztlich nur bei zynischer Betrachtung mit dem Terminus „Rechtssicherheit" bzw. „Rechtsfrieden" beschreiben.[106] Dabei bleibt – völlig losgelöst von der Frage

[103] Zum Gesichtspunkt der Verjährung und der Veränderung von Verjährungsfristen bis zum Jahr 2011 siehe *Lüdecke*, MThZ 2011, S. 33 (50, dort in Fn. 102 m. w. N. zum Motu Proprio vom 5. November 2001 sowie zur Änderung der Verjährungsfrist durch Papst Johannes Paul II. vom 7. November 2002 im Rahmen einer Audienz der Kongregation für die Glaubenslehre).

[104] So z. B. *Potz*, FS für Listl, KST 48, S. 271. Daher ist die Annahme, die Verjährung sei mit dem „Gerechtigkeitspostulat", mit „Effektivität" und mit „Praktikabilitäts-Kriterien" verknüpft (so *Potz*, a. a. O.), nur in Bezug auf die Täter-Perspektive und in Bezug auf den Schutz der kirchlichen Institution vor Ansehensverlust insofern zutreffend, als ab einem bestimmten Zeitpunkt bestimmte Fälle nicht mehr aufzuarbeiten sind und Täter und „seine" bzw. „ihre" Institution dadurch geschützt werden. Aus viktimologischer Sicht bleibt fraglich, unter welchen Effektivitätsgedanken oder Praktikabilitäts-Kriterien die Verjährung für das Opfer von Bedeutung sein kann, nicht zuletzt auch vor dem Hintergrund des „Gerechtigkeitspostulates" und der – vielfach – aus Täterperspektive – beschworenen „Rechtssicherheit". Wenn derartige Begriffe zur Begründung bestimmter Rechtsinstitute ins „argumentative Feld" gerückt werden, sollten die unterschiedlichen Perspektiven der unterschiedlichen Betroffenen künftig überhaupt mit einbezogen und differenziert betrachtet – und nicht die Opferperspektive ausgeklammert – werden. Zum Opferschutz → IV. 5. a) cc), sowie *Czerner*, KST 76, dort Kap. III 2 sowie S. 15, 63, 66, 74, 78, 80, 98, 105, 125, 132, 147, 151, 153, 160.

[105] Zu den Strafzwecken insgesamt *Czerner*, KST 76.

[106] Ein aktuelles Negativbeispiel in Bezug auf die vielfach – und ausschließlich aus Täterperspektive – beschworene „Rechtssicherheit" und den „Rechtsfrieden" hat das BVerfG am 31. 10. 2023 (2 BvR 900/200, https://www.bundesverfassungsgericht.de/SharedDocs/Pressemitteilungen/DE/2023/bvg23-094.html) in einer verheerenden Entscheidung statuiert, indem es die Vorschrift des § 362 Nr. 5 StPO (Wiederaufnahme des Verfahrens zuungunsten eines [wie sich im Nachhinein herausstellt] zu Unrecht rechtskräftig freigesprochenen Angeklagten) für verfassungswidrig erklärt hat. Das BVerfG stellt in seinem Urteil die Grundsätze des „Rechtsfriedens", des „ne bis in idem" aus Art. 103 III GG und der „Rechtssicherheit" („*Niemand darf wegen derselben Tat ein zweites Mal bestraft werden*") als – absolut – vorrangig dar mit der dann zwangsläufigen Folge, dass Mörder und Kriegsverbrecher, Verbrecher gegen die Menschlichkeit und Personen, die es Völkermordes angeklagt worden und seinerzeit rechtskräftig (und fälschlich, wie sich erst später Dank verbesserter DNA-Analytik nach den §§ 81a ff.

der Verjährung – in viktimologischer Sicht der Opferstatus, insbesondere unter dem Aspekt der Traumatisierung, bestehen: Die Realität der Tat, das Faktum der Viktimisierung[107] und der Traumatisierung. Daher erfordert der Gesichtspunkt der

StPO, hierzu *Czerner*, Istanbul-Konvention, S. 172 ff. herausstellt) freigesprochen worden sind, nicht erneut wegen dieser Verbrechen angeklagt und vor Gericht gestellt werden dürfen, obwohl nunmehr dringende Gründe für deren Verurteilung sprechen. Es handelt sich bei den von § 362 Nr. 5 StPO genannten Taten um die schlimmsten Verbrechen, die das (Völker-)Strafrecht kennt, und nur für jene – Exklusivitätsprinzip – hatte der Gesetzgeber mit dem „Gesetz zur Wiederherstellung der materiellen Gerechtigkeit" (vom 21. 12. 2021, in Kraft getreten am 30. 12. 2021, BGBl. I 2021 vom 29. 12. 2021, S. 5252 ff.) ausnahmsweise die Durchbrechung der Rechtskraft unter strengsten, hochselektiven Voraussetzungen zugelassen. Der Gesetzgeber erlaubt auch andere Durchbrechungen der Rechtskraft zuungunsten des Angeklagten, wie die Fallkonstellationen in § 362 Nr. 1–4 StPO belegen, jedoch scheinen jene aus Sicht des BVerfG im Unterschied zur Überführung eines Mörders und Kriegsverbrechers „wichtiger" zu sein, denn dort werden die Probleme im Zusammenhang mit dem Grundsatz, dass niemand ein zweites Mal „bestraft" werden darf, nicht gesehen – und somit „mit zweierlei Maß gemessen". Hierbei wurde eine „*Vorrangentscheidung zugunsten der abwägungsfesten Rechtssicherheit gegenüber der materialen Gerechtigkeit*" getroffen und dieses mit dem „Rechtsfrieden" begründet – ein posthumer Hohn für die Opfer und die hinterbliebenen Angehörigen, die unter diesen Verbrechen ein Leben lang zu leiden haben. Das BVerfG führt den – freilich auch für das BVerfG selbst – bindenden Verfassungstext – Wortlaut-Argument – und die Menschenwürde des Opfers sowie die berechtigten Interessen der Angehörigen und der Allgemeinheit ad absurdum. Mit anderen Worten: Es ist nach Ansicht des höchsten deutschen Gerichts besser, einen Mörder und einen Kriegsverbrecher frei und die Mord-Tat ungesühnt zu lassen, als ihn ein zweites Mal vor Gericht zu stellen. Es stellt sich die Frage, welches schützenswerte „*grundrechtsgleiche subjektive Recht*" ein Mörder und ein Kriegsverbrecher – und nicht zuletzt die Allgemeinheit, in deren Namen die Richterschaft judiziert (positive Generalprävention und alle anderen Strafzwecke, → IV. 5. a) cc) – an der Rechtskraft eines rechtskrätigen Fehlurteils (!) und an der absolut ausnahmslosen Einhaltung des Prinzips, dass niemand wegen derselben Tat ein zweites Mal „bestraft" werden darf, haben kann – auch um den Preis wahrer/materieller Gerechtigkeit und des Rechtes des Opfers, der Angehörigen und der Allgemeinheit, die Wiederaufnahme zum Zweck der Überführung von Mördern und Kriegsverbrechern trotz eindeutiger Beweislage mit Gesetzeskraft für „verfassungswidrig" zu erklären. Damit liefert das BVerfG ein anschauliches Beispiel für eine willkürlich-einseitige Entscheidung (– bundesverfassungsgerichtlich oktroyiertes, explizites „Abwägungsverbot" in Art. 103 III GG auch für den Gesetzgeber – was als massiver Eingriff in das Prinzip der Gewaltenteilung bzw. Funktionentrennung und des Demokratieprinzips [Art. 20 GG] zu bewerten ist). Das BVerfG verkennt bzw. ignoriert zudem die Bedeutung des Satzes „*Niemand darf wegen derselben Tat aufgrund der allgemeinen Strafgesetze mehrmals bestraft werden*", denn in der von § 362 Nr. 5 StPO benannten Konstellation erfolgte gerade keine *Bestrafung*, sondern ein Freispruch, jenen bezieht das BVerfG (wie bereits in früheren Entscheidungen) – contra legem, d. h. gegen den ausdrücklichen und eindeutigen Wortlaut des Verfassungstextes – in den Begriff der „Bestrafung" mit ein – das ist gegen den unmissverständlichen Wortlaut des Grundgesetzes. Besonders für das BVerfG gilt die Bindung an Recht und Gesetz nach den Artt. 1 III und 20 III GG. Das BVerfG hat mit diesem, den klaren und bindenden Wortlaut von Art. 103 III GG ignorierenden und verletzenden Urteil die Verfassung gebrochen. Vermutlich hat Friedrich Dürrenmatt (zumindest in Bezug auf diese Fehlentscheidung des BVerfG) Recht mit seinem Satz, dass sich „*die Wahrheit in Etagen abspielt, die für die Justiz unerreichbar sind.*" (*Dürrenmatt*, Justiz, Verteidiger zum Tatverdächtigen Stüssi-Leupin, Nachweis in *Czerner*, KST 76, Kap. IV, S. 116, dort Fn. 4).

[107] Viktimisierung einschließlich des Risikos der Sekundär-Viktimisierung durch den (kirchlichen) Strafprozess, hierzu *Rehak*, in: Meckel u. a., S. 177 (186, dort mit zutreffendem Hinweis

Rechtssicherheit, dass eine Strafe grundsätzlich [rechtzeitig] festgestellt und verhängt wird[108] und dass dieser genuine Strafanspruch nicht (allein) durch den Einwand der Verjährung faktisch und rechtlich negiert wird bzw. erlischt, zumal die Traumatisierung von Opfern keiner „Verjährung" unterliegt und Opfer ein Leben lang als schwere „Hypothek" begleitet. Der Kirchenrechtler der Disziplinarsektion des Dikasteriums für Glaubenslehre (vormals Glaubenskongregation) Manfred Bauer formuliert: *„Die Tat ist begangen, das Opfer für sein ganzes Leben verletzt und gezeichnet […]"*.[109] Daher war und ist es sinnvoll, die Verjährungsfristen zu verlängern bzw. den Laufzeitbeginn der Verjährung zeitlich später anzusetzen, wie dies im staatlichen wie auch im kirchlichen Recht bereits vielfach erfolgt ist, um den Opferinteressen besser als bisher gerecht werden zu können. Einige Opfer wagen ihre traumatische Erfahrung kaum zu kommunizieren[110] und benötigen Jahre bis Jahrzehnte, den erlebten Missbrauch zu kommunizieren. Mit Recht räumen neben der Erfurter Kirchenrechtlerin Myriam Wijlens auch Christoph Kardinal Schönborn und der Dogmatiker und Fundamentaltheologe an der Päpstlichen Universität Gregoriana, Markus Zimmermann sowie Rüdiger Althaus dem Opferschutz Vorrang vor dem Täterschutz ein,[111] weil die kirchliche Organisation den lebenszerstörenden Missbräuchen nicht Einhalt geboten hat, indem sie aus falscher Solidarität heraus den Täter- und Institutionenschutz über die Verbrechensaufklärung und den Opferschutz und -beistand gestellt hat.[112]

---

darauf, das Ziel der Strafjustiz bestehe nicht in der Fürsorge für die Betroffenen, wodurch die Betroffenen zu einem „Beweismittel" reduziert und deren Würde als Subjekt missachtet werden können).

[108] *Astrath*, FS für Wesemann, S. 363 (380).

[109] *Bauer, Manfred*, S. 166 (167).

[110] *Zimmermann*, S. 102, 108.

[111] *Wijlens*, S. 77 (95: *„Der Kinderschutz aber verdient es, bei alledem dennoch an erster Stelle zu stehen"*); s. o. zur Priorisierung und Neu-Justierung der Strafzwecke unter dem Primat des Opferschutzes siehe *Czerner*, KST 76, dort insbesondere in der tabellarischen Übersicht zusammengefasst auf S. 15 sowie dort ab S. 147 ff. in Kap. VIII Nr. 1–4, Nr. 13, Nr. 15, Nr. 17, Nr. 18, mittelbar auch Nr. 27; *Althaus*, BzMK, Bd. 82, S. 11 (32: *„Der Schutz Minderjähriger bzw. schutz- und hilfebedürftiger Erwachsener vor sexuellen (auch vor geistlichen und autoritativen) Übergriffen muss in der Kirche absolute Priorität haben und behalten."*).

[112] *Zimmermann*, S. 102, so bereits *Rees*, AfkKR 2011, S. 466 (512: „Schutz der Institution Kirche allzu sehr im Vordergrund gestanden"; in gleicher Diktion auch *Lüdecke*, MThZ 2011, S. 33 [47, dort in Fn. 83 m. Hinweis auf I. Götz vom Olenhusen, Klerus und abweichendes Verhalten, Zur Sozialgeschichte katholischer Priester im 19. Jahrhundert, Die Erzdiözese Freiburg, Kritische Studien zur Geschichtswissenschaft 106, Göttingen, 1994, nach welcher der Missbrauch von Jungen als das schlimmere Verbrechen gegolten habe. Unter historischen und Publizitäts-Gesichtspunkten weist *Rhode*, StZ 2010, S. 505 f., darauf hin, der Kirche sei damit nicht gedient gewesen, dass die Normen von 1962, welche das Ziel verfolgten, die Verfolgung der betreffenden Straftaten effizienter zu machen, insbesondere durch die Herabsetzung der für solche Verfahren geltenden Beweisanforderungen, in keiner Weise veröffentlicht oder kommentiert werden durften. Dies gelte nach *Rhode* (a. a. O.) ebenso für das Motu Proprio von 2001 (jenes erhöhte die Altersgrenze für Sexualdelikte von 16 auf 18 Jahre und verlängerte die Verjährungsfristen, die von da an erst mit Erreichen der Volljährigkeit des Opfers zu laufen begannen), das als solches zwar veröffentlicht worden ist, allerdings nicht die dazu-

Der Grundsatz, ein Verbrechen möge besser ungestraft bleiben, als dass eine unschuldige Person verurteilt wird,[113] vermag hier kaum zu überzeugen, zumal mutmaßliche Täter bereits durch die Unschuldsvermutung[114] durch das Rechtsinstitut der Verjährung und durch den Zweifelsgrundsatz in dubio pro reo hinreichend geschützt sind und sie zudem die Möglichkeit des Einlegens von Rechtsmitteln[115] besitzen.

Der Konzilstext *Gaudium et spes* (→ I. 2. c)), die Apostolische Konstitution *Pascite gregem Dei,* das Motu proprio *Come una madre amorevole* und das sogleich zu behandelnde Motu proprio *Vos estis lux mundi* „sprechen eine andere Sprache“, namentlich die der Menschen-Rechte und des Schutzes der Opfer,[116] womit neben dem Fundamental-Artikel 3 UN-KRK i. V. m. Art. 38 lit. b IGH-Statut auch die vom Heiligen Stuhl ebenfalls gezeichnete Wiener Vertragsrechtskonvention an besonderer Bedeutung gewinnt.

gehörigen Normen der Glaubenskongregation im Gesetzblatt des Apostolischen Stuhls. *Lüdecke*, MThZ 2011, S. 33 (46, dort in Fn. 78, dort m. Hinweis auf *Heribert Schmitz*, Delicta graviora Congregationi de Doctrina Fidei reservata, in: De processibus matrimonialibus 9, 2002, S. 293–312, sowie auf *Klaus Lüdicke*, Der Glaubenskongregation vorbehalten. Zu den neuen strafrechtlichen Reservationen des Apostolischen Stuhls, in: A. Weiß, S. Ihli [Hrsg.], Flexibilitas Iuris Canonici, FS für R. Puza, 2003, S. 441–455, und auf *B. E. Ferme*, Graviora delicta: the apostolic letter M. P. sacramentorum sanctitatis tutela, in: Z. Suchecki [Hrsg.], Il processo penale canonico, Rom, 2003, S. 365–382) ergänzt, das Motu Proprio Sancramentorum sanctitatis tutela vom 30. 04. 2001 promulgierte die Normen und setzte sie in Kraft, veröffentlichte sie jedoch nicht, ein darauf bezogenes Schreiben der Glaubenskongregation vom 18. Mai 2001 (in AAS 93, 2001, S. 785–788) biete zwar nicht den Wortlaut, aber eine Zusammenfassung des Textes an. Zu *Sancramentorum sanctitatis tutela* siehe auch *Graulich*, in: Meckel u. a., S. 29 (31 f., 32, dort Fn. 5 zu *Ioannes Paulus II.*, Litterae Apostolicae Motu Proprio „Sacramentorum sanctitatis tutela“ quibus Normae de gravioribus delictis Congregationi pro Doctrina Fidei reservatis promulgantur v. 30. 04. 2001, AAS 93 (2001, S. 737–739), Neufassung v. 21. 05. 2010, AAS 102, 2010, 419–430 und vom 11. 10. 2021, Com 53, 2021, 428–445) sowie mit Hinweis auf die Zuständigkeit der Glaubenskongregation (nunmehr Dikasterium für die Glaubenslehre) und *Althaus*, in: Meckel u. a., S. 117 (119, dort Fn. 6 und S. 121, dort Fn. 13 auf das Promulgationsverfahren und mit Hinweis auf die „Normae de gravioribus delictis Congregationi pro Doctrina Fidei reservatis“, dieses Motu proprio wurde promulgiert im Faszikel vom 5. November 2001). Zu Sacramentorum sanctitatis tutela → III. 3. b) cc).

[113] *Heckel*, in: Meckel u. a., S. 263 (313, dort m. w. N. in Fn. 179 auf *Pius XII.*, Allocutio iis qui interfuerunt VI Conventui internationali de Iure poenali v. 03. 10. 1953, Nr. IV, AAS 45, 1953, 735–737).

[114] Zur Unschuldsvermutung: → III. 3. b) aa), sowie *Czerner*, KST 76, dort Kap. IV, S. 115–117.

[115] Zum Suspensiveffekt infolge des Einlegens von Rechtsmitteln: *Czerner*, KST 76, dort Kap. V, S. 118–121.

[116] → III. 3. b) cc), dd), IV. 5. a) cc).

cc) Motu proprio *Vos estis lux mundi* (Mt 5, 14) vom 7. Mai 2019 (25. März 2023) von Papst Franziskus

In seinem Motu proprio (erste Fassung) *Vos estis lux mundi* vom 7. Mai 2019[117] sowie in der Neufassung vom 25. März 2023 erklärt Papst Franziskus jeweils:

„Die Verbrechen sexuellen Missbrauchs beleidigen unseren Herrn, verursachen physische, psychische und spirituelle Schäden bei den Opfern und verletzten die Gemeinschaft der Gläubigen. Damit solche Phänomene in all ihren Formen nicht mehr geschehen, braucht es eine ständige und tiefe Umkehr der Herzen, die durch konkrete und wirksame Handlungen bezeugt wird; diese beziehen alle in der Kirche mit ein, sodass die persönliche Heiligkeit und der moralische Einsatz dazu beitragen können, die volle Glaubwürdigkeit der Verkündigung des Evangeliums und die Wirksamkeit der Sendung der Kirche zu fördern.“

Bemerkenswert ist die Erweiterung des subjektbezogenen Anwendungsbereiches, d. h. des Täterkreises in Art. 6 lit. f i. V. m. Art. 1 § 1 der Neufassung von *Vos estis lux mundi* vom 25. März 2023, in welchem ausdrücklich auch Laien mit einbezogen werden. Gleichzeitig werden Straftaten in Bezug auf Minderjährige nach Art. 1 § 1 lit. a dieses Textes nunmehr dem Sechsten Gebot des Dekalogs[118] unterstellt und nicht mehr allgemein als „sexuelle Handlungenmit einer minderjährigen oder mit einer schutzbedürftigen Person“ bezeichnet. Auszugsweise heißt es in diesem aktualisierten Motu proprio vom 25. März 2023:

„Art. 1 – Anwendungsbereich

§ 1. Die vorliegenden Normen finden Anwendung im Fall von Meldungen in Bezug auf Kleriker oder auf Angehörige von Instituten des geweihten Lebens oder Gesellschaften des apostolischen Lebens und auf die Vorsitzenden der vom Apostolischen Stuhl anerkannten oder errichteten internationalen Vereine von Gläubigen, die Folgendes betreffen:

---

[117] Papst Franziskus: Motu proprio *Vos estis lux mundi* vom 7. Mai 2019; hierzu *Graulich*, in: Meckel u. a., S. 29 (34, dort m. w. N. in Fn. 12 auf AAS 111 [2019], 823–832); sowie in: OR 159, 2019, Nachweis in: *Bauer*, *Manfred*, S. 166 (185, dort Fn. 61). Siehe auch *Rehak*, in: Meckel u. a., S. 177 (201, dort m. w. N. in Fn. 71 auf *Damián Guillermo Astigueta*, Lettura di Vos estis lux mundi, PerRCan [Periodica de re canonica, Roma, 1991] 108, 2019, 517–550, auf *Rafael Rodriguez-Ocaña*, El muto proprio „Vos estis lux mundi“, IusCan 59, 2019, 825–884, auf *José Luis Sánchez-Girón Renedo*, El „motu proprio“ „Vos estis lux mundi“, Contenidos y relación con otras normas del derecho canónico vigente, EE 94, 2019, 655–703, auf *Giuseppe Comotti*, I delitti contra sextum e l'obligo di segnalazione nel Motu proprio „Vos estis lux mundi“, IusE 32, 2020, 239–268, auf *Christoph Ohly*, Das Motu Proprio Vos estis lux mundi, Perspektiven und Anmerkungen, DPM 27/28, 2020/21, 231–248 und auf *Laurentius Eschlböck*, Zur Bekämpfung des sexuellen Missbrauchs, Das Motu proprio Vos estis lux mundi, EuA 97, 2021, S. 73–83). Hierzu auch *Anuth*, BzMK 82 (S. 35 [47, dort Fn. 50 u. a. auf *Renken*, *John A.*, Vos estis lux mundi: The Evolution of the Churchs Response to Sexual Abuse and its Cover-up after the Vatican Summit, in: StCan 53 (2019), S. 627–658]. – In ähnlicher Diktion erklärte der frühere Bischof von Münster, Dr. Reinhard *Lettmann* (FS für Wesemann, S. 22 [24]), es existiere eine *„Parteilichkeit Gottes für das Recht. Wer sich um die Bekämpfung des Unrechtes und die Durchsetzung des Rechtes bemüht, darf wissen, dass Gott auf seiner Seite steht, weil Gott auf Seiten des Rechtes steht.“*

[118] → IV. 5. b), VI. 5.

*a) * eine Straftat gegen das sechste Gebot des Dekalogs, die mit Gewalt oder durch Drohung oder durch Missbrauch der Autorität begangen wird, oder indem jemand gezwungen wird, sexuelle Handlungen zu vollziehen oder zu erleiden;*

*** eine Straftat gegen das sechste Gebot des Dekalogs, die mit einem Minderjährigen oder einer Person, die dauernd einen unvollständigen Vernunftgebrauch besitzt, oder mit einem schutzbedürftigen Erwachsenen begangen wurde;*

**** den sittenwidrigen Erwerb, die Aufbewahrung, die Darbietung oder die Verbreitung von pornografischen Bildern von Minderjährigen oder von Personen, die dauernd einen unvollständigen Vernunftgebrauch besitzen, in jedweder Form und mit jeglichen Mitteln;*

***** das Anwerben oder das Verleiten eines Minderjährigen oder einer Person, die dauernd einen unvollständigen Vernunftgebrauch besitzt, oder eines schutzbedürftigen Erwachsenen, sich pornografisch darzustellen oder an echten oder simulierten pornografischen Darbietungen teilzunehmen;*

b) die Verhaltensweisen, die von den in Artikel 6 genannten Personen verwirklicht werden und in Handlungen oder Unterlassungen bestehen, die darauf gerichtet sind, die zivilen Untersuchungen oder kirchenrechtlichen Untersuchungen verwaltungsmäßiger oder strafrechtlicher Natur gegenüber einer der im vorstehenden § 1 genannten Personen bezüglich der unter dem Buchstaben a) dieses Paragraphen genannten Vergehen zu beeinflussen oder zu umgehen.

§ 2. Bezüglich der vorliegenden Normen versteht man unter:

a) ‚minderjährig': jede Person, die das 18. Lebensjahr noch nicht vollendet hat; dem Minderjährigen wird die Person gleichgestellt, die dauernd einen unvollständigen Vernunftgebrauch besitzt;

b) ‚schutzbedürftiger Erwachsener': jede Person im Zustand von Krankheit, von physischer oder psychischer Beeinträchtigung oder von Freiheitsentzug, wodurch faktisch, auch gelegentlich, ihre Fähigkeit zu verstehen und zu wollen eingeschränkt ist, zumindest aber die Fähigkeit, der Schädigung Widerstand zu leisten.

c) ‚pornografisches Material von Minderjährigen': jede Darstellung einer minderjährigen Person, die unabhängig vom verwendeten Mittel in explizite sexuelle Handlungen, seien sie real oder simuliert, verwickelt ist, oder jede Darstellung der Geschlechtsorgane von Minderjährigen zu Zwecken sexueller Begierde oder des Profits.

Art. 2 – Annahme der Meldungen und Datenschutz

§ 1. Unter Berücksichtigung der Weisungen, die eventuell von den jeweiligen

Bischofskonferenzen, Synoden der Bischöfe der Patriarchatskirchen und der großerzbischöflichen Kirchen oder von den Hierarchenräten der Metropolitankirchen sui iuris in Kraft gesetzt wurden, müssen die Diözesen oder Eparchien – einzeln oder gemeinsam – über Einrichtungen oder Ämter verfügen, die der Öffentlichkeit leicht zugänglich sind, um Meldungen entgegenzunehmen. Die Meldungen müssen bei diesen kirchlichen Einrichtungen oder Ämtern eingereicht werden."

„*Art. 6 – Subjektsbezogener Anwendungsbereich*

Die Verfahrensnormen des vorliegenden Titels betreffen die unter Artikel 1 aufgeführten Straftaten und Verhaltensweisen folgender Personen:

a) Kardinäle, Patriarchen, Bischöfe und Gesandte des Papstes;

b) Kleriker, die der pastoralen Leitung einer Teilkirche oder einer ihr gleichgestellten lateinischen oder ostkirchlichen Struktur, einschließlich der der Personalordinariate, vorstehen oder vorstanden, für während der Amtszeit (durante munere) begangene Taten;

c) Kleriker, die der pastoralen Leitung einer Personalprälatur vorstehen oder vorstanden, für während der Amtszeit (durante munere) begangene Taten;

d) Kleriker, die einen öffentlichen klerikalen Verein mit der Befugnis zur Inkardination leiten oder leiteten, für während der Amtszeit (durante munere) begangene Taten;

e) diejenigen, die oberste Leiter von Instituten des geweihten Lebens oder Gesellschaften des apostolischen Lebens päpstlichen Rechts wie auch von Klöstern sui iuris sind oder waren, für während der Amtszeit (durante munere) begangene Taten;

f) Laien, die Vorsitzende von internationalen Vereinen von Gläubigen sind oder waren, die vom Apostolischen Stuhl anerkannt oder errichtet worden sind, für während der Amtszeit (durante munere) begangene Taten." –

Grund für die Aktualisierung des Motu proprio *Vos estis lux mundi* am 25. März 2023 war das Bestreben um Harmonisierung des Textes zum Missbrauchsverfahren mit anderen (normativen) Reformen, die seit 2019 eingeführt wurden, insbesondere mit der Überarbeitung des Motu proprio *Sacramentorum sanctitatis tutela* von Papst Johannes Paul II. (2021 geänderte Normen), mit den Änderungen des Liber VI des Codex Iuris Canonici zum 8. Dezember 2021 und mit der neuen Konstitution über die römische Kurie *Praedicate Evangelium* (2022).[119]

Wijlens[120] stuft grundsätzlich das Kirchenrecht „nicht als das eigentliche Problem" ein, sondern fragt, ob sich Kirchenleitungen an das eigene Recht halten bzw. warum sie glauben [bzw. geglaubt haben], dies nicht tun zu müssen. Sie verortet die rechtlichen Ursachen in Bezug auf Missbrauch eher in der Frage der Durchsetzung und der Durchsetzbarkeit des (Kirchen-)Rechts.[121] Dieser Einwand der Durchsetzbarkeit wird sich neben dem Codex Iuris Canonici in gleicher Weise auf das Motu Proprio *Vos estis lux mundi* (in beiden Fassungen) und auf das Motu proprio *Come una madre amorevole* übertragen lassen. Die Apostolische Konstitution *Pascite gregem Dei* hat zum Teil normative Gestalt in Liber VI durch eine entsprechende Implementation in den Codex Iuris Canonici bekommen.

Weniger kirchenrechtlich, sondern eher auf moralischer Ebene lokalisiert der Abt der Benediktinerabtei St. Joseph/Gerleve, P. Andreas Werner,[122] das Problem, nach welcher es auch jenseits und ungeachtet kirchenrechtlicher Regelungen ein moralisches Gewissen gebe, das offenbar versagt habe.

---

119 *L'Osservatore Romano*, v. 31. 03. 2023, *Galgano*, v. 25. 03. 2023, *Atienza*, v. 25. 03. 2023. Zu Sacramentorum sanctitatis tutela → III. 3. b) bb).

120 *Wijlens*, S. 77 (80).

121 → III. 1. b) aa), (2).

122 P. Andreas Werner OSB in einer persönlichen Stellungnahme am 18. August 2023 in der Benediktiner-Erzabtei St. Martin/Beuron.

Ist es das Bestreben der Kirche, im Außenverhältnis zu anderen Staaten durch den Heiligen Stuhl als „Gewissen der Menschheit“[123] und als „Spiegel der Gerechtigkeit“ zu wirken, kommt sie um eine konsistente Menschenrechtsbegründung [und -Ausformulierung auf normativer Ebene], wie sie im konziliaren Menschenrechtsverständnis angelegt ist und wie die Konzilskonstitution *Gaudium et spes* (→ I. 2. c)) und die Apostolische Konstitution *Pascite gregem Dei* und das Motu proprio *Vos estis lux mundi* und *Come una madre amorevole*[124] offenbaren, um die Durchsetzung der Menschenrechte im Binnenbereich [d. h. auch auf der normativen Ebene des Codex Iuris Canonici], insbesondere im Kontext des sexuellen Missbrauchs, nicht umhin.[125]

dd) Apostolische Konstitution *Pascite gregem Dei* vom Mai 2021 als Wendepunkt im kirchlichen Sanktionenrecht zugunsten eines optimierten Opferschutzes (?)

Nicht erst zum Zeitpunkt der Unterzeichnung der UN-Kinderrechtskonvention im Jahr 1989 stand für den Heiligen Stuhl der Schutz des Kindes zunehmend im Vordergrund. Die vorgenannte Erklärung von Papst Johannes Paul II. im Jahr 1984 könnte als gedanklicher wie als kanonisch-völkerrechtlich-normativer „Vorläufer“ der am Pfingstsonntag 2021 von Papst Franziskus verabschiedeten Apostolischen Konstitution *Pascite gregem Dei*[126] angesehen werden, welche mit Inkrafttreten des reformierten Codex Iuris Canonici zum 8. Dezember 2021 zahlreiche und bisweilen fundamentale Änderungen, vornehmlich in Liber VI, dem 6. Buch des Codex Iuris Canonici, mit sich gebracht hat (insbesondere mit der Implementation von Can. 1311 § 2 CIC, der erstmalig[127] das Wohl der Gläubigen und der Gemeinde in den Mittelpunkt stellt), angesehen werden. Damit zugleich einher gehen könnte eine – von den Vorbehalten abgesehen – grundsätzliche bzw. zumindest indirekte Selbstbindung des Heiligen Stuhls, den Schutz von Kindern nicht nur territorial begrenzt auf dem Gebiet des Vatikans bzw. des Staates der Vatikanstadt (→ I. 2. a),

---

[123] *Casaroli*, S. 93 (103).

[124] → III. 3. b) dd), IV. 7. a).

[125] *Ludwig*, S. 250, dort m. w. N. u. a. in Fn. 72 auf *Paul Wuthe*, 2002, Für Menschenrechte und Religionsfreiheit in Europa, Die Politik des Heiligen Stuhls in der KSZE/OSZE, S. 69.

[126] Apostolische Konstitution *Pascite Gregem Dei* vom 23. Mai 2021: https://www.vaticannews.va/de/papst/news/2021-06/papst-franziskus-apostolische-konstitution-pascite-gregem-dei-de.html; Liber VI De Sanctionibus poenalibus in Ecclesia: Communicationes 53, 2021, S. 17–65 (Nachweis in *Graulich*, in: Graulich/Hallermann, S. 13 [14, dort in Fn. 2]); Reformiertes Buch VI des CIC vom 01. 06. 2021, Inkrafttreten: 8. Dezember 2021: https://www.vaticannews.va/de/vatikan/news/2021-06/vatikan-kanonistisches-recht-buch-vi-deutsche-uebersetzung-reform.html. Zur Bedeutung und der normativen „Geltungskraft“ von Apostolischen Konstitutionen siehe *Czerner*, KST 76, dort Kap. I 1, Fnn. 1, 2 m. w. N. auf *Del Re*, *Graulich/Hallermann* u. a.). Zu den vor der Apostolischen Konstitution *Pascite gregem Dei* erfolgten Reformprozessen siehe *Czerner*, KST 76, S. 25, dort insbesondere Fnn. 7–11 m. w. N.

[127] *Czerner*, KST 76, Praefatio (S. 19 ff.), Kap. I (S. 23 ff.), III 1a–c (S. 69 ff.), VII 1c (S. 126).

2. Konstellation), sondern auch weltweit im römisch-katholischen Kirchenrecht (→ I. 2. a), 3. Konstellation), zu beachten bzw. zu etablieren. Dies bedeutet, entsprechende Normen im Codex Iuris Canonici zu erlassen und jene im Rahmen der *eigenen* Rechtsetzung und Rechtsanwendung global einzubeziehen und somit auch menschenrechtliche Implikationen und Bezüge zu *Gaudium et spes* und der Apostolischen Konstitution *Pascite gregem Dei* kanonisch zuzulassen und umzusetzen. Damit wäre eine universal-weltkirchliche Geltung des Kinderschutzes verbunden, welche in allen Signatarstaaten einen mehrfachen Geltungsgrund aufweisen würde: einmal staats- und völkerrechtlich innerhalb des betreffenden Signatarstaates der UN-Kinderrechtskonvention und zugleich auch der Wiener Vertragsrechtskonvention,[128] andererseits in diesen Signatarstaaten kumulativ über das dort ebenfalls geltende römisch-katholische Kirchenrecht mit inkorporiertem Kinderschutz.

Wenn bzw. weil es zutrifft, dass die Kirche die Verwirklichung der Menschenrechte für alle Gesellschaften als unmittelbar geltendes Recht ansieht und eine stärkere innerkirchliche Berücksichtigung und Durchsetzbarkeit der Menschenrechte fordert,[129] resultiert aus der vorgenannten Selbstverpflichtung des Heiligen Stuhls die Wahrung des Kindeswohls[130] und im Hinblick auf Art. 3 UN-KRK i. V. m. Art. 38 lit. b IGH-Statut sowie auf Cann. 1311 § 2, 1752 CIC,[131] welche das „Wohl der Gemeinschaft bzw. der Gläubigen" sowie das „Heil der Seelen als das oberste Gesetz" in den Mittelpunkt stellen, eine zumindest indirekte kinderschützende Durchdringung und Prägung des Codex Iuris Canonici. Dieses Postulat ist auch vor dem Hintergrund eines bemängelten „*unzureichenden Verständnisses für den Ernst der Sache, den Schmerz und die stark traumatisierenden Folgen für die Opfer und eines gewissen übertriebenen Schutzes der kirchlichen Institutionen*" zu sehen.[132] Menschlichen Seelen wurde in brutaler Weise Leid angetan und die außerordentlich schwerwiegenden Folgewirkungen für die Opfer (aber auch mittelbar für die kirchliche Gemeinschaft) fordern einen Perspektivenwechsel hin [auch] zu der Sicht der Betroffenen.[133] In Anlehnung an die Apostolische Konstitution *Pascite gregem Dei* soll sich vor diesem Hintergrund die „Perspektive der Bibel auch als Perspektive der Opfer" deuten lassen.[134]

---

128 → I., II.

129 *Riedel-Spangenberger*, S. 643 f.

130 → II. 4., III. 1., IV. 2., 3.

131 Zur Auslegungsdirektive in Cann. 1311 § 2, 1752 CIC: *Czerner*, KST 76, Kap. I 1, II 1, III 1c, VII 1c, VIII 1, 2, 4, 20, 23, 27, S. 23, 30, 74, 126, 147 ff.

132 *Fleurquin*, Festschrift für Puza, S. 457 (458). Nach *Gmelch*, S. 21, dort m. w. N. in Fn. 27 (S. 145 in Bezug auf die französische Bischofskonferenz) handelt es sich um ein systemisches Problem im Rahmen einer „institutionellen Verantwortung für eine systemische Dimension": https://www.katholisch.de/artikel/31872-franzoesische-bischoefe-erkennen-verantwortung-fuer-missbrauch-an.

133 So deutlich gefordert von *Gmelch*, S. 11; *Reißmeier*, S. 110.

134 In dieser Diktion auch: *Gmelch*, S. 123.

ee) Präjudizien zugunsten eines Kinderschutz-Transfers in den Codex Iuris Canonici

Gemäß dem völkerrechtlichen Grundsatz „Pacta sunt servanda" (→ II. 7.) ist nach der Klärung des Signatarstaates der UN-Kinderrechtskonvention (→ I. 2.) und der völkervertraglichen Anbindung an die Wiener Vertragsrechtskonvention (→ II.) eine weitere, sich unmittelbar hieran anschließende Forschungsfrage zu untersuchen, ob und inwieweit sich kinderschützende Normen und teils höchstrangig anzusiedelnde Garantieregelungen der UN-Kinderrechtskonvention im Codex Iuris Canonici (für den sich der Heilige Stuhl verantwortlich zeichnet), insbesondere im 6. Buch, dem kirchlichen Strafrecht, wiederfinden und dort abbilden lassen.[135]

Im optimalen Fall müsste der Codex Iuris Canonici infolge der doppelten völkerrechtlichen Bindungswirkung der UN-Kinderrechtskonvention nach deren Art. 4[136] auch für den Heiligen Stuhl ein kinderschützendes kanonisches Referenzsystem beinhalten, welches die maßgeblichen UN-Konventionsvorgaben bzw. Mindeststandards abbildet. Diese, zum 8. Dezember 2021 aufgrund der Apostolischen Konstitution *Pascite gregem Dei* reformierten Regularien im Codex Iuris Canonici werden in Kap. IV unter dem Aspekt eines verbesserten kirchenrechtlichen Kinderschutzes rechtsvergleichend den Vorgaben der UN-Kinderrechtskonvention gegenübergestellt. Als programmatische wie richtungweisende Norm aus dem Regelungsinventar der UN-Kinderrechtskonvention wird dabei die nach Art. 38 lit. b IGH-Statut (→ I. 1., 2. a)) völkergewohnheitsrechtliche Regelung des Art. 3 UN-KRK, die Garantie des Kindeswohls (→ III. 2.), zugrunde gelegt. Diese Vorschrift ist nicht lediglich inhaltlich-substanziell unmittelbar themenrelevant, sondern sie vermag (wie wenige andere Bestimmungen aus dem Katalog der UN-KRK-Normen) den höchsten völkerrechtlichen Verbindlichkeitsstatus für sich zu beanspruchen – als Völkergewohnheitsrecht im Sinne von Art. 38 lit. b IGH-Statut.[137] Dies hat auch Auswirkungen auf das römisch-katholische Kirchenrecht, insbesondere auf die neu implementierte Regelung des Can. 1311 § 2 CIC, der das Wohl der Gläubigen und der kirchlichen Gemeinschaft seit dem 8. Dezember 2021 in den Vordergrund strafrechtlicher Vorgaben und an den Anfang des kirchlichen Strafrechts (= erste Norm in Liber VI des Codex Iuris Canonici) gestellt hat. Zudem vermag Art. 3 UN-KRK auf der Ebene des Codex Iuris Canonici eine besondere Bedeutung (auch über die Verbindung mit Art. 26, 31 I i. V. m. dem dritten Präambelabsatz der Wiener Vertragsrechtskonvention zur Einhaltung völkerrechtlicher Verträge) zu entfalten, weil der Heilige Stuhl das Kindeswohl – nicht nur in seiner Erklärung aus dem Jahr 2014[138] – priorisiert hat.

---

[135] Grundsätzliche strafzwecktheoretische Untersuchungen, welche auch den Opferschutz (im Sinne der negativen Individualprävention) – und damit zugleich implizit den Kinderschutz – sowie die positive Individualprävention im Sinne der Besserung des Täters (Rückfallvermeidung/tertiäre Kriminalprävention) umfassen: → IV. 5. a) cc), *Czerner*, KST 76, S. 15 (tabellarischer Überblick).

[136] → I., II., V.

[137] → I. 1., 2. a).

[138] → II. 4., 5., IV. 2., 3.

IV. Analyse kirchenrechtlicher Korrespondenznormen zur UN-Kinderrechtskonvention im Codex Iuris Canonici

Im Rahmen der Neuordnung des kanonischen Strafrechts im Zusammenhang mit der Apostolischen Konstitution *Pascite gregem Dei* und der Neuregelung von Liber VI im Codex Iuris Canonici im Jahr 2021 ist zunächst von Bedeutung, dass die Straftaten betreffend den Missbrauch weniger an den Vorgaben der UN-Kinderrechtskonvention orientiert sind. Vielmehr machen sie sich [infolge der inhaltlich-theologischen Ausrichtung und „Binnenlogik" des Codex Iuris Canonici] in erster Linie das Kirchenrecht zum Maßstab und werden nach dem Wesen und der Struktur des Codex Iuris Canonici[1] nunmehr als Vergehen gegen die Würde und die Freiheit des Menschen betrachtet.[2] Dabei wird abzuwarten sein, ob und wie sich diese erneuerte Perspektive in der Gestaltung der Prozesse und in der Rechtsprechung auswirken wird.[3]

1. Auswahl der themenrelevanten UN-Konventions- sowie der CIC-Referenznormen: Artt. 19, 34 UN-KRK, Cann. 1397, 1398 CIC unter dem Leitmotiv von Artt. 3, 4 UN-KRK und Artt. 26, 31 I i.V.m. dem dritten Präambelabsatz der Wiener Vertragsrechtskonvention

Neben der Kindeswohl-Priorisierung in Art. 3 UN-KRK (→ III. 2.), der nicht nur konventionsrechtlich, sondern auch völkergewohnheitsrechtlich (→ I. 1., arg. ex Art. 38 lit. b IGH-Statut) anerkannten Garantie des Kindeswohls, werden aus dem Gesamtspektrum der UN-Kinderrechtskonvention mit ihren insgesamt 54 Artikeln für diese Untersuchung nur jene Normen ausgewählt, welche spezifisch kinder-

---

[1] → IV. 7. b) bb) (2).

[2] → IV. 5. b), VI. 3.; *Rees*, BzMK 82, S. 265 ff. (S. 289 mit Hinweis in Fn. 87 und darauf, diese Straftaten würden nun anders beurteilt und gewertet, um der Schwere der Vergehen besser gerecht zu werden).

[3] *Graulich*, persönliche Mitteilung vom 5. Mai 2022 sowie in: *Graulich/Hallermann*, S. 211 (zu Cann. 1395–1397 CIC). Siehe auch *Rees*, AfkKR 2011, S. 466 (483 unter Hinweis auf Buch VI, Teil II, Titel VI CIC/1983). Strukturell vergleichbar ist dies mit der Aufforderung des Deutschen Bundestages an die Bundesregierung, nach Ablauf von einigen Jahren dem Deutschen Bundestag Bericht über die praktischen Erfahrungen und Auswirkungen eines neu beschlossenen Gesetzes zu erstatten (– ein Signum dynamischer und „lernender Demokratie").

schützend wirken (sollen) und die sich einer deutlich erhöhten Vulnerabilität der kindlichen Opfer ausgesetzt sehen und welche aus dieser Perspektive heraus für den Codex Iuris Canonici und dessen Reformen, vor allem vor dem Hintergrund der Missbrauchsproblematik,[4] von besonderer Bedeutung sind (bzw. sein müssten). Jene Normen schützen primär vor (sexualisierter) Gewalt (physisch wie psychisch), vor Missbrauch und Misshandlung. Sie bezwecken in staatlich-strafrechtlicher Sicht rechtsgutsbezogen den Schutz der körperlichen, geistig-seelischen und sexuellen Integrität von Kindern, d.h. nach Art. 1 i.V.m. Art. 6 UN-KRK auch von Jugendlichen bzw. von jungen Menschen bis zum 18. Geburtstag.[5] In deliktsspezifischer Perspektive sind dies im Rahmen dieser Untersuchung vornehmlich die Artt. 19, 34 UN-KRK. Schließlich sind diese Resultate in Beziehung zu setzen mit der Umsetzungsnorm des Art. 4 UN-KRK (→ V. 1.), welcher, wie auch Art. 3 UN-KRK – eine zum Teil unmittelbare Ausstrahlungswirkung auf das Recht der Signatarstaaten bzw. Signatare hat – und somit auch auf den Codex Iuris Canonici, vermittelt über die Signatur des Völkerrechtssubjekts Heiliger Stuhl,[6] den die völkerrechtlichen Verpflichtungen qua Signatur der Wiener Vertragsrechtskonvention zusätzlich (→ II.) treffen.

Jene themenspezifisch ausgewählten Normen der UN-Kinderrechtskonvention werden, soweit (normativ) möglich,

- mit den zum 8. Dezember 2021 reformierten Referenznormen (Cann. 1397, 1398) aus dem Liber VI des CIC
- mit der Apostolischen Konstitution *Pascite gregem Dei* vom Pfingstsonntag 2021
- mit dem katholischen Katechismus (Nr. 2351–2359) der römisch-katholischen Kirche
- mit den beiden Fassungen des Motu proprio *Vos estis lux mundi*
- mit dem Motu proprio *Come una madre amorevole* sowie
- mit dem Vademecum vom 5. Juni 2022 (als weiteren, nicht normativen Text)

abgeglichen.[7] Dabei ist zu prüfen, ob und inwieweit eine „Anpassung" des römisch-katholischen Kirchenrechts an die – insoweit (nicht zuletzt auch infolge der Wirkungen von Artt. 26, 31 I i.V.m. dem dritten Präambelabsatz der WVK) völkerrechtlich bindenden – Vorgaben der UN-Kinderrechtskonvention erfolgt ist. Ebenso ist zu prüfen, ob und inwieweit de lege ferenda im Codex Iuris Canonici[8] noch zu konkretisierende Regelungen zum Kinderschutz erlassen werden könn(t)en

[4] → III. 3. b), IV. 5. a) cc).
[5] → III. 1. zum „personalen Schutzbereich" der UN-KRK.
[6] → I. 2., IV. 7. b), c).
[7] Die naturrechtliche Einpassung dieser UN-Konventionsnormen (Artt. 19, 34) in den Codex Iuris Canonici auf überpositiver Ebene nach Can. 1399 CIC ist Gegenstand der Analyse in Kap. VI.
[8] → IV. 7. c) aa), VI.

(bzw. sollten), sofern in systematischer Perspektive eine deliktsspezifische „Anschlussfähigkeit“ im Sinne eines entsprechend gleichartigen Rechtsgüterschutzes im Regelungsinventar des Liber VI des Codex Iuris Canonici gegeben ist und möglicherweise Regelungslücken offenbar werden, welche es naturrechtlich zu schließen gilt (→ VI.). Dies gilt umso mehr vor dem Hintergrund der von Papst Franziskus zum Pfingstsonntag erlassenen Apostolischen Konstitution *Pascite gregem Dei*,[9] welche (im Ensemble des Motu proprio *Vos estis lux mundi* und des Motu proprio *Come una madre amorevole*) zu einer grundlegenden Überarbeitung und zu einer partiellen Verschärfung des kirchlichen Strafrechts geführt hat.[10]

Vor diesem Hintergrund ist in diesem Kap. IV zu prüfen, ob

– entsprechende Korrespondenznormen im CIC (incl. nicht normativer Texte) für Artt. 19, 34 UN-KRK existieren, wenn ja, welche Normen bzw. Texte, und
– wie weit jene CIC-Referenznormen (und weitere Rechtsnormen i. w. S.) inhaltlich-substanziell, vor allem in Bezug auf die Reichweite des normativ erfassten Kinderschutzes,

ausgestaltet sind, d. h., wie weit sich die UN-Konventions-Vorgaben dieser beiden Artikel im zum 8. Dezember 2021 novellierten Codex Iuris Canonici wiederfinden lassen. Dabei ist es möglich, dass bei scheinbar sehr ähnlichen Formulierungen im Codex Iuris Canonici, d. h. in den jeweiligen Gesetzesformulierungen, der Eindruck erweckt wird, die UN-Kinderrechtskonvention sei „literarisches Vorbild“ für die CIC-Novelle gewesen, jedoch kann diese inhaltlich-textliche Koinzidenz auch auf andere Textvorlagen, z. B. aus dem italienischen oder aus dem spanischen Strafrecht, zurückzuführen sein.[11]

Nicht behandelt werden in diesem Beitrag – in Ermangelung strafrechtlicher Entsprechung und Relevanz in Bezug auf das kinder*schützende* kirchliche Strafrecht in Liber VI des CIC – diverse Ansprüche von Kindern und jungen Menschen, soweit sie beispielsweise das Recht auf soziale Sicherheit (Art. 26 UN-KRK) die (Basis-)Versorgung mit Nahrungsmitteln sowie die medizinische und pflegerische Versorgung (in- und auch außerhalb von bewaffneten Konflikten und soweit sich jene aus dem humanitären Völkerrecht ableiten lassen),[12] den Zugang zu(r) Bil-

---

[9] → III. 3. b), IV. 7. a).

[10] Dazu insgesamt *Graulich/Hallermann*, Das neue kirchliche Strafrecht, sowie der Sammelband von *Meckel* u. a., Das neue kirchliche Strafrecht zwischen Kontinuität und Diskontinuität, sowie *Czerner*, KST 76.

[11] Persönliche Mitteilung von Prof. Dr. *Ulrich Rhode* SJ vom 23. Juni 2022.

[12] Kinder werden explizit auch im humanitären Völkerrecht, in der IV. Genfer Konvention, als Teil der Zivilbevölkerung geschützt, sogar partiell mit obligatorischer Vorzugsbehandlung zugunsten von Kindern (Artt. 38 Nr. 5, 89 Nr. 4, 94 III GK IV), Nachweise in: *Schmahl*, KRK, Einleitung, Rdz. 12 m. w. N. in Fn. 70 auf BGBl. 1954 II, S. 917, zur Implementation der GK IV in bundesdeutsches Recht. Hierdurch wird der besondere völkerrechtliche und humanitäre Schutzanspruch von Kindern deutlich. Zur IV. Genfer Konvention („Genfer Abkommen über den Schutz der Zivilpersonen in Krisenzeiten“ vom 12. August 1949) siehe *Ullmann*, S. 12 f. → I. 1., I. 2. b).

dung(-seinrichtungen) nach Art. 28 I UN-KRK und das Folterverbot in Art. 37 lit. a UN-KRK (ebenfalls Völkergewohnheitsrecht[13]) betreffen.

2. Recht auf Leben, Schwangerschaftsabbruch: Art. 1 i. V. m. Art. 6 i. V. m. dem 9. Präambelabsatz der UN-KRK – Can. 1397 § 2 CIC

a) Kanonische Transformation des Lebensschutzes

Im Gegensatz zur UN-KRK, welche sich – entgegen dem Wortlaut des 9. Präambelabsatzes – letztlich gegen einen vorgeburtlichen Lebensschutz ausspricht (→ III. 1.), beinhaltet der Codex Iuris Canonici spezifische Regularien zum Schwangerschaftsabbruch in Can. 1397 § 2 CIC: „*Wer eine Abtreibung vornimmt, zieht sich mit erfolgter Ausführung die Tatstrafe der Exkommunikation zu.*" Nach der authentischen Interpretation des Can. 1397 CIC/1983, die weiterhin ihre Gültigkeit hat, liegt dann eine Abtreibung vor, wenn der Tod des Fötus provoziert wurde, auf welche Weise auch immer.[14] Geschütztes Rechtsgut ist – nach wie vor der Reform des Kanonischen Rechts vom Mai 2021 – in Can. 1398 CIC das sich entwickelnde Leben.[15] Im Wege der authentischen Interpretation (Can. 16 CIC[16]) wurde auch die Vernichtung (sog. überzähliger) Embryonen in die Regelung von Can. 1397 § 2 CIC, d. h. unter die strafrechtliche Regelung zum Schwangerschaftsabbruch, einbezogen.[17] Eine teleologische Ausweitung von Can. 1397 § 2 CIC [im

---

[13] *Schmahl*, KRK, Einleitung, Rdz. 15 (→ I.).

[14] *Rees*, KST 41, Kap. E III 6b, S. 482, dort m. w. N. in Fn. 411 auf die *Pontificio Commissio Codici Iuris Canonici, Authentice Interpretando* (s. u.) sowie ÖAKR 38, 1989, S. 416; *Graulich*, in: Graulich/Hallermann, S. 212 (zu Cann. 1397 § 2 CIC); siehe auch *Aymans/Mörsdorf/Müller*, § 182, S. 248, dort ebenfalls mit Hinweis auf die Entscheidung des Päpstlichen Rates zur authentischen Interpretation des Codex Iuris Canonici vom 23. Mai 1988 (AAS 80, 1988, 1818 f., AfkKR 157, 1988, 189–191): „*Abreibung ist jedwede Tötung der Leibesfrucht, auf welche Weise und zu welchem Zeitpunkt auch immer sie herbeigeführt wurde; sobald die Tat das angestrebte Ergebnis hatte, ist der Tatbestand erfüllt.*" – Der neue § 3 von Can. 1397 sieht vor, dass ein Kleriker, der eine der beiden Straftaten begeht bzw. im Fall der Abtreibung jemanden zur Begehung der Straftat zwingt, in schweren Fällen aus dem Klerikerstand entlassen werden kann (*Graulich* a. a. O.). Zum vorgeburtlichen Lebensschutz siehe auch *Pahud de Mortanges* (S. 177: „*Schutzobjekt ist weder die kirchliche Organisation noch das unmittelbare Glaubensgut, sondern das menschliche Leben, insbesondere auch in seiner vorgeburtlichen Existenz. Das menschliche Leben ist ein fundamentaler Wert des Christentums*").

[15] *Paarhammer*, S. 403 (420, dort in den Anmerkungen 111–117 auf S. 455 f. mit Hinweisen zur Entstehungsgeschichte und den diskutierten Rechtsfolgen in der Fassung des CIC/1983).

[16] Zur methodisch-inhaltlichen Bedeutung der authentischen Auslegung nach Can. 16 CIC insbesondere im Zusammenhang mit den Strafzwecken und dem Opferschutz siehe *Czerner*, KST 76, Kap. II 2d (S. 51 ff.).

[17] Persönliche Mitteilung des Untersekretärs des Dikasteriums für Gesetzestexte (früher: Päpstlicher Rat für die Gesetzestexte), Herrn Prälat Prof. Dr. Markus Graulich SDB vom 5. Mai 2022. Zur Vernichtung überzähliger Embryonen im bundesdeutschen Embryonenschutzrecht

methodischen Wege a maiore ad minus] sei (nicht zuletzt auch unter Bestimmtheitsgründen [Cann. 221, 1311 § 2 CIC[18]]) nicht möglich gewesen, weil damit der verbindliche Autorisierungsgrad der authentischen Auslegung infolge des Päpstlichen Interpretations-, Jurisdiktions- und Sanktionsprimates[19] nicht hätte erzielt werden können und auch die zentrale Bedeutung des pränatalen Lebensschutzes, wie (auch) der 9. Spiegelstrich der Präambel der UN-KRK (nicht nur programmatisch, sondern direktiv) offenbart, nicht hätte verdeutlicht werden können. Damit geht Can. 1397 § 2 CIC entsprechend den Regularien in Art. 41 UN-KRK weit über die weltweit anerkannten Schutzpflichten der UN-Kinderrechtskonvention hinaus (→ V.) und rekurriert auf den frühestmöglichen Kindesschutz – namentlich des ungeborenen Lebens (→ III. 1.). Der Moraltheologe Peter Inhoffen[20] pointiert seine Reflexionen zum Themenfeld des Schwangerschaftsabbruchs folgendermaßen: „*Beim Lebensschutz gibt es für die Kirche keine Kompromisse.*"

b) Über-obligatorische Transformation des konventionsbedingten Lebensschutzes durch den Heiligen Stuhl

aa) 9. Präambelabsatz der UN-Kinderrechtskonvention und Votum des Heiligen Stuhls (2014)

Im Hinblick auf Spiegelstrich 9 der Präambel der UN-KRK wurde in den Bemerkungen des Heiligen Stuhls zu den Schlussbemerkungen des Ausschusses für die Rechte des Kindes[21] – vollumfänglich berechtigt – von einer „*klaren und offenen Verletzung der gewöhnlichen Bedeutung der Bestimmungen*" der UN-Kinderrechtskonvention gesprochen, indem für die „*Abtreibung plädiert*" worden sei, was aus [zutreffender] Sicht des Heiligen Stuhls „*völlig inakzeptabel*" sei und „*mit dem grundlegenden Zweck und der Funktion der internationalen Rechtsordnung unvereinbar*" sei, zumal Art. 1 UN-KRK den rechtlichen Schutz auch vor, [während und nach] der Geburt umfasse.

---

siehe *Czerner*, MedR 2011, S. 783 (785, dort auch Fnn. 19, 22, 23 zu § 3a ESchG in Bezug auf den intrauterinen Transfer vs. der Absicht, mittels präimplantationsdiagnostischer Maßnahmen „pathologische" Embryonen zu „eliminieren"). Dies wurde früher „eugenische Indikation" genannt (→ III. 1., dort zu den Inkonsistenzen im Rahmen der Reformgesetzgebung in Bezug auf Schwangerschaftsabbruch und Embryonenschutz in der Bundesrepublik Deutschland).

[18] Hierzu *Czerner*, KST 76, Kap. III 2a (S. 80), VI (S. 122), Kap. VII (S. 123 ff.).

[19] Zum päpstlichen Interpretations- und Jurisdiktionsprimat siehe *Czerner*, KST 76, dort Kap. I 1 (S. 23), II 1 (S. 30), 2 Fn. 3 (S. 32), Kap. II 2c, bb Fn. 10, Kap. II 2d, bb (S. 37), cc (S. 55), Kap. III 1a (S. 69), Kap. V 4 (S. 120), Kap. VII 1f (S. 128), 4c (S. 142), VIII 4, 25 (S. 147 ff.).

[20] *Inhoffen*, S. 449 (455).

[21] Nr. 17 lit. a der Bemerkungen des Heiligen Stuhls zu den Schlussbemerkungen des Ausschusses für die Rechte des Kindes → I. 2. a), dort m. w. N. in den Anm. 33, 34: See e.g., CRC/C/VAT/CO/2, supra note 1, at para. 55; see e.g., Rome Statute of International Criminal Court, U.N. Diplomatic Conference of Plenipotentiaries on the Establishment of an International

bb) Position des Katholischen Katechismus (Nrn. 2274, 2275) zum prä-, peri- und postnatalen Lebensschutz und Embryonenschutz

Der Katechismus der Römisch-Katholischen Kirche[22] führt zum pränatalen Lebensschutz unter den Nummern 2274–2275 aus:

„*2274 Da der Embryo schon von der Empfängnis an wie eine Person behandelt werden muß, ist er wie jedes andere menschliche Wesen im Rahmen des Möglichen unversehrt zu erhalten, zu pflegen und zu heilen.*

Die vorgeburtliche Diagnostik ist sittlich erlaubt, wenn sie das Leben und die Unversehrtheit des Embryos und des menschlichen Fötus achtet und auf den Schutz und die Sorge für den einzelnen Embryo ausgerichtet ist … Aber sie steht in schwerwiegender Weise im Gegensatz zum Moralgesetz, falls sie – je nachdem, wie die Ergebnisse ausfallen – die Möglichkeit in Erwägung zieht, eine Abtreibung durchzuführen. So darf eine Diagnose … nicht gleichbedeutend mit einem Todesurteil sein (DnV 1,2).

2275 Eingriffe am menschlichen Embryo müssen unter der Bedingung als erlaubt angesehen werden, daß sie das Leben und die Unversehrtheit des Embryos achten und für ihn nicht unverhältnismäßige Risiken mit sich bringen, sondern seine Heilung, die Besserung seines Gesundheitszustandes oder sein individuelles Überleben zum Ziel haben (DnV 1,3).

Es ist unmoralisch, menschliche Embryonen zum Zweck der Verwertung als frei verfügbares ‚biologisches Material' herzustellen[23] *(DnV 1,5).*

Einige Versuche, in das chromosomale oder das genetische Gut einzugreifen, sind nicht therapeutischer Natur, sondern zielen auf die Produktion menschlicher Wesen, die nach dem Geschlecht oder anderen vorher festgelegten Eigenschaften ausgewählt werden. Diese Manipulationen stehen im Gegensatz zur personalen Würde des menschlichen Wesens, seiner Integrität und seiner Identität (DnV 1,6)."

Der Heilige Stuhl kann daher als Signatar der UN-Kinderrechtskonvention zu Recht nicht nur die Aussage der Vereinten Nationen im 9. Präambelabsatz, son-

---

Criminal Court, 17 July 1998, U.N. Doc. A/CONF. 183/9 (1998), art. 7.2. f (situations that are relevant to pregnancy „*shall not in any way be interpreted as affecting national laws relating to pregnancy*"). Weitere Hinweise finden sich in Anm. 4 zu Bemerkung Nr. 3: „*The Holy See recognizes that the Convention represents an enactment of principles previously adopted by the United Nations, and once effective as a ratified instrument, will safeguard the rights of the child before as well as after birth, as expressly affirmed in the ‚Declaration of the Rights of the Child' [Res. 136 (XIV)] and restated in the ninth preambular paragraph of the Convention. The Holy See remains confident that the ninth preambular paragraph will serve as the perspective through which the rest of the Convention will be interpreted, in conformity with article 31 of the Vienna Convention on the Law of Treaties of 23 May 1969.*"

[22] Katechismus der Katholischen Kirche: https://www.vatican.va/archive/DEU0035/__P86.HTM.

[23] Vgl. auch *Czerner*, MedR 2011, 783 (785 zu § 1 I Nr. 2 Embryonenschutzgesetz, dort auch zu sog. „Alternativ-Absichten" bzgl. der „Verwertung" bzw. „Verwerfung" von Embryonen) → III. 1.

dern auch die über-obligatorische Normierung nach Art. 41 i. V. m. Art. 4 UN-KRK (→ V.) für sich in Anspruch nehmen und einen vollumfänglichen Lebensschutz, d. h. prä-, peri- und postnatal, postulieren. Damit steht das kirchliche Recht und dessen Interpretation nicht nur in der Tradition päpstlicher Aussagen, sondern findet seine vollumfängliche Entsprechung auch im Katechismus der Katholischen Kirche, nach welchem das Recht auf Leben als ein grundlegendes und als „ursprüngliches Recht der natürlichen Rechte" anzusehen ist, und nach welchem alle staatlichen Ordnungen gehalten seien, es zu schützen.[24]

3. Vorbehaltlose Annahme der Artt. 19, 34 UN-KRK durch den Heiligen Stuhl

Die Vorbehalte des Heiligen Stuhls in Nr. 3 seiner Schlussbemerkungen[25] beziehen sich ausdrücklich nicht auf Artt. 19, 34 UN-KRK (i. V. m. Artt. 19 lit. c, 26, 27, 31 I i. V. m. dem dritten Päambelabsatz WVK → II.), d. h., der Heilige Stuhl hat keine Einschränkungen bzw. Relativierungen in Bezug auf den Schutz vor jedweder Form von Gewalt und des sexuellen Missbrauchs vorgenommen. Damit hat er sich zur vollumfänglichen Anerkennung und grundsätzliche Umsetzung insbesondere dieser beiden UN-Konventions-Artikel – nicht nur territorial im Hinblick auf den Vatikan bzw. den Staat der Vatikanstadt (→ I. 2., 1. und 2. Konstellation) – bereiterklärt und gemäß der Artt. 26, 27, 31 I WVK i. V. m. Art. 19 lit. c WVK i. V. m. Art. 51 II UN-KRK i. V. m. dem dritten Präambelabsatz der WVK (→ II. 6.) völkerrechtlich verpflichtet. Diese Verpflichtung bezieht auch und vor allem die völkergewohnheitsrechtliche (Art. 38 lit. b IGH-Statut) Kindeswohl-Maxime von Art. 3 UN-KRK (→ III. 2.) und die besondere Umsetzungsvorschrift des Art. 4 UN-KRK (→ V.) mit ein und verschafft den Artt. 19, 34 UN-KRK besondere Geltung auch gegenüber dem Heiligen Stuhl als UN-Konventions-Signatar.

---

[24] *Menozzi*, S. 89 (98 m. w. N. auf Giorgio Filibeck, I diritti dell'uomo nell'insegnamento della chiesa. Da Giovanni XXIII a Giovanni Paolo II. Città del Vaticano: Libreria Editrice Vaticana, 2001).

[25] Umkehrschluss aus Nr. 3 der Bemerkungen des Heiligen Stuhls zu den Schlussbemerkungen des Ausschusses für die Rechte des Kindes i. V. m. der Anm. 3 zu dieser Nr. 3: [→ I. 2. a)].

4. Schutz vor Gewalt und Misshandlung: Art. 19 UN-KRK – Can. 1397 § 1 CIC

a) Art. 19 UN-KRK: Regelungsinventar, systematische Abgrenzung gegenüber Art. 34 UN-KRK und Mindeststandards

aa) Normativ-teleologischer Konventionsbefund

Nach Art. 19 UN-KRK treffen die Vertragsstaaten alle geeigneten Gesetzgebungs-, Verwaltungs-, Sozial- und Bildungsmaßnahmen, um das Kind vor jeder Form körperlicher und geistiger Gewaltanwendung, Schadenszufügung oder Misshandlung, vor Verwahrlosung oder Vernachlässigung, vor schlechter Behandlung oder Ausbeutung einschließlich des sexuellen Missbrauchs zu schützen, solange es sich in der Obhut der Eltern […] oder einer anderen Person befindet […]. – Diese Regelung hat vorwiegend, aber nicht ausschließlich familiäre Missstände im Blick und wird extensiv verstanden: Art. 19 UN-KRK ist die Kernregelung der Konvention zum Schutz des Kindes vor Gewalt.[26] Der besondere Schutz vor sexueller Gewalt zeigt sich auf der normativen Ebene der Vereinten Nationen darin, dass dies in zwei Regelungen der UN-Kinderrechtskonvention benannt wird: in Art. 19 wie explizit auch in Art. 34 UN-KRK. Kinder sind genuin verletzlich[27] und benötigen daher den besonderen (staatlichen) Schutz. Begründen lässt sich diese Auffassung zudem mit der systematischen Verbindung von Art. 19 UN-KRK zu Art. 3 UN-KRK, verstärkt durch Art. 38 lit. b IGH-Statut, dem zentralen Leitmotiv der gesamten UN-Kinderrechtskonvention in Bezug auf die Vorrangstellung des Kindeswohls.[28]

Für die Bundesrepublik Deutschland erklärte der damalige Bundesjustizminister Kinkel, Gewalt beinhalte neben körperlicher Gewalt auch seelische Gewalt, Ausbeutung, Verwahrlosung, Vernachlässigung und sexuellen Missbrauch,[29] sei also bewusst weit zu verstehen, um Kinder vor jeglicher Form von Gewalt zu schützen. Damit gewinnt der Gedanke des Effet Utile an Bedeutung (→ II. 7.). Dies ist insbesondere auch in Bezug auf subtile bis subtilste Formen von Gewalt wie geistiger und geistlicher Missbrauch[30] (ggf. im Zusammenhang mit der Begehungs-

---

[26] *Schmahl*, KRK, Art. 19, Rdz. 1 m. w. N. in Fn. 4 auf CRC General Comment No. 13, CRC/C/GC/13, 2011, Rn. 33 ff. und Rn. 7a.

[27] *Dederer*, in: Uhle, S. 287 (296, dort m. w. N. in Fn. 38 auf Abs. 3 der Präambel der Erklärung der Rechte des Kindes der UN-Generalversammlung vom 20. November 1959 [1989] (A/Res/1386[XIV])).

[28] → I. 1., III. 2.

[29] Erklärung des damaligen Bundesjustizministers *Klaus Kinkel*, Deutscher Bundestag, Stenographischer Bericht, Plenarprotokoll 12/9, Bonn, 21. 02. 1991, S. 444 (TOP 9).

[30] Welche perfiden Formen die strafrechtliche Figur der mittelbaren Täterschaft im Zusammenhang mit sexuellem (Kindes-)Missbrauch annehmen kann, offenbaren die eindrücklichen Schilderungen des Falles Jean Vanier ([Mit-])Begründer der „Arche“) von *Mertes* (Stimmen der Zeit 2023, S. 495 ff., 502) in welcher eine schlichtweg pervertierte „Mariologie“ und

form der mittelbaren Täterschaft i. S. d. § 25 I, 2. Var. StGB) von Bedeutung, um Kinder auch vor diesen Gewaltformen wirksam und möglichst umfassend schützen zu können.[31]

bb) Konventionsspezifisch-viktimologische vs. kanonische Interpretationsfreiräume in Bezug auf den Gewaltbegriff

Der im authentischen englischen Text verwendete Begriff „violence“ bedeutet so viel wie „unlawful use of force“, also die rechtswidrige Gewaltanwendung (Oxford Dictionary of Current English) – letztlich obliegt es damit den Vertragsstaaten, den Inhalt des Gewaltbegriffs [im Rahmen der innerstaatlichen Transformation unter Beachtung von Artt. 51 II, 4 UN-KRK, Artt. 26, 31 I i. V. m. dem dritten Präambelabsatz der Wiener Vertragsrechtskonvention[32]] näher zu bestimmen,[33] so dass neben den 195 anderen Signataren dem Heiligen Stuhl als UN-Konventions-Signatar vor dem Hintergrund der in Kap. II dargelegten völkervertraglichen Bindungswirkung und Restriktionen zum Schutz der UN-Konventionsrechte insoweit nur eine gewisse „Freiheit“ zur kirchenrechtlichen Ausgestaltung des Gewaltbegriffes verbleibt. Hierbei sollten jedoch in systematischer Perspektive zwei zentrale Normen aus der UN-Kinderrechtskonvention wie aus dem Codex Iuris

„Christologie“ kreiert und gegenüber den Opfern benutzt wird, um auf dieser pseudo-„theologischen“ Grundlage Missbrauch zu ermöglichen bzw. (vermutlich auch sich selbst gegenüber) zu „rechtfertigen“. Hier scheint die Glaubens-Pervertierung auf psychologischer Ebene als Neutralisierungstechnik zu dienen, um die Taten zumindest sich selbst gegenüber subjektiv legitimieren zu können. *Rehak*, in: Meckel u. a., S. 177 (189, dort m. w. N. in Fn. 33 [und Fn. 8] auch auf BT-Drs. 19/23707) benennt den Risikofaktor der Täterwerdung in Form von kognitiver Verzerrung des Sachverhalts und der Bagatellisierung des eigenen Tuns). *Mertes* (a. a. O., S. 502), verweist auf den Psychiater Bernard Granger und dessen Erklärungen mit der „Lüge“ im moralischen Sinne und der „Lüge der Auserwählten“ als „Quasi-Rechtfertigung“ des eigenen Fehlverhaltens und spricht von „spirituellem Wahn“ auch des Mittäters Thomas Philippe (S. 496). Zum geistlichen und geistigen Missbrauch auch *Dysmas de Lassus*, S. 181–260, unter Beschreibung der oft fließenden Grenzen. Diese, auch psychodynamisch bemerkenswerten Dimensionen erinnern an *Dostojewskis* „Schuld und Sühne“ bzw. „Verbrechen und Strafe“, in welchem der Protagonist, Raskolnikow, eine sehr eigenwillige „Kriminalitätstheorie“ bzw. „Neutralisierungstheorie“ entwickelt, nach welcher bestimmte Menschen gerechtfertigt seien, bestimmte Straftaten zu begehen: „*Außergewöhnliche Menschen haben außergewöhnliche Rechte, auch und gerade gegenüber ihren ‚gewöhnlichen‘ Mitmenschen und sie haben deshalb auch mehr Rechte als ihre Mitmenschen und haben deshalb auch das Recht, ‚Straftaten‘ zu begehen, die dadurch nicht ‚kriminell‘ sind. Es kommt nur darauf an, wer bestimmte Handlungen begeht*“ (*Raskolnikow zu Pofirij*, in: Verbrechen und Strafen, S. 349, 352), hierzu in kriminologischer Perspektive: *Czerner*, „Schuld und Sühne“, S. 49 (50 ff.). – Zum Aspekt des Ent-Kriminalisierens unter ettikettierungstheoretischem Ansatz siehe *Czerner*, Beatifikation und Kanonisation als „sakrale Konstruktion theologischer Wirklichkeit“ und als römisch-katholische Äquivalente zum Labeling-Approach-Ansatz der Kriminologie? In: Festschrift für Arthur Hartmann zum 65. Geburtstag (*erscheint 2024*).

[31] Vgl. III. 3. b) aa), IV. 4.–7.

[32] → II. 2., 6., 7.

[33] BT-Drs. 12/42, S. 44 zu Art. 19 Ziffer 2.

Canonici gleichermaßen Beachtung finden – die auch völkergewohnheitsrechtlich (Art. 38 lit. b IGH-Statut) abgesicherte Kindeswohlmaxime aus Art. 3 UN-KRK und das Wohl der Gläubigen nach Can. 1311 § 2 i. V. m. Can. 1752 CIC,[34] welche zu einer das Kind möglichst umfassend schützenden rechtlichen Ausgestaltung des Art. 19 UN-KRK zwingen, was insbesondere durch die teleologische Interpretation und Extension dieser Norm[35] gewährleistet werden kann. Aus den zuvor beschriebenen Gründen und nicht zuletzt vor dem Hintergrund des Motu proprio *Vos estis lux mundi* beider Fassungen[36] ist der Gewaltbegriff in Art. 19 UN-KRK möglichst weit auszulegen und wird in teleologischer Perspektive von einem möglichst hohen Schutzniveau umgeben, um möglichst jegliche Viktimisierung bzw. Viktimisierungsrisiko[37] von Kindern und Jugendlichen rechtlich (präventiv) zu unterbinden bzw. zu sanktionieren.

Abs. 2 von Art. 19 UN-KRK fordert von den Vertragsstaaten zur Durchsetzung des Schutzes vor Gewalt [auch im völkerrechtlichen Zusammenhang mit strafrechtlichen Regularien] einerseits Präventionsmaßnahmen, andererseits Maßnahmen zur Aufdeckung von Missbrauchsfällen sowie die Einrichtung angemessener Nachbetreuungsangebote.[38] Für den Heiligen Stuhl als Signatar ergeben sich hieraus zahlreiche Anknüpfungspunkte zur Umsetzung dieser Konventionsvorgaben (nicht nur) in das kanonische Recht.

b) Can. 1397 § 1 CIC als kanonische Korrespondenznorm

Die u. a. vor körperlicher Gewalt schützende Vorschrift des Art. 19 UN-KRK findet eine nur partielle Entsprechung in Can. 1397 § 1 CIC: „*Wer einen Menschen tötet oder durch Gewalt oder Täuschung entführt, festhält, verstümmelt oder schwer verletzt, soll je nach Schwere der Straftat mit den in can. 1336 genannten Strafen bestraft werden*“ […].

Can. 1397 § 1 CIC schützt demnach das Leben (ähnlich wie die Tötungstatbestände im bundesdeutschen StGB im 16. Abschnitt, §§ 211 ff. StGB), mit den Modalitäten des Entführens und des Festhaltens (als Dauerdelikt[39]) die persönliche Fortbewegungsfreiheit (wie §§ 239 ff. StGB für die Freiheitsberaubung, der

[34] Zur Auslegungsdirektive in Cann. 1311 § 2, 1752 CIC: *Czerner*, KST 76, Kap. I 1, II 1, III 1c, VII 1c, VIII 1, 2, 4, 20, 23, 27, S. 23, 30, 74, 126, 147 ff.

[35] Insbesondere zur teleologischen Extension im Rahmen der kanonischen Gesetzesauslegung siehe *Czerner*, KST 76, Kap. II 2c, bb (S. 37), II 3 (S. 65), 4 (S. 66).

[36] → III. 3. b) cc), IV. 5. b) aa), (1).

[37] → III. 3. b), IV. 4., 5. b) aa), (3), 6., 7. b).

[38] *Schmahl*, KRK, Art. 19, Rdz. 3 m. w. N. in Fn. 18 auf CRC General Comment No. 13, CRC/C/GC/13, 2011, Rn. 12 f., 46 ff.

[39] Zum Dauerdelikt bei einer Entführung siehe *Czerner*, KST 76, Kap. III 2 b, S. 81 (Fall Natascha Kampusch in Wien, Entführung von 1998–2006, dort Fn. 23), III 8a, S. 108.

erpresserische Menschenraub oder die Geiselnahme nach §§ 239a, b StGB). Des Weiteren schützt Can. 1397 § 1 mit der Modalität des schweren Verletzens (vergleichbar mit §§ 224, 225 StGB) als sog. erfolgsqualifiziertes Delikt lediglich vor den schwerwiegenden Folgen einer Körperverletzung (Verletzung als tatbestandlicher Erfolg) bzw. Kindesmisshandlung, nicht hingegen allgemein vor jeder Form körperlicher und geistiger Gewaltanwendung (tatbezogen, nicht erst in Bezug auf den Eintritt eines tatbestandlichen [Verletzungs-]Erfolges) und Schadenszufügung, wie dies Art. 19 UN-KRK jedoch vorschreibt. Can. 1397 § 1 CIC benennt explizit als Tatmodalität auch das Verstümmeln. Can. 1397 § 1 CIC sanktioniert somit neben dem Entführen, Festhalten und Verstümmeln einer Person somit lediglich die schwerwiegenden Folgen einer Körperverletzung, alle anderen Tatmodalitäten im Hinblick auf Art. 19 UN-KRK bleiben nach Can. 1397 CIC straffrei.

Damit unterschreitet Can. 1397 § 1 CIC prima facie – scheinbar – erheblich die Vorgaben der UN-Kinderrechtskonvention, was nicht nur als konventionswidrige Nicht-Umsetzung von Art. 19 UN-KRK zu bewerten sein könnte, sondern was auch zugleich als Verstoß gegen das konventionsdominierende Kindeswohlprinzip aus Art. 3 UN-KRK (und als Völkergewohnheitsrecht nach Art. 38 lit. b IGH-Statut[40]) und gegen die Umsetzungspflichten des Heiligen Stuhls aus Art. 4 UN-KRK sowie als Widerspruch zu der Selbstverpflichtung des Heiligen Stuhls zum Schutz des Kindes[41] sowie als Verletzung von Artt. 26, 31 I i.V.m. dem dritten Präambelabsatz WVK aufgefasst werden könnte (doppelter Konventionsverstoß[42]). Daran vermag auch Can. 1397 § 3 CIC nichts zu ändern: *„Bei den Straftaten dieses Canons ist in schwereren Fällen der Täter, der Kleriker ist, aus dem Klerikerstand zu entlassen.“*, weil diese (vergleichsweise schwere) Kirchenstrafe an die sehr restriktiven Vorgaben von Can. 1397 §§ 1, 2 CIC anknüpft und damit lediglich einen Teilausschnitt aus dem Spektrum von Art. 19 UN-KRK abdeckt. Diese nur fragmentarisch-opferschützenden Regelungen in Can. 1397 CIC lassen sich jedoch mit der unter Kap. IV 7b, c näher zu beschreibenden teleologisch divergierenden Zielsetzung des kirchlichen Rechts zumindest partiell erklären, kirchenrechtlich einordnen und völkerrechtlich begründen. Zur Ahndung derartiger Tatbegehungen ist daher primär, d. h. nicht ausschließlich, auf das jeweilige staatliche Recht der UN-Konventions-Signatarstaaten zu verweisen, welche die mit Art. 19 UN-KRK assoziierten Rechtsgüter territorial als genuin staatliche Aufgabe zu schützen haben. Ergänzend ist auf die Möglichkeit der Anwendung überpositiven Rechts nach Maßgabe von Can. 1399 CIV (→ VI.) hinzuweisen, um die beschriebenen Tatbestands- und Sanktionslücken, falls möglich, auf kanonischer Ebene schließen zu können.

Konkretisiert und ergänzt wurden diese Regularien des Codex Iuris Canonici durch die zum 11. 10. 2021 in Kraft getretenen „Normen über die Straftaten, die

---

[40] → I. 1., 2. a).

[41] → II. 4., V.

[42] Zum Risiko eines doppelten Koventionsvertsoßes → II. 5., III. 1. b) aa) (1).

der Kongregation für die Glaubenslehre reserviert sind.“[43] Mit diesen Zuständigkeitsregelurarien werden zwar keine „neuen“ Delikte bzw. Strafnormen geschaffen (jene werden bereits vorausgesetzt), jedoch ist damit die Verfolgbarkeit jener dort aufgeführten Straftaten klarer normiert worden.

5. Schutz vor sexuellem Missbrauch: Art. 34 UN-KRK – Can. 1398 CIC

a) Art. 34 UN-KRK: Vorgaben und Mindeststandards

aa) Sachlicher Schutzbereich und Regelungszweck von Art. 34 UN-KRK

Nach Art. 34 UN-KRK verpflichten sich die Vertragsstaaten, das Kind vor allen Formen sexueller Ausbeutung und sexuellen Missbrauchs zu schützen. Zu diesem Zweck treffen die Vertragsstaaten insbesondere alle geeigneten innerstaatlichen, zweiseitigen und mehrseitigen Maßnahmen, um zu verhindern, dass Kinder a) zu Beteiligung an rechtswidrigen sexuellen Handlungen verleitet oder gezwungen werden, b) für die Prostitution oder andere rechtswidrige sexuelle Praktiken ausgebeutet werden, c) für pornographische Darbietungen und Darstellungen ausgebeutet werden.

Der sachliche Schutzbereich von Art. 34 UN-KRK erstreckt sich auf alle Formen von sexuellem Missbrauch und sexueller Ausbeutung: Unter sexuellem Missbrauch ist die „Benutzung“ von Kindern zur Befriedigung sexueller Bedürfnisse auf Kosten des emotionalen und körperlichen Wohls des Kindes zu verstehen, wobei der Begriff sexuelle Ausbeutung impliziert, dass es um Formen des Missbrauchs geht, die mit einem wirtschaftlichen Profit einer anderen Person zusammenhängen.[44]

Mit Recht wird in Bezug auf die vor Ausbeutung und Missbrauch schützende Funktion von Art. 34 UN-KRK auf den systematischen und teleologischen Zusammenhang dieser Norm mit Art. 19 UN-KRK hingewiesen, wobei die letztgenannte Norm eher die Familie, Art. 34 UN-KRK eher die sexuelle Ausbeutung durch Dritte

---

[43] Siehe *Althaus*, in: Meckel u. a., S. 117 (124, dort zur Beteiligung des Dikasteriums für die Glaubenslehre bei delicta reservata sowie zum Verfahrensgang und zu den Prozessbeteiligten); siehe auch https://www.vatican.va/roman_curia/congregations/cfaith/documents/rc_con_cfaith_doc_20211011_norme-delittiriservati-cfaith_ge.html.

[44] *Schmahl*, KRK, Art. 32–36, Rdz. 15, m. w. N. in 77 und 78 auf CHR, E/CN.4/1987/25 sowie *Dorsch*, 4. Kap. V, S. 225. *Gmelch*, S. 16, dort m. w. N. in Fn. 16 (S. 144), weist auf den Internationalen Strafgerichtshof in Den Haag (IStGH) hin, der als „Verbrechen gegen die Menschlichkeit“ die Vergewaltigung, sexuelle Sklaverei, Nötigung zur Prostitution, erzwungene Schwangerschaft, Zwangssterilisation oder jede andere Form sexueller Gewalt von vergleichbarer Schwere benennt (Art. 7 I lit. g IStGH).

im Fokus hat.[45] Damit akzentuieren Artt. 19 und 34 UN-KRK die zentrale Schutzfunktion und -dimension sowie die abwehrrechtliche Bedeutung dieser beiden Normen, welche zugleich den Mindeststandard der „normativen Schutz-Hürden" in Bezug auf innerstaatliche Vorgaben markieren und definieren, die von den Signatarstaaten – und somit auch vom Unterzeichner Heiliger Stuhl – grundsätzlich – nicht unterschritten werden dürfen.

bb) Art. 34 UN-KRK im Kontext anderer (Konventions-)Normen

Den Vertragsstaaten bleibt die Ausübung eines kriminalpolitischen Ermessens bei der Bestimmung der Strafbarkeit solcher Handlungen vorbehalten, wenngleich dieses Ermessen unter Berücksichtigung der Grundsätze des Artikels 3 Abs. 1 des Übereinkommens auszuüben ist.[46] Ein möglichst umfassender Kinderschutz zwingt daher zu der systematisch-teleologischen Bezugsetzung von Art. 34 (neben Art. 19 UN-KRK → IV. 4. a)) zu Art. 3 UN-KRK und jene Normen sind im kanonistischen Kontext mit den Cann. 1311 § 2, 1752 CIC, dem Wohl der Gemeinschaft/der Gläubigen zu assoziieren, um ein möglichst hohes Schutzniveau zu erzielen.[47] Die Regierung der Bundesrepublik Deutschland wies im Rahmen des Gesetzgebungsverfahrens berechtigt darauf hin, der sexuelle Missbrauch von Kindern biete vielfältige Aspekte, die über den Einsatz des Strafrechts hinausgehen[48] [das

---

[45] *Schmahl*, KRK, Art. 32–36, Rdz. 1, 14.

[46] So zutreffend für die bundesdeutsche, d. h. nur für eine nationale, Perspektive festgestellt: BT-Drs. 12/42, S. 50, Art. 34.

[47] Zur Auslegungsdirektive in Cann. 1311 § 2, 1752 CIC: *Czerner*, KST 76, Kap. I 1, II 1, III 1c, VII 1c, VIII 1, 2, 4, 20, 23, 27, S. 23, 30, 74, 126, 147 ff.

[48] BT-Drs. 12/42, S. 50, Art. 34. – Ob diese, jenseits des Strafrechts existierenden Schutzmöglichkeiten (neben dem ultima-ratio-Prinzip) den Grund für den *fragmentarischen* Charakter (und Ausgestaltung) des Strafrechts beinhalten, kann bezweifelt werden, wie z. B. die höchst selektive Auswahl an (opferschützenden) Straftatbeständen im Rahmen einer Online-Durchsuchung nach § 100 lit. b II StPO beweist (– Fixierung auf die dort explizit aufgeführten Katalogtaten –, in welchem z. B. die Misshandlung Schutzbefohlener nach § 225 StGB nicht genannt wird, bei welcher der Täter das Kind *„quält oder roh misshandelt"* oder bei welcher der Täter durch *„böswillige Vernachlässigung seiner Pflicht, für sie zu sorgen, sie an der Gesundheit schädigt"* [– wobei tatbestandlich das *Quälen* das *„Verursachen länger dauernder oder sich wiederholender, erheblicher körperlicher oder seelischer Schmerzen oder Leiden"* beinhalten muss, um bejaht werden zu können, *Fischer*, StGB, § 225, Rdz. 8a, m. w. N. zu BGHSt 41, 115]) sowie auch die ebenfalls von § 100 lit. b II StPO unerwähnte Qualifikation nach § 225 III StGB, in welcher der *„Täter die schutzbefohlene Person durch die Tat in die Gefahr*

1. des Todes oder einer schweren Gesundheitsschädigung oder

2. einer erheblichen Schädigung der körperlichen oder seelischen Entwicklung bringt".

Dies ist als staatlich-strafrechtliche Unterschreitung der völkerrechtlich für die Bundesrepublik zwingenden Normen aus den Konventionsvorgaben (→ I. 1.) aus Art. 3 UN-KRK i. V. m. Art. 38 lit. b IGH-Statut zu werten, die nur damit zu erklären – nicht aber zu rechtfertigen – ist, dass der Gesetzgeber bei der Regelung der Online-Durchsuchung nach § 100 lit. b StPO weniger die zwingenden Vorgaben der UN-Kinderrechtskonvention im „legislatorischen Blick" hatte als die Rechte bzw. Interessen des Tatverdächtigen gegenüber diesem Grundrechtseingriff im

Strafrecht sozusagen nur die Oberfläche schädigenden Verhaltens abbildet], womit insbesondere der Präventionsaspekt angesprochen ist, dem auch und vor allem jenseits des CIC und vor allem unter dem Pontifikat von Papst Benedikt XVI.[49] eine zentrale Position eingeräumt worden ist.

Zugleich impliziert Art. 34 UN-KRK eine staatliche Schutzpflicht, wobei die Staaten an die Pflicht zur Schaffung von Strafnormen gebunden sein sollen, zudem soll im Bereich des Sexualstrafrechts der Grundsatz der Exterritorialität angewendet werden, damit die Formen des Sextourismus effektiv bekämpft werden können.[50] Angesichts der Weltgeltung dieser UN-Konvention ist dies naheliegend, um Kinderschutz nicht an territorialen Grenzen oder an den Spezifika staatlicher Souveränität in Bezug auf die strafrechtliche Definitions- und Gesetzgebungshoheit (→ I. 2. a), 1. und 2. Konstellation) bzw. auf einen sehr restriktiven strafrechtlichen Opferschutz enden zu lassen (vgl. Art. 4 S. 2 UN-KRK in Bezug auf das Erfordernis internationaler Zusammenarbeit → V.).

Kontext einer Strafverfolgung. Ein weiterer Grund wird vermutlich darin bestehen, dass das BVerfG diese Regelung zur Online-Durchsuchung unter kaum nachvollziehbarer, alternierender Begründung, ad libitum mal zu Art. 1 GG, mal zu Art. 2 GG, für nichtig erklären könnte (vgl. die an Haarspalterei erinnernde Entscheidung des BVerfG v. 20. 04. 2016 – 1 BvR 966/09 zur präventiven Online-Durchsuchung nach § 20 lit. h, lit. v, lit. g, lit. l, lit. m, § 14 etc. BKA-Gesetz mit ausufernder, kaum enden wollender Ausdifferenzierung, die das Wesentliche – Rechtsgüterschutz besonders vulnerabler Opfer, zu denen auch und vor allem Kinder gehören, völlig aus dem Blick und damit thematisch den Rahmen einer grundrechtlichen Güterabwägung verloren und somit verfehlt hat) – und damit eine möglichst effiziente Strafverfolgung – und Prävention, mit welcher schlimmste Verbrechen verhindert und Kinder geschützt werden sollen – in diesem Bereich zulasten der Opfer und zugunsten eines möglichst weiten Schonraumes der Täter erheblich erschwert. Ein lediglich fragmentarischer Strafrechtsschutz auf der Ebene des Strafverfahrensrechts darf [allerdings] kein Freibrief für technisch versierte Straftäter sein, die gezielt diese Lücken für ihre Taten aussuchen (*Czerner*, 2017, S. 265 [292] → IV. 5. b) aa) (2), *Czerner*, KST 76, Kap. I 2, S. 27).

[49] Zu den Präventions- und Reformbestrebungen durch Papst Benedikt XVI. → III. 3. b) aa) sowie *Czerner*, KST 76, Kap. I 2 (S. 25 f., dort Fnn. 7 und 8); *Rees*, AfkKR 2011, S. 466 (513, dort m. w. N. in Fn. 184 zu der Ansprache von Papst Benedikt XVI. an die US-Bischöfe im Rahmen des Ad-limina-Besuchs). Zu den Reformbestrebungen durch Papst Johannes Paul II. im Jahr 1983 im Rahmen der CIC-Reform siehe *Lüdecke*, MThZ 2011, S. 33 (57, dort m. w. N. in Fnn. 137–141, u. a. zum fahrlässigen Amtsmissbrauch, Can. 1389 § 2 CIC und der Stellung der Priester sowie der Verantwortung der Diözesanbischöfe sowie der Zuständigkeit der Kongregation für die Glaubenslehre nach Can. 1405 § 1 n. 3 CIC/1983 etc.).

[50] *Schmahl*, KRK, Art. 32–36, Rdz. 16, dort m. w. N. in Fn. 83, CRC General Comment No. 16, CRC/C/GC/16, 2013, Rn. 51, vgl. auch CRC, General Guidelines for Periodic Reports, CRC/C/58, S. 46, Rn. 159.

cc) Art. 34 UN-KRK im Ensemble der Strafzwecktheorien

Aufgrund ihrer unterschiedlichen Zielrichtungen in Bezug auf den Rechtsgüterschutz[51] können Strafnormen einerseits (bei festgestellten Verstößen) repressiv wirken, sei es durch eine rechtskräftige Verurteilung (positive[52] und negative Individualprävention[53] im Sinne einer Rückfallvermeidung und Abschreckung dieses Täters bzw. der Sicherung von Kindern vor dieser Person; als auch durch die positive[54]

---

[51] Der Rechtsgüterschutz soll auf der Ebene des staatlichen Strafrechts möglichst so wirksam sein, dass es nicht zu einer Verletzung von rechtlich geschützten Interessen kommt. Damit wird zunächst die präventive Komponente des Strafrechts betont. Im juristischen Schrifttum wird demgegenüber zumeist auf die repressive Komponente des Strafrechts abgestellt, indem auf die Wiederherstellung und Sicherung der sozialen Ordnung auf die [bereits erfolgte] Verletzung bzw. Gefährdung von Rechtsgütern rekurriert wird (*Roxin*, JuS 1966, S. 377 [381 f., 387]; *Meier*, Strafrechtliche Sanktionen, S. 15, Kap. 2.1; *Möllers*, § 1 IV 3c Rdz. 101, S. 32 f., dort m. Hinweis in Fn. 218 auf den römisch-rechtlichen Grundsatz *alterum non laedere*, Ulp. D. 1,1, 10, 2: „*Die Gebote des Rechts sind folgende: Ehrenhaft leben, niemanden verletzen, jedem das Seine gewähren*" – „*Ius praecepta sunt haec: honeste vivere, alterum non laedere, suum quiuque tribuere*"). Richtigerweise werden jedoch beide Komponenten zum Ansatz gelangen müssen: Das Strafrecht schützt repressiv im Nachhinein bereits verletzte Rechtsgüter vor weiteren Angriffen dieses oder anderer Täter (tertiäre Kriminalprävention) und soll, soweit noch möglich, für einen Ausgleich sorgen (– diese Kombination aus Repression und Prävention vertritt berechtigt *Meier*, Kriminologie, S. 256 Rdz. 13, § 9 III 1). Freilich ist eine Ausgleichsmöglichkeit im Falle eines Tötungsdeliktes genuin fraglich und hierbei wird die kompensatorische Funktion des Strafrechts versagen, es sei denn, man sähe beispielsweise in der Verhängung und der Vollstreckung der Todesstrafe gegenüber dem Mörder im Sinne der klassischen Idealphilosophie (nach Kant/Hegel, hierzu *Czerner*, KST 76, S. 15, dort m. w. N., ausführlich *Czerner*, 2019, S. 49 [53 ff., 57 ff.]; siehe ergänzend aus kirchenrechtlicher Sicht auch *Rehak*, in: Meckel u. a., S. 177 [dort Fn. 3 auf *Alberto Bondolfi*, „Ecclesia non sitit sanguinem", Die Ambivalenz von Theologie und Kirche in der Frage nach der Legitimation der Todesstrafe: Helfen und Strafen. Studien zur ethischen Bedeutung prosozialen und repressiven Handelns, Münster, 1997, Studien der Moraltheologie 4, S. 103–121]) einen „wirklichen Ausgleich" für das von ihm verübte Verbrechen. Im Vorfeld soll das Strafrecht präventiv durch eine entsprechende Strafandrohung davor schützen, ein Rechtsgut zu verletzen. Zur positiven und negativen Generalprävention und Individualprävention → fortfolgende Anmerkungen.

[52] Zum Strafzweck der positiven Individualprävention im Sinne der Besserung des Täters (Rückfallvermeidung/tertiäre Kriminalprävention): *Czerner*, KST 76, dort schwerpunktmäßig in Kap. III (S. 69 ff.), mittelbar auch in den Kap. IV–VI (S. 115 ff., 122), Kap. I 2 (S. 25), 4 (S. 28), II 1 (S. 30), 2g (S. 60), 3 (S. 65), 4 (S. 66), III 1b (S. 70), c (S. 74), d (S. 75), e (S. 77), 4 a (S. 86), 5b (S. 92), c (S. 93), 6b (S. 97), c (S. 98), d (S. 98), 7 a (S. 103), d (S. 107), 8 a (S. 108), aa, c (S. 111), cc (S. 112), ee (S. 113), VII 1 a (S. 123), VIII 2, 4, 7, 8, 17, 18, 21, 22, 26, 27 (S. 147 ff.).

[53] Zum Strafzweck der negativen Individualprävention: *Czerner*, KST 76, dort schwerpunktmäßig in Kap. III (S. 69 ff.), mittelbar auch in den Kap. IV–VI (S. 115 ff., 122), Kap. I 4 (S. 28), III 2b (S. 81), 4 a (S. 86), 5 a (S. 89), aa, b (S. 92), c (S. 93), 6b (S. 97), d (S. 98), 7c (S. 106), d (S. 107), 8c (S. 111), cc (S. 112), VIII 2, 21, 22, 26, 27 (S. 147 ff.).

[54] Zum Strafzweck der positiven Generalprävention: *Czerner*, KST 76, Kap. I 4 (S. 28), II 2b (S. 34), c, bb (3) (S. 46), d (S. 51), bb (S. 53), cc (S. 55), f (S. 57), 3 (S. 65), 4 (S. 66), III 1a (S. 69), b (S. 70), c (S. 74), d (S. 75), e (S. 77), 3a (S. 83), 4a (S. 86), b (S. 87), 5a, aa (S. 89), b (S. 92), c (S. 93), 6a (S. 95), b (S. 97), d (S. 98), 7b (S. 105), c (S. 106), d (S. 107), 8a, aa (S. 108), b (S. 110), c, cc (S. 112), ee (S. 113), V, dort Fn. 1, VII 1f (S. 128), g (S. 131), VIII 2,

und negative Generalprävention[55]) zur Stärkung des Rechtsbewusstseins und des Glaubens an die Durchsetzungskraft des Rechts gegenüber dem Unrecht sowie zur Abschreckung der Allgemeinheit. Diese Strafzwecke anlässlich einer Straftat wirken zunächst repressiv (auch zur Ahndung begangenen Unrechts im Sinne der absoluten Straftheorie[56]), bei umfassender Betrachtung zumindest mittelbar auch präventiv – und somit zugleich opfer- bzw. kinderschützend. Diese kinderschützende Funktion ist insbesondere vor dem Hintergrund der schweren bis schwersten traumatischen und traumatisierenden und nicht selten irreversiblen Folgen von Missbrauch und Misshandlung zu sehen[57] (→ III. 3. b)).

Ausdrücklich weist die Kommentarliteratur[58] darauf hin, die von Art. 34 UN-KRK geforderte positive Verpflichtung der Vertragsparteien zur Aufklärung, straf-

---

4, 6, 7, 8, 13, 14, 18, 20, 21, 22, 23, 26, 27 (S. 147 ff.). Siehe zur positiven Generalprävention auch *Pahud de Mortanges*, S. 102 f. sowie S. 284 mit Hinweis darauf, die „Sanktion könne als Zeichen dafür dienen, dass die Kirche ihrem Auftrag treu bleibt", d. h. eine Sanktion bzw. Strafe kann als ein nach außen hin sichtbares Zeichen der Normbestätigung und Normbekräftigung betrachtet werden.

[55] Zum Strafzweck der negativen Generalprävention: *Czerner*, KST 76, Kap. I 4 (S. 28), III 2b (S. 81), 4a (S. 86), 5a, aa (S. 89), b (S. 92), c (S. 93), 6b (S. 97), d (S. 98), 7c (S. 106), d (S. 107), 8c, cc (S. 112), VIII 2, 21, 22, 26, 27 (S. 147 ff.).

[56] Zur absoluten Straftheorie mit ihrer kompensatorischen Sühne- und Vergeltungsfunktion und mit dem Ziel des Schuldausgleichs siehe *Czerner*, KST 76, Kap. I 4 (S. 28), III 1b (S. 70), c (S. 74), e (S. 77), 4a (S. 86), 5b (S. 92), c (S. 93), 6b (S. 97), c (S. 98), d (S. 98), 7d (S. 107), 8a, aa (S. 108), c, cc (S. 112), ff (S. 113), VII 1f (S. 128), VIII 2, 4, 7, 8, 11, 12, 13, 14, 15, 16, 20, 21, 22, 26, 27 (S. 147 ff.); *Czerner*, 2019, S. 57 ff. zur „Renaissance" der absoluten Straftheorie.

[57] *Gmelch* beschreibt auf den S. 82 bis 90 eindrücklich die auch neurobiologischen und psychischen Konsequenzen von sexuellem Missbrauch, der „toxischen Stressreaktion" mit der Ausschüttung von Cortisol und Noradrenalin, einer veränderten, d. h. pathologisierten Hirnstruktur, Dissoziationen (– dieser Begriff wurde nach *Gmelch*, S. 148, dort Fn. 58, im Jahr 1957 von Leon Festinger geprägt, der sowohl die Entstehung, als auch die Auflösung von kognitiver Dissonanz theoretisch formulierte), epigenetische Folgen (vor allem bei frühen Missbrauchserfahrungen), einhergehend mit der Unfähigkeit, dauerhaft vertrauensvolle Beziehungen einzugehen, massiven und bisweilen diffusen Angststörungen und Suizidneigungen als Folge des Versuchs der psychisch-mentalen Be- und Verarbeitung des Erlebten. Zu Bindungs- und Beziehungsstörungen sowie Alkohol- und Drogensucht, ständig wiederkehrenden quälenden Träumen und Erinnerungen, bis hin zu Suizidversuchen infolge des sexuellen Missbrauchs siehe auch *Janssen*, in: Fegert, Wolff, S. 208 (214, dort mit Hinweis darauf, viele Opfer hätten ihr Trauma nur überlebt, weil sie die Tat verdrängt bzw. innerlich abgespalten haben) → III. 3. b) aa).

[58] *Schmahl*, KRK, Art. 32–36, Rdz. 16 m. Hinweis in Fn. 86 auf CRC, Concluding Observations, Holy See, CRC/C/VAT/CO/2, 2014, Rn. 43 ff. – Zur Traumatisierung infolge der Missbrauchserfahrungen und dem jahrelangen bis jahrzehntelangen Prozess, um diese Erfahrungen überhaupt ins Bewusstsein kommen zu lassen, siehe neben den Hinweisen in Kap. III 3b, aa, bb, *Schönborn*, *Christoph* Kardinal, in: Gunter Prüller-Jagenteufel, Wolfgang Treitler (Hrsg.), S. 16 (17). Siehe auch *Fegert/Wolff*, in: Fegert, Wolff, S. 15 (16) dort zu den klinischen Forschungen hinsichtlich der Debatte um die Traumaverarbeitung sowie zu den Folgen früher Kindheitstraumata und zu Traumatherapien in Deutschland. – In diesem Zusammenhang darf es nicht damit sein Bewenden haben, dass Anwaltskanzleien sog. „Missbrauchsgutachten" erstellen, welchen (bereits durch ihre Eigenschaft als sog. Partei-Stellungnahmen – mehr beinhalten sie in der Substanz nicht – und es ist zu fragen, von wem und in wessen Interesse sie

rechtlichen Ahndung und Prävention von sexuellem Missbrauch an Kindern treffe auch den Heiligen Stuhl.

---

initiiert worden sind) ohnehin nur ein begrenzter Aussagewert zukommen kann. *Zimmermann* (S. 104) weist mit Recht darauf hin, eine Missbrauchsdiskussion könne auch von Eigeninteressen geleitet sein [zumindest aber begleitet werden], in welcher eine beträchtliche Differenz zwischen der jeweils kommunizierten [wann, aus welchem Anlass und zwischen wem?], der medial vermittelten [welche Medien mit welcher zu transferierenden „Botschaft" mit welchen Rezipienten als Adressaten?] und der tatsächlichen Missbrauchsrealität [unter Anerkennung eines immensen, nicht vorstellbaren und durch keine Forschung vollumfänglich zu erhellenden Dunkelfeldes → III. 3. b) aa)] besteht. Dies alles spricht nicht gegen die Aufarbeitung von Missbrauchsfällen – im Gegenteil: Vor diesem Hintergrund ist es von großer Bedeutung, sich dieser „Begleitfaktoren" und dieser unterschiedlichen, nicht notwendigerweise nach außen hin explizierten und nicht stets und ausnahmslos altruistisch-caritativen Motivationen und Intentionen der jeweils handelnden Akteure bewusst zu sein. So wichtig und dringendst notwendig eine umfassende, flächendeckende Aufarbeitung von Missbrauchsfällen ist und dass die Verantwortlichen zur Rechenschaft gezogen werden – es ist fraglich, nach welchen Maßstäben und Gütekriterien – Stichwort Validität – diese Stellungnahmen von wem (auch mit welcher Intention) gefertigt worden sind, wobei einmal mehr die Frage nach der Objektivität und Neutralität, wie sie über § 160 II StPO auch für die Staatsanwaltschaft gilt (und über § 244 II StPO für das Gericht, wonach das Gericht von sich aus alle Beweismittel heranzuziehen und zu würdigen hat, welche für die Schuld- und Straffrage relevant sind), zu stellen ist. Diese anwaltlichen Stellungnahmen ersetzen niemals (!) einen rechtsstaatlichen gerichtlichen Prozess (auch wenn sie fälschlich [sei es unbewusst oder auch bewusst] in den Medien faktisch als unumstößlicher Schuldspruch mit höchstem Wahrheitsanspruch behandelt werden), vermögen allenfalls einen (wenn auch gesellschaftlich dringend notwendigen) Aufarbeitungsbeginn zu *initiieren*. Anwälte sollten sich daher ihrer besonderen Verantwortung bewusst sein und ihre „semi-gutachterliche" Tätigkeit vor dem Hintergrund der Unschuldsvermutung von Art. 6 II EMRK/Can. 1321 § 1 CIC (*Czerner*, KST 76, Kap. IV, S. 115) sehen und ihre Stellungnahmen nicht faktisch als Schuldspruch „vermarkten", indem einzelne Personen ohne weitere Untersuchungen sprichwörtlich an den medialen „Pranger" gestellt und dauerhaft diskreditiert werden. Dies wird weder einem rechtsstaatlichen Verfahren, dem sich auch der CIC verpflichtet sieht, noch den Opfern kirchlicherseits begangener Straftaten, welche ein Interesse an der Wahrheit haben (müss[t]en), gerecht. *Zollner* (2022, S. 43 [48]) kritisiert in diesem Zusammenhang mit Recht, die Aufarbeitung werde entweder verweigert oder an Anwälte delegiert. Eine nur anwaltliche „Aufarbeitung" kann daher nur ein Mosaikstein im mehrdimensionalen Missbrauchskomplex sein. Zur kirchlichen Beweiswürdigung siehe *Uhrmann* (S. 631 [633 dort m. w. N. in Fn. 13 auf SRR 21. 11. 1951 n. 6 Vol. 43 S. 733: *„Judicis non est provinciam peritorum stricte propriam invadere, eorumque scientiam ad trutinam revocare*", S. 638]), wobei das Gericht nachprüfbare Erkenntnisquellen (Akten, Zeugenaussagen etc.) benötige und bei der Würdigung von Gutachten vor allem die Frage zu prüfen habe, auf welches Tatsachenmaterial sich ein Sachverständiger stützt und über welche Fachkompetenz er verfügt. Diese rechtsstaatlichen Forderungen gelten nach oben Gesagtem in gleicher Weise für die sog. „Missbrauchsgutachten" durch Anwaltskanzleien. Die besondere Schwierigkeit im Missbrauchszusammenhang besteht zudem [auch auf präventiver Ebene] darin, dass [potentielle] Täter nur schwer identifizierbar und als solche im Binnenraum Kirche kaum zu „erkennen" sind (*Wijlens*, S. 77 [79]).

b) Can. 1398 CIC als kanonische Korrespondenznorm zum Sechsten Gebot und Vademecum des Dikasteriums für die Glaubenslehre vom 5. Juni 2022

Als Kernstück des zum 8. Dezember 2021 reformierten römisch-katholischen Kirchenrechts kann neben Can. 1311 § 2 CIC der Can. 1398 CIC gelten:

„*§ 1. Mit der Amtsenthebung und anderen gerechten Strafen, wenn es die Schwere des Falles nahelegt, die Entlassung aus dem Klerikerstand nicht ausgenommen, soll ein Kleriker bestraft werden:*

1° der eine Straftat gegen das sechste Gebot des Dekalogs mit einem Minderjährigen oder einer Person begeht, deren Vernunftgebrauch habituell eingeschränkt ist oder der das Recht einen gleichen Schutz zuerkennt;

2° der einen Minderjährigen oder eine Person, deren Vernunftgebrauch habituell eingeschränkt ist oder der das Recht einen gleichen Schutz zuerkennt, dazu verführt oder verleitet an echten oder simulierten pornographischen Darstellungen teilzunehmen oder diese umzusetzen;

3° der für sich gegen die guten Sitten in jedweder Form und mit jedwedem Mittel pornographische Bilder von Minderjährigen oder Personen, deren Vernunftgebrauch habituell eingeschränkt ist, erwirbt, aufbewahrt oder verbreitet.“

Can. 1398 § 1 CIC spricht von „Minderjährigen“. Im Rahmen der kanonischen Reform hat sich der kirchliche Gesetzgeber dazu entschlossen, kein bestimmtes Schutzalter mehr anzugeben (vormals 16 Jahre im CIC/1983) und sich auf die Definition von Can. 97 § 1 CIC/1983 zu beziehen: „*Eine Person, die das achtzehnte Lebensjahr vollendet hat, ist volljährig, bis zu diesem Alter minderjährig*.“[59] Damit entspricht der CIC dem Schutzalter des Art. 1 UN-KRK (→ III. 1.).

Der substanziell-systematische Vergleich von Can. 1398 CIC mit den völkerrechtlichen Vorgaben aus Art. 34 UN-KRK zeigt auf den ersten Blick eine insgesamt nicht nur weitgehende Übereinstimmung der kanonisch rezipierten Konventionsvorgaben, insbesondere in Bezug auf die Formulierung des Tatbestandes: Die Tatmodalitäten von Art. 34 UN-KRK sind sehr weit gefasst, zumal Kinder vor allen Formen sexueller Ausbeutung und sexuellen Missbrauchs geschützt werden sollen und die Beteiligung (durch Verleiten bzw. Zwang) an sexuellen Handlungen/Praktiken sowie Prostitution und pornographische Darbietungen und Darstellungen unterbunden werden soll.

---

[59] *Graulich*, in: Graulich/Hallermann, S. 214 (zu Can. 1398 § 1 CIC) und *Rees*, in: Meckel u. a., S. 135 (149).

aa) Can. 1398 CIC als Komplementärnorm zum Sechsten Gebot?

Can. 1398 § 1 Nr. 1 CIC untersagt eine Straftat mit Minderjährigen[60] unter Bezugnahme auf das Sechste Gebot des Dekalogs. Eine Flankierung erfährt Can. 1398 § 1 CIC einerseits durch das (nicht-normative) Vademecum des Dikasteriums für Glaubenslehre vom 5. Juni 2022[61] und andererseits durch das Apostolische Schreiben in Form eines Motu proprio *Vos estis lux mundi*, zuletzt aktualisiert am 25. März 2023. Es ist fraglich, ob sich hierin die Konventionsvorgaben von Art. 34 UN-KRK (Schutz vor allen Formen der sexuellen Ausbeutung und sexuellen Missbrauchs) hinreichend abbilden lassen.

(1) Kirchliche Perspektive zum Sechsten Gebot unter Einbeziehung des Vademecums des Dikasteriums für Glaubenslehre und des Motu proprio Vos estis lux mundi vom 7. Mai 2019 (25. März 2023)

Aus kirchlicher Sicht fallen im engeren Sinne hinsichtlich des Sechsten Gebotes[62] nicht nur der sog. Ehebruch,[63] sondern alle im römisch-katholischen Katechismus aufgeführten Verstöße (Nr. 2351–2359[64] – von der kanonischen und

---

[60] Siehe *Rieger*, in: Meckel u. a., S. 217 (227, dort m. w. N. in Fn. 29 auf *Damián Astigueta*, Il canone 1398) zu den Straftatbeständen von Can. 1398 § 1 CIC und dessen zwanzigjähriger Verjährungsfrist sowie mit der Forderung, die Verjährung bei Straftaten nach Can. 1398 § 2 CIC sollte an die Verjährungsbestimmungen bei den gleichen Klerikerstraftaten (Can. 1398 § 1, Art. 6, 1⁰ SST/2021) angepasst werden (*Rieger*, a. a. O., S. 236).

[61] Zum Vademecum vom 5. Juni 2022 siehe *Althaus*, in: Meckel u. a., S. 117 (118, dort Fn. 4 mit drei Ergebnissen eines administrativen oder gerichtlichen Strafverfahrens).

[62] Nach *Hack*, in: Meckel u. a., S. 73 (76) wird das gesamte Kapitel zum sechsten Gebot im Katechismus der Katholischen Kirche von 1992 sowohl mit dem originären alttestamentlichen Gebot (Ex 20, 14, Dtn 5, 18) als auch mit dessen Rezeption in den jesuanischen Antithesen der Bergpredigt eröffnet. Die Berechtigung, auch sämtliche Vergehen gegen die Keuschheit unter dem sechsten Gebot zu versammeln, begründet der Katechismus zum einen mit der Berücksichtigung der beiden Kirchenlehrer Augustinus und Ambrosius (Pars III, cap. 7,3), die in ihren Werken eine inhaltliche Verbindungslinie zwischen Ehebruch im Weiteren im Alten und Neuen Testament verurteilten Handlungen erkannt hätten (cap. 7,3), so *Hack*, in: Meckel u. a., S. 73 (82, dort m. w. N. in Fn. 22 zum Catechismus Romanus, zur Warnung Tobits an seinen Sohn Tobias, zur jesuanischen Aussage im Neuen Testament, zur paulinischen Auffassung); *Rees*, BzMK 82, S. 265 ff. (S. 287). Zum Sechsten Gebot → III. 3. b) cc), VI. 5.

[63] So *Rees*, AfkKR 2011, S. 466 (470, dort in Fn. 13 sowie mit Hinweis darauf, das Sechste Gebot werde „traditionell sehr weit verstanden" und m. w. N. dort in Fn. 15 zu den „Verstößen gegen die Keuschheit" unter Nr. 2351–2359 KKK; auf S. 483 spezifiziert *Rees*, es werde von einer „Straftat gegen das sechste Gebot" gesprochen, statt richtiger Weise von einer „Straftat gegen die Keuschheit", die c. 2359 § 2 CIC/1917 im Einzelnen näher dargelegt habe, bzw. von einer „Straftat gegen die Freiheit des Menschen" (→ VI. 3.), vgl. Buch VI, Teil II, Titel VI CIC/1983).

[64] Der Römisch-Katholische Katechismus ist abrufbar unter: https://www.vatican.va/archive/DEU0035/__P8B.HTM. Papst Benedikt XVI. gab am 28. 06. 2005 in seinem Motu Proprio folgende Erläuterung zu den Nummern 2351–2359 des katholischen Katechismus: „*492. Welche Hauptsünden gegen die Keuschheit gibt es? 2351–2359, 2396: Sünden, die entsprechend der*

moraltheologischen Tradition nach ihrer Einschätzung geklärt) unter das Sechste Gebot.[65]

Im Motu proprio *Vos estis lux mundi* vom 7. Mai 2019[66] wird als Verstoß gegen das Sechste Gebot genannt:

„*I. unter Gewalt oder Drohung oder durch Amtsmissbrauch erfolgter Zwang, sexuelle Handlungen zu vollziehen oder zu erleiden;*

II. der Vollzug sexueller Handlungen mit einer minderjährigen oder mit einer schutzbedürftigen Person;

III. die Herstellung, die Darbietung, der Besitz oder die Verbreitung von kinderpornographischem Material auch auf telematischem Weg sowie die Anwerbung oder Verleitung einer minderjährigen oder schutzbedürftigen Person, an pornographischen Darbietungen teilzunehmen."

Im Motu Proprio *Vos estis lux mundi* vom 25. März 2023 heißt es nunmehr in Bezug auf Sexualstraftaften gegenüber Kindern und anderen schutzwürdigen Personen unter Art. 1 § 1:

„*a) * eine Straftat gegen das sechste Gebot des Dekalogs, die mit Gewalt oder durch Drohung oder durch Missbrauch der Autorität begangen wird, oder indem jemand ge-zwungen wird, sexuelle Handlungen zu vollziehen oder zu erleiden;*

*** eine Straftat gegen das sechste Gebot des Dekalogs, die mit einem Minderjährigen oder einer Person, die dauernd einen unvollständigen Vernunftgebrauch besitzt, oder mit einem schutzbedürftigen Erwachsenen begangen wurde […].*" –

Eine wertvolle, jedoch explizit nicht normative Auslegungshilfe bietet in Bezug auf beide Fassungen dieses Motu Proprio das in zweiter Auflage am 5. Juni 2022 erschienene Vademecum[67], nach welchem in Nr. 2 die „*Typologie der Straftat sehr*

jeweiligen Natur des Gegenstandes schwer gegen die Keuschheit verstoßen, sind: Ehebruch, Selbstbefriedigung, Unzucht, Pornographie, Prostitution, Vergewaltigung, homosexuelle Handlungen. Diese Sünden sind Ausdruck des Lasters der Unkeuschheit. Wenn sie an Minderjährigen begangen werden, wiegen solche Handlungen noch schwerer, weil sie gegen deren physische und moralische Unversehrtheit verstoßen." (https://www.vatican.va/archive/compendium_(3)/documents/archive_2005_compendium-(3)_ge.html).

[65] So *Graulich*, in: Graulich/Hallermann, S. 214 f. (zu Can. 1398 § 1 CIC) sowie in einer persönlichen Stellungnahme am 5. Mai 2022 und *Rieger* (MThZ 2023, S. 51 [56]): ein sehr weit gefasstes Verständnis des *delictum contra sextum Decalogi praeceptum cum minore*, dies sei von der kanonistischen und moraltheologischen Tradition ausreichend definiert.

[66] → III. 3. b) cc).

[67] Dikasterium für die Glaubenslehre vom 05. 06. 2022: Vademecum zu einigen Fragen in den Verfahren zur Behandlung von Fällen sexuellen Missbrauchs Minderjähriger durch Kleriker sowie https://www.vaticannews.va/de/vatikan/news/2022-06/vademecum-handbuch-missbrauch-glaubensdikasterium-kirche-recht.html und https://www.katholisch.de/artikel/39880-vatikan-aktualisiert-vademecum-zum-umgang-mit-missbrauchsfaellen: https://www.vatican.va/roman_curia/congregations/cfaith/ddf/rc_ddf_doc_20220605_vademecum-casi-abuso-2.0_ge.html; Altfassung: Kongregation für die Glaubenslehre: Vademecum zu einigen Fragen in den Verfahren zur Behandlung von Fällen sexuellen Missbrauchs Minderjähriger durch Kleriker (16. 07. 2020).

weit gefasst" ist „*und zum Beispiel sexuelle Beziehungen (einvernehmlich oder nicht einvernehmlich), physischen Kontakt mit sexuellem Hintergrund, Exhibitionismus, Masturbation, Herstellung von Pornografie, Verleitung zu Prostitution, Gespräche und/oder Angebote sexueller Art, auch über Kommunikationsmittel, umfassen*" kann.

In Abschnitt I Nr. 1 dieses Vademecums wird der Begriff der Straftat im Sinne jener Handreichung als „*jeder äußere Verstoß gegen das sechste Gebot des Dekalogs verstanden, der von einem Kleriker mit einem Minderjährigen begangen wurde (vgl. Can. 1398 §1, 1° CIC; Art. 6 §1, 1° SST).*" Der strafrechtlich-tatbestandliche „Einzugsbereich" geht damit, d.h. zumindest in Bezug auf den objektiven Tatbestand,[68] in der Altfassung vom 7. Mai 2019 über den Can. 1398 CIC hinaus und erfasst weitere Deliktsformen, um Kinder vor sexualisierter Gewalt i. w. S. zu schützen, während sich die Neufassung vom 25. März 2023 explizit auf das Sechste Gebot des Dekalogs bezieht.

Die originär kirchenrechtlichen Regularien wie der nicht-normative Text des Vademecums vom 5. Juni 2022 und das Motu proprio *Vos estis lux mundi*[69] gehen mit ihren ausdifferenzierten Erfassungsmodalitäten und ihren unterschiedlichsten Fallkonstellationen zumindest aus völkerrechtlicher Sicht über-obligationsmäßig weit (vgl. Art. 41 UN-KRK[70] → V.) über die von Art. 34 UN-KRK geforderten Mindestbedingungen des Schutzes Minderjähriger hinaus.

Der Hinweis auf die Qualifizierung des Vademecums (v. 5. Juni 2022) als nicht-normativer Text stammt aus der Einleitung dieses (aktuellen) Vademecums sowie aus persönlichen Mitteilungen (2. Juni 2022) von Dr. Manfred Bauer von der Disziplinarsektion des Dikasteriums für Glaubenslehre und von Prof. Dr. Ulrich Rhode SJ in einer persönlichen Stellungnahme (23.6.22) sowie zur damit einhergehenden fehlenden Rechtsverbindlichkeit dieser „Empfehlungsschreiben" bzw. Handreichungen. Von einer zumindest kircheninternen Bindungswirkung aufgrund einer Selbstverpflichtung dürfte auszugehen sein, zumal mit der Akzeptanz dieses Textes in der Außenwahrnehmung auch die Glaubwürdigkeit der „Institution Kirche" verknüpft ist). Siehe auch: https://www.dbk.de/themen/sexualisierte-gewalt-und-praevention/papst-und-vatikan; → III. 3. b). Das Vademecum – als nichtnormatives „Verfahrensrecht" – dient weniger der Verwirklichung subjektiver Rechte, sondern um die Authentizität der das Heil realisierenden Elemente, Wort und Sakrament, zu garantieren (so *Werneke*, FS für Gerosa, S. 251 [253]), so dass es sich in die Vorgabe der Apostolischen Konstitution *Pascite gregem Dei* einordnet und zudem aus dem Selbstverständnis der römisch-katholischen Kirche abgeleitet werden kann (→ I. 2. a), d), e), II. 5., III. 1. b) bb), 7. b) aa), V. 1. a), VI. 3.), zumal das kanonische Recht einer eigengearteten Zielsetzung und Logik folgt, → IV. 7. b), c), sowie *Werneke*, S. 254. Wörtlich übersetzt bedeutet „*vade mecum*" „*Geh mit mir*" und es handelt sich um einen Leitfaden bzw. um eine Handreichung; Kardinal Luis Ladaria SJ erläuterte diesen Begriff mit einer „Gebrauchsanweisung" (*Zimmermann*, S. 127, dort Fn. 26, dort zu früheren Fassungen des Vademecums).

[68] Zur genuinen Ausgestaltung der Strafnomen im Codex Iuris Canonici als Vorsatzdelikte (mit Blick auf Can. 1321 CIC) siehe *Czerner*, KST 76, Kap. III 3, S. 83 ff.

[69] → III.. 3. b) cc).

[70] *Haslinger*, S. 49 (63, dort m. w. N. in Fn. 40 auf *Chen Lung-chu*, Toward Adoption of the Unitetd Nations Convention on the Rights of the Child, A Policy-Oriented Overview, in: American Society of International Law, Proceedings of the 83rd Annual Meeting, 1990, S. 157 ff., 160 ff.) deutet Art. 41 UN-KRK als Günstigkeitsprinzip.

(2) Kritik an der kirchlichen Einordnung und Alternativdeutung: Missbrauch als ein „Vergehen gegen Leben und Freiheit des Menschen" (L. Müller/Rees)

Kritisch zur Einordnung des tatbestandlichen Verhaltens gegen das Sechste Gebot im Zusammenhang mit sexuellem Missbrauch äußert sich u.a. der Ulmer Kinder- und Jugendpsychiater J.M. Fegert:[71] Fegert bezieht [im Wege restriktiver Interpretation] das sechste Gebot auf den Ehebruch); ähnlich positionieren sich der Präsident des früheren *Centre for Child Protection* (nunmehr Safeguarding-Institut) an der Päpstlichen Universität Gregoriana Hans Zollner SJ[72] sowie die Erfurter Kirchenrechtlerin Myriam Wijlens:[73] Der Missbrauch als solcher werde weiterhin in Verbindung mit dem Zölibatsversprechen gedacht und nicht von der Würde des Menschen her. Diese Kritik wird sich vermutlich insbesondere auf die textliche Neufassung des Motu proprio *Vos estis lux mundi* (mit explizitem Bezug zum Sechsten Gebot des Dekalogs) vom 25. März 2023 fortsetzen.

Nach Ansicht der Literatur[74] werde der kirchenrechtlich-strafrechtliche Tatbestand mit dem moraltheologischen Begriff der Sünde gegen das sechste Gebot des Dekalogs nicht exakt beschrieben und gelange der Bezug zum Sexualbereich (durch das Sechste Gebot) nur unzulänglich zum Ausdruck. Ludger Müller[75] sieht sexuellen Missbrauch „nicht in erster Linie als besonders schweren Fall eines Zölibatsverstoßes", sondern als Verbrechen gegenüber den Opfern. Rees[76] schließt daraus, wenn man L. Müller folge, müsse Missbrauch als ein „Vergehen gegen Leben und

---

[71] *Fegert*, Forum für Kinder- und Jugendpsychiatrie, Psychosomatik und Psychotherapie 2019, S. 5 (9); *Fegert* in einer persönlichen Stellungnahme am 15.02.2022 im Uni-Klinikum Ulm.

[72] *Hans Zollner* SJ in einer persönlichen Stellungnahme am 10.05.2023 in der Villa Malta (Rom); siehe auch *Fegert*, Forum für Kinder- und Jugendpsychiatrie, Psychosomatik und Psychotherapie 2019, S. 5 (15).

[73] *Wijlens*, S. 77 (94).

[74] *Reißmeier*, S. 26, dort mit der Begründung, der Begriff Straftat gegen den Dekalog umfasse alle äußeren Sittlichkeitsverbrechen, die einen Verstoß gegen das Gebot der Keuschheit, gegen das Gebot zur vollkommenen und immerwährenden Enthaltsamkeit um des Himmelreiches willen (Can. 277 CIC) darstellen; *Lüdicke*, Festschrift für Paarhammer, S. 619 (623, dort auch S. 621 m.w.N.); *Platen*, Festschrift für Paarhammer, S. 639 (648) bezweifelt, ob durch das Abstellen des Gesetzgebers auf eine „Sünde gegen das sechste Gebot des Dekalogs" eine sachgerechte Erfassung von Sexualstraftaten möglich ist. Zur Einordnung der Kritik in Bezug auf das Sechste Gebot siehe ausführlich *Rehak* mit Blick auf die Betroffenenperspektive, in: Meckel u.a., S. 177 (204 ff.).

[75] *Ludger Müller*, Sexueller Missbrauch in der Kirche. Kirchenrechtliche Aspekte, in: ThPQ (Theologisch-Philosophische Quartalsschrift) 159, 2011, S. 61–70 (Nachweis in *Rees*, AfkKR 2011, S. 466 [474, dort m.w.N. in 29]).

[76] *Rees*, AfkKR 2011, S. 466 (474, dort m.w.N. in 29 in Bezug auf *L. Müller* und m. Hinweis auf Titel VI des II. Teils von Buch VI CIC/1983). *Pahud de Mortanges* (S. 177 f.) bezeichnet die Tatbestände des VI. Titels des Liber VI als Delikte, die heute primär durch das staatliche Strafrecht pönalisiert werden (→ IV. 7.), doch auch hier ist an das Faktum eines lediglich fragmentarischen staatlichen Strafrechtsschutzes zu erinnern → IV. 5. a) bb). An diese (bereits vor drei

Freiheit des Menschen" gesehen werden. Nach Lüdecke[77] beinhalte der sexuelle Missbrauch Minderjähriger nach der Wertung durch den Codex Iuris Canonici kein Vergehen gegen Leben und Freiheit des Menschen, sondern einen Verstoß gegen eine Klerikerpflicht, den Zölibat. Partiell wird sexueller Missbrauch nicht als Verstoß gegen die kirchliche Sexualmoral bzw. gegen das Sechste Gebot gesehen: Vielmehr gehe es um sexualisierte Gewaltakte in einer nahen Beziehung, in der ein Machtgefälle besteht, d.h. um Machtmissbrauch, wobei im Falle des sexuellen Missbrauchs durch Kleriker das geistlich-religiöse Moment hinzukomme, so dass vielmehr von einem Verstoß gegen das Zweite Gebot gesprochen werden müsse: Du sollst den Namen des Herrn, Deines Gottes, nicht missbrauchen (Ex 20, 7).[78]

Nach Aussage des Historikers Dominik Burkard ist „Missbrauch" ein vergleichsweise moderner Begriff, der bis in das 20. Jahrhundert in den Quellen und auch im Kirchenrecht nicht vorkommt[79] – der Begriff nicht, das Phänomen durchaus (→ III. 3. b) aa)). Diese unterschiedlichen Deutungen spiegeln sich auch im kirchenrechtlichen sowie im theologischen und nicht-theologischen Schrifttum wider.

(3) Lösungsvorschlag: Orientierung an den Vorgaben von Art. 34 UN-KRK und Transformationsprüfung im Hinblick auf Can. 1398 CIC

Aus (konventions-)rechtlicher Perspektive mit Blick auf Art. 34 UN-KRK ist fraglich, ob die kirchliche „Zuordnung" des Missbrauchskomplexes zum sechsten Gebot auf *normativer* Ebene, d.h. aus der Sicht der UN-Kinderrechtskonvention und auch aus der Perspektive des Kirchenrechts mit (enger) Fokussierung auf Can. 1398 § 1 CIC, letztlich Auswirkungen auf den Kinderschutz hat (bzw. haben soll): Die Auslegung von Can. 1398 § 1 CIC (und der vorgenannten Nrn. 2351–2359 des katholischen Katechismus) werden in systematischer Perspektive davon allenfalls mittelbar berührt sein können, zumal zur Beurteilung der Strafbarkeit als Referenzbedingungen primär auf die kirchenrechtlichen Tatbestandsmerkmale in Can. 1398 CIC, flankiert von den Auslegungsmaximen der Cann. 1311 § 2, 1752 CIC[80] Bezug ge-

---

Jahrzehnten zutreffende) Feststellung kann sich (dessen ungeachtet) die Folgefrage anschließen, ob es insoweit deshalb (d.h. infolge des [primär] staatlich-strafrechtlichen Schutzes) *kumulativ* auch des kirchenrechtlichen Schutzes bzw. der Übertragung des Art. 34 UN-KRK auch auf den CIC, insbesondere in Can. 1398, bedarf – sofern überhaupt ein strafrechtlicher Schutz durch den Staat gegeben ist (→ IV. 5. a) bb)).

[77] *Lüdecke*, MThZ 2011, S. 33 (45, dort mit Bezugnahme auf Can. 1395 § 2 CIC [a. F./1983]).

[78] *Mertes*, in: Prüller-Jagenteufel, Treitler (Hrsg.), S. 107 (118, dort mit weiteren Ausführungen zur Abgrenzung gegenüber dem Sechsten Gebot).

[79] *Burkard* (S. 283 [300, dort in Fn. 39 mit zahlreichen Belegen für die unterschiedlichen Bezeichnungen derartiger Taten]).

[80] Zur Auslegungsdirektive in Cann. 1311 § 2, 1752 CIC: *Czerner*, KST 76, Kap. I 1, II 1, III 1c, VII 1c, VIII 1, 2, 4, 20, 23, 27, S. 23, 30, 74, 126, 147 ff. Zur Strafzumessung im reformierten CIC → *Czerner*, KST 76, dort Kap. III 6, S. 95 ff.

nommen wird. Die Interpretation von Art. 34 UN-KRK als außerkirchliche Norm der Vereinten Nationen, d.h. jenseits des kanonischen Rechts, wird von dieser binnenkirchlich-theologischen Einordnung bzw. Zuordnung zum Sechsten Gebot – auch im Wege der systematisch-extensiven Interpretation – dezidiert nicht betroffen sein.

Vor dem Hintergrund einer Gemengelage von Verstößen gegen das Sechste (bzw. direkt oder indirekt auch gegen das Zweite Gebot) wird der „Erfolg" eines optimierten Kinderschutzes nicht zuletzt ganz maßgeblich von der Interpretation[81] dieses Canons (1398 CIC) abhängen, insbesondere unter teleologisch-viktimologischen Gesichtspunkten im Hinblick auf einen möglichst wirksamen Opferschutz.[82] Nach dem Grundsatz der benigna interpretatio, der wohlwollenden Auslegung (in Bezug auf das von den Straftaten betroffene Opfer) sowie unter Bezugnahme auf das thematische Leitmotiv der Apostolischen Konstitution *Pascite gregem Dei*, Can. 1752 CIC (Das Heil der Seelen sei das oberste Gesetz) kann eine betont konventionskonforme und damit zugleich kinderschützende Interpretation von Can. 1398 CIC i.V.m. Art. 3 UN-KRK i.V.m. Art. 38 lit. b IGH-Statut – Kindeswohl-Priorisierung, auch im Lichte von Artt. 26, 31 I i.V.m. dem dritten Präambelabsatz der WVK,[83] vorgenommen werden.

bb) Zwischenergebnis zur Reichweite der Schutzfunktion von Can. 1398 CIC

Nr. 2 und Nr. 3 von Can. 1398 § 1 CIC bilden – unabhängig von der (theologischen) Zuordnung zu einem bestimmten (Sechsten) Gebot – in wörtlicher Perspektive ziemlich genau die Konventionsvorgabe aus Art. 34 lit. b und lit. c UN-KRK in Bezug auf sexuelle Praktiken, pornographische Darbietungen und Darstellungen ab.

Noch weiter reicht der Schutz von Can. 1398 § 1 Nr. 3 CIC, nach welchem, über Art. 34 UN-KRK hinausgehend (vgl. Art. 41 UN-KRK), auch der Erwerb, die Aufbewahrung oder Verbreitung pornographischer Bilder sanktioniert wird. Damit entspricht Can. 1398 § 1 Nr. 3 CIC in besonderer Weise dem Schutz des Kindeswohls aus Art. 3 UN-KRK – und nicht zuletzt dadurch zugleich der *salus animarum*[84] aus Can. 1752 CIC, dem „Heil der Seelen der Kinder".

---

[81] Speziell zur Auslegungsmethodik unter dem Aspekt des Opferschutzes, vor allem zum Schutz von Kindern als Opfer, siehe *Czerner*, KST 76, S. 15 m.w.N. zur sog. negativen Individualprävention und hier Kap. IV 5a, cc, b, aa, (1).

[82] Zum Opferschutz: → III. 3. b), IV. 4. a) bb), 5. a) cc), b) aa) (3), 6., 7., VI. und *Czerner*, KST 76, dort u.a. Kap. III 2, S. 80 ff. sowie S. 15, 63, 66, 74, 78, 98, 105, 125, 132, 147, 151, 153, 160.

[83] → I., II., III. 2.

[84] Zur *salus animarum* siehe Nachweise in: *Czerner*, KST 76, Kap. I 1, S. 23 f., III 1c, S. 74 f., VII 1g, S. 131 f. sowie *Pahud de Mortanges*, S. 64.

Can. 1398 § 2 CIC ist neu eingefügt worden, der auch die Ordensleute, die nicht Kleriker sind, sowie die Gläubigen, die in der Kirche eine Würde bekleiden bzw. ein Amt oder eine Funktion ausüben, Mitglieder eines Instituts des Geweihten Lebens oder einer Gesellschaft des Apostolischen Lebens,[85] unter Strafe stellt, wenn sie eine der Straftaten begehen, die in Can. 1395 § 3 oder Can. 1398 § 1 CIC behandelt werden – die Straftaten dieses Täterkreises fallen nicht in die Zuständigkeit der Glaubenskongregation, sondern unter die der Diözesangerichte.[86]

Für die neue Regelung des Can. 1398 § 2 CIC gilt nach Graulich und Rees[87]:

Can. 1398 § 2 CIC betrifft sowohl die Mitglieder eines Institutes des geweihten Lebens und einer Gesellschaft des apostolischen Lebens, die nicht Kleriker sind, als auch die Laien, die in der Kirche ein Amt oder eine Funktion ausüben oder eine Würde bekleiden, wenn sie eine der in Can. 1398 § 1 erwähnten Straftaten begehen, das heißt, eine Straftat gegen das sechste Gebot des Dekalogs begehen. Mit dieser neuen Bestimmung eröffnet sich eine ganze Bandbreite von möglichen Sanktionen gegen diejenigen, die nicht Kleriker sind, aber in der Kirche ein Amt oder eine Funktion haben, wobei zu berücksichtigen ist, dass diese Straftaten, die nicht von Klerikern begangen werden, nicht dem Heiligen Stuhl vorbehalten sind, sondern von den Diözesan- oder Interdiözesangerichten behandelt werden müssen.

Mit dieser Neu-Implementation ist der Kinderschutz im Zusammenhang mit der Konventionsnorm des Art. 34 UN-KRK nicht nur zusätzlich intensiviert, sondern überobligationsmäßig optimiert worden (arg. ex Art. 41 UN-KRK → III. 2., V.).

---

[85] *Rees*, in: Meckel u. a., S. 135 (149).

[86] *Graulich*, in: Graulich/Hallermann, S. 215 (zu Can. 1398 § 2 CIC und mit Hinweis auf die Strafen nach Can. 1336 §§ 2–4 CIC, denen noch weitere Strafen hinzugefügt werden können; *Rees*, in: Meckel u. a., S. 135 (149). Zur Sanktionierung für sexuelle Missbrauchstaten von Ordensleuten, die keine Kleriker sind, sowie von anderen Personen, die in der Kirche eine Würde bekleiden, ein Amt bzw. eine Funktion ausüben, siehe auch *Rieger* (MThZ 2023, S. 51 [56]). Nach *Hallermann*, in: Graulich/Hallermann, S. 144 (zu Can. 1336 § 1 CIC) beinhalten die Sühnestrafen in Can. 1336 § 1 CIC keinen abgeschlossenen Katalog. – Zur Strafzumessung und Möglichkeit der Strafschärfung siehe (auch rechtsvergleichend mit dem StGB sowie unter opferschützenden Gesichtspunkten, was in konventionsspezifischer Sicht insbesondere Art. 19 i. V. m. Artt. 3, 4 UN-KRK entgegenkommt): *Czerner*, KST 76, Kap. III 6b, d, S. 97 f. sowie *Rees*, in: Meckel u. a., S. 135 (150 ff. zur neuen Wirksamkeit durch Neuerungen im Bereich von Sühnestrafen).

[87] *Graulich*, in: Meckel u. a., S. 29 (35 f.); *Rees*, BzMK 82, S. 265 ff. (S. 291, diese Ausweitung der Strafnorm auf Gläubige, die in der Kirche eine Würde bekleiden oder ein Amt oder eine Funktion ausüben, ist erst in der letzten Phase der Überarbeitung von Buch VI erfolgt).

6. Ergebnis zur Analyse der Artt. 19, 34 UN-KRK i. V. m. Cann. 1397, 1398 CIC

Während der Schutz des sich entwickelnden Lebens in Can. 1397 § 2 CIC nebst dem katholischen Katechismus in den Nrn. 2274, 2275 überobligationsmäßig gut ausgeprägt ist, bildet sich die extensive Konventionsvorgabe des Art. 19 UN-KRK zum Schutz vor jeder Form körperlicher oder geistiger Gewaltanwendung in Can. 1397 § 1 CIC nur fragmentarisch ab. Dieser Canon erfasst seinem (bindenden) Wortlaut nach nur vergleichsweise intensive Formen der körperlichen Gewalt mit schweren Folgen, so dass an die Anwendung überpositiven Rechts nach Maßgabe von Can. 1399 CIC zu erinnern ist (→ VI.).

Ein [möglichst voll-]umfänglicher Schutz des Kindes durch die UN-Kinderrechtskonvention kann nur dann sinnvoll gelingen, wenn [neben der Beachtung und Befolgung der UN-Konventions-Vorgaben durch die Vertragsstaaten auch] die Auffassungen der verschiedenen UN-Menschenrechtsausschüsse zu Gehalt und Wirkung der kinderrelevanten Rechtsgarantien [insbesondere auch in Bezug auf einen möglichst umfassenden Schutz vor Gewalt, wie ihn Art. 19 UN-KRK fordert] miteinander korrelieren und in Einklang zu bringen sind.[88] Dieses gilt grundsätzlich auch für den Heiligen Stuhl als Signatar der UN-Kinderrechtskonvention im Zusammenhang mit der kirchlichen (Reform-)Gesetzgebung, insbesondere bei den Cann. 1397, 1398 CIC. Dabei ist jedoch die Frage der Reichweite, auch vor dem Hintergrund der Autonomie der kirchlichen Gesetzgebungshoheit infolge des kirchlichen Selbstverständnisses,[89] zu betrachten. Dies spielt vornehmlich bei der Novellierung des Codex Iuris Canonici eine zentrale Rolle, wobei aufgrund der kirchenrechtlichen Neuregelung anlässlich der Apostolischen Konstitution *Pascite gregem Dei* – auch im Sinne einer Selbstverpflichtung – der Anspruch erhoben wird, neben dem „Heil der Seelen als das oberste Gesetz“ (Can. 1752 CIC, der letzten [prozessrechtlichen] Vorschrift des gesamten Codex Iuris Canonici) das Wohl der Gläubigen und der kirchlichen Gemeinschaft nach Can. 1311 § 2 CIC – darunter fallen nicht zuletzt unter dem Einfluss der Konzils-Konstitution *Gaudium et spes* (→ I. 2. c)) insbesondere Kinder – in den Vordergrund kirchlichen Strafens zu stellen. Kirchliches Strafen meint dabei nicht nur die bloße Existenz von kanonischen Rechtsnormen, sondern nicht minder die Auslegung und Handhabung, d. h. die praktische Umsetzung dieser Rechtsvorschriften[90] (einschließlich des [nichtnormativen] Vademecums) hier primär im Hinblick auf die vorstehend analysierten Artt. 19, 34 UN-KRK. In diesem Sinne sollte auch die Auslegung von Can. 1398 CIC erfolgen, der bei weiter Interpretation, d. h. im Wege teleologischer Extension

[88] *Schmahl*, KRK, Einleitung, Rdz. 15.

[89] Zum Selbstverständnis der römisch-katholischen Kirche: → I. 2. a), e), II. 5., III. 1. b) bb), IV. 5. b) aa) (1), 7. b) aa), V. 1. a), VI. 3. sowie *Czerner*, KST 76, Kap. I 1, III 1a, S. 23–25, 69.

[90] Zur Interpretation der auch bzw. insbesondere opfer- und kinderschützenden CIC-Strafnormen siehe *Czerner*, KST 76, dort vor allem in Kap. II (Auslegungsmethodik im CIC, Cann. 16–18, primär Can. 17 CIC), S. 30 ff.

unter Einbeziehung viktimologischer Gesichtspunkte,[91] die Vorgaben aus Art. 34 UN-KRK möglichst in vollem Umfang erfüllen kann.

7. Divergierender Rechtsgüterschutz infolge teleologischer Inkongruenzen in UN-KRK und CIC als innerstaatliche Primär-Aufgabe einerseits und als universal-kirchenrechtlich flankierende Sekundär-Aufgabe mit Heilsbezug andererseits

Die Analyse von Artt. 19, 34 UN-KRK und Cann. 1397, 1398 CIC hat insgesamt gezeigt, dass keine volle Kongruenz zwischen den Konventionsvorgaben der Vereinten Nationen in Bezug auf den Kinderschutz und dem Codex Iuris Canonici gegeben ist. Fraglich ist – neben den möglichen Ursachen für diese normative Divergenz in Bezug auf den Schutz elementarer Rechtsgüter – welche (auch völkerrechtlichen) Konsequenzen daraus abgeleitet werden können.

a) UN-Konventions-Implementierung initiiert durch die Apostolische Konstitution *Pascite gregem Dei* und das Motu proprio *Come una Madre amorevole*?

Mit der Apostolischen Konstitution *Pascite gregem Dei*[92] (→ III. 3. b)) wurde die Reform von Liber VI. des Codex Iuris Canonici eingeleitet. Zur Notwendigkeit der Reform äußert Papst Franziskus in dieser Konstitution:

> *„Im Zusammenhang mit den schnellen sozialen Veränderungen, die wir erleben und dessen bewusst, dass ‚die Epoche, in der wir leben, nicht nur eine Epoche der Veränderungen ist, sondern die eines Epochenwandels' (Audienz für die Römische Kurie beim traditionellen Weihnachtsempfang, 21. 12. 2019), bestand die offensichtliche Notwendigkeit, auch die vom Hl. Johannes Paul II. am 25. Januar 1983 mit dem Codex des kanonischen Rechts promulgierte Strafgesetzgebung zu überarbeiten, um in entsprechender Weise auf die Erfordernisse der Kirche in aller Welt antworten zu können. Es war nötig, sie auf eine Weise zu verändern, die es den Hirten erlaubt, sie als flexibleres therapeutisches und korrigierendes*

[91] *Graulich*, in: Meckel u. a., S. 29 (40: *„Die Instrumente liegen bereit – es ist an den Verantwortlichen, sie auch anzuwenden"*); siehe auch *Althaus*, der erste Satz seines Beitrages (in: Meckel u. a., S. 117: *„Das kirchliche Strfarecht bliebe bloße Theorie, wenn es keine Anwendung in der Praxis finden würde."*). Zur teleologischen Auslegung bzw. Extension siehe *Czerner*, KST 76, dort Kap. II 2c, S. 36 ff. Zur Durchsetzbarkeit des Rechts als notwendige Grundvoraussetzung → III. 1. b) aa) (2), II. 6. b), III. 1. a).

[92] Zur Apostolischen Konstitution *Pascite gregem Dei* und der darauf basierenden Änderung des Liber VI des CIC sowie zur Interpretation der Strafnormen und Strafzwecke siehe *Czerner*, KST 76, der Text der Konstitution von Papst *Franziskus* ist abgedruckt in: Graulich/Hallermann, S. 52–59.

Instrument zu benutzen, das zeitgerecht und mit pastoraler Liebe eingesetzt werden kann, um größerem Übel zuvorzukommen und die durch menschliche Schwäche geschlagenen Wunden zu heilen. […]

Die Beachtung und Respektierung der Strafdisziplin der Kirche ist Aufgabe des ganzen Volkes Gottes, aber die Verantwortung für ihre korrekte Anwendung ist – wie oben gesagt – in besonderer Weise den Hirten und den Oberen der einzelnen Gemeinschaften aufgetragen. Es ist eine Aufgabe, die in untrennbarer Weise mit dem munus pastorale verbunden ist, das ihnen anvertraut wird. Sie soll als konkretes und unverzichtbares Erfordernis der Liebe gegenüber der Kirche, der christlichen Gemeinschaft und der eventuellen Opfer ausgeübt werden, aber auch gegenüber demjenigen, der eine Straftat begangen hat und der, zusammen mit der Barmherzigkeit, auch der Korrektur von Seiten der Kirche bedarf.

Das Unverständnis für den engen Zusammenhang, der in der Kirche zwischen der Ausübung der Liebe und der Umsetzung der Strafdisziplin besteht – immer, wenn es die Umstände und die Gerechtigkeit erforderlich machen –, haben in der Vergangenheit viel Schaden verursacht. Diese Art des Denkens – die Erfahrung lehrt uns das – steht in der Gefahr, dahin zu führen, dass man mit Gewohnheiten lebt, die der Rechtsordnung entgegenstehen und denen nicht nur durch Ermahnungen und mit Ratschlägen begegnet werden kann. Eine solche Situation bringt oft die Gefahr mit sich, dass sich eine bestimmte Lebensweise im Laufe der Zeit verfestigt, eine Korrektur schwieriger macht und in vielen Fällen Ärgernis und Verwirrung unter den Gläubigen hervorruft. Aus diesem Grund ist die Anwendung der Strafen von Seiten der Hirten und der Oberen notwendig. Die Nachlässigkeit eines Hirtenbei der Anwendung des Strafrechts macht deutlich, dass er seine Aufgabe nicht recht und treu ausübt, worauf ich deutlich in Dokumenten aus der jüngeren Zeit hingewiesen habe, zum Beispiel in den Apostolischen Schreiben in Form eines ‚Motu Proprio' Come una Madre amorevole (4. Juni 2016) und Vos estis lux mundi (7. Mai 2019) [→ III. 3. b) cc), IV. 5. b) aa) (1)].

Es ist tatsächlich die Liebe, die es erforderlich macht, dass die Hirten das Strafsystem immer dann anwenden, wenn es erforderlich ist, und dabei die drei Ziele beachten, die es notwendig machen, nämlich die Wiederherstellung der Erfordernisse der Gerechtigkeit, die Besserung des Straftäters und die Beseitigung von Ärgernissen.

Wie ich kürzlich gesagt habe, hat die kirchliche Strafe auch eine Funktion der Wiedergutmachung und einer heilsamen Medizin und ist vor allem auf das Wohl des Gläubigen gerichtet. ‚Sie stellt letztlich ein positives Mittel zur Verwirklichung des Reiches Gottes dar, um die Gerechtigkeit in der Gemeinschaft der Gläubigen, die zur persönlichen und gemeinschaftlichen Heiligung berufen sind, wiederherzustellen' (An die Teilnehmer der Plenarversammlung des Päpstlichen Rates für die Gesetzestexte, 21. Februar 2020).

Durchaus in Kontinuität mit der allgemeinen Ordnung, die einer Tradition der Kirche folgt, welche sich mit der Zeit gefestigt hat, bringt der neue Text Veränderungen verschiedener Art gegenüber dem bisher geltenden Recht mit sich und belegt auch einige neue Straftatbestände mit Strafen. Viele der eingeführten Neuheiten, die im Text zu finden sind, antworten in besonderer Weise auf das innerhalb der Gemeinschaften immer mehr verbreitete Erfordernis, Gerechtigkeit und Ordnung wiederhergestellt zu sehen, die durch die Straftat verletzt wurden."

Als „Vorläufer" der Reform von Liber VI ist neben der Apostolischen Konstitution *Pascite gregem Dei* zudem das Motu Proprio *Come una Madre amorevole* vom

4. Juni 2016[93] anzusehen, in welchem in aller Deutlichkeit die kirchenrechtlichen Sanktionen – Möglichkeit der Amtsenthebung – auch für Diözesanbischöfe im Zusammenhang mit sexuellem Kindesmissbrauch und gegenüber schutzwürdigen Erwachsenen benannt worden sind, sofern den Amtsinhabern Verstöße gegen die Aufsichts- und Meldepflicht und in Bezug auf die Sorgfaltspflicht nachgewiesen werden können.

Im Zusammenhang mit der Überarbeitung der einzelnen Straftatbestände im Rahmen der grundlegenden Reform des kirchlichen Strafrechts infolge der Apostolischen Konstitution *Pascite gregem Dei* zum 8. Dezember 2021 ist bedeutsam, dass die UN-Kinderrechtskonvention bei dieser Novellierung von Liber VI des Codex Iuris Canonici nach dessen „Binnenlogik“ keine Rolle gespielt hat.[94] Dieser Befund vermag zunächst befremdlich erscheinen, ist jedoch mit der Eigenart des kirchlichen Rechtssystems unter Einschluss des kirchlichen Jurisdiktionsprimates[95] sowie mit der grundlegenden Unterscheidung der Signatare – klassische Völkerrechtssubjekte (Staaten) vs. Völkerrechtssubjekt sui generis (= Heiliger Stuhl[96]) erklärbar.

---

[93] In: AAS 108, 2016, S. 715–717, Nachweis in: *Bauer*, *Manfred*, S. 166 (185, dort Fn. 62) sowie https://www.vatican.va/content/francesco/it/motu_proprio/documents/papa-francesco-motu-proprio_20160604_come-una-madre-amorevole.html.

[94] Persönliche Mitteilung des Untersekretärs des Dikasteriums für die Gesetzestexte, Herrn Prälat Prof. Dr. Markus Graulich SDB, am 5. Mai 2022 sowie persönliche Mitteilung von Walter Kardinal Brandmüller am 13. Juni 2022. Auch im umfangreichen Münsterischen Kommentar zum Codex Iuris Canonici finden sich weder im Stichwortverzeichnis (34. Erg-Lieferung, 2000), noch in der Kommentierung der Regelung über Kinder (Can. 98 CIC, *Helmuth Pree*, 24. Erg.-Liefg., 1995) Hinweise auf die Einbeziehung der UN-KRK in den CIC bzw. in die Reformprozesse (Stand: 10. Juli 2022). Daraus kann jedoch kein Argument zugunsten einer lediglich territorialen Geltung der UN-KRK auf dem Gebiet des Staates der Vatikanstadt abgeleitet werden (→ I. 2. a), 2. Konstellation). *Haering*, S. 285, 293, 310, 317, 320, insbesondere S. 313, dort m. w. N. in Fn. 1, ergänzt, in den Beratungen der einzelnen Studiengruppen der CIC-Reformkommission sei in der Regel nicht besonders intensiv über die Bezugnahme auf weltliches Recht [und somit vermutlich auch nicht über Menschenrechte bzw. Kinderrechte] diskutiert worden (Ausnahmen seien Cann. 1268 und 1689 CIC) und *Haering* listet 35 Kanones auf, die auf weltliches Recht Bezug nehmen.

[95] Zum päpstlichen Jurisdiktions- und Interpretationsprimat siehe *Czerner*, KST 76, dort Kap. I 1 (S. 23), II 1 (S. 30), 2 Fn. 3 (S. 32), Kap. II 2c, bb Fn. 10, Kap. II 2d, bb (S. 37), cc (S. 55), Kap. III 1a (S. 69), Kap. V 4 (S. 120), Kap. VII 1f (S. 128), 4c (S. 142), VIII 4, 25 (S. 147 ff.).

[96] → I. 2. a), d), e), IV. 7. b), c).

b) Wesensimmanente Unterschiede im kirchlichen und staatlichen Recht in Bezug auf die Referenznormen betreffend den strafrechtlichen Rechtsgüterschutz: „Elementar-Rechtsgüterschutz" vs. „Heilsbezogener Rechtsgüterschutz"

aa) Codex Iuris Canonici als normative Materie sui generis

Das vorgenannte „Zwischenergebnis" entspricht dem Selbstverständnis des Heiligen Stuhls und dem Selbstverständnis des Codex Iuris Canonici als ein grundsätzlich einerseits universales und zugleich „binnenkirchliches" Rechtssystem, das eine Materie sui generis impliziert und welche nach eigenen materiell-strafrechtlichen (Bewertungs-)Maßstäben mit theologisch-heilsbezogenem Anspruch und Zielsetzung und nach einem eigenen Procedere (Verfahrensrecht) darüber befinden darf, was wann unter welchen Voraussetzungen des kirchlichen rechts strafbar sein soll. Dies ist als Ausdruck der völkerrechtlichen Souveränität des Heiligen Stuhls als Völkerrechtssubjekt sui generis[97] anzusehen.

bb) Teleologische Regelungsintention des Codex Iuris Canonici gegenüber dem staatlichen Recht (der UN-Konventionssignatare)

(1) Obligatorischer strafrechtlicher Rechtsgüterschutz (auch) im kanonischen Recht?

Obwohl Querverbindungen zwischen den staatlichen Strafverfolgungsbehörden und der Kirche existieren[98] bzw. Verbindungslinien vom staatlichen Recht zum kirchlichen Recht gezogen sind, besteht ein fundamentaler Unterschied:

---

[97] → I. 2. a), d), e), IV. 7. c).

[98] *Lüdicke*, Festschrift für Paarhammer, S. 619 (637, auf. S. 638 mit dem Hinweis, kirchliche Gerichte sollten vor der Versuchung bewahrt werden, kirchenpolitische Interessen mit Mitteln durchzusetzen, welche nicht den strengen Maßstäben des Strafrechts genügen). *Rhode*, StZ 2010, S. 505 f., führt zur Konnexität kirchlicher und weltlicher Strafnormen unter historischen Aspekten aus: „*Vorschriften, wonach die gerichtliche Zuständigkeit für Geistliche und Ordensleute nicht bei den weltlichen, sondern bei den kirchlichen Autoritäten lag, lassen sich seit der Konstantinischen Wende im vierten Jahrhundert nachweisen. In seiner ausgeprägtesten Form betraf diese – zusammenfassend als privilegium fori bezeichnete – Unterstellung unter die kirchliche Gerichtsbarkeit nicht nur Straf-, sondern auch alle Zivilprozesse, an denen Kleriker oder Ordensleute beteiligt waren. In dem von einer Einheit zwischen Kirche und Staat geprägten Heiligen Römischen Reich war diese besondere gerichtliche Zuständigkeitsordnung mindestens ebenso sehr in den weltlichen wie in den kirchlichen Rechtsnormen verankert.*" *Rieger* (MThZ 2023, S. 51 [54]) verweist mit Blick auf die betroffenen Menschen in ihrer Individualität und Sozialität berechtigt auf die Schnittmenge von staatlichem Strafrecht und kirchlichen Strafrecht, welche „idealerweise ineinandergreifen sollten", wobei ein kirchliches Strafverfahren einen staatlichen Strafprozess niemals ersetzen könne. Dafür sind die „Logiken" und Zielsetzungen beider Rechtssysteme zu unterschiedlich – Rechtsgüterschütz einerseits und Heilsordnung andererseits weisen eine große Schnittmenge, allerdings keine (volle) Kongruenz auf.

Das Kirchenrecht ist von dem Grundsatz geprägt, keine Verbrechen im kirchlichen Strafrecht zu berücksichtigen [bzw. zu „sanktionieren"], die schon vom weltlichen Recht verurteilt und bestraft werden; nur „heilsabträgliches Verhalten" soll durch das kirchliche Strafrecht unterbunden werden.[99] Die Kirche muss nach Auffassung des Kirchenrechtlers der Disziplinarsektion des Glaubensdikasteriums, Manfred Bauer, in erster Linie das Seelenheil der Menschen, die *salus animarum*, im Blick haben und sie schützt kirchenrechtlich vor allem ihre eigenen Werte und Güter, die auch nur sie selbst schützen kann: Solche sind ihre in der Ekklesiologie gründende Ordnung sowie die ihr anvertrauten geistlichen Güter, welcher sie zu ihrem immer neuen Aufbau und zur Heilsvermittlung an die Menschen bedarf.[100]

Andererseits muss ein Straftatbestand nach weltlichem Recht nicht zwangsläufig einen Straftatbestand nach kirchlichem Strafrecht erfüllen.[101] Auch wenn bzw. weil das Strafrecht des Codex Iuris Canonici Tatbestände unter Strafandrohung stellt, die primär die bürgerliche Existenz des Menschen betreffen,[102] muss die Kirche nach Aymans der Versuchung widerstehen, „ihren geistlichen Sendungsanspruch mit artfremden, ungeistlichen Mitteln durchzusetzen", der geistliche Anspruch dürfe in keinem Augenblick dazu führen, dass der geistliche Anspruch mit weltlichen Mitteln unausweichlich erzwungen werde.[103]

---

[99] *Judith Hahn*, BzMK 75, S. 241 (251, 252 255, dort m. w. N. in Fn. 22 auf *Sabrina Demel*, Einführung in das Recht der katholischen Kirche, 2014, S. 43); *Loretan*, Festschrift für Paarhammer, S. 263 (283: *„Das kirchliche Strafrecht darf nicht beanspruchen, an die Stelle staatlicher Gerichtsbarkeit zu treten"*).

[100] *Bauer, Manfred*, S. 166 (181, 184).

[101] *Althaus*, S. 31, 37 (dort in Fn. 45 unter Hinweis darauf, die Anwendung von Strafmitteln sei ein *ius nativum et proprium* der Kirche).

[102] *Aymans*, Archiv für Katholisches Kirchenrecht 1980, S. 389 (395, dort mit Hinweis in Fn. 16: Titulus XIV des Liber V: *„De delictis contra vitam, libertatem, proprietatem, bonam famam ac bonos mores."*

[103] *Aymans*, Archiv für Katholisches Kirchenrecht 1980, S. 389 (398, dort mit Hinweis in Fn. 24 auf DH 3, 5: … *„Potestas igitur civilis, cuius finis proprius est bonum commune temporale curare, religiosam quidem civium vitam agnoscere eique favere debet, sed limites suos excedere dicenda est, si actus religiosos dirigere vel impedire praesumat*"); *Aymans*, 1981, S. 185 (193, dort m. w. N. in Fn. 23, dort mit Fortsetzung des o.g. Zitats aus DH 6,2: *„Inviolabilia hominis iura tueri ac promovere ad cuiusvis potestatis civilis officium essentialiter pertinet. Debet igitur potestas civilis per iustas leges et per alia media apta efficaciter suscipere tutelam libertatis religiosae omnium civium, ac propitias suppeditare conditiones ad vitam religiosam fovendam, ut cives revera religionis iura exercere eiusdemque officia adimplere valeant et ipsa societas fruatur bonis iustitiae et pacis, quae proveniunt ex fidelitate hominum erga Deum Eiusque sanctam voluntatem.*")

(2) Originär-strafrechtlicher Rechtsgüterschutz durch die Staaten vs. Heilsbezogenheit des kirchlichen Rechts als „kanonischer Rechtsgüterschutz"

Das kirchliche Recht bzw. der kirchliche Gesetzgeber erhebt keinen umfänglichen Regelungsanspruch [und muss ihn auch nicht erheben], weil er sich „nicht für alle Fragen menschlicher Sozialität interessiert," sondern vorrangig berücksichtigt, welche Regelungen die Rechts-[und Heils-]Gemeinschaft benötigt, um ihren Glauben zu sichern.[104] Die Kirche deutet ihre Rechtsgestalt als Konkretion der Heilsgemeinschaft, daher bezieht sie ihre Rechtsordnung [primär, d.h. nicht ausschließlich] auf die Heilsordnung: Jegliches kirchliche Recht steht im Dienst des Glaubens.[105] Damit ist der Gedanke des Rechtsgüterschutzes in Bezug auf die Regelungsfunktion des Codex Iuris Canonici insoweit zu relativieren, wenn nicht der Gedanke des Rechtsgüterschutzes mit dem Gedanken der Heilsordnung assoziiert oder sogar vollständig gleichgesetzt wird, was dem theologischen Gehalt, Anspruch und der transzendentalen einschließlich der eschatologischen Bedeutung der Heilsordnung, auch im Zusammenhang mit der Apostolischen Konstitution *Pascite gregem Dei* (→ III. 3. b)) vermutlich nicht gerecht würde. Insofern bedeutet der Umstand, dass die Kirche die staatlich etablierten Menschenrechte nicht [vollständig] in Form einer autonomen Rezeption in ihr eigenes Recht transferiert hat, nicht, dass die Kirche diese [Menschen-]Rechte nicht anerkennt oder ihnen eine zu geringe Bedeutung zumisst[106] (– siehe auch die Konzils-Konstitution *Gaudium et spes*, → I. 2. c)), vielmehr „filtert" sie diese (Menschen-)Rechte unter dem theologischen Aspekt der Heilsordnung und weniger unter dem säkularen „Raster" des staatlich-strafrechtlichen Rechtsgüterschutzes. Vor diesem Hintergrund ist der Einwand Aymans[107] einzuordnen, dass nicht unkritisch Rechtsrezeptionen erfolgen sollen, welche dem Wesen der Kirche zuwiderlaufen.

---

[104] *Hahn*, BzMK 75, S. 241.

[105] *Hahn*, 2018, S. 79 (82), in gleicher Diktion auch *Schalk*, S. 296 f.: „*Sendungsauftrag der Kirche ist die Verkündigung des Evangeliums und die Verwaltung der Sakramente, nicht die Verfolgung politischer Ziele*." Gleichwohl verkennt diese strenge Dichotomie die – unabhängig davon bestehenden – völkerrechtlichen Bindungen des Heiligen Stuhls an elementare menschenrechtliche Vorgaben, von denen er sich weder mit dem „Distanz-Argument" gegenüber „politischen Angelegenheiten" – hier geht es allerdings um völkerrechtliche Verbindlichkeiten –, noch mit isolierter Beschränkung auf die „Heilsordnung" lossprechen kann (siehe die Konzils-Konstitution *Gaudium et spes* → I. 2. c)), wie allein die weitere völkerrechtliche Anbindung des Heiligen Stuhls an die Wiener Vertragsrechtskonvention sowie die „Adelung" der Kindeswohlmaxime nach Art. 3 UN-KRK als Völkergewohnheitsrecht nach Art. 38 lit. b IGH-Statut offenbaren (→ I. 1., 2. a), II. 6. a) dd)).

[106] So zutreffend *Bloch*, S. 170, dort jedoch im Kontext des staatlichen Rechts, insbesondere in Bezug auf das Verhältnis der Kirche zu den bundesdeutschen Grundrechten.

[107] *Aymans*, 1981, S. 185 (187, dort auch mit dem warnenden Hinweis, die kirchlichen Grundrechte inhaltlich an den Menschenrechten zu orientieren: „*Als Beispiel solch orientierungsloser Verwirrung und Vermischung der Menschenrechtsproblematik mit den kirchlichen Grundrechten*" benennt *Aymans*, 1981, S. 187, dort Fn. 6, die Arbeit von *J. A. Coriden*, Die Menschenrechte

Das Recht der Kirche beinhaltet somit „*keine fromme Kopie der staatlichen Rechtsordnung*“,[108] sondern ein genuin kircheneigenes, theologisch begründetes [und begründbares] Recht mit spezifisch heilsbezogener Zwecksetzung, wobei „jegliches kirchliches Recht den notwendigen Heilsbezug aufweist.“[109]

Dies kann [auch vor dem Hintergrund des Selbstverständnisses der römisch-katholischen Kirche und ihrer ureigenen Strafgewalt[110]] auch als Ausdruck des Respekts vor der Friedensfunktion des Staates gesehen werden, der die Kirche von der Inanspruchnahme eines formellen Letztentscheidungsrechts als „eigene Angelegenheit“ Abstand nehmen lässt.[111]

Im Zusammenhang mit dem in Can. 1397 § 1 CIC eher fragmentarisch implementierten Rechtsgüterschutz durch den Codex Iuris Canonici (im Unterschied zur Referenznorm des Can. 19 UN-KRK) gilt vor diesem Hintergrund, dass es [infolge der Heilsbezogenheit des kanonischen Rechts als Fixpunkt des Rechtsgüterschutzes] primär den einzelnen Vertragsstaaten obliegt, den [strafrechtlichen] Rechtsgüterschutz innerstaatlich, d.h. territorial in ihrem jeweiligen Staatsgebiet, zu verwirklichen.[112] Diese Aufgabe vermag ein weit darüber hinaus und universell geltendes, staatenübergreifendes Kirchenrecht mit anderer teleologischer Zielsetzung als ein innerstaatliches Straf- und Sanktionenrecht, nicht bzw. nicht umfassend zu leisten, so dass sich die betreffenden Normen auf einen – unter Heilsgesichtspunkten das jeweilige intranationale Recht der einzelnen Signatarstaaten – flankierenden „Kernbereichsschutz“ beschränken dürfen, ohne (deshalb) die sich aus der UN-Kinderrechtskonvention sowie die aus der Wiener Vertragsrechtskonvention resultierenden Verpflichtungen (→ II.) zu verletzen.

cc) Divergierender Gesetzesbegriff im staatlichen und im kanonischen Recht

Während im bundesdeutschen staatlichen Recht unter dem Begriff „Gesetz“ – unabhängig von seiner inhaltlich-teleologischen Substanz – eher der formale Gehalt im Sinne einer nach Art. 76ff. GG (unter Beteiligung der hierfür vorgesehenen gesetzgebenden Körperschaften, Bundestag und Bundesrat bzw. die Landtage) zustande gekommenen Rechtsnorm verstanden wird, bedeutet „kirchliches Gesetz“ nach Aymans[113] „*eine auf die Förderung des Lebens der Communio ausgerichtete*

in der Kirche, Eine Frage der Glaubwürdigkeit und Authentizität, Conc 15, 1979, 234–239) sowie *Aymans*, 1981, S. 191.

108 → IV. 7. c) aa).

109 *Hahn*, BzMK 75, S. 241 (244, 246); zum Heilsbezug des kanonischen Rechts im Zusammenhang mit der Konzilskonstitution *Gaudium et spes* → I. 2. c); siehe auch *Czerner*, KST 76, Kap. I 1, III 1, und dort S. 24 und S. 69f.

110 Zur kirchlichen Strafgewalt siehe *Czerner*, KST 76, Kap. III 1a, S. 69ff., 148 (Punkt 4).

111 *Germann*, FS für Listl, KST 48, S. 627 (647).

112 Persönliche Mitteilung von Prof. Dr. *Markus Graulich* SDB am 5. Mai 2022.

113 *Aymans*, 1984, S. 193 (204).

und mit den Mitteln der Vernunft gestaltete allgemeine rechtsverbindliche Glaubensweisung, die von der zuständigen Autorität für einen bestimmten Personenkreis erlassen und gehörig promulgiert ist." Damit weist das „kirchliche Gesetz" weit über seinen formalen Entstehungszusammenhang hinaus und es beinhaltet wesensimmanent den Heilsbezug und den Aspekt der Communio im Sinne einer kirchlichen Heilsgemeinschaft, in deren Interesse kirchliche Normen erlassen werden (müssen). Dieser Unterschied zwischen Heilsordnung einerseits und Rechtsgüterschutz andererseits als divergierende Zielpunkte (mit großer Schnittmenge) wirkt sich daher nicht auf die Gültigkeit [d. h. auf den Geltungsanspruch der Menschenrechte im Sinne eines „Ob"], jedoch auf die Art und Weise der kirchenrechtlichen Thematisierung und Ausgestaltung aus.[114]

c) Originär strafrechtlicher Rechtsgüterschutz als hoheitliche Aufgabe aller Signatarstaaten – nicht eines Völkerrechtssubjekts sui generis (Heiliger Stuhl)

aa) Stärkere kanonische Implementation von Art. 19 UN-KRK de lege ferenda?

De lege ferenda könnte nach Vorgenanntem (dennoch, d. h. auch vor dem Hintergrund eines primär heilsbezognenen Rechtsgüterschutzes) der Schutz vor Gewalt aus Art. 19 UN-KRK dennoch auch auf kirchenrechtlicher Ebene [deutlicher] anerkannt und verankert werden.[115] Idealerweise könnte dies auf *normativer* Ebene, d. h. auf der Ebene des Codex Iuris Canonici (und nicht lediglich als Vademecum), erfolgen, z. B. in Can. 1397, § 1 CIC. Auch wenn das kirchliche Recht keine „Kopie" des staatlichen Rechts beinhaltet,[116] würde eine normative Explikation des Schutzes vor Gewalt, wie Art. 19 UN-KRK dies zum Ausdruck bringt, das römisch-katholische Kirchenrecht näher an die Menschenrechtsverbürgungen binden, zu denen sich der Heilige Stuhl als Signatar der UN-Kinderrechtskonvention und zugleich der Wiener Vertragsrechtskonvention völkervertraglich verpflichtet hat und es würde eine stärkere Entsprechung in der Konzils-Konstitution *Gaudium et spes* und in der Apostolischen Konstitution *Pascite gregem Dei* finden.[117]

---

[114] So berechtigt *Hilpert*, S. 253, dort im Zusammenhang mit der Verbindlichkeit der Menschenrechte auch in der Kirche.

[115] So z. B. auch *Wittmann*, Schweizerische Kirchenzeitung 2016, S. 226 (232).

[116] → IV. 7. b) bb) (2).

[117] → I. 2. c), III. 3. b), IV. 7. a).

bb) Primär staatlich-territoriale Transformationspflicht in Bezug auf die Signatare der UN-Kinderrechtskonvention

Aus den unterschiedlichen völkerrechtlichen Verpflichtungen zum Rechtsgüterschutz im staatlichen vs. kirchlichen Recht folgt, dass in erster Linie die jeweiligen Vertragsstaaten der Konvention die Umsetzung und die Wahrung der aus ihr resultierenden Kinderrechte territorial – auf dem Gebiet des jeweiligen Staatsgebietes – sicherzustellen haben. Diese klassisch-staatliche Aufgabe in Bezug auf den „Elementar-Rechtsgüterschutz" obliegt nicht primär der römisch-katholischen Kirche, obwohl der Codex Iuris Canonici einen weltumspannend-universellen Charakter aufweist und über die Konzils-Konstitution *Gaudium et spes* (→ I. 2. c)) eine weltumspannende menschenrechtliche Anbindung der Kirche gegeben ist. Jedoch spielt diese Universalität auch im Kontext von Misshandlung und Missbrauch letztlich und „lediglich" unter theologisch ableitbaren und begründbaren Heilsgesichtspunkten, nicht jedoch (bzw. weniger) unter dem Primat eines punitiv-repressiven Sanktionenrechts (als eine auch unter völkerrechtlichen Souveränitätsgesichtspunkten *inner*staatliche Aufgabe), eine Rolle.

„*Wenn sich herausstellt, dass Staaten nicht in der Lage sind, Schutz vor schweren Menschenrechtsverletzungen zu garantieren, steht es der internationalen Gemeinschaft zu, mit den von der Charta der Vereinten Nationen und anderen internationalen Übereinkommen vorgesehenen rechtlichen Mitteln einzugreifen*" – diese Aussage von Papst Benedikt XVI. vor der Generalversammlung der Vereinten Nationen anlässlich seiner apostolischen Reise in die USA am 18. April 2008 unterstreicht die Vorbild- und Vorreiterfunktion völkerrechtlich normierter Menschenrechte als staatliche Rechte. Jenen noch stärker und nachhaltiger zum Durchbruch (auch und gerade im jeweiligen innerstaatlichen Recht) zu verhelfen, sollte grundsätzlich auch Aufgabe des Codex Iuris Canonici sein, welcher, ohne unmittelbar in die nationale Souveränität der übrigen (195) Unterzeichnerstaaten einzugreifen, auf die weltumspannende Bedeutung auch und gerade von Kinderrechten für alle Konventions-Signatare – auch seinerseits *normativ* – hinzuweisen vermag.

Der kirchliche Verweis in das nationale Recht und eine zu starke Zurückhaltung kirchlicherseits im Hinblick auf die Etablierung von Schutzrechten auf der Ebene des Codex Iuris Canonici unter Berufung auf den (mehr oder weniger ausschließlichen) Heilsbezug des kirchlichen Rechts scheinen zwar der Bedeutung fundamentaler Menschenrechte und dem Umstand, dass der Heilige Stuhl als bereits vierter Signatar die UN-Kinderrechtskonvention gezeichnet hat, nicht wirklich vollumfänglich gerecht werden zu können. Jedoch ist in völkerrechtlicher Perspektive und vor dem Hintergrund des kirchlichen Selbstverständnisses der Status des Heiligen Stuhls als Völkerrechtssubjekt sui generis anzuerkennen[118] mit der Konsequenz, dass ihn als Signatar der UN-Kinderrechtskonvention (und auch der Wiener Vertragsrechtskonvention (→ II.)) nicht die gleichen völkerrechtlichen Ver-

[118] → I. 2. a), d), e), IV. 7. b).

pflichtungen treffen können wie die die 195 Konventions-Signatare, welche die „klassische" Völkerrechtssubjektivität besitzen und welche die Strafgewalt in Bezug auf ihr Territorium als Ausdruck ihrer staatlichen Souveränität im Hinblick auf den „Elementar-Rechtsgüterschutz" umzusetzen haben. Daher ist es folgerichtig, dass das *Vademecum* vom 5. Juni 2022[119] in Nr. 48b ausdrücklich und unter Verweis auf Art. 19 VELM [= Vox estis lux mundi] darauf hinweist, dass [kirchlicherseits] die staatlichen Gesetze zu respektieren sind.

Betrachtet man die (völkerrechtlichen) Artikel der UN-Kinderrechtskonvention als staatliche Gesetze – die sie spätestens mit der Transformation in das jeweilige nationale Recht der Signatarstaaten mit den in Kap. II beschriebenen Folgen unter Einbeziehung auch der Wiener Vertragsrechtskonvention geworden sind (vgl. Art. 59 II GG[120]) – lässt sich auch hieraus, wenn auch nicht mit normativer Geltung (des Vademecums) eine (zusätzliche und zumindest mittelbare) Bindungswirkung des Heiligen Stuhls an die UN-Kinderrechtskonvention folgern und könnte sich eine stärkere Umsetzung der von Art. 19 UN-KRK genannten Vorgaben zum Schutz vor jeglicher Form von Gewalt in den Codex Iuris Canonici ableiten lassen.

119 → IV. 5. b) aa) (1).

120 Siehe zur Transformationsklausel des Art. 59 II GG: *Czerner*, EuR 2007, S. 537 (539 [dort m. w. N. in Fn. 8 u. a. auf BVerfGE 1, 396 [410 f.]], S. 558 f.) zur Transformationsnorm und der innerstaatlichen Transformationswirkung von Art. 59 II GG.

V. Die UN-KRK als self executing- oder non-self-executing-Konvention vs. päpstliche Normeninterpretation nach Can. 16 CIC

1. Völker- und konventionsrechtliche Vorgaben aus Art. 4 UN-KRK und europarechtliche Referenznormen aus Art. 288 II, III EUV

a) Grundsätzliche Konventionspflichten aus Art. 4 UN-KRK

Nach Artikel 4 Satz 1 UN-KRK sind die Vertragsstaaten gehalten, zur Verwirklichung der in dem Übereinkommen anerkannten Rechte „alle geeigneten Verwaltungs- und sonstigen Maßnahmen zu ergreifen“. Einer solchen allgemeinen Verpflichtung bedarf es, weil das Übereinkommen sich [auch] durch die Ratifizierung in dem betreffenden Vertragsstaat nicht von selbst verwirklicht.[1] Insofern begründet Art. 4 KRK nicht lediglich Staatenverpflichtungen, sondern allgemeine Implementierungspflichten in Bezug auf Kinderrechte.[2] Damit steht Art. 4 S. 1 UN-KRK in systematisch-dogmatischer Perspektive in enger Verbindung zu den in Kap. II analysierten Artt. 26, 31 I i. V. m. dem dritten Präambelabsatz der Wiener Vertragsrechtskonvention betreffend die intra-nationale Transformation und Umsetzung eines völkerrechtlichen Vertrages.

Die grundsätzlichen Umsetzungspflichten lassen sich dahingehend skizzieren, dass die Vertragsstaaten der Konvention – und somit auch der Heilige Stuhl als Signatar –

- insbesondere dafür Sorge tragen müssen, dass die Prinzipien und Bestimmungen der UN-KRK [auf kirchlicher Ebene] anwendbar und durchsetzbar sind,[3]
- das gesamte nationale Recht [hier das gesamte kirchliche Recht] und die dazugehörige Verwaltungspraxis auf ihre Vereinbarkeit mit den Konventionsrechten überprüfen müssen – nicht nur einmalig, sondern kontinuierlich,[4]

---

[1] BT-Drs. 12/42 v. 24. 01. 1991 (Entwurf der Bundesregierung), S. 32, S. 36 zu Art. 4 Ziffer 1.

[2] Zutreffend *Cremer*, Kap. 3. 2. 2, S. 9, auf S. 11 mit ergänzendem Hinweis auf die Relevanz weit darüber hinaus gehender völkerrechtlicher Individualansprüche.

[3] *Schmahl*, KRK, Art. 4, Rdz. 2 m. Hinweis in Fn. 5 auf CRC [Committee on the Rights of the Child], General Comment No. 5, CRC/C/GC/2003/5, 2003, Rnn. 1, 19 f.

[4] *Schmahl*, KRK, Art. 4, Rdz. 4 m. w. N. Im rechtsvergleichenden Zusammenhang mit dem Europarecht erschöpft sich die richtlinienkonforme Auslegung bzw. die Anpassung an das jeweilige nationale Recht nicht in dem [singulären] korrekten legislativen Umsetzungsakt, ist also

– auch Gewohnheitsrecht und die Auslegung von religiösem Recht [– das ist der entscheidende Aspekt in Bezug auf die Interpretation des CIC[5]] in Einklang mit den Konventionsrechten gebracht werden müssen,[6] wobei es Verwerfungen infolge des kirchlichen Selbstverständnisses[7] geben kann (s. u.).

b) Umsetzungspflichten nach Art. 4 UN-KRK in Bezug auf self-executing- und non-self-executing-Normen

Der Grundsatz von Art. 4 UN-KRK mit seiner genuinen Umsetzungsverpflichtung ist im Hinblick auf die ausgewählten Konventionsrechte auszudifferenzieren, was insbesondere für den Heiligen Stuhl als Doppel-Signatar von UN-Kinderrechtskonvention und Wiener Vertragsrechtskonvention (→ II.) Bedeutung hat:

Auch wenn Art. 4 UN-KRK eine unmittelbare Verpflichtung der Vertragsstaaten zur Verwirklichung aller in der Konvention enthaltenen Rechte impliziert,[8] ist dennoch in Bezug auf eine (un-)mittelbare Befolgungs- bzw. Umsetzungspflicht (zumindest einzelner UN-KRK-Normen) zunächst festzustellen, ob es sich um

– *Self-executing*-Bestimmungen handelt (z. B. Art. 2 I, Art. 3 I, Art. 6 I, Art. 7, Art. 12 und Art. 40 UN-KRK), welche eine unmittelbare Anwendbarkeit erzeugen, da sie nach Inhalt Zweck und Wortlaut hinreichend genau und bestimmt formuliert sind[9] (– strukturell entspricht dies auf europarechtlicher Ebene der Verordnung nach Art. 288 II EUV (Vertrag über die Europäische Union), welche allgemeine Geltung hat, die in allen ihren Teilen verbindlich ist und welche

---

keine einmalige, nach Inkrafttreten der Richtlinie sich ergebende [und mit Inkrafttreten eines aufgrund der Richtlinie erlassenen Gesetzes „erledigte"] Aufgabe, sondern sondern eine fortdauernde Verpflichtung, die den Gesetzgeber bei seiner künftigen Tätigkeit bindet (*Roth/Jopen*, in: Riesenhuber, § 13, Rdz. 5, S. 266).

[5] *Czerner*, KST 76, vor allem Kap. II zu den Auslegungsmethoden im CIC, welche gemäß der vom Heiligen Stuhl anerkannten Kindeswohl-Maxime nach Art. 3 i. V. m. der Umsetzungsverpflichtung der Signatarstaaten nach Art. 4 UN-KRK auch in Bezug auf die Konvention hin geprägt und derart verstanden werden sollten, um den CIC UN-KR-konventionskonform bzw. „konventionsfreundlich" zu interpretieren. Nach Maßgabe von Art. 31 I WVK i. V. m. Artt. 26 f. WVK ist die UN-KRK im Kontext des CIC entsprechend ihren „Bestimmungen [und der] in ihrem Zusammenhang zukommenden Bedeutung und im Lichte ihres Zieles und Zweckes auszulegen." Auf diese Weise lässt sich – auch im Hinblick auf die Einstufung von Art. 3 UN-KRK als Völkergewohnheitsrecht nach Art. 38 lit. b IGH-Statut (→ I. 1., 2. a)) – eine UN-KRK-konforme Auslegung des CIC erzielen. – Zum elterlicherseits behaupteten „religiösen" Recht im Zusammenhang mit der Beschneidung → III. 1. b) bb) 2.

[6] *Schmahl*, KRK, Art. 4, Rdz. 8 m. Hinweis in Fn. 28 auf CRC, Concluding Observations, Libya, CRC/C/15/Add.209, Rn. 8 lit. b; Holy See, CRC/C/VAT/CO/2, 2014, Rn. 14.

[7] Zum Selbstverständnis der römisch-katholischen Kirche: → I. 2. a), d), e), II. 5., III. 1. b) bb), IV. 5. b) aa), (1), 7. b) aa), VI. 3. sowie *Czerner*, KST 76, Kap. I 1, III 1a, S. 23–25, 69 f.

[8] So *Schmahl*, KRK, Art. 4, Rdz. 1 m. Hinweis in Fn. 1 auf CRC [Committee on the Rights of the Child], General Comment No. 19, CRC/C/GC/19, 2016, Rn. 18 f.

[9] *Schmahl*, KRK, Einleitung, Rdz. 26, dort m. w. N. in Fn. 138.

unmittelbar in jedem Mitgliedstaat gilt [d. h. nach bundesdeutschem Rechtsverständnis ist dafür keine innerstaatliche Transformation nach Art. 59 II GG notwendig, um im bundesdeutschen Recht Anwendung finden zu können]), oder um

– *Non-self-executing*-Bestimmungen handelt, welche den Staat lediglich dazu verpflichten, gesetzliche Regelungen zur Umsetzung der (gegenüber den self-executing-Bestimmungen vergleichsweise unbestimmten) UN-Konventions-Normen zu erlassen und jene jeweils innerstaatlich zu konkretisieren.[10] Den Signatarstaaten ist auf diese Weise durch die Schaffung von *non-self-executing*-Bestimmungen eine zumindest partielle inhaltliche Autonomie zur Rechtsetzung in Bezug auf das „Wie" eingeräumt. Das „Ob" in Bezug auf die Rechtssetzung ist hingegen den Signatarstaaten durch die Existenz der betreffenden UN-Konventions-Norm vorgegeben. Strukturell entspricht dies auf europarechtlicher Ebene der Richtlinie nach Art. 288 III EUV, wonach die EU-Mitgliedstaaten hinsichtlich des zu wählenden Mittels (betreffend das „Wie") in Bezug auf die jeweilige – obligatorische – innerstaatliche Umsetzung der von ihnen zu transferierenden Richtlinie frei sind.

2. Autonome Interpretation und Umsetzung der self- und non-self-executing-Bestimmungen nach Art. 4 UN-KRK durch den Heiligen Stuhl als UN-Konventions-Signatar und mögliche Verwerfungen mit Can. 16 CIC

Die vorgenannten, spezifischen und aus Art. 4 S. 1 UN-KRK resultierenden (und durch die Wiener Vertragsrechtskonvention, Artt. 26, 31 I i. V. m. dem dritten Präambelabsatz WVK zusätzlich verstärkten) Umsetzungspflichten im Hinblick auf *Non*-self-executing-Bestimmungen sowie in Bezug auf *Self-executing*-Bestimmungen gelten grundsätzlich auch für den Heiligen Stuhl als Signatar der UN-Kinderrechtskonvention.[11] Allerdings könnten sich in kirchenrechtlicher Perspektive insbesondere im Zusammenhang mit der völkerrechtlichen Souveränität des Heiligen Stuhls[12] sowie im Rahmen der sog. authentischen wie der forensischen Auslegung nach Can. 16 CIC[13] vor allem bei *Self-executing*-Bestimmungen im Hinblick auf eine konventionskonforme CIC-Interpretation Verwerfungen erge-

---

[10] *Schmahl*, KRK, Einleitung, Rdz. 27, dort m. w. N. in Fn. 143. Zum Charakter der UN-KRK als non-self-executing-Text (v. a. in Bezug auf Art. 4 S. 1 UN-KRK) siehe *Cremer*, Kap. 6. 3. 2, S. 17, dort m. w. N. in Fn. 66 auf *Jeand'Heur*, Verfassungsrechtliche Schutzgebote zum Wohl des Kindes und staatliche Interventionspflichten aus der Garantienorm des Art. 6 Abs. 2 Satz 2 GG, 1993, S. 189 ff.

[11] → I. 2., II. 2.–7., III. 3. a), IV.

[12] → I. 2., IV. 7.

[13] Zur authentischen und forensischen Interpretation kanonischer Normen nach Can. 16 CIC, auch in Fällen der kanonischen Normenkonkurrenz und Normenkollision: *Czerner*, KST 76,

ben, wenn kinderschützende Normen im Codex Iuris Canonici durch den Papst als Inhaber der Interpretations- und Jurisdiktionsgewalt[14] inhaltlich anders bestimmt bzw. ausgelegt werden, als es der – maßgeblich vom Kindeswohl-Vorrang nach Art. 3 UN-KRK und zusätzlich durch deren Eigenschaft als Völkergewohnheitsrecht nach Art. 38 lit. b IGH-Statut dominierten[15] – teleologischen Zielsetzung der – insoweit nicht verhandelbaren (arg. ex Art. 51 II UN-KRK i. V. m. Art. 19 lit. c WVK[16]) – *Self-executing*-Norm(en) der UN-Kinderrechtskonvention entspricht. Von der Interpretation und Umsetzung kinderschützender Normen durch den Heiligen Stuhl als Signatar der UN-Kinderrechtskonvention werden demnach Art und Wirk-Intensität der UN-Konventionsvorgaben auf gesamtkirchlicher Ebene[17] ganz maßgeblich abhängen.

dort Kap. II 2d–h, S. 55, dort m. w. N. in Fn. 37 auf Rosalio José Castillo Lara zum „Begründungsverbot" im Kontext päpstlicher Interpretationen, Kap. VIII Nr. 2, 4, 23, 27 incl. der Abbildung „*Auslegung der Strafzwecke im kanonischen Recht*", S. 157. Im Zusammenhang mit der authentischen Interpretation spielt auch das bereits im Römischen Recht unter Kaiser Justinian bestehende Kommentierungsverbot in Bezug auf die Digesten, um das Wiederaufleben alter Streitfragen zu verhindern (*Söllner*, S. 138), eine große Rolle (*Czerner*, KST 76, Kap. II 2d, aa, S. 51, dort Fn. 31, sowie Kap. II 2d, cc, S. 55, dort m. w. N. in Fn. 37 zu Justinian).

[14] Zum päpstlichen Interpretations- und Jurisdiktionsprimat siehe *Czerner*, KST 76, dort Kap. I 1 (S. 23), II 1 (S. 30), 2 Fn. 3 (S. 32), Kap. II 2c, bb Fn. 10, Kap. II 2d, bb (S. 37), cc (S. 55), Kap. III 1a (S. 69), Kap. V 4 (S. 120), Kap. VII 1f (S. 128), 4c (S. 142), VIII 4, 25 (S. 147 ff.).

[15] → I. 1., I. 2. a), III. 2.

[16] → II. 5.–7.

[17] → I. 2. d) cc).

VI. „Specifica Romana“: Can. 1399 CIC als (positivrechtliche) Transformationsnorm in überpositives (Natur-)Recht zur UN-Kinderrechts-konformen CIC-Ausgestaltung

1. Ausgangssituation: Normative Defizite im Codex Iuris Canonici und naturrechtliche Lösungsoption

Als Signatar der UN-Kinderrechtskonvention ist der Heilige Stuhl völkerrechtlich an die Konvention gebunden, d. h. an deren positivrechtlich formulierten Normen. Völkerrechtlich flankiert wird diese Bindungswirkung zum Schutz der Konventionsrechte neben der völkergewohnheitsrechtlich konnotierten (Art. 38 lit. b IGH-Statut) Kindeswohlmaxime nach Art. 3 UN-KRK und der Umsetzungspflicht aus Art. 4 UN-KRK zudem durch die Artt. 26, 31 I i. V. m. dem dritten Prämbelabsatz der Wiener Vertragsrechtskonvention sowie durch ein tendenziell restriktives Vorbehaltsregime nach Art. 51 II UN-KRK i. V. m. Art. 19 lit. c WVK,[1] um den Kinderschutz nicht durch einzelne Signatare aushöhlen zu lassen. Voraussetzung für diese Bindungswirkung und genuine Transformationsverpflichtung ist, dass es sich hierbei um die Umsetzung *positiv*rechtlich formulierter Konventionsrechte handelt, welche sich demnach im Codex Iuris Canonici wegen des Bestimmtheitsgrundsatzes[2] explizit wiederfinden lassen (müssen). Dies ist mit der Umsetzung der Konventionsvorgaben aus den Artt. 19, 34 UN-KRK grundsätzlich gegeben (→ IV.).

Die Analyse jener vorgenannten Normen hat jedoch offenbart, dass insbesondere Art. 19 UN-KRK eine nur schwache, fragmentarische Anbindung an das kanonische Recht (Can. 1397 § 1 CIC) erhalten hat.[3]

Obwohl Art. 34 UN-KRK nach hier vertretener Ansicht mit der Formulierung von Can. 1398 CIC eine Transformation in das Kirchenrecht gefunden hat, wird die (theologische bzw. theologisch-viktimologische) Zuordnung zum Sechsten Gebot kritisiert.[4]

---

1 → I. 2., II., IV. 3., V. 1. a).

2 Zum Bestimmtheitsgrundsatz im kanonischen Recht: *Czerner*, KST 76, Kap. III 2a (S. 80), VI (S. 122), VII (S. 123, 126 f.).

3 → IV. 4., 6., 7.

4 → III. 3. b) cc), IV. 5. b).

Sollten sich hieraus sowie infolge eines defizitären „normativen Wirkungsgrades“ des Vademecums sowie des Motu proprio *Vos estis lux mundi* (beide Fassungen[5]), des Motu proprio *Come una madre amorevole* und der Apostolischen Konstitution *Pascite gregem Dei*[6] Regelungslücken ergeben, welche durch Can. 1398 und durch Can. 1397 § 1 CIC nicht bzw. auch durch eine entsprechende teleologisch-extensive Interpretation der Strafnormen[7] nicht hinreichend geschlossen werden können, ist an eine analoge Rechtsanwendung nach Can. 1399 CIC zu denken, um den beabsichtigten Rechtsgüterschutz auf kanonischer Ebene, soweit unter Wahrung des kirchlichen Selbstverständnisses möglich (→ IV. 7.), abbilden zu können.

Die Glaubwürdigkeit der kirchlichen Gesetzgebung und der Kirche scheint danach zu verlangen, für jene Kirchenmitglieder, die für eine schwerwiegende Verletzung der Menschenrechte die Verantwortung tragen, ausdrücklich mit Kirchenstrafen zu „bedrohen“[8] bzw. zu belegen – falls dies unter Rekurs auf positives Recht nicht möglich ist, im Wege der analogen Rechtsanwendung Gerechtigkeit „herzustellen“. Das bedeutet: Sollten sich spezifische, Kinder schädigende Verhaltensweisen im Zusammenhang mit sexuellem Missbrauch und/oder Gewalt i. W. S.[9] kirchenrechtlich nicht (hinreichend) erfassen lassen, könnte unter der besonderen Ausnahmesituation des Can. 1399 CIC unter den dort genannten Voraussetzungen ein Rekurs auf das überpositive Recht[10] eine Möglichkeit zur Sanktionierung bieten. Das Naturrecht dient hierbei als kinderschützendes Regulativ gegenüber dem – vergleichsweise – restriktiv gefassten positivrechtlichen kanonischen Instrumentarium (v. a. Can. 1397 § 1 CIC), um die u. a. aus Artt. 19, 34 UN-KRK i. V. m. Artt. 3, 4 UN-KRK (i. V. m. Artt. 26, 31 I i. V. m. dem dritten Präambelabsatz der WVK) bestehenden völkerrechtlichen Verpflichtungen zu erfüllen, wenn und soweit normative Regelungsdefizite gegeben sind.

---

[5] → III. 3. b) cc), IV. 5. b) aa) (1).

[6] → III. 3. b), IV. 7. a).

[7] Zur Interpretation der kirchlichen Strafzwecke mittels des Auslegungskanons siehe *Czerner*, KST 76, dort insbesondere Kap. II, S. 30–68.

[8] *Aymans*, 1981, S. 185 (191).

[9] → III. 3. b), IV. 4., 5.

[10] *Czerner*, KST 76, dort Kap. III 2a (S. 80), Kap. VI (S. 122) zum kanonistischen Bestimmtheitsgrundsatz und Kap. VII (S. 123 ff. zu Can. 1399 CIC) als „kanonistische Transformationsklausel“ (→ VI.). *Hierold*, S. 171 (179), fordert unter Bestimmtheitsaspekten eine exakte Umschreibung des Tatbestandes des Missbrauchs von Kindern und Jugendlichen [welche, um diese Aussage zu konkretisieren, letztlich auf normativer Ebene erfolgen muss] → IV. 5. a) bb).

2. Grundsätzliche Bedeutung von Can. 1399 CIC für das kanonische Recht und für die Schutzgewährung nach der UN-Kinderrechtskonvention

Die normativen Regelungslücken, die durch eine Nicht-Kodifikation eines spezifischen Sachverhaltes bzw. einer spezifischen Situation in Verbindung mit dem Analogieverbot entstehen können,[11] sollen in hochspezifischen Ausnahmefällen,[12] die unter Gerechtigkeitsgesichtspunkten im Falle ihrer dezidierten Nicht-Regelung zu unerträglichen Ergebnissen führen würden, durch die Überleitung in das überpositive Recht mittels Can. 1399 CIC auf dieser überpositiven/naturrechtlichen Ebene jenseits positiven Rechts gelöst und einem nicht zuletzt unter Gerechtigkeitsaspekten akzeptablen Ergebnis zugeführt werden können (arg. ex Cann. 1311 § 2 i. V. m. 1752 CIC).[13] Dies gilt auch vor dem kirchenhistorischen Hintergrund, dass das Naturrecht in der kirchlichen Rechtswissenschaft und in der Moraltheologie seit dem Decretum Gratiani (1140) als das „sein sollende Recht" diskutiert wird.[14] Nur für die Fälle einer Nicht-Regelung eines spezifischen Sachverhaltes ist eine Außerachtlassung des Analogieverbotes nach Can. 19 CIC i. V. m. Can. 221 § 3 CIC überhaupt diskutabel.

---

[11] *Czerner*, KST 76, Kap. II 2e (S. 56).

[12] Um einen „Ausnahmefall" in Bezug auf die Anwendung von Can. 1399 CIC handelt es sich deshalb, weil das System einer Kodifikation grundsätzlich, d. h. in der Regel, davon ausgeht, dass der Gesetzgeber im vorhinein jeden möglichen künftigen Fall regelt (so *Aymans/Mörsdorf/Müller*, § 183, S. 248 [dort m. w. N. in Fn. 1 auf R. Gottero, La „norma generale" del diritto penale canonico, can. 1399: QuDEccl. [Quaderni di Diritto Ecclesiale] 10, 1997, 343–354, auf *G. di Mattia*, Equità e riserva di legge nel diritto penale canonico, Cann. 221 § 3 e 1399: Le sanzioni nella Chiesa. XXIII Incontro di Studio Abbazia di Maguzzano, Lonato, Brescia, Milano 1997, 89–11 und auf *Rees*, Die strafrechtliche Generalklausel des c. 1399 des Codex Iuris Canonici: Iuri canonico promovendo, FS Heribert Schmitz, 1994, S. 373–394). – Bei der Anwendung von Can. 1399 CIC muss es sich also um eine Regel-Abweichung, d. h. um einen empirischen Ausnahmefall, handeln (→ VI. 2. b)).

[13] *Czerner*, KST 76, Kap. VII 1 (S. 127). Zur Auslegungsdirektive in Cann. 1311 § 2, 1752 CIC: *Czerner*, KST 76, Kap. I 1, II 1, III 1c, VII 1c, VIII 1, 2, 4, 20, 23, 27, S. 23, 30, 74, 126, 147 ff. – *Ludwig*, S. 40, weist auf die Bedeutung des Naturrechts als „unabdingbarer Pfeiler einer umfassenden Menschenrechtsbegründung" hin, so dass neben der Konzils-Konstitution *Gaudium et spes* (→ I. 2. c)) auch hieraus ein menschenrechtlicher Schutzanspruch auf eine überpositive Rechtsfindung abgeleitet werden kann bzw. muss, obwohl bzw. weil jener in bestimmten Fällen nicht positivrechtlich ausformuliert ist. In seiner Rede vor der Generalversammlung der Vereinten Nationen anlässlich seiner apostolischen Reise in die USA am 18. April 2008 erklärte Papst Benedikt XVI., die Grundlage der Menschenrechte führten „in das Naturrecht, das in das Herz des Menschen eingeschrieben und in den verschiedenen Kulturen und Zivilisationen gegenwärtig ist." Die normative Kraft der Verbindung von Völkerrecht und Religion offenbart sich in der Verstärkung der Bindungswirkung des Rechts (*Ludwig*, S. 233), auch im Sinne eines optimierten Rechtsgüter- und Opferschutzes – sowohl auf der Ebene des menschen- bzw. konventionsrechtlichen Elementar-Rechtsgüterschutzes, *als auch* auf der Ebene des heilsbezogenen kanonischen Rechts (→ IV. 5. a) cc), *Czerner*, KST 76, S. 15 m. w. N.).

[14] *Loretan*, S. 41 (47 f.).

Can. 1399 CIC lautet:

„Außer den Fällen, die in diesem oder in anderen Gesetzen geregelt sind, kann die äußere Verletzung eines göttlichen oder eines kanonischen Gesetzes nur dann mit einer gerechten Strafe belegt werden, wenn die besondere Schwere der Rechtsverletzung eine Bestrafung fordert und die Notwendigkeit drängt, Ärgernissen zuvorzukommen oder sie zu beheben.“

a) Bedürfnis nach einer überpositiven Kompensation von Sanktionsdefiziten bei Gewalt- und Missbrauchsdelikten mittels Can. 1399 CIC

Strafverfahren (in Anbindung an das positivierte Strafrecht des Liber VI) dienen [nicht nur] der Sicherung der kirchlichen Disziplin und sie tangieren [nicht nur] den „guten Ruf“ und die subjektiven Rechte des Beschuldigten,[15] sondern sie dienen neben dem Versuch der „Wiederherstellung von Gerechtigkeit“ (i. S. der absoluten Straftheorie) vor allem dem Schutz vor weiterer Viktimisierung desselben oder anderer Opfer durch den Täter (negative Individualprävention[16]). Insofern stehen kirchenrechtliche Strafverfahren im Dienst der tertiären Kriminalprävention anlässlich bereits begangener Straftaten, wobei der Schutz potenzieller Opfer besondere Beachtung verdient.[17] Zugleich gilt es dabei nicht nur, den „guten Ruf“ des Beschuldigten vor einer möglicherweise ungerechtfertigten Anschuldigung zu wahren, sondern den Ruf der römisch-katholischen Kirche vor dem Vorwurf zu schützen, sie achte menschenrechtliche Mindeststandards in nicht genügendem Maße. Sofern die hierfür erforderlichen positivrechtlichen Regularien nicht vorhanden oder ein nur fragmentarischer heilsbezogener Rechtsgüterschutz auch durch extensive Interpretation nicht zu gewährleisten sein, muss die naheliegende Frage nach einer „Lückenschließung“ im Wege überpositiven Rechts nach Maßgabe von Can. 1399 CIC gestellt werden.

Insbesondere im Zusammenhang mit dem Missbrauch Minderjähriger und der Notwendigkeit einer auch strafrechtlichen Aufarbeitung durch das Kirchenrecht betont der Untersekretär des Dikasteriums für die Gesetzestexte, Prälat Prof. Dr.

---

[15] *Althaus*, S. 31. Zum Ablauf kirchlicher Strafverfahren und der daran beteiligten Amtsträger siehe instruktiv *Rieger* (MThZ 2023, S. 51 [58 ff.]). Zum Status des Beschuldigten auch *Rehak*, in: Meckel u. a., S. 177 (182, dort m. w. N. in Fn. 12 auf *Raúl Román Sánchesz*, La investigación previa al proceso penal canónico y la defensa dal acusado: REDC [Revista españiola de derecho canónico, Salamanca 1946] 74, 2017, 217–236 sowie auf *Damián G. Astigueta*, La transparenza e il diritto di difesa: PerRCan [Periodica de re canonica, Roma, 1991] 109, 2020, 536–547, auf *Phillip J. Brown*, The Right of Defense and Due Process: Fulcrum of Justice, Heart of the Law, StCan 52, 2018, 319–329 und auf *John Anthony Renken*, The Canonical Rights of Those Accused oft he Delict of Sexual Abuse, StCan 54, 2020, 221–264).

[16] Zu den divergierenden Strafzwecken → IV. 5. a) cc) sowie *Czerner*, KST 76, dort S. 15 (tabellarische Übersicht m. w. N.).

[17] Zum Opferschutz → III. 3. b), IV. 4. a) bb), 5. a) cc), b) aa) (3), 6., 7., VI. sowie *Czerner*, KST 76, dort Kap. III 2 sowie S. 15, 63, 66, 74, 78, 80, 98, 105, 125, 132, 147, 151, 153, 160.

Markus Graulich,[18] dass es strafbare [auch im Sinne von als strafwürdig angesehene] Handlungen geben kann, die noch nicht von der kirchlichen Rechtsordnung erfasst worden sind und welche als besonders schwere Rechtsverletzung dennoch über Can. 1399 CIC bestraft werden können.

Die Bezugnahme auf überpositives Recht erfolgt dabei nicht „frei-schöpferisch" in einem (wie auch immer gearteten) „rechtsfreien Raum", sondern sie erfolgt stets und nur im (positivrechtlichen) Kontext und unter dem positivrechtlichen Primat und in den Schranken von Can. 1399 CIC. Dabei gilt es zu beachten, dass Can. 1399 CIC den Nulla-poena-Grundsatz durchbricht.[19] – Keinesfalls dient Can. 1399 CIC dazu, „unliebsame" Resultate infolge restriktiver Strafnorm-Interpretation (Cann. 18, 1317, 1318 CIC)[20] zu „korrigieren". Dafür existieren, soweit kirchenrechtlich zulässig, die Rechtsschutzmöglichkeiten in Can. 1353 CIC.[21]

b) Strafzweckindiziertes überpositives Recht zwischen Bestimmtheitsgrundsatz und Analogieverbot: Cann. 19, 1311 § 2 CIC i. V. m. Can. 221 § 3 CIC

Wenn und solange die normative Explikation von Kinderrechten im kanonischen Recht nicht hinreichend erfolgt ist, kann Rückgriff auf die in das überpositive Recht führende Vorschrift des Can. 1399 CIC genommen werden, um Strafbarkeitslücken, insbesondere im Interesse eines möglichst umfassenden Opferschutzes, auf der Ebene des kanonischen Rechts zu schließen.

Can. 1399 CIC enthält eine Blankettstrafnorm für ein zwar (auch und gerade kirchenrechtlich) als strafwürdig angesehenes Verhalten, das jedoch im CIC nicht explizit normiert und daher – nach dem auch kirchenrechtlich geltenden Bestimmtheitsgrundsatz – grundsätzlich nicht sanktioniert werden kann.[22] Mit der Vorschrift des Can. 1399 CIC löst sich die positivrechtlich verankerte Sanktionsbindung insoweit vom Bestimmtheitsgrundsatz des Can. § 1311 § 2 CIC i. V. m. Can. 221 § 3 CIC, nach welchem die Strafen „*nach den Vorschriften des Gesetzes […] verhängt und festgestellt werden*". In Bezug auf Strafsachen löst sich Can. 1399 CIC nur in besonderen und von dieser Norm – positivrechtlich – definierten Ausnahmefällen[23] vom strafrechtlichen Analogieverbot des Can. 19 CIC. Dies bedeutet insbesondere auch für die kirchenrechtliche Implementierung des UN-Kinderschutzes:

---

[18] *Graulich*, in: Graulich/Hallermann, S. 216 (zu Can. 1399 CIC) sowie *Graulich*, S. 13 (14). Allgemein zum möglichst lückenlosen (staatlichen) Strafrechtsschutz: *Rehak*, in: Meckel u. a., S. 177 (193, dort m. w. N. in Fn. 48 sowie auf Fnn. 32, 37).

[19] *Rees*, KST 41, Kap. II 2d, S. 75.

[20] *Czerner*, KST 76, Kap. II 2g (S. 60), III 7 (S. 103).

[21] *Czerner*, KST 76, Kap. V (S. 118 m. w. N.).

[22] Hierzu *Czerner*, KST 76, Kap. III 2a (S. 80), VI (S. 122), VII (S. 123, 126 f.).

[23] *Czerner*, KST 76, Kap. VII 1 (S. 127).

Can. 1399 CIC kann – abweichend vom kirchenrechtlichen Bestimmtheitsgrundsatz – für besondere Ausnahmefälle und nur unter den dort genannten restriktiven Bedingungen einer „besonders schweren Rechtsverletzung" (um die – grundsätzlich bestehende – Gesetzesbindung des Can. 1311 § 2 CIC i. V. m. Can. 221 § 3 CIC sowie an das strafrechtliche Analogieverbot des Can. 19 CIC nicht zu unterlaufen) eine außergesetzliche, d. h. überpositive Lösung vorsehen, wenn die Schwere der Rechtsverletzung eine Bestrafung erfordert (= absolute Straftheorie im Sinne des Schuldausgleichs) und die Notwendigkeit drängt, Ärgernissen zuvorzukommen oder sie zu beheben (im Sinne der positiven Generalprävention, hier zum Schutz des Ansehens der Institution Kirche und des Ansehens kirchlicher Ämter).[24]

3. Systematische Stellung von Can. 1399 CIC und normative „Anschlussfähigkeit" zur UN-Kinderrechtskonvention wie zur Wiener Vertragsrechtskonvention

Die systematische Stellung von Can. 1399 CIC als letzte kanonische Strafnorm spricht zudem für eine Einbeziehung dieser Norm in den Abschnitt über die Würde und Freiheit des Menschen.[25] Die Straftaten in Bezug auf den sexuellen Missbrauch und auf die Misshandlung haben in systematischer Perspektive eine überpositive, naturrechtliche Anschlussmöglichkeit gefunden. Dies entspricht sowohl der über Art. 38 lit. b IGH-Statut als Völkergewohnheitsrecht „geadelten" Kindeswohlmaxime von Art. 3 UN-KRK, als auch der Umsetzungsverpflichtung nach Art. 4 UN-KRK und zugleich den weiteren völkerrechtlichen Transformationsverpflichtungen aus den Artt. 26, 31 I i. V. m. dem dritten Präambelabsatz der Wiener Vertragsrechtskonvention. Dass diese Konventionsvorgaben „lediglich" bzw. „nur" (im Sinne von ausschließlich) überpositiv und (noch) nicht unmittelbar mit den Strafnormen des Codex Iuris Canonici aus Liber VI gelöst werden können, ist vom Ergebnis her betrachtet, nicht „schädlich" – entscheidend ist, *dass* (im Sinne

---

[24] → IV. 5. a) cc) – nach *Neumann*, BzMK 82, 203 (217, dort in den Fnn. 67, 68 in Bezug auf lateinisch-deutsche und kanonistische Wörterbücher) sei dieser Strafzweck (*scandali reparationem*) eher mit „Wiederherstellung" bzw. mit „Erneuerung" oder mit „Ausbesserung" und „Wiedergutmachung" zu übersetzen, da es um die Heilung des Ärgernisses, keinesfalls [!] um die Abwendung des Schadens für den Ruf der Kirche gehe. – Zum Begriff des „Ärgernisses", des „Skandals", welcher nur entstehen könne, wenn er öffentlch wahrgenommen werde und dass das Gebot der Skandalvermeidung in der mittelalterlichen Kanonistik letztlich im Gebot der Nächstenliebe gründe; demgegenüber könne sich die Tendenz zur Skandalvermeidung im Sinne der Vertuschung könne sich als sehr verhängnisvoll erweisen und statt gewünschter Schadensbegrenzung werde der Skandal dadurch noch größer: *Guth*, Festschrift für Geringer, S. 121 (124, dort m. w. N. in Fn. 18 auf *Stephen L Vileo*, A Theological Analysis of Scandal in the Summa Theologiae of St. Thomas Aquinas, Rom, 1993, 264, *Guth*, a. a. O., S. 127).

[25] Siehe *Hack*, in: Meckel u. a., S. 73 (97 – dies könne als Ausdruck einer wachsenden Sensibilität gesehen werden) → IV. 5. b)).

eines „ob überhaupt") die in Kap. VI. 1. beschriebenen Strafbarkeitslücken und die damit zwangsläufig korrespondierenden Sanktionsdefizite kirchlicherseits wahrgenommen und, soweit nach dem kirchlichen Selbstverständnis[26] möglich, mit dem Instrumentarium des Can. 1399 CIC überpositiv geschlossen werden. Auf diesem Wege könnte insbesondere im Zusammenhang mit Gewalt und sexuellem Missbrauch gegenüber Kindern und Jugendlichen ein verbesserter Opferschutz – trotz bzw. auch wegen der Wesensverschiedenheit und der Inkongruenz des staatlichen und des kirchlichen Rechtsgüterschutzes – gewährleistet werden und somit im Wege des „überpositiven Lückenschlusses" in der Schnittmenge zwischen staatlichem und kirchlichem Recht sowohl ein verbesserter Rechtsgüterschutz, als auch der Heilsbezug des kanonischen Rechts[27] optimaler zur Geltung gebracht werden.

4. Art. 19 UN-KRK – ein Anwendungsfall für Can. 1399 CIC?

Can. 1399 CIC kann nur auf vorsätzliche (ex dolo) Gesetzesübertretungen angewendet werden, d. h., der Täter muss sich seiner rechtswidrigen Handlungsweise bewusst gewesen sein und sie dennoch gewollt haben,[28] so dass die Vorwerfbarkeit evident ist. Die Rechtsverletzung muss zudem einen derartigen Schweregrad (specialis gravitas) erreicht haben, dass sie geradezu eine Bestrafung verlangt, zum anderen muss in kirchenrechtlicher Hinsicht ein Ärgernis eingetreten sein, das es zu beheben gilt. Auch wenn bei Fahrlässigkeitsdelikten schwerste Folgen auftreten können, ist das Sanktionierungsbedürfnis, anknüpfend an das individuelle „Dafürkönnen" und an das Maß verwirkter Schuld bei Vorsatztaten, ungleich höher – mit steigendem Unrechtsgehalt und subjektiver Vorwerfbarkeit der Tat[29] ist anzunehmen, dass das Sanktionsbedürfnis steigt. Mittels Can. 1399 CIC soll für Gerechtigkeit auch in gesetzlich nicht geregelten Fällen gesorgt werden. Als Hintergrund hierfür kann auch die *aequitas canonica*[30] – bzw. deren Umkehrschluss – angesehen werden, wobei die „Abmilderung der Härte des Gesetzes" im Zusammenhang mit Can. 1399 CIC auch zur Verschärfung bzw. zur naturrechtlichen (Neu-)Begründung kirchlicher Strafen zu sehen ist, um vom Codex Iuris canonici nicht erfasste Fälle kirchenrechtlich ahnden und die Täter, nicht nur im Interesse der Gerechtigkeit, sondern auch im Interesse eines möglichst umfänglichen Opferschutzes sanktionieren zu können.

---

[26] Zum kirchlichen Selbstverständnis → I. 2. a)–f), II. 5., III. 1. b) bb), IV. 5. b) aa) (1), 7. b) aa), V. 1. a), *Czerner*, KST 76, dort Kap. I 1, III 1a, S. 23–25, 69 ff.

[27] → IV. 7. b) bb).

[28] *Czerner*, KST, 76 Kap. III 3 (S. 83), VII 1, (S. 131).

[29] *Czerner*, KST 76 Kap. III 2b (S. 81), III 5a, bb und dort auch Fnn. 35, 36 (S. 91), VII 1 (S. 131 f.).

[30] Zum kanonistischen Rechtsprinzip der *aequitas canonica* siehe die Nachweise in *Czerner*, KST 76, S. 16 und inhaltlich vor allem dort in Kap. VII 1, S. 123 ff.

Etwaige Bedenken im Hinblick auf die damit gegebene Möglichkeit, gesetzlich nicht explizit normierte Verhaltensweisen unter Außerachtlassung des Bestimmtheitsgrundsatzes zu sanktionieren, können vor dem Hintergrund einer ohnehin restriktiven Anwendung des Can. 1399 CIC zumindest relativiert werden. Die Dominanz der Verwirklichung von überpositiver Gerechtigkeit kann situativ Einschränkungen auf dem Sektor der Normenklarheit und Normentransparenz durch Can. 1399 CIC begründete Ausnahmefälle zulassen bzw., je nach Gewichtung der unterschiedlichen Interessen im Kontext der Strafzwecke[31] – sogar gebieten[32].

5. Art. 34 UN-KRK – ein Anwendungsfall für Can. 1399 CIC?

Im Zusammenhang mit dem Schutz Minderjähriger vor sexuellem Missbrauch durch Can. 1398 CIC wurde die Zuordnung derartiger Delikte zum Sechsten Gebot kritisiert[33]. Die geäußerten Bedenken können verstärkt werden durch die Bezugnahme auf den nicht-normativen Text des Vademecums und des Motu proprio *Vos estis lux mundi* (beide Fassungen[34]) und der Apostolischen Konstitution *Pascite gregem Dei* sollten hierdurch – trotz der tatbestandlichen Fassung von Can. 1398 CIC i. w. S., d. h. auch im Hinblick auf die Apostolischen Schreiben *Vos estis lux mundi, Come una madre amorevole* und *Pascite gregem Dei* – auf kanonischer Ebene Regelungslücken und damit korrespondierende Sanktionsdefizite entstehen bzw. nach wie vor bestehen, vermag der Rekurs auf Can. 1399 CIC unter den dort genannten (positivrechtlichen) Voraussetzungen zumindest bedingt Abhilfe zu schaffen, um insbesondere im Bereich des sexuellen Missbrauchs und sexuell motivierter Gewaltdelikte einen möglichst vollumfänglichen Viktimisierungsschutz auch auf kirchenrechtlicher Ebene gewährleisten zu können.

6. Ergebnisse

a) Konventionsrechtliche Absicherung des Kinderschutzes nach Artt. 19, 34 UN-KRK auch durch Can. 1399 CIC

Der möglichst umfassende Schutz vor jedweder Form von Gewalt i. S. d. Art. 19 UN-KRK in Verbindung mit der kindeswohlpriorisierenden „Verstärkungsnorm" der self-executing-Vorschrift und völkergewohnheitsrechtlichen Norm des Art. 3 UN-KRK i. V. m. Art. 38 lit. b IGH-Statut sowie mit der Umsetzungspflicht gemäß

[31] → IV. 5. a) cc), 7.

[32] *Czerner*, KST 76 Kap. VII 1 (S. 132), (2, dort Fn. 24, S. 136 f.). Dies wurde vom BVerfG am 31. 10. 2023 gründlichst verkannt (→ III. 3. b) bb)).

[33] → III. 3. b) cc), IV. 5. b), 6.

[34] → III. 3. b) cc), IV. 5. b) aa) (1).

Art. 4 UN-KRK gewinnt die überpositive „Korrektur"(-möglichkeit) der Regelungslücke im CIC in Bezug auf den fragmentarisch umgesetzten Art. 19 KRK eine besondere Bedeutung. Anders formuliert: Ausschließlich unter Bezugnahme auf die Transformationsklausel von Can. 1399 CIC vermag die konventionsrechtliche Vorgabe von Art. 19 UN-KRK vom Heiligen Stuhl als Signatar der UN-Kinderrechtskonvention und der Wiener Vertragsrechtskonvention (Artt. 26, 27, 31 I i. V. m. dem dritten Präambelsatz der WVK) hinreichend umgesetzt werden zu können, welche sowohl diesen Normen, als auch Artt. 3, 4 UN-KRK entspricht. Can. 1399 CIC dient somit als überpositive Transformationsnorm der UN-Kinderrechtskonvention in das kanonische Recht.

b) Rechtsfolge aus der Anwendung von Can. 1399 CIC in Bezug auf Artt. 19, 34 UN-KRK

Als Straffolge ist im Falle der Anwendung von Can. 1399 CIC eine gerechte Strafe (iusta poena) zu verhängen, wobei Art und Angemessenheit in richterlichem Ermessen (bzw. im Ermessen des Ordinarius) liegen. In Ermangelung einer expliziten Strafnorm existiert hierbei eine nahezu unmittelbar anwendbare „Referenz"-Sanktion in Gestalt von Can. 1398 CIC i. V. m. dem Katholischen Katechismus (Nrn. 2351–2359) sowie dem Vademecum des Dikasteriums für die Glaubenslehre vom 5. Juni 2022,[35] so dass im Wege teleologisch-viktimobasierter Auslegung potentielle Opfer von Missbrauch auf der Ebene des kirchlichen Strafrechts – bei entsprechender Umsetzung – künftig umfassender geschützt werden können.

---

[35] → IV. 5. b) aa) (1).

VII. Conclusio: Der Heilige Stuhl als Doppel-Signatar der UN-Kinderrechtskonvention und der Wiener Vertragsrechtskonvention: Folgerungen für die Allianz von UN-Kinderrechtskonvention und Codex Iuris Canonici

1. Zusammenfassung der völkerrechtlichen und der kirchenrechtlichen Befunde

Aus der rechtsvergleichenden Analyse der *völkerrechtlichen Normen* der

- Kinderrechtskonvention der Vereinten Nationen (11. November 1989), der
- Wiener Vertragsrechtskonvention 1969/1977 und von
- Art. 38 I lit. b des Statuts über den Internationalen Gerichtshof (1945) und der

kirchenrechtlichen Normen (i. w. S.)

- Codex Iuris Canonici (i. d. F. v. 8. Dezember 2021)
- Apostolische Konstitution *Pascite gregem Dei* (23. Mai 2021)
- Motu proprio *Vos estis lux mundi* (7. Mai 2019 und 25.03.2023)
- Motu proprio *Come una madre amorevole* (4. Juni 2016)
- Konzils-Konstitution *Gaudium et spes* (7. Dezember 1965)
- Grundgesetz des Staates der Vatikanstadt vom 7. Juni 2023
- Katholischer Katechismus (Nr. 2351–2359 von 1997) und als nicht-normativen Text das
- Vademecum des Dikasteriums für die Glaubenslehre (5. Juni 2022)

lassen sich zur Beantwortung der Ausgangsfrage die folgenden Ergebnisse ableiten, wobei ein „Zwischenergebnis" jeweils den Ausgangspunkt zur Klärung für weitere völkerrechtliche und kirchenrechtliche Anschlussfragen im Hinblick auf die Implementation (bzw. der zumindest grundsätzlichen Implementierbarkeit) der UN-Kinderrechtskonvention auf der Ebene des kanonischen Rechts bildet:

1) Signatar der UN-Kinderrechtskonvention ist der Heilige Stuhl (→ I. 2. a), 3. Konstellation). Mit der Signatur durch den Heiligen Stuhl als übergeordnete

völkerrechtliche Verbandseinheit sind sowohl der Vatikan (als territoriale Verbandseinheit in Rom) als auch der Staat der Vatikanstadt umfasst (→ I. 2. a), 1., 2. und 3. Konstellation).

2) Die in Art. 3 UN-KRK verankerte Kindeswohlmaxime genießt nicht lediglich Konventionsrang als Gesetzestext der Vereinten Nationen, sondern sie beinhaltet zugleich Völkergewohnheitsrecht im Sinne von Art. 38 lit. b des Statuts über den Internationalen Gerichtshof (→ I. 1, 2. a), III. 2.). Damit stellt sie weltweit eines der substantiell wichtigsten und in Bezug auf ihren völkerrechtlichen Geltungsrang hochrangigsten Rechtssätze dar, welche zudem über Art. 4 UN-KRK (→ V.) unmittelbar konventionsrechtlich abgesichert ist und die daher für den Heiligen Stuhl als Signatar der UN-Kinderrechtskonvention eine besondere völkerrechtliche Verbindlichkeit entfaltet.

3) Der Heilige Stuhl ist auch Signatar der Wiener Vertragsrechtskonvention über den Abschluss, die Transformation und die Einhaltung völkerrechtlicher Verträge mit daraus resultierender grundsätzlicher Beachtungs-, Befolgungs-, Transformations- und (auch faktischer) Umsetzungspflicht völkerrechtlicher Verträge (→ II. 2.–7., V.). Damit tritt der Heilige Stuhl als Doppel-Signatar zweier hochbedeutender, universal geltender Rechtstexte auf. Die sehr hohe völkerrechtliche Wirkkraft der UN-Kinderrechtskonvention – vor allem über Artt. 3 UN-KRK i. V. m. Art. 38 lit. b IGH-Statut i. V. m. Art. 4 UN-KRK – wird durch die kumulativen völkervertraglichen Bindungswirkungen aus Artt. 26 und 31 I WVK in Verbindung mit dem dritten Präambelabsatz der Wiener Vertragsrechtskonvention deutlich intensiviert und dadurch mit einer zusätzlichen Transformationspflicht auch in Bezug auf den Codex Iuris Canonici ausgestattet, um die normative Etablierung des Kinderschutzes (auch) auf kirchenrechtlicher Ebene sicherstellen zu können. Der völkerrechtlich anerkannte Rechtsgrundsatz des *venire contra factum proprium nulli conceditur* (im Zusammenhang mit dem *Estoppel*-Prinzip) dient dazu, die Bindungswirkung (*pacta sunt servanda*) nach Artt. 26, 31 I i. V. m. dem dritten Präambelabsatz der Wiener Vertragsrechtskonvention abzusichern (→ II. 6. a) cc), dd)). Dies führt zu einem völkerrechtlichen Verbot konventions- und somit vertragswidrigen Verhaltens eines Signatars. Das gilt grundsätzlich auch für den Heiligen Stuhl als UN-Kinderrechtskonventions-Signatar und als Signatar der Wiener Vertragsrechtskonvention (→ I. 2., II.).

4) Zum Schutz elementarer Rechte Minderjähriger ist der völkervertragliche Schutz durch die UN-Kinderrechtskonvention darüber hinaus mit einem doppelten Vorbehaltsregime, einerseits unmittelbar konventionsrechtlich bzw. -immanent über Art. 51 II UN-KRK, andererseits im Rahmen des die UN-Kinderrechtskonvention flankierenden allgemeinen völkerrechtlichen Vertragsschutzes aus Art. 19 lit. c WVK abgesichert. Dies dient dazu, die Inhalte der UN-Kinderrechtskonvention nicht durch – grundsätzlich zulässige (arg. ex Art. 51 UN-KRK, Art. 2 lit. d WVK) – völkerrechtliche Vorbehalte auszuhöhlen oder zu umgehen (→ II. 6.) und um fundamentale, existentielle Kinderrechte nicht zur Disposition der Signatarstaaten und Signatare zu stellen.

5) Der Heilige Stuhl genießt als Völkerrechtssubjekt sui generis (→ I. 2. a), d), e), IV. 7. b), c)) insofern völkerrechtliche Privilegien, als er infolge seines Sonderstatus nicht in gleicher Weise wie die 195 Unterzeichnerstaaten als Völkerrechtssubjekt an die (vorstehend unter Nr. 1–4 genannten) Konventionsverpflichtungen der UN-Kinderrechtskonvention gebunden ist (und auch nicht gebunden sein kann). Die UN-Kinderrechtskonvention wendet sich in Bezug auf ihren menschen- bzw. konventionsrechtlichen Elementar-Rechtsgüterschutz primär an *Staaten* als „klassische“ Völkerrechtssubjekte, welche die Konventionsrechte ihrerseits mittels ihrer eigenen (nationalen) Legislative, Judikative und Exekutive mit ihren jeweiligen rechtlichen Instrumentarien auf ihrem staatlichen Hoheitsgebiet umzusetzen haben (vgl. Art. 59 II GG für die Bundesrepublik Deutschland → I. 1., 2. d) bb), IV. 5. b) bb), V. 1. b)), z. B. auf der Ebene des staatlichen Straf- bzw. Zivilrechts zum Schutz von Kindern. Eine derartige Durchgriffswirkung ist dem Heiligen Stuhl angesichts der staatlichen Souveränität der Signatarstaaten nicht nur völkerrechtlich verwehrt, sondern sie entspricht auch nicht seinem heilsbezogenen Verständnis des Rechtsgüterschutzes (→ I. 2. c), IV. 7. b) bb) (2)). Vielmehr hat der Heilige Stuhl die Rechte der UN-Kinderrechtskonvention auf der Ebene des Codex Iuris Canonici nur (in-)soweit aufzunehmen und umzusetzen, als es – auch auf der Ebene von Liber VI des Codex Iuris Canonici nach seinem Selbstverständnis – möglich ist *und* es dem Heilsauftrag des kirchlichen Rechts entspricht, also eine Schnittmenge des staatlichen wie des kanonischen Rechtsgüterschutzes gegeben ist (→ I. 2. a)–f), II. 5., III. 1. b) bb), IV. 5. b) aa) (1), 7. b), c), V. 1. a)).

6) Die vom Heiligen Stuhl im Jahr 2014 erklärten Vorbehalte gegenüber der UN-Kinderrechtskonvention beziehen sich nicht auf die Konventionsvorgaben aus den Artt. 19, 34 UN-KRK, so dass eine grundsätzliche Übertragung der Kinderrechte der Vereinten Nationen in kanonisches Recht erfolgen konnte (→ II. 4., 5., IV. 3.).

7) Mit der Apostolischen Konstitution *Pascite gregem Dei* vom Pfingstsonntag 2021 und der darauffolgenden Reform von Liber VI des Codex Iuris Canonici (→ III. 3. b), IV. 7. a), *Czerner*, KST 76) wurde eine Verschiebung der Präferenzen der kirchlichen Strafzwecke eingeleitet, welche künftig verstärkt als „Korrektionsmittel“ innerhalb der Kirche betrachtet werden sollten, um die „Wiederherstellung der Gerechtigkeit“, die „Besserung des Straftäters“, die „Beseitigung von Ärgernissen“ – und vor allem den Schutz von Opfern im Sinne der negativen Individualprävention – bewirken zu können. Diese Strafzweckpriorisierung bildet sich insbesondere im reformierten Can. 1398 CIC ab (→ IV. 5.–7., KST 76).

8) Der Schutz des sich entwickelnden Lebens nach Can. 1397 § 2 CIC wird vollumfänglich umgesetzt und bildet die Konventionsvorgaben aus dem 9. Präambelabsatz der UN-Kinderrechtskonvention überobligatorisch (Art. 41 UN-KRK) ab (→ III. 1., IV. 2., V.). Der Codex Iuris Canonici mit Stand vom 8. Dezember 2021 entspricht insoweit (d. h. in Bezug auf diese Konventionsvorgaben) den völkerrechtlichen Verpflichtungen sowohl der UN-Kinderrechtskonvention, als auch der Wiener Vertragsrechtskonvention (→ II., V.).

9) Der Schutz vor Gewalt nach Art. 19 KRK findet in Can. 1397 § 1 CIC (→ IV. 4.) eine lediglich rudimentäre Entsprechung in Bezug auf schwere Formen der Gewalt (Tötung, Entführung mittels Gewalt oder Täuschung, Festhalten, Verstümmeln oder in Form schwerer Verletzungen). Hier wäre eine tatbestandliche Erweiterung – auch unter heilsbezogenen Rechtsgüterschutzaspekten infolge insoweit vollumfänglicher Rechtsgüter-Kongruenz im staatlichen *und* im kanonischen Recht – sinnvoll und geboten, um den existentiellen Schutz von Kindern und Jugendlichen nach Maßgabe der UN-Kinderrechtskonvention auch auf kirchenrechtlicher Ebene umfangreicher gewährleisten zu können. Der kanonische Gewaltbegriff sollte im Wege teleologischer Extension und mit Blick auf die der Strafrechtsreform vom 8. Dezember 2021 zugrundeliegende Apostolische Konstitution *Pascite gregem Dei* und auf die menschenrechtspostulierende Konzils-Konstitution *Gaudium et spes* (→ I. 2. c)) möglichst opferschützend ausgelegt werden. Ein systematisches Argument hierfür lässt sich aus der Kindeswohlmaxime des Art. 3 UN-KRK ableiten, welche (auch als Völkergewohnheitsrecht nach Art. 38 lit. b IGH-Statut) zugleich als Auslegungsdirektive des kanonischen Rechts auch im Hinblick auf Cann. 1311 § 2, 1752 CIC (KST 76, Kap. II 1) dem Kinderschutz dient, welche das Gebot der restriktiven Interpretation nach Can. 18 CIC insweit überlagern sollten.

10) Die zum 8. Dezember 2021 reformierte Vorschrift des Can. 1398 CIC (→ IV. 5.–7.) bildet die UN-Konventionsvorgaben aus Art. 34 UN-KRK (→ IV. 5. a)) im Zusammenhang mit sexuellem Kindesmissbrauch in kirchenrechtlicher Perspektive ab. Zur Verstärkung ihres normativen Wirkungsgrades ist sie im Wege der systematischen Interpretation über den „klassischen" normativen Anwendungsbereich des Codex Iuris Canonici hinaus auszulegen und ist auf der Basis der systematischen Extension auch auf den Katholischen Katechismus, dort die Nummern 2351–2359, zu erstrecken, um möglichst „flächendeckend" opferschützend wirken zu können. De lege ferenda ist hierbei insbesondere im Hinblick auf den sexuellen Missbrauch eine noch stärkere Implementation von Kinderschutzrechten unmittelbar im Codex Iuris Canonici – nicht zuletzt aus generalpräventiven, normenverdeutlichenden Gründen – nicht lediglich wünschenswert, sondern notwendig, nicht zuletzt auch, um den strengen Vorgaben aus dem Analogieverbot und dem Bestimmtheitsgrundsatz aus Cann. 1311 § 2, 19, 221 § 3 CIC zu entsprechen (→ VI. 2. sowie KST 76, Kap. VI, S. 122). Im optimalen Falle würde dies auf der *normativen* Ebene des Codex Iuris Canonici erfolgen, ähnlich wie in Can. 1398 CIC geregelt, die Vorgaben aus Art. 34 UN-KRK über-obligationsmäßig (arg. ex. der „Günstigkeitsklausel" Art. 41 UN-KRK) in das römisch-katholische Kirchenrecht umsetzen, zumal der Heilige Stuhl die Vorgabe aus Art. 19 UN-KRK vorbehaltlos angenommen hat und diese elementaren Menschenrechtsvorgaben in voller Kongruenz zum kirchlichen Heilsauftrag stehen (→ IV. 3., 7. b) bb) (2), V.).

11) Die Konzils-Konstitution *Gaudium et spes* (→ I. 2. c)) beinhaltet weichenstellende Grundlagen zur Etablierung und normativen Festschreibung von Menschenrechten („*Kirche als Anwalt des Menschen*", GS 41) – auch im Codex Iuris Canonici. Die reformierten kinderschützenden Normen der Cann. 1397, 1398 CIC infolge

der Apostolischen Konstitution *Pascite gregem Dei* im Kontext von Gewalt und sexuellem Missbrauch (→ III. 3. b) aa), IV. 7. a)) können zumindest mittelbar auch als normative Frucht der Konstitution *Gaudium et spes* bewertet werden. Der Konzilstext *Gaudium et spes* vermag somit als menschenrechtszentrierte Auslegungsdirektive und -Flankierung im normativen Ensemble von Cann. 1311 § 2, 1752 CIC, insbesondere im Hinblick auf die einschlägigen Cann. 1397, 1398 CIC, mitzuwirken.

12) Zwischen dem kirchlichen und dem staatlichen Rechtsgüterschutz besteht ein fundamentaler und wesensmäßiger Unterschied: Der kirchliche bzw. kanonische Rechtsgüterschutz ist nicht deckungsgleich mit den strafrechtlichen Rechtsgütern, welche sich spiegelbildlich und unmittelbar rechtsgutsbezogen als „Elemetar-Rechtsgüterschutz" aus den einzelnen Straftatbeständen wie Mord, Körperverletzung, Missbrauch etc. erschließen lassen. Der kirchlich-kanonische Rechtsgüterschutz weist demgegenüber bzw. davon abweichend, d. h. nur bedingt in rechtsgutsbezogener Übereinstimmung stehend, einen für die römisch-katholische Kirche konstitutiven Heilsbezug auf, welcher als conditio sine qua non das gesamte kirchliche Recht – und somit auch ihr Strafrecht – durchwebt. Insofern muss das kanonische Recht keine volle Kongruenz mit den staatlich-strafrechtlichen Rechtsgütern erstreben. Da allerdings die kirchlicherseits genuin zu schützenden Rechtsgüter wesensimmanent *kumulativ* einen zumindest indirekten bzw. partiellen Elementar-Rechtsgüterschutz *und* Heilsbezug aufweisen, sind die kirchlichen Straftatbestände möglichst extensiv und opferschützend auszulegen, um die Vorgaben der UN-Kinderrechtskonvention, insbesondere aus der Kindeswohlmaxime des Art. 3 UN-KRK als Völkergewohnheitsrecht nach Art. 38 lit. b IGH-Statut in Anbindung an die Umsetzungsverpflichtung infolge der Signatur auch der Wiener Vertragsrechtskonvention auch auf kirchlicher Ebene möglichst umfassend zu erfüllen (→ II.–V.).

13) Die UN-Kinderrechtskonvention hat für die Reform von Liber VI der Codex Iuris Canonici keine Rolle gespielt (→ IV. 7. a)). Die dennoch partiell sehr ähnlich lautenden Konventionsformulierungen im Codex Iuris Canonici sind auf die Rezeption spezifischer landesrechtlicher Vorschriften zurückzuführen, auf die der Heilige Stuhl insoweit Bezug genommen hat (z. B. Spanien und Italien als staatliche Signatare der UN-Kinderrechtskonvention).

14) Mit der grundsätzlichen Anwendbarkeit auch überpositiven Rechts nach Can. 1399 CIC zugunsten gesetzlich ungeregelter, das Kindeswohl (vgl. Art. 3 UN-KRK i. V. m. Art. 38 lit. b IGH-Statut) jedoch (auch) infolge des divergierenden Rechtsgüterschutzes zwischen staatlichem und kanonischem Recht nachhaltig beeinträchtigender Fallkonstellationen, können kirchenrechtliche Sanktionsdefizite ausgeglichen und die Konventionsvorgaben der Vereinten Nationen optimal und auf naturrechtlichem Wege in das kanonistische Recht implementiert werden (→ VI.): Die in das überpositive Recht führende Vorschrift des Can. 1399 CIC kann und sollte konventionskonform in Bezug auf Art. 19 KRK i. V. m. Art. 3 UN-KRK i. V. m. Art. 38 lit. b IGH-Statut i. V. m. Art. 4 UN-KRK i. V. m. Artt. 26, 31 I i. V. m.

dem dritten Präambelabsatz der Wiener Vertragsrechtskonvention dahingehend ausgelegt werden, dass normativ bestehende Strafbarkeitslücken insbesondere in Can. 1397 § 1 CIC – Schutz vor Gewalt – zugunsten eines möglichst umfassenden Opferschutzes geschlossen werden. Damit könnte der kirchenrechtliche Schutz nicht nur in Bezug auf „schwere" Gewalt im Rahmen eines ohnehin restriktiv gefassten Straftatbestandes mit Blick auf Art. 19 UN-KRK gewährleistet werden. Can. 1399 CIC ist vor diesem Hintergrund als überpositive Transformationsnorm zugunsten einer erweiterten Implementation (und Implementierbarkeit) der UN-Kinderrechtskonvention unter Flankierung der Wiener Vertragsrechtskonvention (→ II.) zu qualifizieren.

15) De lege ferenda sollten die Strafzwecke des kanonischen Rechts (→ III. 3. b), IV. 5. a) cc), KST 76, S. 15, Kap. III 2, S. 80 f.) im Rahmen der kirchlichen Gesetzgebung stärker als bisher Berücksichtigung finden, insbesondere der Schutz weiterer potentieller Opfer (→ IV. 7. b), III. 3. b)), um die Vorgaben aus der Apostolischen Konstitution *Pascite gregem Dei* vom Dezember 2021 auch auf *normativer* Ebene (nicht lediglich als Vademecum) zu verankern, und um den – grundsätzlich hohen – völkerrechtlichen Ansprüchen als Doppelsignatar von UN-Kinderrechtskonvention (→ I. 2.) und Wiener Vertragsrechtskonvention (→ II.) sowie dem kirchlichen Heilsauftrag der *salus anminarum* optimaler entsprechen zu können.

16) Das Grundgesetz des Vatikans enthält keine Bezüge zu der die UN-Kinderrechtskonvention flankierenden und völkerrechtlich verstärkenden Wiener Vertragsrechtskonvention (und als staatlicher Verfassungstext nicht zur UN-Kinderrechtskonvention als solcher), so dass sich hieraus keinerlei spezifischen rechtlichen Bindungswirkungen bzw. völkerrechtlichen Verpflichtungen für den Vatikan bzw. den Staat der Vatikanstadt ableiten lassen (→ I. 2. a), 1. und 2. Konstellation, II. 1.).

17) Das Motu Proprio *Come una Madre amorevole* vom 4. Juni 2016 hat insofern zu einem Einschnitt innerhalb des Kirchenrechts geführt, als Diözesanbischöfe und andere Amtspersonen der Kirche, welche die entsprechend erforderlichen Sorgfaltspflichten im Zusammenhang mit Fällen des sexuellen Missbrauchs von Kindern und schutzbedürftigen Erwachsenen vermissen lassen bzw. ignorieren, mit einer Amtsenthebung zu rechnen haben. Damit steht *Come una Madre amorevole* in der „Tradition" der Verschärfung des kirchlichen Sanktionenrechts zum Schutz von Kindern und schutzbedürftigen Erwachsenen, wie sie durch die Apostolische Konstitution *Pascite gregem Dei* (→ III. 3. b), IV. 7. a), KST 76) im Mai 2021 und vom Motu proprio *Vos estis lux mundi* vom 7. Mai 2019 (und vom 25. 03. 2023 erneut) aufgegriffen und in Liber VI des Codex Iuris Canonici vom 8. Dezember 2021 normiert worden sind.

18) Mit dem Motu proprio *Vos estis lux mundi* vom 7. Mai 2019 und vom 25. März 2023 hat Papst Franziskus diese (zum 8. Dezember 2021) erfolgte Reform von Liber VI des Codex Iuris Canonici insofern vorweggenommen (bzw. in der Neufassung präzisiert und intensiviert), als er in Bezug auf sexuellen Missbrauch sowohl die Schäden für die Opfer, als auch für die Gemeinschaft der Gläubigen be-

nennt, wie dies in Can. 1311 § 2 CIC explizit formuliert worden ist (→ III. 3. b) cc), IV. 5. b) aa) (1), KST 76, Kap. III. 1., VIII.). Damit wird der innere, auch theologisch-heilsbezogene Zusammenhang aller drei Schreiben des Heiligen Stuhls – *Come una Madre amorevole*, *Vos estis lux mundi* und *Pascite gregem Dei* – hergestellt und diese Päpstlichen Schreiben inhaltlich miteinander verflochten. Für weiteren Diskussionsbedarf wird die in *Vos estis lux mundi* (2023) erfolgte Zuordnung der Verbrechen des Missbrauchs gegenüber Schutzbedürftigen und Minderjährigen zum Sechsten Gebot sorgen (→ III. 3. b) cc), IV. 5. b), VI. 5.). Eindeutig kinder- bzw. erwachsene Opfer schützend ist die Erweiterung, d. h. die Ausdehnung des in dieser Neufassung von *Vos estis lux mundi* aufgeführten „subjektbezogenen Anwendungsbereiches" (Art. 6 lit. f), d. h. des Täterkreises auch auf die Vorsitzenden (Laien) der vom Apostolischen Stuhl anerkannten oder errichteten internationalen Vereine von Gläubigen (Art. 1 § 1) in Bezug auf die während der Amtszeit begangenen Taten.

19) Das Vademecum des Dikasteriums für Glaubenslehre vom 5. Juni 2022 vermag zwar – auch als nicht-normativer Text – die Auslegung des reformierten römisch-katholischen Kirchenrechts zumindest mitzuprägen und lässt primär auf verfahrenstechnischer Ebene ein hohes Maß an Sensibilität im Zusammenhang mit sexuellem Missbrauch i. w. S. (vgl. Art. 34 UN-KRK) erkennen. Jedoch sollten die Konventionsrechte aus der UN-KRK, nicht zuletzt im Hinblick auf deren höchsten völkerrechtlichen Geltungsrang auch als Völkergewohnheitsrecht nach Art. 38 lit. b IGH-Statut und infolge ihrer Bindung an die Wiener Vertragsrechtskonvention (→ II.), dementsprechend einen *normativen* Rang auf der Ebene des Codex Iuris Canonici (– und nicht lediglich „semi-/quasi-/oder para-normativ" als Vademecum – „Handreichung") erhalten. Damit könnten de iure kanonische Rechte (und Pflichten, nicht zuletzt aus Bestimmtheitsgründen, *Czerner*, KST 76, Kap. III 2a, S. 80 f.) unmittelbar aus dem Codex Iuris Canonici abgeleitet werden.

20) Mit dem Inkrafttreten von Liber VI des CIC zum 8. Dezember 2021 im Zusammenhang mit der Apostolischen Konstitution *Pascite gregem Dei* vom Pfingstsonntag 2021 hat Papst Franziskus die Weichen deutlicher in Richtung eines kinderrechtskonformen CIC gestellt (→ III. 3. b), IV. 7. a), KST 76, Kap. I, S. 23–29, und Kap. VIII, S. 147–158). Jener vermag den strengen Anforderungen der Vereinten Nationen an die Umsetzung der völkerrechtlichen Konventionsvorgaben – insbesondere durch die Reform von Can. 1398 CIC – grundsätzlich zu entsprechen, wenn diese Normen dementsprechend ausgelegt und umgesetzt werden (→ I.–VI, KST 76, Kap. II und III, S. 30–114).

21) Kirchenrechtlich flankiert wird die partielle Implementierung der Kinderrechtskonvention der Vereinten Nationen (neben der kumulierten Transformationsverpflichting infolge der Signatur auch der Wiener Vertragsrechtskonvention durch den Heiligen Stuhl) von den Leitmaximen des Wohls der Gemeinschaft der Glaubenden nach Can. 1311 § 1 CIC und von dem obersten Gesetz am Schlusspunkt des kanonischen Rechts – dem Heil der Seelen nach Can. 1752 CIC. Mit diesen kanonischen Fundamentalprinzipien, welche den Anfang des kirchlichen Strafrechts (Liber VI, Can. 1311 CIC) und das Ende des kirchlichen Strafprozess-

rechts (Liber VII, Can. 1752, → *Czerner*, KST 76) markieren, lässt sich – je nach Interpretation der (reformierten) Canones – ein harmonischer Gleichklang mit der Kindeswohl-Priorisierung nach Art. 3 UN-KRK in Verbindung mit Art. 38 lit. b IGH-Statut als Völkergewohnheitsrecht im Ensemble der Apostolischen Konstitution *Pascite gregem Dei*, mit dem Motu Proprio *Vos estis lux mundi* und mit dem Motu proprio *Come una madre amorevole* unter der „Flagge" der *salus animarum* (Ivo von Chartres) erzielen.

2. Fazit und Plädoyer für eine (weitere) Reform der CIC-Reform zugunsten einer intensivierten Anschlussfähigkeit an die UN-Kinderrechtskonvention auf der Basis der Apostolischen Konstitution *Pascite gregem Dei* und vor dem Hintergrund der Rechtsgüter-Divergenz im staatlichen und im kanonischen Recht

Auf der völkerrechtlichen wie auf der kirchenrechtlichen Ebene kommt dem Heiligen Stuhl, nicht dem Vatikan und nicht dem Staat der Vatikanstadt, die Schlüsselposition in Bezug auf die Konvention der Vereinten Nationen zum Schutz von Kindern zu. Der Heilige Stuhl besetzt dabei eine Doppelrolle:

Als Doppel-Signatar der UN-Kinderrechtskonvention und der Wiener Vertragsrechtskonvention steht der Heilige Stuhl infolge dieser Allianz fundamentaler Verträge in einer besonderen völkerrechtlichen und kirchenrechtlichen Verantwortung:

Einerseits hat der Heilige Stuhl mit der sehr frühen Signatur der UN-Kinderrechtskonvention ein eindeutiges Bekenntnis zu den Rechten und Schutzansprüchen zugunsten junger Menschen formuliert, jenes Bekenntnis nach außen hin erklärt und sich nach innen u. a. in Bezug auf sein kirchliches „Binnenrecht", dem Codex Iuris Canonici, völkerrechtlich grundsätzlich zu dessen Beachtung, Transformation und rechtstatsächlicher Umsetzung verpflichtet.

Andererseits hat der Heilige Stuhl diese völkerrechtliche Bindungs- und Verpflichtungswirkung zum Schutz von jungen Menschen durch die Zeichnung auch der Wiener Vertragsrechtskonvention verstärkt: Dies offenbaren insbesondere das in die Artt. 26, 31 in Verbindung mit dem dritten Präambelabsatz der Wiener Vertragsrechtskonvention inkorporierte römisch-rechtliche Prinzip *Pacta sunt servanda* und ein restriktives Vorbehaltsregime nach Maßgabe von Art. 19 lit. c WVK i. V. m. Art. 51 II UN-KRK. Das soll die UN-Kinderrechtskonvention davor schützen, von den Unterzeichnerstaaten unter das Niveau eines geltungserhaltenden Minimums reduziert (und desavouiert) zu werden.

Kristallisationsnorm ist in völkerrechtlicher Perspektive die Kindeswohlmaxime in Art. 3 UN-KRK als Völkergewohnheitsrecht nach Art. 38 lit. b des Statuts über den Internationalen Gerichtshof und dessen konventionsimmanente Umsetzungspflicht nach Art. 4 UN-KRK. Dieses völkerrechtliche Regelungsinventar führt in Verbindung mit der Apostolischen Konstitution *Pascite gregem Dei*, mit dem (im Jahr 2023 aktualisierten) Motu proprio *Vos estis lux mundi* und dem Motu proprio *Come una madre amorevole* grundsätzlich zu einer noch stärkeren Berücksichtigungspflicht von Kinderschutzrechten auf der Ebene des Codex Iuris Canonici.

Die frühe Zeichnung der UN-Kinderrechtskonvention durch den Heiligen Stuhl steht auch in der Tradition der Konzils-Konstitution *Gaudium et spes* Papst Pauls VI. aus dem Jahr 1965, die eine menschenrechtliche Orientierung als *conditio humana* (vgl. *Hannah Arendt*, S. 23; *Jürgen Habermas*, S. 103) mit Heilsbezug innerhalb der römisch-katholischen Kirche fordert. Dieses Konzils-Postulat erstreckt sich insbesondere auf das kirchliche (Straf-)Recht sowie auf die (Neu-)Justierung im Sinne der Priorisierung und auf die Interpretation der Strafzwecke (*Czerner*, KST 76) in Liber VI und (dem hier ausgeblendeten) Liber VII des Codex Iuris Canonici.

Die Geltungskraft der Kinderrechtskonvention der Vereinten Nationen (auch) innerhalb des Codex Iuris Canonici hängt nicht nur von deren normativer Verankerung und deren rechtlicher Institutionalisierung einschließlich der prozeduralen Übersetzung (insbesondere auch in das 7. Buch des CIC) – und nicht lediglich auf nicht-normativer Ebene eines Vademecums – und deren binnenkirchlicher Anerkennung und Internalisierung durch die verantwortlichen Akteure ab. Ganz entscheidend werden dabei nach vollumfänglich berechtigter Ansicht des Untersekretärs des Dikasteriums für die Gesetzestexte beim Heiligen Stuhl, Prof. Dr. Markus Graulich SDB, die *Umsetzung* jener normativen (wie nicht-normativen) Vorgaben und deren Transfer auch in das kirchliche Justizwesen und in das kirchliche Leben der Diözesen weltweit sein, deren Verantwortung insbesondere durch das Motu proprio *Come una madre amorevole* vom Juni 2016 und durch die (2. Version) des Motu proprio *Vos estis lux mundi* im Jahr 2023 profiliert worden ist, um Kinder und Jugendliche entsprechend den Konventionsvorgaben der Vereinten Nationen künftig besser schützen zu können. Dabei wird auch zukünftig das Safeguarding-Institut unter der Leitung von Prof. Dr. Hans Zollner SJ an der Päpstlichen Universität Gregoriana eine zentrale Rolle spielen – insbesondere im Kontext von strategischer Prävention und interdisziplinär angelegter Sensibilisierung, für jegliche Form des physischen wie psychischen Missbrauchs, des geistlichen wie geistigen Missbrauchs.

Die auf dem Gebiet des Kinderschutzes bereits initiierten und durch den Heiligen Stuhl als Doppel-Signatar der UN-Kinderrechtskonvention und der Wiener Vertragsrechtskonvention im kanonischen Recht auf der Basis der Apostolischen Konstitution *Pascite gregem Dei* implementierten Regelungen zum 8. Dezember 2021 sollten de lege ferenda in einem kontinuierlichen Reformprozess des kanonischen Rechts unter Beachtung des vom staatlichen Recht divergierenden und primär – jedoch nicht ausschließlich – kirchlichen, heilsbezogenen Rechtsgüterschutzes fortgeschrieben werden. Das Ziel sollte künftig darin bestehen, die völkerrechtlich verbürgten Rechte und Schutzansprüche von Kindern normativ auf der

Ebene des römisch-katholischen Kirchenrechts zumindest so weit zu etablieren, wie die Schnittmenge zwischen kinderschutzrechtlichem „Elementar-Rechtsgüterschutz" einerseits und dem heilsbezogenen Rechtsgüterschutz andererseits gegeben ist: (Nur) In dieser Schnittmenge können die vorliegend analysierten Normen der UN-Kinderrechtskonvention auf der Ebene des kanonischen Rechts vollumfänglich zur Geltung gelangen.

Die grundsätzlich nur limitierte Implementierbarkeit von elementaren Kinderrechten im kanonischen Recht aufgrund einer nur bedingten Schnittmenge in Bezug auf die betreffenden Rechtsgüter sollte die übrigen Signatarstaaten als „klassische Rezipienten" – und somit als unmittelbar Verantwortliche in Bezug auf die Umsetzung der UN-Kinderrechtskonvention – veranlassen, ihre staatlichen Schutznormen (nicht nur auf der Ebene des Strafrechts) zu optimieren. Dies gilt z. B. für die Bundesrepblik Deutschland mit ihren nur fragmentarisch kinderschützenden Normen der Misshandlung Schutzbefohlener (§ 225 StGB) und der Online-Durchsuchung (§ 100 lit. b StPO), welche die völkergewohnheitsrechtlich garantierte Kindeswohlmaxime von Art. 3 UN-KRK i. V. m. Art. 38 lit. b des Statuts des Internationalen Gerichtshofes durch eine zu strikte Restriktion der Tatbestandsvoraussetzungen unterschreiten. Hieraus folgt die – auch völkerrechtlich – bedeutende Frage nach der Konventionsumsetzung durch einzelne Signatarstaaten – vor allem durch jene Staaten, welche im politischen Wahlkampf das Thema „Kinderrechte in die Verfassung" proklamieren und jene in ihren Koalitionsvertrag (24. 11. 2021, S. 98) aufnehmen. Auch hier gilt der Grundsatz aus dem Ersten Johannesbrief (1. Joh., 2, 1–6): *„An ihren Taten sollt ihr sie erkennen."*

Die überpositive Kompensationsnorm des Can. 1399 CIC sollte als Transformationsvorschrift zur möglichst umfänglichen Wahrung berechtigter Opferinteressen und zur Erfüllung der UN-Kinderrechtskonventionsvorgaben in Bezug auf bestehende (und überpositiv zu schließende) Regelungslücken des kanonischen Rechts genutzt werden. Dieser naturrechtliche Rekurs entspräche dem Heiligen Stuhl als Doppel-Signatar bedeutendster menschenrechtlicher Verträge, er entspräche dem Schutz von Kindern sowie seiner völkerrechtlichen Erfüllungspflicht gegenüber der Wiener Vertragsrechtskonvention und er entspräche nicht zuletzt seinem kirchlichen Heilsauftrag, der sich über das kanonische Strafrecht und Strafprozessrecht wölbt, der *salus animarum*.

Möglicherweise ertönt in dem kanonischen Dreiklang des Motu proprio *Vos estis lux mundi*, des Motu proprio *Come una Madre amorevole* und insbesondere in der Apostolischen Konstitution *Pascite gregem Dei* vom Mai 2021, der thematische „Schlussakkord" von Pater Florian, Prinz von Bayern (†2022 in Nairobi), dem diese Schrift in Dankbarkeit und Verehrung zugeeignet ist:

In seinem Buchkapitel „Hinausgehen nach Afrika" formuliert Pater Florian eine (möglicherweise alltäglich anmutende, jedoch) bedeutsame Lebens-Weisheit und einen von hoher Empathie durchtränkten Programmsatz, der insbesondere für die Verwirklichung von Kinderrechten in der römisch-katholischen Kirche eine zentrale Bedeutung zu entfalten vermag und den Pater Florian zugleich als Vermächtnis seines Lebens und Wirkens, als Erbe und Auftrag, auf den Weg gibt:

„*Man muss* mit *den Menschen sein, nicht nur für sie*."

Rom/Campo Santo Teutonico, *10. Juli 2022,*
am Gedenktag des Hl. Alberich (Aubry),
Zisterzienser-Abt von (St. Nicolas-les-)Cîteaux (1050–1109),
der Äbtissin und Mystikerin Veronica Giuliani
(Äbtissin in Città di Castello, 1660–1727),
und Mittweida, *15. November 2023,*
am Gedenktag des Kirchenlehrers und Bischofs von Regensburg,
Albertus Magnus (1193/1206–1280),
der Klostergründerin Lucia Broccadelli von Narni (1476–1544)
und des Heiligen Markgrafen Leopold III. von Österreich (1073–1136)

Frank Czerner.

Weidet die euch anvertraute Herde Gottes,
nicht gezwungen, sondern freiwillig, wie Gott es will;
auch nicht aus Gewinnsucht, sondern mit Hingabe.
1 Petr 5,2

Literatur und Quellen

– Alle hier aufgeführten Hyperlinks wurden am 02. 03. 2024 nochmals überprüft –

Alexy, Robert: Die Institutionalisierung der Menschenrechte im demokratischen Verfassungsstaat. In: Philosophie der Menschenrechte, hrsgg. von Stefan Gosepath und Georg Lohmann, suhrkamp Taschenbuch Wissenschaft, Bd. 1338, 1998, S. 244–264.

Althaus, Rüdiger: Das kirchliche Strafrecht und seine Anwendung in Gericht und Verwaltung. Praxis und Desiderate. In: Das neue kirchliche Strafrecht zwischen Kontinuität und Diskontinuität. Kirchen- und Religionsrecht, hrsgg. von Thomas Meckel u. a., Bd. 36, 2023, S. 117–134.

Althaus, Rüdiger: Der Umgang mit des sexuellen Missbrauchs beschuldigten Klerikern – Unschuldsvermutung oder Vorverurteilung? In: Nulla est caritas sine iustitia. Festschrift für Klaus Lüdicke zum 80. Geburtstag, hrsgg. von Thomas Neumann, Peter Platen, Thomas Schüller, Beihefte zum Münsterischen Kommentar (BzMK, Bd. 82), 2023, S. 11–33.

Althaus, Rüdiger: Sive procedura iudicialis sive administriva. Zwei gleichwertige Alternativen der kirchlichen Strafverhängung? In: Aktuelle Beiträge zum Kirchenrecht, Festgabe für Heinrich J. F. Reinhardt zum 60. Geburtstag, Adnotationes in ius canonicum, Bd. 24, 2002, S. 31–54.

Anuth, Bernhard Sven: Kirchenrechtliche Bedingungen für den pastoralen Wiedereinsatz von Missbrauchstätern im Gebiet der Deutschen Bischofskonferenz. Ein Vergleich der DBK~ Leitlinien seit 2002 und der aktuellen Interventionsordnung von 2020/22. In: Nulla est caritas sine iustitia. Festschrift für Klaus Lüdicke zum 80. Geburtstag, hrsgg. von Thomas Neumann, Peter Platen, Thomas Schüller, Beihefte zum Münsterischen Kommentar (BzMK, Bd. 82), 2023, S. 35–55.

Arendt, Hannah: Vita activa oder Vom tätigen Leben, 2. Aufl. 2021.

Arnauld, Andreas von: Völkerrecht. 5. Aufl. 2023.

Astrath, Wilhelm: Der kirchliche Strafprozeß – eine Hilfe für Rechtsfrieden und Rechtssicherheit. In: Iustus Iudex, Festgabe für Paul Wesemann zum 75. Geburtstag von seinen Freunden und Schülern, hrsgg. von Klaus Lüdicke, Heinrich Mussinghoff, Hugo Schwendenwein. Münsterischer Kommentar zum Codex Iuris Canonici, Beiheft 5, 1990, S. 363–386.

Atienza, Maria José: Papst bestätigt Politik zur Bekämpfung des sexuellen Missbrauchs mit einem endgültigen „Vos estis lux mundi“, omnes v. 25. 03. 2023: https://omnesmag.com/de/nachrichten/neue-vos-estis-lux-mundi-busse.

Aymans, Winfried: „Munus“ und „sacra potestas“. In: Les droits fondamentaux du chrétien dans l'église et dans la société; Die Grundrechte des Christen in Kirche und Gesellschaft; I diritti fondamentali del cristiano nella chiesa e nella società, Akten des IV. Internationalen Kongresses für Kirchenrecht, Fribourg (Suisse), 6.–11–10.1980, hrsgg. von Eugenio Corecco, Niklaus Herzog, Angelo Scola, 1981, S. 185–202.

Aymans, Winfried: Erwägungen über die inneren Wesensmerkmale eines kanonischen Gesetzesbegriffes. In: Pro Fide et Iustitia. Festschrift für Agostino Kardinal Casaroli zum 70. Geburtstag, hrsgg. von Herbert Schambeck, 1984, S. 193–204.

Aymans, Winfried: Kirchliche Grundrechte und Menschenrechte. Archiv für katholisches Kirchenrecht, 1980, S. 389–409.

Aymans, Winfried/*Mörsdorf*, Klaus/*Müller*, Ludger: Kanonisches Recht. Lehrbuch aufgrund des Codex Iuris Canonici, Bd. IV, Vermögensrecht, Sanktionsrecht und Prozeßrecht, 2013.

Bartlogg, Andreas R.: Gegenwärtige päpstliche Initiativen: Lässt sich von Papst Franziskus lernen? In: Verbrechen und Verantwortung. Sexueller Missbrauch von Minderjährigen in kirchlichen Einrichtungen, hrsgg. von Gunter Prüller-Jagenteufel, Wolfgang Treitler. Katholizismus im Umbruch 13, 2021, S. 142–161.

Bauer, Manfred: Rechtlicher Umgang mit Scheitern und Fehlverhalten im Kirchenrecht. Kirche & Recht, Beihefte, Bd. 5, hrsgg. von Thomas Schüller und Thomas Neumann: Kirchenrecht im Dialog, Tagungsband zur Tagung des Instituts für Kanonisches Recht, 18.–20. Feburar 2019, Fulda, S. 166–189.

Bauer, Monika: Vorbehalte zu Menschenrechtsverträgen, 1994.

Bazán, Ricardo: Die neue Verfassung des Staates Vatikanstadt [vom 16. 05. 2023]: https://omnesmag.com/de/nachrichten/neue-verfassung-des-vatikanstaates/.

Benedikt XVI., Papst: Ansprache von Papst Benedikt XVI. zur Eröffnung des Gerichtsjahrs der Römischen Rota, Sala Clemetina, Samstag, 26. Januar 2013: https://www.vatican.va/content/benedict-xvi/de/speeches/2013/january/documents/hf_ben-xvi_spe_20130126_rota-romana.html.

Benedikt XVI., Papst: Besuch bei der UN-Vollversammlung im Glaspalast, 18. 04. 2008, abrufbar unter: https://www.vatican.va/content/benedict-xvi/de/speeches/2008/april/documents/hf_ben-xvi_spe_20080418_un-visit.html.

Benedikt XVI., Papst: Brief an die Seminaristen am 18. Oktober 2010 (26. 11. 2010). Nachweis in Lüdecke, MThZ 2011, S. 33 (41, dort in Fn. 44 sowie mit Ausführungen von Joachim Kardinal Meisner über Marcial Maciel Degollado).

Benedikt XVI., Papst: Katechismus der Katholischen Kirche. Motu Proprio zur Approbation und Veröffentlichung des Kompendiums des Katechismus der Katholischen Kirche (vom 28. 06. 2005): https://www.vatican.va/archive/compendium_ccc/documents/archive_2005_compendium-ccc_ge.html.

Benedikt XVI., Papst: Nachsynodales Apostolisches Schreiben Verbum Domini vom 30. 09. 2010/AAS 102, 2010, 681–787. In: Guibert, S. 684 (Nr. 1584).

Bernhart, Joseph: Der Vatikan als Weltmacht, hrsgg. von Manfred Eder, Thomas Groll, Karin Precht-Nußbaum, 2019.

Bielefeldt, Heiner: Weder Kulturkampf noch Vereinnahmung. Zum Verhältnis von Menschenrechten und Religion(en). In: Menschenrechte in der katholischen Kirche. Historische, systematische und praktische Perspektiven, hrsgg. von Martin Baumeister, Michael Böhnke, Marianne Heimbach-Steins, Saskia Wendel: Gesellschaft – Ethik – Religion, Schriften des Instituts für Christliche Sozialwissenschaften, Neue Folge, Bd. 12, 2018, S. 17–37.

Blättler, Sidonia: Olympe de Gouges. In: Menschenrechte. Ein interdisziplinäres Handbuch, hrsgg. von Arnd Pollmann, Georg Lohmann, 2012, S. 63–67.

Bloch, Tamara: Die Stellungnahmen der römisch-katholischen Amtskirche zur Frage der Menschenrechte seit 1215. Eine historische Untersuchung unter besonderer Berücksichtigung der Gewährleistungen im CIC/1983. Schriften zum Staatskirchenrecht, hrsgg. von Axel Frhr. von Campenhausen, Christoph Link und Jörg Winter, Bd. 41, 2008.

Böckenförde, Ernst-Wolfgang: Ist Demokratie eine notwendige Forderung der Menschenrechte? In: Philosophie der Menschenrechte, hrsgg. von Stefan Gosepath und Georg Lohmann, suhrkamp Taschenbuch Wissenschaft, Bd. 1338, 1998, S. 233–243.

Böhnke, Michael: Was es mit dem Heil der Seelen macht, wenn man es als oberstes Gesetz ansieht (c. 1752 CIC/1983). Ein Essay über Rechtskultur. In: Nulla est caritas sine iustitia. Festschrift für Klaus Lüdicke zum 80. Geburtstag, hrsgg. von Thomas Neumann, Peter Platen, Thomas Schüller, Beihefte zum Münsterischen Kommentar (BzMK, Bd. 82), 2023, S. 77–91.

Breul, Martin: Wahrheit oder Freiheit? Chancen und Grenzen katholischer Wortmeldungen im Menschenrechtsdiskurs. In: Menschenrechte in der katholischen Kirche. Historische, systematische und praktische Perspektiven, hrsgg. von Martin Baumeister, Michael Böhnke, Marianne Heimbach-Steins, Saskia Wendel: Gesellschaft – Ethik – Religion, Schriften des Instituts für Christliche Sozialwissenschaften, Neue Folge, Bd. 12, 2018, S. 327–334.

Buchwald, Sabine: Ein Leben für die Armen – Nachruf auf Florian von Bayern: https://www.sueddeutsche.de/muenchen/muenchen-pater-florian-von-bayern-nachruf-1.5608974 (24. Juni 2022).

Bundesregierung: Koalitionsvertrag der Fraktionen SPD, BÜNDNIS90/DIE GRÜNEN und FDP vom 24. 11. 2021: https://www.bundesregierung.de/resource/blob/974430/1990812/93bd8d9b17717c351633635f9d7fba09/2021-12-10-koav2021-data.pdf?download=1 >> *nur bis 3. 2. 2024 aufrufbar* <<.

Bundesverfassungsgericht: BVerfG v. 20. 04. 2016 – 1 BvR 966/09: https://www.bundesverfassungsgericht.de/SharedDocs/Entscheidungen/DE/2016/04/rs20160420_1bvr096609.html.

Bundesverfassungsgericht: BVerfG v. 27. 10. 1998 – 1 BvR 2306/96: https://www.bundesverfassungsgericht.de/SharedDocs/Entscheidungen/DE/1998/10/rs19981027_1bvr230696.html.

Bundesverfassungsgericht: BVerfG v. 31. 10. 2023 – 2 BvR 900/22: https://www.bundesverfassungsgericht.de/SharedDocs/Entscheidungen/DE/2023/10/rs20231031_2bvr090022.html.

Bundeszentrale für gesundheitliche Aufklärung: (BZgA) zum Tag des alkoholgeschädigten Kindes (Pressemitteilung vom 03. 09. 2019, Dr. Heidrun Thaiss): https:/ww.bzga.de/presse/pressemitteilungen/2019-09-03-bzga-zum-tag-des-alkoholgeschaedigten-kindes/.

Burkard, Dominik: Kirchlicher Umgang mit sexuellem Missbrauch durch Kleriker. Fragen, Probleme und Überlegungen aus kirchenhistorischer Sicht. In: Neue Aspekte einer Geschichte des kirchlichen Lebens. Zum 10. Todestag von Edwin Gatz (1933–2011), hrsgg. von Clemens Brodkorb und Dominik Burkard, 2021, S. 283–331.

Bydlinski, Franz: Juristische Methodenlehre und Rechtsbegriff, 2. Aufl. 2011.

Campenhausen, Axel Freiherr von: Kirchenrecht und Kirchenpolitik. Stellungnahmen im kirchlichen Zeitgeschehen, hrsgg. von Christoph Link und Manfred Seitz 1996, S. 96–110.

Carballo, José Rodríguez: Vorwort zur französischen Ausgabe von: Dysmas de Lassus, Verheissung und Verrat. Geistlicher Missbrauch in Orden und Gemeinschaften der katholischen Kirche, 2022, S. 15–17.

Casaroli, Agostino Kardinal: Der Heilige Stuhl und die internationale Gemeinschaft. Die Rolle des Vatikans im internationalen Leben. Ansprache vor der italienischen Gesellschaft für internationale Zusammenarbeit am 10. Dezember 1974. In: Der Heilige Stuhl und die Völkergemeinschaft, Reden und Aufsätze, Agostino Kardinal Casaroli, eingeleitet und herausgegeben von Herbert Schambeck, 1981, S. 93–115.

Ciprotti, Pio: Funktion, Stellung und Bedeutung des Heiligen Stuhls im internationalen Recht. Concilium 1970, S. 556–560.

Cremer, Hendrik: Die UN-Kinderrechtskonvention. Geltung und Anwendbarkeit in Deutschland nach Rücknahme der Vorbehalte 2., überarb. Aufl. 2012, Handbuch. Berlin: Deutsches Institut für Menschenrechte.

Czerner, Frank: (Neu-)Justierung und -Auslegung der Strafzwecke im Corpus Iuris Canonici aufgrund der Apostolischen Konstitution Pascite gregem Dei (Cann. 1311 § 2 ff., 1752, 16–18, 1399 CIC). Kanonistische Studien und Texte, Bd. 76, 2022.

Czerner, Frank: „Schuld und Sühne“ oder „Verbrechen und Strafen“? Der Schuldgedanke in Strafvollstreckung und Strafvollzug, insbesondere bei (lebens-)langen Freiheitsstrafen in der Justizvollzugsanstalt Waldheim, in: Vollzug für das 21. Jahrhundert. Symposium anlässlich des 300-jährigen Bestehens der Justizvollzugsanstalt Waldheim, hrsgg. vom Sächsischen Staatsministerium der Justiz, Schriften zur Kriminologie, Bd. 12, 2019, S. 49–88.

Czerner, Frank: Aktive Sterbehilfe auch gegenüber Kindern? – Zur aktuellen Diskussion in den Niederlanden und die Übertragbarkeit auf die Bundesrepublik Deutschland unter verfassungsrechtlichen Gesichtspunkten. Medizinrecht (MedR) 2001, S. 354–360.

Czerner, Frank: Beatifikation und Kanonisation als „sakrale Konstruktion theologischer Wirklichkeit“ und als römisch-katholische Äquivalente zum Labeling-Approach-Ansatz der Kriminologie? In: Festschrift für Arthur Hartmann, hrsgg. von Michael Asche, Luise Greuel & Trygve Ben Holland; Schriftenreihe Polizei & Wissenschaft, Verlag für Polizeiwissenschaft, *erscheint* 2024. Siehe hierzu auch: Czerner, Frank: Ut sanentur. Die Strafkapitel der Benediktsregel als Äquivalent zum Labeling-Ansatz der Kriminologie. *Erscheint 2024 in der Cistercienser Chronik.*

Czerner, Frank: Das völkerrechtliche Anschlusssystem der Art. 59 II 1, 25 und 24 I GG und deren Inkorporierungsfunktion zugunsten der innerstaatlichen EMRK-Geltung, Europarecht (EuR) 2007, S. 537–565.

Czerner, Frank: Der Schutz des ungeborenen Kindes vor der eigenen Mutter durch zeitliche Vorverlagerung zivil- und strafrechtlicher Regelungen?, Zeitschrift für Kindschaftsrecht und Jugendhilfe (ZKJ) 2010, S. 220–227.

Czerner, Frank: Die elterlich initiierte Unterbringung gemäß § 1631 b BGB: ein familienrechtliches Fragment im vormundschafts- und verfassungsrechtlichen Spannungsfeld – zugleich ein Beitrag zur Gesetzesanalogie, Archiv für die civilistische Praxis (AcP) 2002, S. 72–136.

Czerner, Frank: Die Kodifizierung der Präimplantationsdiagnostik (PID) in § 3a ESchG im Ensemble pränataldiagnostischer und schwangerschaftsbezogener Untersuchungen des Fötus. Medizinrecht (MedR) 2011, S. 783–789.

Czerner, Frank: Digitale Forensik zwischen (Online-)Durchsuchung, Beschlagnahme und Datenschutz. In: Forensik in der Digitalen Welt. Moderne Methoden der forensischen Fallarbeit in der digitalen und digitalisierten realen Welt, hrsgg. von Dirk Labudde, Michael Spranger, 2017, S. 265–300.

Czerner, Frank: Istanbul-Konvention und Opferschutz durch Analyse auch codierter DNA-Abschnitte im Gesetz zur Modernisierung des Strafverfahrens. In: Soziale Arbeit und Recht – Vermittlung zwischen den Welten? Festschrift des BAGHR e. V. zu Ehren von Renate Oxenknecht-Witzsch, hrsgg. von Arne von Boetticher, Ute Kötter, Ingo Palsherm, Fachhochschulverlag 2022, S. 172–179.

Czerner, Frank: Reform der Reform: Wiedereinführung der embryopathischen Indikation bei Spätabtreibungen? Zeitschrift für Rechtspolitik (ZRP) 2009, S. 233–236.

Czerner, Frank: Sakral-Denkmal. Confessio und Krypta der Berliner St. Hedwigs-Kathedrale als Memorialort für Bernhard Lichtenberg, 2020.

Czerner, Frank: Staatlich legalisierte Kindeswohlgefährdung durch Zulassung ritueller Beschneidung zugunsten elterlicher Glaubensfreiheit? Zeitschrift für Kindschaftsrecht und Jugendhilfe (ZKJ) 2012, S. 374–384 (Teil 1) und S. 433–436 (Teil 2).

Czerner, Frank: Vorläufige Freiheitentziehung bei delinquenten Jugendlichen zwischen Repression und Prävention. Eine dogmatische Analyse von Interimsinterventionen nach Jugendstrafrecht, Jugendhilferecht und Familienrecht, 2008 (Studien zum Strafrecht, Bd. 21).

Dederer, Hans-Georg: Kinderrechte auf internationaler und supranationaler Ebene. Bestandsaufnahme und Ausblick. In: Kinder im Recht. Kinderrechte im Spiegel der Kindesentwicklung, hsgg. von Arnd Uhle, Wissenschaftliche Abhandlungen und Reden zur Philosophie, Politik und Geistesgeschichte, Bd. 96, S. 287–326.

Denzinger, Heinrich: Enchiridion symbolorum definitionum et declarationum de rebus fidei et morum. Kompendium der Glaubensbekenntnisse und kirchlichen Lehrentscheidungen, hrsgg. von Peter Hünermann, 44. Aufl. 2014.

Dikasterium für die die Glaubenslehre: Vademecum zu einigen Fragen in den Verfahren zur Behandlung von Fällen sexuellen Missbrauchs Minderjähriger durch Kleriker (Version vom 05. 06. 2022): https://www.vatican.va/roman_curia/congregations/cfaith/ddf/rc_ddf_doc_20220605_vademecum-casi-abuso-2.0_ge.html.

Dörr, Oliver: Völkergewohnheitsrecht. In: Völkerrecht, hrsgg. von Knut Ipsen, 7. Aufl. 2018, 5. Kap., § 19, S. 536–560.

Dorsch, Gabriele: Die Konvention der Vereinten Nationen über die Rechte des Kindes. Schriften zum Völkerrecht, Bd. 115, 1994.

Dostojewski, Fjodor: Verbrechen und Strafe, 5. Aufl. 2013.

Dreßing, Harald/*Dölling*, Dieter/*Hermann*, Dieter/*Kruse*, Andreas/*Schmitt*, Eric/*Bannenberg*, Britta/*Hoell*, Andreas/*Voss*, Elke/*Salize*, Hans Joachim: Sexueller Missbrauch durch katholische Kleriker. Retrospektive Kohortenstudie zum Ausmaß und zu den gesundheitlichen Folgen der betroffenen Minderjährigen (MHG-Studie). Deutsches Ärzteblatt/Internet v. Juni 2019, S. 268/S. 389–396; DOI: 10.3238/aerztebl.2019.0389: https://www.aerzteblatt.de/archiv/207897/Sexueller-Missbrauch-durch-katholische-Kleriker.

Enders, Christoph: Die Menschenwürde in der Verfassungsordnung. Zur Dogmatik des Art. 1 GG. Jus Publicum, Beiträge zum öffentlichen Recht, Bd. 27, 1997.

Epping, Volker: Sonstige Völkerrechtssubjekte. In: Völkerrecht, hrsgg. von Knut Ipsen, 7. Aufl. 2018, 3. Kap., § 11, S. 436–452.

Ernesti, Jörg: Friedensmacht. Die vatikanische Außenpolitik seit 1870. 2022.

Erzabtei St. Ottilien: P. Florian (Franz Joseph Michael Maria Ignatius) Prinz von Bayern OSB: https://erzabtei.de/sites/default/files/nachrufe/Nekrolog_FlorianvonBayern.pdf.

Fegert, Jörg Michael: Empathie statt Klerikalismus. Chancen und Grenzen externer Unterstützung bei der Auseinandersetzung mit sexuellem Missbrauch. Forum für Kinder- und Jugendpsychiatrie, Psychosomatik und Psychotherapie 2019, S. 5–21.

Fegert, Jörg M./*Wolff*, Mechthild: Eine neue Qualität der Debatte um Schutz vor Missbrauch in Institutionen. In: Jörg M. Fegert, Mechthild Wolff (Hrsg.), Kompendium „Sexueller Missbrauch in Institutionen". Entstehungsbedingungen, Prävention und Intervention. 2015, S. 15–34.

Fischer, Thomas: Strafgesetzbuch, Kommentar, 70. Aufl. 2023.

Fleurquin, Luc De: Pädophilie und „episkopein". Maßnahmen der Bischofskonferenzen von England und Wales sowie von Irland und Schottland, in: Adnotationes in ius canonica, hrsgg. von Elmar Güthoff und Karl Heinz-Selge, Flexibilitatis iuris canonici, Festschrift für Richard Puza zum 60. Geburtstag, hrsgg. von Andreas Weiß und Stefan Ihli, 2003, S. 457–476.

Florian, Pater, Prinz von Bayern/*Weisenborn*, Christian: Weil es etwas Größeres gibt. Mein Leben in Afrika, 2010.

Franqué, Fritjof von/*Turner*, Daniel/*Briken*, Peer: Sexueller Kindesmissbrauch in Institutionen und therapeutische Ansätze. In: Kompendium „Sexueller Missbrauch in Institutionen". Entstehungsbedingungen, Prävention und Intervention, hrsgg. von Jörg M. Fegert, Mechthild Wolff, 2015, S. 574–584.

Franziskus, Papst: Apostolische Konstitution Pascite gregem Dei, in: Das neue kirchliche Strafrecht, Einführung und Kommentar, hrsgg. von Markus Graulich, Heribert Hallermann, Kirchen- und Religionsrecht, Bd. 35, 2021, S. 52–59 (lat./dt.) bzw. in: https://www.vatican.va/content/francesco/de/apost_constitutions/documents/papa-francesco_costituzione-ap_20210523_pascite-gregem-dei.html#:~:text=Apostolische%20Konstitution%20Pascite%20Gregem%20Dei,Mai%202021)%20%7C%20Franziskus&text=%C2%ABWeidet%20die%20euch%20anvertraute%20Herde,1%20Petr%205%2C%202.

Franziskus, Papst: Apostolische Konstitution ÜBER DIE Römische Kurie UND IHREN Dienst für die Kirche in der Welt - *Praedicate Evangelium* (vom 19. März 2022): https://www.vatican.va/content/francesco/de/apost_constitutions/documents/20220319-costituzione-ap-praedicate-evangelium.html.

Franziskus, Papst: Apostolisches Schreiben in Form eines „Motu Proprio“: „Vos Estis Lux Mundi“ (vom 7. Mai 2019): https://www.vatican.va/content/francesco/de/motu_proprio/documents/papa-francesco-motu-proprio-20190507_vos-estis-lux-mundi.html.

Franziskus, Papst: Apostolisches Schreiben in Form eines „Motu Proprio“: „Vos Estis Lux Mundi“ (vom 25. März 2023): https://www.vatican.va/content/francesco/de/motu_proprio/documents/20230325-motu-proprio-vos-estis-lux-mundi-aggiornato.html.

Franziskus, Papst: Legge fondamentalo dello stato della città del Vaticano: https://www.vatican.va/content/francesco/it/motu_proprio/documents/20230513-legge-fond-scv.html.

Franziskus, Papst: Lettera Apostólica IN Forma DI „Motu Proprio“ Come Una Madre Amorevole (vom 4. Juni 2016): https://www.vatican.va/content/francesco/it/motu_proprio/documents/papa-francesco-motu-proprio_20160604_come-una-madre-amorevole.html.

Franziskus, Papst: Predigt von Papst Franziskus am Sonntag, 15. Mai 2022 auf dem Petersplatz während der Eucharistiefeier mit Heiligsprechungen: https://www.vatican.va/content/francesco/de/homilies/2022/documents/20220515-omelia-canonizzazione.html.

Galgano, Mario: Papst ändert Verfassung des Staates der Vatikanstadt, Vaticannews v. 13.05.2023: https://www.vaticannews.va/de/vatikan/news/2023-05/papst-franziskus-vatikan-verfassung-aenderung-reform-grundgesetz.html

Galgano, Mario: Papst bestätigt „Vos estis lux mundi“ –Verfahren gegen Missbrauch, Vaticannews v. 25.03.2023: https://www.vaticannews.va/de/papst/news/2023-03/papst-franziskus-motu-proprio-missbrauch-vos-estis-lux-mundi-neu.html#:~:text=Missbrauch-,Papst%20best%C3%A4tigt%20%E2%80%9EVos%20estis%20lux%20mundi%E2%80%9C%2DVerfahren%20gegen%20Missbrauch,Minderj%C3%A4hrigen%20und%20schutzbed%C3%BCrftigen%20Erwachsenen%20vorgelegt.

Germann, Michael: Staatliche und kirchliche Gerichtsbarkeit. In: Recht und Kirche und Staat, Joseph Listl zum 75. Geburtstag, hrsgg. von Wilhelm Rees, Kanonistische Studien und Texte, Bd. 48, 2004, S. 627–656.

Germelmann, Friedrich: Heiliger Stuhl und Vatikanstaat in der internationalen Gemeinschaft. Völkerrechtliche Praxis und interne Beziehungen. Archiv des Völkerrechts (AVR) 2009 (Bd. 47), S. 147–186.

Giegerich, Thomas: Vorbehalte zu Menschenrechtsabkommen: Zulässigkeit, Gültigkeit und Prüfungskompetenzen von Vertragsgremien. Ein konstitutioneller Ansatz. Zeitschrift für ausländisches öffentliches Recht und Völkerrecht (ZaöRV) 55/3, 1995, S. 713–782.

Gmelch, Michael: Hört endlich auf damit, nur „betroffen“ zu sein! Missbrauchstrauma und die Bischöfe, 2022.

Gornig, Gilbert: Völkerrecht, 2023.

Gothe, Antje: Übereinkommen zur Beseitigung jeder Form von Diskriminierung der Frau (CEDAW), in: Menschenrechte. Ein interdisziplinäres Handbuch, hrsgg. von Arnd Pollmann, Georg Lohmann, 2012, S. 307–312.

Göthel, Dieter: Die Vereinten Nationen: Eine Innenansicht. Hrsg.: Auswärtiges Amt, Referat GF05, 2. Aufl. 2002.

Graulich, Markus: Auf dem Weg zum neuen kirchlichen Strafrecht – Einblicke in die Redaktionsgeschichte. In: Das neue kirchliche Strafrecht zwischen Kontinuität und Diskontinuität. Kirchen- und Religionsrecht, hrsgg. von Thomas Meckel u. a., Bd. 36, 2023, S. 29–41.

Graulich, Markus: Der lange Weg zum erneuerten Strafrecht. In: Das neue kirchliche Strafrecht, Einführung und Kommentar, hrsgg. von Markus Graulich, Heribert Hallermann, Kirchen- und Religionsrecht, Bd. 35, 2021, S. 13–17.

Graulich, Markus: Die Menschenrechte als Gegenstand kirchlicher Verkündigung – ein Kommentar zu can. 747 § 2 CIC. In: Menschen – Rechte. Theologische Perspektiven zum 60. Jahrestag der Proklamation der Allgemeinen Erklärung der Menschenrechte, hrsgg. von Sven van Meegen, Markus Graulich, Bibel und Ethik, Bd. 2, 2008, S. 46–68.

Graulich, Markus/*Hallermann*, Heribert: Das neue kirchliche Strafrecht, Einführung und Kommentar. Kirchen- und Religionsrecht, Bd. 35, 2021.

Großbölting, Thomas: Die schuldigen Hirten. Geschichte des sexuellen Missbrauchs in der katholischen Kirche, 2022.

Guibert, Joseph de: Documenta ecclesiastica christianae perfectionis studium spectantia. Dokumente des Lehramtes zum geistlichen Leben, hsgg. von Stephan Haering und Andreas Wollbold, 2012.

Guth, Hans-Jürgen: Nur kein Skandal: Thomas von Aquin und die Vermeidung öffentlichen Ärgernisses im kanonischen Recht. In: Iudicare inter fideles. Festschrift für Karl-Theodor Geringer zum 65. Geburtstag, hrsgg. von Winfried Aymans, Stephan Haering und Heribert Schmitz. 2002, S. 121–127.

Habermas, Jürgen: Die Zukunft der menschlichen Natur. Auf dem Weg zu einer liberalen Eugenik?, Bd. 1744, 6. Aufl. 2023.

Hack, Tobias: Delicta contra sextum. Moraltheologische Analyse einer problematischen Handlungsklassifizierung. In: Das neue kirchliche Strafrecht zwischen Kontinuität und Diskontinuität. Kirchen- und Religionsrecht, hrsgg. von Thomas Meckel u. a., Bd. 36, 2023, S. 73–98.

Haering, Stephan: Rezeption weltlichen Rechts im kanonischen Recht. Studien zur kanonischen Rezeption, Anerkennung und Berücksichtigung des weltlichen Rechts im kirchlichen Rechtsbereich aufgrund des Codex Iuris Canonici von 1983. Münchener Theologische Studien, III. Kanonistische Abteilung, Bd. 53, 1998.

Hahn, Judith: Menschenrechte in der Kirche. Zur Aktualität historischer Konflikte. In: Menschenrechte in der katholischen Kirche. Historische, systematische und praktische Perspektiven, hrsgg. von Martin Baumeister, Michael Böhnke, Marianne Heimbach-Steins, Saskia Wendel, Gesellschaft – Ethik – Religion, Schriften des Instituts für Christliche Sozialwissenschaften, Neue Folge, Bd. 12, 2018, S. 79–86.

Hahn, Judith: Regelungsarmut. Notwendigkeit und Herausforderung kirchlichen Rechts. In: Festschrift für Heinrich J. F. Reinhardt zur Vollendung seines 75. Lebensjahres, hrsfgg. von Rüdiger Althaus, Judith Hahn, u. a., Im Dienste der Gerechtigkeit und Einheit, 2017, Beihefte zum Münsterischen Kommentar zum Kirchenrecht (BzMK) 75.

Hallermann, Heribert: In: Das neue kirchliche Strafrecht, Einführung und Kommentar, hrsgg. von Markus Graulich, Heribert Hallermann, Kirchen- und Religionsrecht, Bd. 35, 2021 [Kommentar zum erneuerten Strafrecht].

Haslinger, Markus: Bewirkt die UN-Konvention über die Rechte des Kindes einen neuen völkerrechtlichen oder menschenrechtlichen Status des Kindes in Österreich? In: Entwicklungen in den Rechten der Kinder im Hinblick auf das UN-Übereinkommen über die Rechte des Kindes, hrsgg. von Maria Rauch-Kallat, Johannes W. Pichler, Schriften zur Rechtspolitik, Bd. 8, 1994, S. 49–72.

Haule, Romuald R.: Der Heilige Stuhl/Vatikanstaat im Völkerrecht, 2006.

Haus Bayern/Herzog von Bayern: Pater Florian Prinz von Bayern OSB in Kenia verstorben: https://haus-bayern.com/neuigkeiten/pater-florian-prinz-von-bayern-osb-in-kenia-verstorben/.

Heckel, Noach, OSB: Die Unschuldsvermutung im kanonischen Recht im Licht von C. 1321 § 1 CIC/1983 N. F. In: Das neue kirchliche Strafrecht zwischen Kontinuität und Diskontinuität. Kirchen- und Religionsrecht, hrsgg. von Thomas Meckel u. a., Bd. 36, 2023, S. 263–313.

Heiliger Stuhl: Bemerkungen des Heiligen Stuhls zu den Abschließenden Bemerkungen [/ Schlussbemerkungen] des Ausschusses für die Rechte des Kindes: https://www.vatican.va/roman_curia/secretariat_state/2014/documents/rc-seg-st-20140205_concluding-observations-rights-child_en.html.

Heintschel von Heinegg, Wolff: Auslegung völkerrechtlicher Verträge. In: Völkerrecht, hrsgg. von Knut Ipsen, 7. Aufl. 2018, 4. Kap., § 14, S. 472–481.

Heintschel von Heinegg, Wolff: Ungültigkeit von Verträgen und Fortfall der Vertragsbindung. In: Völkerrecht, hrsgg. von Knut Ipsen, 7. Aufl. 2018, 4. Kap., § 18, S. 504–535.

Hepp, Christine: Kindergrundrechte. Der verfassungsrechtliche Status des Kindes in der Rechtsprechung des Bundesverfassungsgerichts. Gesetzgebung und Verfassung, Bd. 14, 2021.

Hierold, Alfred E.: Pädophilie und Ephebophilie: Rechtsschutz für Opfer und Beschuldigte. In: „Strafrecht“ in einer Kirche der Liebe – Notwendigkeit oder Widerspruch?, hrsgg. von Ludger Müller, Alfred E. Hierold, Sabine Demel, Libero Gerosa, Peter Krämer, Kirchenrechtliche Bibliothek, Bd. 9 (hrsg. v. Libeo Gerosa, Ludger Müller), 2006, S. 171–181.

Hillgruber, Christian: Art. 1 GG, Schutz der Menschenwürde, Menschenrechte, Grundrechtsbindung. In: Grundgesetz, Kommentar, hrsgg. von Volker Epping, Christian Hillgruber, 3. Aufl. 2020.

Hilpert, Konrad: Die Menschenrechte. Geschichte, Theologie, Aktualität, 1991.

Hilpold, Peter: Das Vorbehaltsregime der Wiener Vertragsrechtskonvention. Notwendigkeit und Ansatzpunkt möglicher Reformen unter besonderer Berücksichtigung der Vorbehaltsproblematik bei menschenrechtlichen Verträgen, Archiv des Völkerrechts (AVR) 1996, S. 376–425.

Hoff, Gregor Maria: Sakrament und Sakrileg. Zum Gefährdungspotential des sakramentalen Amtes. Münchener Theologische Zeitschrift (MThZ) 2023, S. 69–80.

Hofmann, Hans: Art. 1 GG, Menschenwürde, Grundrechtsbindung. In: GG, Kommentar zum Grundgesetz, hrsgg. von Bruno Schmidt-Bleibtreu, Franz Klein, Hans Hofmann, Hans-Günter Henneke, 15. Aufl. 2022.

Hollerbach, Alexander: Grundwerte und Grundrechte in der Gesellschaft und im Staat. In: Les droits fondamentaux du chrétien dans l'église et dans la société; Die Grundrechte des Christen in Kirche und Gesellschaft; I diritti fondamentali del cristiano nella chiesa e nella società, Akten des IV. Internationalen Kongresses für Kirchenrecht, Fribourg (Suisse), 6.–11. 10. 1980, hrsgg. von Eugenio Corecco, Niklaus Herzog, Angelo Scola, 1981, S. 811–833.

Honnefelder, Ludger: Theologische und metaphysische Menschenrechtsbegründungen. In: Menschenrechte. Ein interdisziplinäres Handbuch, hrsgg. von Arnd Pollmann, Georg Lohmann, 2012, S. 171–178.

Inhoffen, Peter: Naturrecht im demokratischen Prozess. In: Saluti hominum providendo. Festschrift für Offizial und Dompropst Dr. Wilhelm Hentze, hrsgg. von Rüdiger Althaus, Franz Kalde und Karl-Heinz Selge. Münsterischer Kommentar zum Codex Iuris Canonici, Beiheft 51, S. 449–463.

Ipsen, Knut: „New Approaches to International Law" – eine endliche oder unendliche Geschichte? In: Aus Kiel in die Welt: Kiel's Contribution to International Law. Festschrift zum 100-jährigen Bestehen des Walther-Schücking-Instituts für Internationales Recht, hrsgg. von Jost Delbrück, Ursula Heinz, Kerstin Odenthal, Nele Matz-Lück und Andreas von Arnauld. Veröffentlichungen des Walther-Schücking-Instituts für Internationales Recht an der Universität Kiel, Bd. 187, 2014, S. 69–97.

Janssen, Bettina: Sexueller Missbrauch – Reaktionen und Maßnahmen der katholischen Kirche. In: Kompendium „Sexueller Missbrauch in Institutionen". Entstehungsbedingungen, Prävention und Intervention, hrsgg. von Jörg M. Fegert, Mechthild Wolff, 2015, S. 197–207.

Janssen, Bettina: Sexueller Missbrauch in der katholischen Kirche – Tatorte und Aspekte der Täter-Opfer-Institutionen Dynamik. In: Kompendium „Sexueller Missbrauch in Institutionen". Entstehungsbedingungen, Prävention und Intervention, hrsgg. von Jörg M. Fegert, Mechthild Wolff, 2015, S. 208–223.

Johannes Paul II., Papst: Apostolisches Schreiben Motu Proprio Sacramentorum Sanctitatis Tutela von Papst Johannes Paul II., durch das die Normen bezüglich schwerwiegenderer Straftaten, die der Glaubenskongregation vorbehalten sind, promulgiert werden: https://www.vatican.va/content/john-paul-ii/de/motu_proprio/documents/hf_jp-ii_motu-proprio_20020110_sacramentorum-sanctitatis-tutela.html.

Johannes Paul II., Papst: Das neue Grundgesetz des Vatikanstaates [vom 26. 11. 2000/In krafttreten: 22. 02. 2001]: https://www.vatican.va/content/john-paul-ii/de/motu_proprio/documents/hf_jp-ii_motu-proprio_20001126_legge-fondamentale-scv.html.

Kalbusch, Marco: Die römisch-katholische Kirche im System der Vereinten Nationen. Staatskirchenrechtliche Abhandlungen, Bd. 51, 2012.

Katholisches Bibelwerk: Die Bibel. Einheitsübersetzung der Heiligen Schrift, Gesamtausgabe, 2016.

Kindler, Heinz/*Fegert*, Jörg M.: Missbrauch in Institutionen. Empirische Befunde zur grundlegenden Orientierung. In: Kompendium „Sexueller Missbrauch in Institutionen". Entstehungsbedingungen, Prävention und Intervention, hrsgg. von Jörg M. Fegert, Mechthild Wolff, 2015, S. 167–185.

Kingata, Yves: Heiliger Stuhl und Vereinte Nationen. Bedeutung und Tragweite der Ansprachen der Päpste vor der Generalversammlung. In: Ius quiua iustum, Festschrift für Helmuth Pree zum 65. Geburtstag, hrsgg. von Elmar Güthoff und Stephan Haering, Kanonistische Studien und Texte (KST) 65, 2015, S. 1019–1034.

Kirchhof, Paul: Diskussionsbeitrag zu: Nußberger, Angelika: Die Universalität der Menschenrechte. Ideengeschichtliche Grundlagen, normativer Gehalt und Allgemeinverbindlichkeitsanspruch/Leitsätze zum Vortrag von Prof. Dr. iur. Dr. h. c. Angelika Nußberger. In: Globale Menschenrechte und weltweite Verkündigung der christlichen Botschaft. Essener Gespräche zum Thema Staat und Kirche, Bd. 52, begründet von Joseph Krautscheidt und Heiner Marré, hrsgg. von Burkhard Kämper und Klaus Pfeffer, 2021, S. 25 f.

Klein, Eckart: Universeller Menschenrechtsschutz – Realität oder Utopie? Europäische Grundrechte-Zeitschrift 1999, S. 109–115.

Köck, Heribert Franz: Die völkerrechtliche Stellung des Heiligen Stuhls. Dargestellt an seinen Beziehungen zu Staaten und internationalen Organisationen, 1975.

Kotzur, M.: Völkerrechtliche Verträge, Version 08. 06. 2022, 09:10 Uhr, in: Staatslexikon[8] online, URL: https://www.staatslexikon-online.de/Lexikon/V%C3%B6lkerrechtliche_Vertr%C3%A4ge.

Kühner, Rolf: Vorbehalte zu multilateralen völkerrechtlichen Verträgen. Beitrage zum ausländischen öffentlichen Recht und Völkerrecht, Bd. 91, Max-Planck-Institut für ausländisches öffentliches Recht und Völkerrecht, 1986.

L'Osservatore Romano (v. 19. 05. 2023): Neues Grundgesetz für den Staates der Vatikanstadt: https://www.osservatoreromano.va/de/news/2023-05/ted-020/neues-grundgesetz-fuer-den-staat-der-vatikan-stadt.html#:~:text=Die%20erste%20und%20urspr%C3%BCngliche%20Fassung,das%20internationale%20V%C3%B6lkerrechtssubjekt%20Heiliger%20Stuhl >> *bis 3. 02. 2024 aufrufbar* <<

L'Osservatore Romano (v. 31. 03. 2023): Normen zur Bekämpfung von Missbrauch bestätigt.

Landau, Peter: Pacta sunt servanda. Zu den kanonistischen Grundlagen der Privatautonomie. In: Peter Landau, Europäische Rechtsgeschichte und kanonisches Recht im Mittelalter, ausgewählte Aufsätze aus den Jahren 1967 bis 2006, 2013, S. 761–781 (– Erstabdruck in: Festschrift für Knut Wolfgang Nörr, hrsgg. von M. Ascheri, F. Ebel, M. Heckel, 2003, S. 457–474).

Lassus, Dysmas de: Verheissung und Verrat. Geistlicher Missbrauch in Orden und Gemeinschaften der katholischen Kirche, 2022.

Lettmann, Reinhard: „Iuri canonico quo sit Ecclesia Christi felix“. In: Iustus Iudex, Festgabe für Paul Wesemann zum 75. Geburtstag von seinen Freunden und Schülern, hrsgg. von Klaus Lüdicke, Heinrich Mussinghoff, Hugo Schwendenwein. Münsterischer Kommentar zum Codex Iuris Canonici, Beiheft 5, 1990, S. 21–25.

Loretan, Adrian: Klärung des Rechtsbegriffes. In: Menschenrechte in der katholischen Kirche. Historische, systematische und praktische Perspektiven, hrsgg. von Martin Baumeister, Michael Böhnke, Marianne Heimbach-Steins, Saskia Wendel, Gesellschaft – Ethik – Religion, Schriften des Instituts für Christliche Sozialwissenschaften, Neue Folge, Bd. 12, S. 41–54.

Loretan, Adrian: Menschenrechte in der Kirche – ein Schutz vor Machtmissbrauch. In: In mandatis meditari. Festschrift für Hans Paarhammer zum 65. Geburtstag, hrsgg. von Stephan Haering, Johann Hirnsperger, Gerlinde Katzinger und Wilhelm Rees, Kanonistische Studien und Texte, Bd. 58, 2012, S. 263–283.

Lüdecke, Norbert: Sexueller Missbrauch von Kindern und Jugendlichen durch Priester aus kirchenrechtlicher Sicht, Münchener Theologische Zeitschrift (MThZ) 2011, S. 33–60.

Lüdicke, Klaus: Kirchliches Strafrecht und sexueller Missbrauch Minderjähriger. In: In mandatis meditari. Festschrift für Hans Paarhammer zum 65. Geburtstag, hrsgg. von Stephan Haering, Johann Hirnsperger, Gerlinde Katzinger und Wilhelm Rees, Kanonistische Studien und Texte, Bd. 58, 2012, S. 619–638.

Ludwig, Johannes: Zwischen Anspruch und Wirklichkeit. Die politische Praxis des Heiligen Stuhls bei den Vereinten Nationen im Spiegel der katholischen Begründung der Menschenrechte, Freiburger theologische Studien, Bd. 197, 2021.

Maradiaga, Kardinal Oscar Rodriguez: Die Geltung der Soziallehre der Kirche und des christlichen Einsatzes für soziale Gerechtigkeit. In: Menschen – Rechte. Theologische Perspektiven zum 60. Jahrestag der Proklamation der Allgemeinen Erklärung der Menschenrechte, hrsgg. von Sven van Meegen, Markus Graulich, Bibel und Ethik, Bd. 2, 2008, S. 124–135.

Mathes, Richard: Gedanken in St. Peter, 1974.

Medicus, Dieter/*Petersen*, Jens: Bürgerliches Recht. 25. Aufl. 2015.

Meegen, Sven van/*Graulich*, Markus: Vorwort. In: Menschen – Rechte. Theologische Perspektiven zum 60. Jahrestag der Proklamation der Allgemeinen Erklärung der Menschenrechte, hrsgg. von Sven van Meegen, Markus Graulich, Bibel und Ethik, Bd. 2, 2008, S. 1.

Meier, Bernd-Dieter: Kriminologie, 6. Aufl. 2021.

Meier, Bernd-Dieter: Strafrechtliche Sanktionen, 4. Aufl. 2015.

Mende, Janna: Der Universalismus der Menschenrechte 2021, Bd. 5557.

Menozzi, Daniele: Katholische Kirche und Menschenrechte. Von der Französischen Revolution bis zur Gegenwart. In: Menschenrechte in der katholischen Kirche. Historische, systematische und praktische Perspektiven, hrsgg. von Martin Baumeister, Michael Böhnke, Marianne Heimbach-Steins, Saskia Wendel, Gesellschaft – Ethik – Religion, Schriften des Instituts für Christliche Sozialwissenschaften, Neue Folge, Bd. 12, S. 89–101.

Mertes, Klaus SJ: Der Fall Jean Vanier. Spirituelle Abgründe des Missbrauchs. Stimmen der Zeit 2023, S. 495–503.

Mertes, Klaus: Aufarbeitung von Missbrauch und die Unterscheidung der Geister. In: Verbrechen und Verantwortung. Sexueller Missbrauch von Minderjährigen in kirchlichen Einrichtungen, hrsgg. von Gunter Prüller-Jagenteufel, Wolfgang Treitler, Katholizismus im Umbruch 13, 2021, S. 107–124.

Mikat, Paul: Zu Bedingungen des frühchristlichen Kirchenrechts. In: Geschichte, Recht, Religion, Politik, Erster Band, hrsgg. v. Dieter Giesen, Dietlinde Ruthe, 1984, S. 375–388.

Mikat, Paul: Zum Verhältnis des Heiligen Stuhls zu internationalen Organisationen. In: Geschichte, Recht, Religion, Politik, Zweiter Band, hrsgg. v. Dieter Giesen, Dietlinde Ruthe, 1984, S. 869–891.

Möllers, Thomas M. J.: Juristische Methodenlehre, 2017.

Mozart, Wolfgang Amadeus: Requiem, KV 626, 1791 (unvollendet).

Mückl, Stefan: „Heiliger Stuhl", in: Staatslexikon, Bd. 2, 8. Aufl. 2018, S. 1586.

Mückl, Stefan: „Vatikanstadt", in: Staatslexikon, Bd. 5, 8. Aufl. 2021, S. 1264.

Mückl, Stefan: Der Papst – Oberhaupt der Katholischen Kirche und Souverän des Vatikanstaats, Jahrbuch des Öffentlichen Rechts der Gegenwart, Neue Folge, Bd. 70, 2022, S. 263–290.

Neuhold, Hanspeter: Die Wiener Vertragsrechtskonvention 1969, Archiv des Völkerrechts (AVR) 1971, S. 1–55.

Neumann, Thomas: Hat die Kirche die Pflicht zu strafen? Rechtsdogmatische Überlegungen zu c.1311 § 2 CIC/1983 N. F.: In: Nulla est caritas sine iustitia. Festschrift für Klaus Lüdicke zum 80. Geburtstag, hrsgg. von Thomas Neumann, Peter Platen, Thomas Schüller, Beihefte zum Münsterischen Kommentar (BzMK, Bd. 82), 2023, S. 203–227.

Nowak, Manfred: Einführung in das internationale Menschenrechtssystem, 2002.

Nußberger, Angelika: Die Universalität der Menschenrechte. Ideengeschichtliche Grundlagen, normativer Gehalt und Allgemeinverbindlichkeitsanspruch./Leitsätze zum Vortrag von Prof. Dr. iur. Dr. h. c. Angelika Nußberger, Straßburg/Köln. In: Globale Menschenrechte und weltweite Verkündigung der christlichen Botschaft. Essener Gespräche zum Thema Staat und Kirche, Bd. 52, begründet von Joseph Krautscheidt und Heiner Marré, hrsgg. von Burkhard Kämper und Klaus Pfeffer, 2021, S. 7–21/S. 22–24.

O'Neill, Onora: Transnationale Gerechtigkeit. In: Philosophie der Menschenrechte, hrsgg. von Stefan Gosepath und Georg Lohmann, suhrkamp Taschenbuch Wissenschaft, Bd. 1338, 1998, S. 188–232.

Paarhammer, Hans: Das spezielle Strafrecht des CIC. In: Recht im Dienste des Menschen. Eine Festgabe, Hugo Schwendenwein zum 60. Geburtstag, hrsgg. von Klaus Lüdicke, Hans Paarhammer, Dieter A. Binder, 1986, S. 403–466.

Pahud de Mortanges, René: Zwischen Vergebung und Vergeltung. Eine Analyse des kirchlichen Strfa- und Disziplinarrechts. Rechtsvergleichende Untersuchungen zur gesamten Strafrechtswissenschaft, 3. Folge, Bd. 23, 1992.

Peters, Anne/*Petrig*, Anna: Völkerrecht, Allgemeiner Teil, 5. Aufl. 2020.

Platen, Peter: Perspektiven für eine Reform des kirchlichen Strafrechts mit besonderem Blick auf den sexuellen Missbrauch Minderjähriger durch Geistliche. In: In mandatis meditari. Festschrift für Hans Paarhammer zum 65. Geburtstag, hrsgg. von Stephan Haering, Johann Hirnsperger, Gerlinde Katzinger und Wilhelm Rees, Kanonistische Studien und Texte, Bd. 58, 2012, S. 639–656.

Poscher, Ralf: Menschenwürde. In: Handbuch des Verfassungsrechts, Darstellung in transnationaler Perspektive, hrsgg. von Matthias Herdegen, Johannes Masing, Ralf Poscher, Klaus Ferdinand Gärditz, 2021.

Potz, Richard: Zur Frage der Verjährung der schwereren Delikte gegen die Sittlichkeit, im Besonderen des sexuellen Missbrauchs von Minderjährigen, im geltenden katholischen Kirchenrecht. In: Recht und Kirche und Staat, Joseph Listl zum 75. Geburtstag, hrsgg. von Wilhelm Rees, Kanonistische Studien und Texte, Bd. 48, 2004, S. 271–282.

Priester, Sascha: Auf der Suche nach dem Gott Vaticanus. Römische Quartalsschrift für Christliche Altertumskunde und Kirchengeschichte, 2022, S. 155–166.

Ratzinger, Joseph: Der Weltdienst der Kirche. Auswirkungen von Gaudium et spes im letzten Jahrzehnt (16. Juni 1975). In: Zehn Jahre Vaticanum II, hrsgg. von Andreas Bauch, Alfred Gläßer und Michael Seybold, Fachbereich Katholische Theologie der Kirchlichen Gesamthochschule Eichstätt, 1976, S. 36–53.

Re, Niccolò Del: Staat der Vatikanstadt, in: Vatikanlexikon, 1998, S. 747–750.

Rees, Wilhelm: Die einzelnen Straftaten und die für sie vorgesehenen Strafen. Ergänzungen und Veränderungen in Teil II des revidierten Buches VI des Codex Iuris Canonici. In: Nulla est caritas sine iustitia. Festschrift für Klaus Lüdicke zum 80. Geburtstag, hrsgg. von Thomas Neumann, Peter Platen, Thomas Schüller, Beihefte zum Münsterischen Kommentar (BzMK, Bd. 82), 2023, S. 265–299.

Rees, Wilhelm: Die Strafgewalt der Kirche. Das geltende kirchliche Strafrecht – dargestellt auf der Grundlage seiner Entwicklungsgeschichte. Kanonistische Studien und Texte, Bd. 41, 1993.

Rees, Wilhelm: Neue (Tarif-)Strafen – neue Wirksamkeit? Ein Blick auf die Neuordnung der Sühnestrafen und die damit sanktionierten Strafatbestände im Buch VI CIC/1983 n. F. In: Das neue kirchliche Strafrecht zwischen Kontinuität und Diskontinuität. Kirchen- und Religionsrecht, hrsgg. von Thomas Meckel u. a., Bd. 36, 2023, S. 135–175.

Rees, Wilhelm: Zur Novellierung des kirchlichen Strafrechts im Blick auf sexuellen Missbrauch einer minderjährigen Person durch Kleriker und andere schwerwiegendere Straftaten gegen die Sitten. Archiv für katholisches Kirchenrecht (AfkKR 180), 2011, S. 466–513.

Rehak, Martin: Rezeption oder Nichtrezeption der Betroffenenperspektive im kirchlichen Strafrecht. In: Das neue kirchliche Strafrecht zwischen Kontinuität und Diskontinuität. Kirchen- und Religionsrecht, hrsgg. von Thomas Meckel u. a., Bd. 36, 2023, S. 177–216.

Rehak, Martin: Strafarten, Strafzwecke und Strafrahmen im kanonischen Strafrecht. Eine Problemanzeige. In: Nulla est caritas sine iustitia. Festschrift für Klaus Lüdicke zum 80. Geburtstag, hrsgg. von Thomas Neumann, Peter Platen, Thomas Schüller, Beihefte zum Münsterischen Kommentar (BzMK, Bd. 82), 2023, S. 301–330.

Reißmeier, Johann J.: Sexueller Missbrauch im kirchlichen Strafrecht. Verfahren – Zuständigkeiten – Strafen, 2012.

Rhode, Ulrich, SJ: Zweierlei Recht? Stimmen der Zeit (StZ 135) 2010, S. 505–506, abrufbar unter: https://media.herder.de/files/0002476651_0001-id-9377.pdf.

Riedel-Spangenberger, Ilona: „Qui homicidium putrat…" Inwieweit ahndet die Kirche Menschenrechtsverletzungen? In: Iustitia in caritate, Festgabe für Ernst Rößler zum 25jährigen Dienstjubiläum als Offizial der Diözese Rottenburg-Stuttgart, hrsgg. von Richard Puza, Richard Weiß, Andreas, Adnotationes in ius canonicum, hrsgg. v. Elmar Güthoff und Karl-Heinz Selge, Bd. 3, 1997, S. 643–654.

Riedmatten, Henri de: Die Präsenz des Heiligen Stuhls in den internationalen Organismen. Concilium 1970, S. 561–570.

Rieger, Rafael M., OFM: „An den Fronten der Vergangenheit ist kein Sieg mehr zu erringen…". Möglichkeiten und Grenzen der Aufarbeitung von Missbrauchsfällen durch kircheninterne Strafverfahren. Münchener Theologische Zeitschrift (MThZ) 2023, S. 51–68.

Rieger, Rafael M., OFM: Verjährung im kanonischen Strafrecht. Kanonistische Überlegungen in pragmatischer Absicht. In: Das neue kirchliche Strafrecht zwischen Kontinuität und Diskontinuität. Kirchen- und Religionsrecht, hrsgg. von Thomas Meckel u. a., Bd. 36, 2023, S. 217–236.

Rossa, Elisabeth: Kinderrechte. Das Übereinkommen über die Rechte des Kindes im internationalen und nationalen Kontext. Kölner Schriften zu Recht und Staat, Bd. 54, 2014.

Roth, Wulf-Henning/*Jopen*, Christian: Die richtlinienkonforme Auslegung. In: Europäische Methodenlehre, hrsgg. von Karl Riesenhuber, 3. Aufl. 2015, § 13, S. 263–296.

Rox, Barbara: Das Recht auf Geburt. Aktuelle Fragen des Kinderschutzes am Lebensbeginn. In: Kinder im Recht. Kinderrechte im Spiegel der Kindesentwicklung, hsgg. von Arnd Uhle, Wissenschaftliche Abhandlungen und Reden zur Philosophie, Politik und Geistesgeschichte, Bd. 96, S. 13–49.

Roxin, Claus: Sinn und Grenzen staatlicher Strafe. Juristische Schulung 1966, S. 377–387.

Schalk, Alexander: Vatikanische Menschenrechtspolitik: Ziele, Prinzipien und Instrumente. In: Religion, Menschenrechte und Menschenrechtspolitik, hrsgg. von Antonius Liedhegener, Ines-Jacqueline Werkner, 2010, S. 296–321.

Schmahl, Stefanie: Internationales Menschenrechtsregime. In: Menschenrechte. Ein interdisziplinäres Handbuch, hrsgg. von Arnd Pollmann, Georg Lohmann, 2012, S. 390–397.

Schmahl, Stefanie: Kinderrechte im internationalen Recht in Geschichte und Gegenwart. In: Kinderrechte. Handbuch des deutschen und internationalen Kinder- und Jugendrechts, hrsgg. von Ingo Richter, Lothar Krappmann, Friederike Wapler, 2020, S. 55–67.

Schmahl, Stefanie: Kinderrechtskonvention, 2. Aufl. 2017.

Schmitz, Barbara: Leben. In: Menschenrechte. Ein interdisziplinäres Handbuch, hrsgg. von Arnd Pollmann, Georg Lohmann, 2012, S. 233–234.

Schönborn, Christoph Kardinal: Zum Geleit, in: Verbrechen und Verantwortung. Sexueller Missbrauch von Minderjährigen in kirchlichen Einrichtungen, hrsgg. von Gunter Prüller-Jagenteufel, Wolfgang Treitler, Katholizismus im Umbruch 13, 2021, S. 16–18.

Schulz, Winfried: Der Vatikanstaat. In: Der Staat der Vatikanstadt, der Heilige Stuhl und die Römische Kurie in den Schriften von Winfried Schulz. Città del Vaticano, Santa Sede e Curia Romana negli scritti di Winfried Schulz, Franz X. Walter zur Vollendung des 70. Lebensjahres, Adnotationes in Ius Canonicum, hrsgg. v. Elmar Güthoff und Karl-Heinz Selge, Bd. 13 (1999).

Söllner, Alfred: Einführung in die römische Rechtsgeschichte. 3. Aufl. 1984.

Teifke, Nils: Das Prinzip Menschenwürde. Zur Abwägungsfähigkeit des Höchstrangigen, Studien und Beiträge zum Öffentlichen Recht, Bd. 8, 2011.

Treitler, Wolfgang: Von der Kirchenkrise in die Gotteskrise. In: Verbrechen und Verantwortung. Sexueller Missbrauch von Minderjährigen in kirchlichen Einrichtungen, hrsgg. von Gunter Prüller-Jagenteufel, Wolfgang Treitler, Katholizismus im Umbruch 13, 2021, S. 125–141.

Tugendhat, Ernst: Die Kontroverse um die Menschenrechte. In: Philosophie der Menschenrechte, hrsgg. von Stefan Gosepath und Georg Lohmann, suhrkamp Taschenbuch Wissenschaft, Bd. 1338, 1998, S. 48–61.

Uhrmann, Johann: Die Bewertung von Gutachten im kanonischen Prozess. In: Ecclesia et Ius, Festgabe für Audomar Scheuermann zum 60. Geburtstag, hrsgg. von Karl Siepen, Joseph Weitzel und Paul Wirth, 1968, S. 631–644.

Ullmann, Christian: Verfassungs- und völkerrechtliche Widersprüche bei der Ratifikation der UNO-Kinderrechtskonvention. Zeitschrift für das gesamte Familienrecht (FamRZ) 1991, S. 898–902.

Ullmann, Wolfgang: Die Vier Genfer Abkommen. M&S 3: Humanitäres Völkerrecht und seine Wurzeln, S. 12–17 (https://www.bundesheer.at/pdf_pool/publikationen/ms_3_4.pdf).

Vatikan: Die Normen des Motu proprio Sacramentorum sancitatis tutela (2001) i. d. F. vom 21. Mai 2010 (von Papst Benedikt XVI. approbiert) – geschichtlicher Überblick: https://www.vatican.va/resources/resources_introd-storica_ge.html.

Vatikan: Katechismus der Katholischen Kirche: https://www.vatican.va/archive/DEU0035/__P8B.HTM.

Vatikan: Pastorale Konstitution Gaudium et spes über die Kirche in der Welt von heute: https://www.vatican.va/archive/hist_councils/ii_vatican_council/documents/vat-ii_const_19651207_gaudium-et-spes_ge.html.

Vatikan: Vatican-News: Große Heiligsprechungen am 15. Mai [2022]: https://www.vaticannews.va/de/papst/news/2022-03/papst-franziskus-heiligsprechung-titus-brandsma-charles-foucauld.html.

Vatikan: Veranstaltungen mit dem Heiligen Vater – Heilige Messe mit Heiligsprechungen: https://www.vatican.va/content/francesco/de/events/event.dir.html/content/vaticanevents/de/2022/5/15/canonizzazione.html.

Verosta, Stephan: Die Vertragsrechts-Konferenz der Vereinten Nationen 1968/69 und die Wiener Konvention über das Recht der Verträge, Zeitschrift für ausländisches öffentliches Recht und Völkerrecht (ZaöRV) 1969, S. 654–710.

Verschraegen, Bea: Die Kinderrechtekonvention, 1996.

Volke, Petra: Die Rechtsprechung des EuGHMR zum Thema „Häusliche Gewalt gegen Frauen", Zeitschrift für das gesamte Familienrecht (FamRZ) 2023, S. 333–339.

Werneke, Michael: Bischöfliche Leitungsgewalt und kanonisches Strafverfahren. Ein Beitrag zur Einordnung des c. 1722 CIC/1983 im Umgang mit Fällen sexuellen Missbrauchs durch Kleriker. In: Geist – Kirche – Recht, Festschrift für Libero Gerosa zur Vollendung des 65. Lebensjahres, hrsgg. von Ludger Müller und Wilhelm Rees, Kanonistische Studien und Texte (KST), Bd. 62, 2014, S. 251–265.

Werner, P. Andreas, OSB: Persönliche Mitteilung zum Missbrauchskomplex am 18. August 2023 (anlässlich der Wahl des Erzabtes) in der Benediktiner-Erzabtei St. Martin/Beuron.

Wesche, Steffen: Gegenseitigkeit und Recht. Eine Studie zur Entstehung von Normen, Schriften zur Rechtstheorie, 2001, Heft 206.

Wetzel, Ralf Günther/*Rauschning*, Dietrich: The Vienna Convention on the Law of Treaties – Travaux Preparatoires – Die Wiener Vertragsrechtskonvention – Materialien zur Entstehung der einzelnen Vorschriften, hrsgg. vom Institut für internationale Angelegenheiten der Universität Hamburg, Institut für Internationales Recht an der Universität Kiel, Institut für Völkerrecht der Universität Göttingen, Bd. 44, 1978.

Wijlens, Myriam: Der sexuelle Missbrauch von Minderjährigen. Entwicklungen im kanonischen Recht zwischen 1983 und 2020. In: Katholische Dunkelräume. Die Kirche und der sexuelle Missbrauch, hrsgg. von Birgit Aschmann, 2022, S. 77–95.

Wildt, Andreas: Menschenrechte und moralische Rechte. In: Philosophie der Menschenrechte, hrsgg. von Stefan Gosepath und Georg Lohmann, suhrkamp Taschenbuch Wissenschaft, Bd. 1338, 1998, S. 124–145.

Wintersberger, Helmut: Sind Kinder eine Minderheitsgruppe? Diskriminierung von Kindern gegenüber Erwachsenen. In: Entwicklungen in den Rechten der Kinder im Hinblick auf das UN-Übereinkommen über die Rechte des Kindes, hrsgg. von Maria Rauch-Kallat, Johannes W. Pichler, Schriften zur Rechtspolitik, Bd. 8, 1994, S. 73–104.

Witschen, Dieter: Grundmerkmale der Menschenrechte. Kennzeichen – Kriterien – Konturen, 2013.

Wittmann, Franz M.: Die Rechte des Kindes in der Kirche, Schweizerische Kirchenzeitung: Fachzeitschrift für Theologie und Seelsorge 2016, S. 226, 231, 232.

Wolf, Joachim: Ratifizierung unter Vorbehalten: Einstieg oder Ausstieg der Bundesrepublik Deutschland aus der UN-Konvention über die Rechte des Kindes? Zeitschrift für Rechtspolitik (ZRP) 1991, S. 374–378.

Wyttenbach, Judith: Übereinkommen über die Rechte des Kindes (CRC), in: Menschenrechte. Ein interdisziplinäres Handbuch, hrsgg. von Arnd Pollmann, Georg Lohmann, 2012, S. 317–319.

Zimmermann, Markus: Gewalttätiger Gott – gewalttätiger Glaube? Wege der Barmherzigkeit Gottes, 2022.

Zippelius, Reinhold/*Würtenberger*, Thomas: Deutsches Staatsrecht, 33. Aufl. 2018.

Zollner, Hans: Macht und Machtmissbrauch. Erfahrungen und Kriterien. Erbe und Auftrag 97 (2021), S. 466–478.

Zollner, Hans: Prävention von sexuellem Missbrauch. Die Entwicklungen in der katholischen Kirche im vergangenen Jahrzehnt und die Arbeit des *Centre für Child Protection*. In: Verbrechen und Verantwortung. Sexueller Missbrauch von Minderjährigen in kirchlichen Einrichtungen, hrsgg. von Gunter Prüller-Jagenteufel, Wolfgang Treitler, Katholizismus im Umbruch 13, 2021, S. 230–248.

Zollner, Hans: Wandel durch Bruch? Mentalitätsgeschichtliche Betrachtungen zum Missbrauch in der katholischen Kirche. In: Katholische Dunkelräume. Die Kirche und der sexuelle Missbrauch, hrsgg. von Birgit Aschmann, 2022, S. 43–62.

Zollner, Hans/*Fuchs*, Katharina A.: Prävention in der katholischen Kirche. Drei Beispiele aus der Praxis katholischer Institutionen. In: Kompendium „Sexueller Missbrauch in Institutionen". Entstehungsbedingungen, Prävention und Intervention, hrsgg. von Jörg M. Fegert, Mechthild Wolff, 2015, S. 720–738.

Zulehner, Paul M.: Eine epochale Reformchance. Zum Synodalen Weg der katholischen Kirche, 2021.

Anhang: Völkerrechtliche Verträge

Konvention der Vereinten Nationen über die Rechte des Kindes/UN-KRK (Auszug)

Wiener Vertragsrechts-Konvention/WVK (Auszug)

Statut des Internationalen Gerichtshofs/IGH-Statut (Auszug)

Konvention der Vereinten Nationen über die Rechte des Kindes

Präambel

Die Vertragsstaaten dieses Übereinkommens –

in der Erwägung, dass nach den in der Charta der Vereinten Nationen verkündeten Grundsätzen die Anerkennung der allen Mitgliedern der menschlichen Gesellschaft innewohnenden Würde und der Gleichheit und Unveräusserlichkeit ihrer Rechte die Grundlage von Freiheit, Gerechtigkeit und Frieden in der Welt bildet,

eingedenk dessen, dass die Völker der Vereinten Nationen in der Charta ihren Glauben an die Grundrechte und anWürde und Wert des Menschen bekräftigt und beschlossen haben, den sozialen Fortschritt und bessere Lebensbedingungen in grösserer Freiheit zu fördern,

in der Erkenntnis, dass die Vereinten Nationen in der Allgemeinen Erklärung der Menschenrechte und in den Internationalen Menschenrechtspakten verkündet haben und übereingekommen sind, dass jeder Mensch Anspruch hat auf alle darin verkündeten Rechte und Freiheiten ohne Unterscheidung, etwa nach der Rasse, der Hautfarbe, dem Geschlecht, der Sprache, der Religion, der politischen oder sonstigen Anschauung, der nationalen oder sozialen Herkunft, dem Vermögen, der Geburt oder dem sonstigen Status,

unter Hinweis darauf, dass die Vereinten Nationen in der Allgemeinen Erklärung der Menschenrechte verkündet haben, dass Kinder Anspruch auf besondere Fürsorge und Unterstützung haben,

überzeugt, dass der Familie als Grundeinheit der Gesellschaft und natürlicher Umgebung für das Wachsen und Gedeihen aller ihrer Mitglieder, insbesondere der Kinder, der erforderliche Schutz und Beistand gewährt werden sollte, damit sie ihre Aufgaben innerhalb der Gemeinschaft voll erfüllen kann,

in der Erkenntnis, dass das Kind zur vollen und harmonischen Entfaltung seiner Persönlichkeit in einer Familie und umgeben von Glück, Liebe undVerständnis aufwachsen sollte,

in der Erwägung, dass das Kind umfassend auf ein individuelles Leben in der Gesellschaft vorbereitet und im Geist der in der Charta der Vereinten Nationen verkündeten Ideale und insbesondere im Geist des Friedens, der Würde, der Toleranz, der Freiheit, der Gleichheit und der Solidarität erzogen werden sollte,

eingedenk dessen, dass die Notwendigkeit, dem Kind besonderen Schutz zu gewähren, in der Genfer Erklärung von 1924 über die Rechte des Kindes und in der von den Vereinten Nationen 1959 angenommenen Erklärung der Rechte des Kindes ausgesprochen und in der Allgemeinen Erklärung der Menschenrechte, im Internationalen Pakt über bürgerliche und politische Rechte (insbesondere in den Artikeln 23 und 24), im Internationalen Pakt über wirtschaftliche, soziale und kulturelle Rechte (insbesondere in Artikel 10) sowie in den Satzungen und den in Betracht kommenden Dokumenten der Sonderorganisationen und anderen internationalen Organisationen, die sich mit dem Wohl des Kindes befassen, anerkannt worden ist,

eingedenk dessen, dass, wie in der von der Generalversammlung der Vereinten Nationen am 20. November 1959 angenommenen Erklärung der Rechte des Kindes ausgeführt ist, „das Kind wegen seiner mangelnden körperlichen und geistigen Reife besonderen Schutzes und besonderer Fürsorge, insbesondere eines angemessenen rechtlichen Schutzes vor und nach der Geburt, bedarf",

unter Hinweis auf die Bestimmungen der Erklärungen über die sozialen und rechtlichen Grundsätze für den Schutz und das Wohl von Kindern unter besonderer Berücksichtigung der Aufnahme in eine Pflegefamilie und der Adoption auf nationaler und internationaler Ebene (Resolution 41/85 der Generalversammlung vom 3. Dezember 1986), der Regeln der Vereinten Nationen über die Mindestnormen für die Jugendgerichtsbarkeit („Beijing-Regeln") (Resolution 40/33 der Generalversammlung von 29. November 1985) und der Erklärung über den Schutz von Frauen und Kindern im Ausnahmezustand und bei bewaffneten Konflikten (Resolution 3318 (XXIX) der Generalversammlung vom 14. Dezember 1974),

in der Erkenntnis, dass es in allen Ländern der Welt Kinder gibt, die in ausserordentlich schwierigen Verhältnissen leben, und dass diese Kinder der besonderen Berücksichtigung bedürfen,

unter gebührender Beachtung der Bedeutung der Traditionen und kulturellen Werte jedes Volkes für den Schutz und die harmonische Entwicklung des Kindes,

in Anerkennung der Bedeutung der internationalen Zusammenarbeit für die Verbesserung der Lebensbedingungen der Kinder in allen Ländern, insbesondere den Entwicklungsländern haben folgendes vereinbart:

Teil I
Geltung für das Kind; Begriffsbestimmung

Artikel 1

Im Sinne dieses Übereinkommens ist ein Kind jeder Mensch, der das 18. Lebensjahr noch nicht vollendet hat, soweit die Volljährigkeit nach dem auf das Kind anzuwendenden Recht nicht früher eintritt.

Artikel 3
Wohl des Kindes

(1) Bei allen Massnahmen, die Kinder betreffen, gleichviel ob sie von öffentlichen oder privaten Einrichtungen der sozialen Fürsorge, Gerichten, Verwaltungsbehörden oder Gesetz-

gebungsorganen getroffen werden, ist das Wohl des Kindes ein Gesichtspunkt, der vorrangig zu berücksichtigen ist.

(2) Die Vertragsstaaten verpflichten sich, dem Kind unter Berücksichtigung der Rechte und Pflichten seiner Eltern, seines Vormunds oder anderer für das Kind gesetzlich verantwortlicher Personen den Schutz und die Fürsorge zu gewährleisten, die zu seinem Wohlergehen notwendig sind; zu diesem Zweck treffen sie alle geeigneten Gesetzgebungs- und Verwaltungsmassnahmen.

(3) Die Vertragsstaaten stellen sicher, dass die für die Fürsorge für das Kind oder dessen Schutz verantwortlichen Institutionen, Dienste und Einrichtungen den von den zuständigen Behörden festgelegten Normen entsprechen, insbesondere im Bereich der Sicherheit und der

Gesundheit sowie hinsichtlich der Zahl und der fachlichen Eignung des Personals und des Bestehens einer ausreichenden Aufsicht.

Artikel 4
Verwirklichung der Kindesrechte

Die Vertragsstaaten treffen alle geeigneten Gesetzgebungs-, Verwaltungs- und sonstige Massnahmen zur Verwirklichung der in diesem Übereinkommen anerkannte Recht. Hinsichtlich der wirtschaftlichen, sozialen und kulturellen Rechte treffen die Vertragsstaaten derartige Massnahmen, unter Ausschöpfung ihrer verfügbaren Mittel und erforderlichenfalls im Rahmen der internationalen Zusammenarbeit.

Artikel 6
Recht auf Leben

(1) Die Vertragsstaaten erkennen an, dass jedes Kind ein angeborenes Recht auf Leben hat.

(2) Die Vertragsstaaten gewährleisten in grösstmöglichem Umfang das Überleben und die Entwicklung des Kindes.

Artikel 19
Schutz vor Gewaltanwendung, Misshandlung, Verwahrlosung

(1) Die Vertragsstaaten treffen alle geeigneten Gesetzgebungs-, Verwaltungs-, Sozial- und Bildungsmassnahmen, um das Kind vor jeder Form körperlicher oder geistiger Gewaltanwendung, Schadenszufügung oder Misshandlung, vor Verwahrlosung oder Vernachlässigung, vor schlechter Behandlung oder Ausbeutung einschliesslich des sexuellen Missbrauchs zu schützen, solange es sich in der Obhut der Eltern oder eines Elternteils, eines Vormundes oder anderen gesetzlichen Vertreters oder einer anderen Person befindet, die das Kind betreut.

(2) Diese Schutzmassnahmen sollen je nach den Gegebenheiten wirksame Verfahren zur Aufstellung von Sozialprogrammen enthalten, die dem Kind und denen, die es betreuten, die erforderliche Unterstützung gewähren und andere Formen der Vorbeugung vorsehen sowie Massnahmen zur Aufdeckung, Meldung, Weiterverweisung, Untersuchung, Behandlung und Nachbetreuung in den in Absatz 1 beschriebenen Fällen schlechter Behandlung von Kindern und gegebenenfalls für das Einschreiten der Gerichte.

Artikel 34

Schutz vor sexuellem Missbrauch

Die Vertragsstaaten verpflichten sich, das Kind vor allen Formen sexueller Ausbeutung und sexuellen Missbrauchs zu schützen. Zu diesem Zweck treffen die Vertragsstaaten insbesondere alle geeigneten innerstaatlichen, zweiseitigen und mehrseitigen Massnahmen, um zu verhindern, dass Kinder

a) zur Beteiligung an rechtswidrigen sexuellen Handlungen verleitet oder gezwungen werden;

b) für die Prostitution oder andere rechtswidrige sexuelle Praktiken ausgebeutet werden;

c) für pornographische Darbietungen und Darstellungen ausgebeutet werden.

Teil III

Artikel 51

Vorbehalte

(1) Der Generalsekretär der Vereinten Nationen nimmt den Wortlaut von Vorbehalten, die ein Staat bei der Ratifikation oder beim Beitritt anbringt, entgegen und leitet ihn allen Staaten zu.

(2) Vorbehalte, die mit Ziel und Zweck dieses Übereinkommens unvereinbar sind, sind nicht zulässig.

(3) Vorbehalte können jederzeit durch eine an den Generalsekretär der Vereinten Nationen gerichtete diesbezügliche Notifikation zurückgenommen werden; dieser setzt alle Staaten davon in Kenntnis. Die Notifikation wird mit dem Tag ihres Eingangs beim Generalsekretär wirksam.

Artikel 54

Urschrift, verbindlicher Wortlaut

Die Urschrift dieses Übereinkommens, dessen arabischer, chinesischer, englischer, französischer, russischer und spanischer Wortlaut gleichermassen verbindlich ist, wird beim Generalsekretär der Vereinten Nationen hinterlegt. Zu Urkund dessen haben die unterzeichneten, von ihren Regierungen hierzu gehörig befugten Bevollmächtigten dieses Übereinkommen unterschrieben.

* * *

Wiener Vertragsrechts-Konvention (Auszug)

Präambel/Promulgationsklausel

Die Vertragsstaaten dieses Übereinkommens –

in Anbetracht der grundlegenden Rolle der Verträge in der Geschichte der internationalen Beziehungen;

in Erkenntnis der ständig wachsenden Bedeutung der Verträge als Quelle des Völkerrechts und als Mittel zur Entwicklung der friedlichen Zusammenarbeit zwischen den Völkern ungeachtet ihrer Verfassungs- und Gesellschaftssysteme;

im Hinblick darauf, daß die Grundsätze der freien Zustimmung und von Treu und Glauben sowie der Rechtsgrundsatz pacta sunt servanda allgemein anerkannt sind;

in Bekräftigung des Grundsatzes, daß Streitigkeiten über Verträge wie andere internationale Streitigkeiten durch friedliche Mittel nach den Grundsätzen der Gerechtigkeit und des Völkerrechts beigelegt werden sollen;

eingedenk der Entschlossenheit der Völker der Vereinten Nationen, Bedingungen zu schaffen, unter denen Gerechtigkeit und die Achtung der Verpflichtungen, die auf Verträgen beruhen, gewahrt werden können;

im Bewußtsein der in der Satzung der Vereinten Nationen enthaltenen völkerrechtlichen Grundsätze, darunter der Grundsätze der Gleichberechtigung und des Selbstbestimmungsrechtes der Völker, der souveränen Gleichheit und Unabhängigkeit aller Staaten, der Nichteinmischung in die inneren Angelegenheiten der Staaten, des Verbots der Drohung mit Gewalt oder der Gewaltanwendung sowie der allgemeinen Achtung und Wahrung der Menschenrechte und Grundfreiheiten für jedermann;

überzeugt, daß die in diesem Übereinkommen verwirklichte Kodifikation und fortschreitende Entwicklung des Vertragsrechts die in der Satzung der Vereinten Nationen verkündeten Ziele fördern wird, nämlich die Aufrechterhaltung des Weltfriedens und der internationalen Sicherheit, die Entwicklung freundschaftlicher Beziehungen und die Verwirklichung der Zusammenarbeit zwischen den Nationen;

in Bekräftigung des Grundsatzes, daß die Sätze des Völkergewohnheitsrechts weiterhin für Fragen gelten, die in diesem Übereinkommen nicht geregelt sind –

haben folgendes vereinbart:

TEIL I
EINLEITUNG

Artikel 1
Geltungsbereich dieses Übereinkommens

Dieses Übereinkommen findet auf Verträge zwischen Staaten Anwendung.

Artikel 2
Begriffsbestimmungen

(1) Im Sinne dieses Übereinkommens

a) bedeutet „Vertrag“ eine in Schriftform geschlossene und vom Völkerrecht bestimmte internationale Übereinkunft zwischen Staaten, gleichviel ob sie in einer oder in mehreren zusammengehörigen Urkunden enthalten ist und welche besondere Bezeichnung sie hat;

b) bedeutet „Ratifikation“, „Annahme“, „Genehmigung“ und „Beitritt“ jeweils die so bezeichnete völkerrechtliche Handlung, durch die ein Staat im internationalen Bereich seine Zustimmung bekundet, durch einen Vertrag gebunden zu sein;

c) bedeutet „Vollmacht“ eine vom zuständigen Organ eines Staates errichtete Urkunde, durch die einzelne oder mehrere Personen benannt werden, um in Vertretung des Staates den Text eines Vertrags auszuhandeln oder als authentisch festzulegen, die Zustimmung des Staates auszudrücken, durch einen Vertrag gebunden zu sein, oder sonstige Handlungen in bezug auf einen Vertrag vorzunehmen;

d) bedeutet „Vorbehalt“ eine wie auch immer formulierte oder bezeichnete, von einem Staat bei der Unterzeichnung, Ratifikation, Annahme oder Genehmigung eines Vertrags oder bei dem Beitritt zu einem Vertrag abgegebene einseitige Erklärung, durch die der Staat bezweckt, die Rechtswirkung einzelner Vertragsbestimmungen in der Anwendung auf diesen Staat auszuschließen oder zu ändern;

e) bedeutet „Verhandlungsstaat“ einen Staat, der am Abfassen und Annehmen des Vertragstextes teilgenommen hat;

f) bedeutet „Vertragsstaat“ einen Staat, der zugestimmt hat, durch den Vertrag gebunden zu sein, gleichviel ob der Vertrag in Kraft getreten ist oder nicht;

g) bedeutet „Vertragspartei“ einen Staat, der zugestimmt hat, durch den Vertrag gebunden zu sein, und für den der Vertrag in Kraft ist;

h) bedeutet „Drittstaat“ einen Staat, der nicht Vertragspartei ist;

i) bedeutet „internationale Organisation“ eine zwischenstaatliche Organisation.

(2) Die Bestimmungen des Absatzes 1 über die in diesem Übereinkommen verwendeten Begriffe beeinträchtigen weder die Verwendung dieser Begriffe noch die Bedeutung, die ihnen im innerstaatlichen Recht gegebenenfalls zukommt.

ABSCHNITT 2: VORBEHALTE

Artikel 19
Anbringen von Vorbehalten

Ein Staat kann bei der Unterzeichnung, Ratifikation, Annahme oder Genehmigung eines Vertrags oder beim Beitritt einen Vorbehalt anbringen, sofern nicht

a) der Vertrag den Vorbehalt verbietet;

b) der Vertrag vorsieht, daß nur bestimmte Vorbehalte gemacht werden dürfen, zu denen der betreffende Vorbehalt nicht gehört, oder

c) in den unter lit. a oder b nicht bezeichneten Fällen der Vorbehalt mit Ziel und Zweck des Vertrags unvereinbar ist.

TEIL III
EINHALTUNG, ANWENDUNG UND AUSLEGUNG VON VERTRÄGEN
ABSCHNITT 1: EINHALTUNG VON VERTRÄGEN

Artikel 26
Pacta sunt servanda

Ist ein Vertrag in Kraft, so bindet er die Vertragsparteien und ist von ihnen nach Treu und Glauben zu erfüllen.

Artikel 27
Innerstaatliches Recht und Einhaltung von Verträgen

Eine Vertragspartei kann sich nicht auf ihr innerstaatliches Recht berufen, um die Nichterfüllung eines Vertrags zu rechtfertigen. Diese Bestimmung läßt Artikel 46 unberührt.

ABSCHNITT 2: ANWENDUNG VON VERTRÄGEN

Artikel 29
Räumlicher Geltungsbereich von Verträgen

Sofern keine abweichende Absicht aus dem Vertrag hervorgeht oder anderweitig festgestellt ist, bindet ein Vertrag jede Vertragspartei hinsichtlich ihres gesamten Hoheitsgebiets.

ABSCHNITT 3: AUSLEGUNG VON VERTRÄGEN

Artikel 31
Allgemeine Auslegungsregel

(1) Ein Vertrag ist nach Treu und Glauben in Übereinstimmung mit der gewöhnlichen, seinen Bestimmungen in ihrem Zusammenhang zukommenden Bedeutung und im Lichte seines Zieles und Zweckes auszulegen.

(2) Für die Auslegung eines Vertrags bedeutet der Zusammenhang außer dem Vertragswortlaut samt Präambel und Anlagen

a) jede sich auf den Vertrag beziehende Übereinkunft, die zwischen allen Vertragsparteien anläßlich des Vertragsabschlusses getroffen wurde;

b) jede Urkunde, die von einer oder mehreren Vertragsparteien anläßlich des Vertragsabschlusses abgefaßt und von den anderen Vertragsparteien als eine sich auf den Vertrag beziehende Urkunde angenommen wurde.

(3) Außer dem Zusammenhang sind in gleicher Weise zu berücksichtigen

a) jede spätere Übereinkunft zwischen den Vertragsparteien über die Auslegung des Vertrags oder die Anwendung seiner Bestimmungen;

b) jede spätere Übung bei der Anwendung des Vertrags, aus der die Übereinstimmung der Vertragsparteien über seine Auslegung hervorgeht;

c) jeder in den Beziehungen zwischen den Vertragsparteien anwendbarer einschlägiger Völkerrechtssatz.

(4) Eine besondere Bedeutung ist einem Ausdruck beizulegen, wenn feststeht, daß die Vertragsparteien dies beabsichtigt haben.

Artikel 32
Ergänzende Auslegungsmittel

Ergänzende Auslegungsmittel, insbesondere die vorbereitenden Arbeiten und die Umstände des Vertragsabschlusses, können herangezogen werden, um die sich unter Anwendung des Artikels 31 ergebende Bedeutung zu bestätigen oder die Bedeutung zu bestimmen, wenn die Auslegung nach Artikel 31

a) die Bedeutung mehrdeutig oder dunkel läßt oder

b) zu einem offensichtlich sinnwidrigen oder unvernünftigen Ergebnis führt.

* * *

Statut des Internationalen Gerichtshofs

(Anhang zur Satzung/Charta der Vereinten Nationen)
vom 26. Juni 1945

Artikel 1

Der durch die Satzung der Vereinten Nationen als das Hauptorgan der Rechtsprechung der Vereinten Nationen geschaffene Internationale Gerichtshof soll gemäß den Bestimmungen des vorliegenden Statuts errichtet werden und seine Tätigkeit ausüben.

Kapitel II
Zuständigkeit des Gerichtshofes

Artikel 38.

1. Der Gerichtshof, dessen Aufgabe es ist, die ihm unterbreiteten Streitfälle nach Völkerrecht zu entscheiden, wendet an:

a) die internationalen Abkommen allgemeiner oder besonderer Natur, in denen von den im Streit befindlichen Staaten ausdrücklich anerkannte Normen aufgestellt sind;

b) das internationale Gewohnheitsrecht als Ausdruck einer allgemeinen, als Recht anerkannten Übung;

c) die von den zivilisierten Staaten anerkannten allgemeinen Rechtsgrundsätze;

d) unter Vorbehalt der Bestimmung des Artikels 59 die gerichtlichen Entscheidungen und die Lehren der anerkanntesten Autoren der verschiedenen Völker als Hilfsmittel zur Feststellung der Rechtsnormen.

2. Durch diese Bestimmung wird die Befugnis des Gerichtshofes, mit Zustimmung der Parteien den Streitfall ex aequo et bono zu entscheiden, nicht beeinträchtigt.

Sach-, Staaten- und Personenregister